高职高专金融类“十二五”规划系列教材

新编国际金融

XINBIAN GUOJI JINRONG

主编 徐杰芳

中国金融出版社

责任编辑：罗邦敏　单翠霞
责任校对：张志文
责任印制：陈晓川

图书在版编目（CIP）数据

新编国际金融（Xinbian Guoji Jinrong）/徐杰芳主编．—北京：中国金融出版社，2011.8
高职高专金融类“十二五”规划系列教材
ISBN 978-7-5049-5974-4

Ⅰ.①新…　Ⅱ.①徐…　Ⅲ.①国际金融—高等职业教育—教材　Ⅳ.①F831

中国版本图书馆 CIP 数据核字（2011）第 129196 号

出版发行　中国金融出版社
社址　北京市丰台区益泽路 2 号
市场开发部　(010)63266347，63805472，63439533（传真）
网上书店　http://www.chinafph.com
(010)63286832，63365686（传真）
读者服务部　(010)66070833，62568380
邮编　100071
经销　新华书店
印刷　保利达印务有限公司
尺寸　185 毫米×260 毫米
印张　25.75
字数　564 千
版次　2011 年 8 月第 1 版
印次　2011 年 8 月第 1 次印刷
印数　1—5000
定价　39.00 元
ISBN 978-7-5049-5974-4/F.5534

序 言

随着经济全球化对各国经济的不断渗透，也随着中国金融市场的日益开放，国际金融领域受到越来越多人的关注。国家“十二五”规划中明确指出“实施互利共赢的开放战略，进一步提高对外开放水平”，并提出深化金融体制改革，具体包括：完善以市场供求为基础的有管理的浮动汇率制度，改进外汇储备经营管理，逐步实现人民币资本项目可兑换，参与国际金融准则新一轮修订，等等。上海、广州等新兴国际金融中心崛起，人民币跨境贸易结算开始试点，这些都表明国际金融将成为经济生活的重要课题。国际金融的知识必然成为财经类专业学生从业的基础准备，以帮助他们拓展视野，从更加宏观的层面把握经济金融的动态。国际金融是一个动态的领域，需要把握最新的形势，所以根据当前的国际金融态势编写一本较新的国际金融教材非常必要。

国际金融的相关教材很多，大体分为本科层次及高职高专层次两种，后者更偏重实务。对比国内多本适用于高职高专的国际金融教材，绝大部分仍采用传统的知识框架和表现形式，未能体现高职课改中“任务驱动”的思想。在教学中，这种传统的知识讲授型教材已经不能适应高职教育的要求，亟待一本将知识融合在任务中，通过解决任务完成知识学习的教材，从而实现学生能力的提高。

本教材以国际金融相关工作岗位的具体工作任务为出发点，选取相关的专业内容，精心设计学习的各个环节。内容分为上下两篇，上篇为国际金融基础，包括汇率折算与进出口报价、国际收支申报与平衡表编制、国际储备与外债、国际金融运行系统；下篇为国际金融活动，包括外汇交易实务、外汇风险管理、国际融资及国际结算。本教材可作为高职高专院校财经类专业学生的专业课学习教材及辅导书，也可供相关的专业从业人员作为参考读物。

本教材的特色与创新之处体现在以下几点：

第一，本教材打破传统知识框架的束缚，重新设计内容结构，使得内容不但新颖，而且更适合教学的需要，更有助于学生由浅入深去探索国际金融的世界。

第二，本教材在表现形式上丰富灵活，更贴近高职学生的思维习惯。首先提出工作任务目标，再展开介绍完成任务的知识，并设计了丰富的能力训练，引导学生完成整个能力训练及知识获取的过程。

第三，本教材语言风格轻快通俗，避免一般教材语言枯燥冗长的缺点，力求把阅读的过程变成一个与笔者对话的过程。

第四，本教材尤其注重结合实践，引用国际金融当前热点事件作为案例，力求做到“新”。

本教材由广州番禺职业技术学院和山西省财政税务专科学校合作编写，具体编写分工如下：广州番禺职业技术学院徐杰芳编写项目一、项目五、项目六和项目八，山西省财政税务专科学校李毅编写项目三和项目四，广州番禺职业技术学院杨伟珏编写项目二，广州番禺职业技术学院任碧峰编写项目七。由徐杰芳负责全书的总纂和修改。

在本教材编写过程中，参阅了大量教材、专著、网站文献，这些材料已在原文注明出处或在主要参考书目中列出。但由于资料众多，可能会有遗漏或标注失误，若有这种情况发生，敬请与本人联系，以便及时更正。再次向有关的作者、编者致以谢意。由于作者水平有限，书中难免有谬误之处，敬请广大读者批评指正。

广州番禺职业技术学院　徐杰芳
2011 年 4 月于广州

目　录

上篇　国际金融基础

3 项目一　汇率折算与进出口报价
3 模块一　走近外汇
8 模块二　走近汇率
24 模块三　汇率折算
33 模块四　进出口报价
36 综合练习一

39 项目二　国际收支申报与平衡表编制
39 模块一　国际收支平衡表编制
56 模块二　国际收支申报
74 模块三　国际收支分析
98 综合练习二

101 项目三　国际储备与外债
101 模块一　国际储备
121 模块二　外债与国际债务危机
133 综合练习三

136 项目四　国际金融运行系统
136 模块一　国际货币制度
151 模块二　国际金融机构
168 模块三　国际金融市场
186 模块四　外汇管制
199 综合练习四

下篇 国际金融活动

205 **项目五 外汇交易实务**
205 模块一 即期外汇交易操作实务
216 模块二 远期外汇交易操作实务
227 模块三 外汇期权交易操作实务
235 模块四 外汇掉期交易操作实务
240 模块五 外汇期货交易操作实务
259 综合练习五

261 **项目六 外汇风险管理**
261 模块一 认识外汇风险
283 模块二 管理外汇风险
303 综合练习六

305 **项目七 国际融资**
305 模块一 国际股权融资
315 模块二 国际债券融资
321 模块三 走近出口信贷
329 模块四 认识国际保理
335 综合练习七

337 **项目八 国际结算**
337 模块一 国际支付中的票据
346 模块二 信用证结算
374 模块三 托收结算
385 模块四 汇款结算
391 综合练习八

395 **综合练习参考答案**

402 **主要参考书目**

上篇

国际金融基础

项目一

汇率折算与进出口报价

HUILÜ ZHESUAN YU
JIN CHUKOU BAOJIA

现在的中国市场，随处可见从各国进口的商品；现在的国外街道，随处可见中国人的身影。经济全球化不仅仅体现在企业的跨国合作，更渗透在人们的日常生活中。当你准备出国旅游、出国留学，或者为企业采购一批进口商品，或者和外国买家进行贸易磋商时，你能看懂银行公布的外汇牌价吗？能根据汇率估算外币标价产品的人民币价格吗？能在保证本币收入不变的前提下应外国客人的要求报出合理的外币标价吗？本项目将帮助大家深入了解外汇与汇率，熟练掌握汇率折算以及外汇与汇率在进出口报价中的应用。

模块一　走近外汇

【课前思考】

很多人都认为“外汇”就是“外国的钱、外国的钞票”，你赞同这一观点吗？

【能力目标】

1. 准确把握外汇的本质；
2. 熟练认知世界常用货币。

一、外汇的两层含义

在当前的跨国结算和消费中，人们很少使用现金，多数采用一些支付工具，如汇票，收款的一方并不会收到外币的现金，多数只是持有以外币计价的汇票、支票等；通过跨国投资，我们手中可能会持有外国的股票、债券等以外币计价的有价证券；一些国际性金融机构发行了超主权的可代替货币进行某种支付的资产，如国际货币基金组织的特别提款权。这些都不是货币，但都履行着货币的职能。外汇（Foreign Exchange）的形式是不是也可以丰富多样呢？

各国经济学家们普遍认为外汇有动态、静态两层含义。

（一）动态外汇

动态外汇是国际汇兑的简称，指货币在各国间的流动，以及把一个国家的货币兑换成另一个国家的货币，借以清偿国际间债权、债务关系的一种专门性的经营活动。从这个意义上说，外汇等同于国际结算。在本书的项目八中将为大家介绍三种主要的国际结算方式（信用证、托收、汇款），除此之外，以下及其余项目中所提到的外汇主要指的是“静态外汇”。

（二）静态外汇

1. 广义的静态外汇。静态外汇有广义与狭义之分，简单地说，广义的外汇指的是一国拥有的一切以外币表示的资产。所谓“一切以外币表示的资产”具体会有哪些形式呢？中国于2008年修正颁布的《中华人民共和国外汇管理条例》规定：“外汇，是指下列以外币表示的可以用作国际清偿的支付手段和资产：（1）外币现钞，包括纸币、铸币；（2）外币支付凭证或者支付工具，包括票据、银行存款凭证、银行卡等；（3）外币有价证券，包括债券、股票等；（4）特别提款权；（5）其他外汇资产。”

【知识链接】　特别提款权

特别提款权（Special Drawing Rights，SDR）是国际货币基金组织创设的一种储备资产和记账单位，亦称“纸黄金”（Paper Gold）。它是基金组织分配给会员国的一种使用资金的权利。特别提款权可以作为国际储备；可以用于政府间结算；可以用于偿还向IMF的借款本息；经货币发行国同意后可以兑换成外汇。会员国在发生国际收支逆差时，可用它向基金组织指定的其他会员国换取外汇，以偿付国际收支逆差或偿还基金组织的贷款。但特别提款权不可以支付商品与劳务的款项；不可以兑换成黄金。由于国际支付中绝大部分是基于商品与劳务的（是国际收支中经常项目的主要部分），所以特别提款权在国际支付中的使用受到很大限制，主要局限于政府间债务支付或偿还国际货币基金组织贷款。

当然，不同国家、不同领域给出的外汇定义不尽相同，不管表述的语言如何，有一点是共同的——“外汇”绝不仅仅是“外国的钱、外国的钞票”，它还可以很多面貌出现：它可以是你投资的外国债券，可以是你在国外股票市场购买的公司股票，可以是你在境外银行户头上的存款，也可以是一笔外贸交易让你获得的一张外币支票。

【知识链接】　国际货币基金组织（IMF）定义的外汇

“外汇是货币行政当局（中央银行、货币管理机构、外汇平准基金及财政部）以银行存款、财政部库券、长短期政府证券等形式保有的在国际收支逆差时可以使用的债权。”

2. 狭义的静态外汇。狭义的外汇指的是可直接用于国际间债权债务结算的各种支付手段。很明显，与广义的外汇相比，狭义的外汇突出可“直接用于国际结算”。

想一想　广义外汇的诸多表现形式中哪些是不能直接用于国际结算支付的？

国外货币、外币支付凭证、特别提款权及欧洲货币单位都可以直接用于国际结算支付，其中虽然特别提款权的使用会受到一定限制（不可以支付商品与劳务的款项），但它可以直接用于政府间债务支付或偿还国际货币基金组织贷款。只有外币有价证券不可以直接进行支付，必须先行出售变现，成为银行存款后方能进行国际结算。所以，狭义的外汇实际上是除外币有价证券以外的其他所有外币资产。

3. 现钞与现汇。观察过银行公布的每日外汇牌价吗（见表 1－1）？会发现每种货币的买入价有两个（现汇买入价和现钞买入价），而卖出价只有一个，并且同期的现汇买入价一定会高于现钞买入价。

表 1－1　中国银行 2011 年 2 月 1 日公布的外汇牌价

货币名称	现汇买入价	现钞买入价	卖出价
英镑	1 054.6	1 022.05	1 063.08
美元	657.88	652.61	660.52
港元	84.41	83.74	84.73

想一想　为什么每种货币会有两个买入价？为什么同种货币同期的现汇买入价总是高于现钞买入价？

解决这个问题，必须先弄清什么是现汇，什么是现钞。在外汇的几种形式中，第一种“外币现钞，包括纸币、铸币”，这就是现钞，是拿在手中实实在在的现金；第二种“外币支付凭证中的银行存款凭证”，即在银行中的外汇存款，是银行账户中的一串数字、一个金额，这就是现汇。

当银行购入现汇时，只需要进行简单的操作，就可以将外汇从客户的账户中转移到银行自己的账户中，立即开始享受利息收益，方便、迅速。当银行购入现钞时，从购入到产生利息收益，需要付出一系列成本，包括存储费用、运输费用、存储运输中的风险、购入时到存入国外银行期间的利息损失。相比现钞，现汇更受银行的欢迎，价格自然较高。

根据以上参考汇率，银行购入 100 美元现汇，需要支付 657.88 元人民币；购入 100 美元现钞，只需支付 652.61 元人民币。

【知识链接】

我国的商业银行在购入外汇现钞后，除了保留一部分应对日常兑换等需求外，超出的部分达到一定金额时会集中运往货币主权国家，存入本行在该国银行中所开的账户，这样才可以享受利息收益。

想一想 外币的现钞是外汇吗?

严格来说，外币现钞不能算做外汇。虽然外币在其发行国是法定货币，然而它一旦流入他国，便立即失去其法定货币的身份与作用，外币持有者须将这些外币向本国银行兑成本国货币才能在本国使用。即使是银行，也必须将这些外币运回其发行国或境外的外币市场（如中国香港）出售，变为在国外银行的存款，以及索取这些存款的外币票据与外币凭证，如汇票、本票、支票等，这些才是外汇。

二、外汇的必要前提

现在我们知道了外汇指的是所有用外币表示的资产，它有多种多样的形式，这让我们对外汇的认识更加生动与丰富，但这样的认知足够准确吗？美国的主权货币是美元，日本的主权货币是日元，欧盟国家共同使用欧元。很多人可能并不清楚，菲律宾货币是比索，马来西亚货币为林吉特，非洲的刚果（金），它的主权货币是刚果法郎。这些或熟悉或陌生的货币，对中国人来说都是外国的货币，它们都能被称为外汇吗？

【知识链接】 **世界货币知多少**

世界上大大小小的国家和地区一共有 250 多个，形形色色的货币约有 180 多种。发行货币是一个国家主权的一部分，一般每个主权国家都有自己的货币，不过也有例外。比如，欧洲因一体化进程的发展，欧盟国家都统一使用欧元。另外，一些小国出于成本、流通等因素考虑，会使用国际货币，比如不少太平洋小国就使用美元。还有，当一个国家出现内乱时，就会同时出现很多种货币，分别由不同政权发行。比如我国 20 世纪 20 年代，在井冈山还流行过共产党发行的货币，而当时全国大多数地方使用的是国民政府发行的货币。可以说世界上的货币种类总数是动态的。

生活中看似寻常的“外汇”其实有着并不寻常的含义。一国货币想要成为“外汇”，必须满足一个前提——可自由兑换，即外汇资产票面所标示的货币一定是可自由兑换的货币。

自由兑换货币主要是指该货币的发行国对该国的经常项目下的支付和资本与金融项目下的收支不进行管制或限制。《国际货币基金协定》第 30 条 F 款表明自由兑换货币是指：

（1）该货币在国际支付领域中被广泛使用；

（2）该货币在国际外汇市场上是主要的买卖对象；

（3）英镑、美元、日元、欧元等是主要的自由兑换货币。

非自由兑换货币主要是指该货币发行国对该国经常项目下的支付和资本与金融项目下的收支进行管制或限制。像以越南元、缅甸元所表示的支付凭证对一国不能算做外汇，因为这些货币的发行国对该国经常项目下的支付和资本与金融项目下的收支进行严格管制。

【知识链接】

经常项目是国际收支平衡表中反映居民与非居民间经常发生的经济交易内容，在国际收支中最重要。它包括货物、服务、收益、经常转移四个部分。

资本和金融项目，指资本的输出与输入。其反映的是本国和外国之间以货币表示的债权债务在国际间的变动，换言之，就是一国为了某种经济目的在国际经济交易中发生的资本跨国界的收支项目。资本和金融项目包括居民和非居民间资产或金融资产的转移。

【知识链接】 世界常用货币标准代码

货币名称	标准货币代码	货币符号
人民币	CNY	RMB ¥
美元	USD	US $ / $
英镑	GBP	£
港元	HKD	HK $
欧元	EUR（Euro）	€
日元	JPY	¥

【能力训练】

1. 2009 年 4 月 8 日，国务院常务会议决定，将在上海市和广东省的广州、深圳、珠海、东莞 4 城市开展跨境贸易人民币结算试点。分析人士认为，此举将成为人民币国际化征程的关键一步，并为今后人民币国际化的推进奠定重要基础。请根据你对外汇的理解判断人民币是外汇吗？

2. 张小姐和李小姐 2010 年圣诞节去香港购物，12 月 23 日，张小姐用 10 000 元人民币去中国银行兑换港元现钞，她可以兑换多少？李小姐同样用 10 000 元人民币要求银行兑换港元直接存放在本人所开的外币账户中，她可以兑换多少？

在香港期间张小姐用现金购物，李小姐刷卡购物，2010 年 28 日两人再次去银行将剩下的港元换为人民币，张小姐还有 5 000 港元现钞，李小姐还有 5 000 港元存款，她们各自能换回多少人民币？参考汇率如下：

日期	现汇买入价	现钞买入价	卖出价
2010 年 12 月 23 日	85.93	85.25	86.32
2010 年 12 月 28 日	85.01	84.33	85.39

模块二　走近汇率

【课前思考】

近几年，人民币汇率问题一直是全世界关注的热点。为什么人民币会升值？人民币升值对我国和其他国家会产生哪些重要影响？

【能力目标】

1. 快速准确读懂各种汇率标价；
2. 分析汇率变动对经济产生的主要影响；
3. 就某些经济事件分析其可能对汇率走势的影响。

一、什么是汇率

货币本身也是商品，是一种特殊的商品。普通商品的价格都可以用货币来表示：一把椅子99元，一幅壁画180元，一盒鲜奶8元……有了货币的帮助，我们可以直观判断出不同商品的价格贵贱。

但是如果说"一张CD38元人民币，一本书5.6美元，一碗面32港元"，CD、书和面哪个最贵呢？显然，当用不同货币计价时，我们就不能直接做比较，必须首先弄清人民币、美元、港元这三种货币各自值多少？

想一想　商品的价格可以用货币表示，货币的价格如何表示？

最好的办法就是用一种货币去表示另一种货币的价格，例如1美元的价格是6.5758元人民币，是82.1975日元，是7.7848港元，这就是汇率。

汇率（Exchange Rate）是一国货币折算为另一国货币的比率或比价，即以一国货币表示另一国货币的价格。

【知识链接】　汇率的表达

1. 采用国际通用的三位大写字母表示的标准货币符号代码表示货币；
2. USD100 = CNY657.58与USD/CNY = 657.58表达同一个汇率；
3. 汇率一般由5位有效数字表示；
4. 汇率最右数位的一个数字称为一个汇价点。

二、汇率的标价法

当我们需要表达人民币与美元之间的汇率时，是用人民币去衡量美元，还是用美元去衡量人民币呢？

想一想　1美元 = 6.5758元人民币和1元人民币 = 0.1521美元哪个是正确的汇率表达方式？

1. 直接标价法（Direct Quotation）。直接标价法是用 1 个或 100 个单位的外国货币作为基准，折算为一定数额的本国货币。例如在中国国内公布的外汇牌价表达如下：

USD100 = CNY657. 58

HKD100 = CNY84. 470

JPY100 = CNY8. 0390

在直接标价法下，外国货币为基准货币，通常采用 1 个或 100 个单位，数值是不变的；本国货币为标价货币，标价货币（本国货币）数额的改变表示汇率的改变。本币数值升高，表示外币升值、本币贬值（外币汇率上升、本币汇率下降）；本币数值降低，表示本币升值、外币贬值（即本币汇率上升、外币汇率下降）。

除英国、美国、欧元区以外，绝大多数国家包括我国都采用直接标价法。

2. 间接标价法（Indirect Quotation）。间接标价法是用 1 个或 100 个单位的本国货币作为基准，折算为一定数额的外国货币。如在英国国内公布的外汇牌价表达如下：

GBP100 = CNY1 059. 1

GBP100 = HKD1 253. 8

GBP100 = JPY12 709

在间接标价法下，本国货币为基准货币，通常采用 1 个或 100 个单位，数值是不变的；外国货币为标价货币，标价货币（外国货币）数额的改变表示汇率的改变。外币数值升高，表示本币升值外币贬值（本币汇率上升、外币汇率下降）；外币数值降低，表示外币升值本币贬值（外币汇率上升、本币汇率下降）。

英国、欧元区都采用间接标价法；美国外汇市场比较特殊，美元对英镑采用直接标价法，对其他货币采用间接标价法。

想一想　如果说美元对人民币升值 25%，是不是可以说人民币对美元贬值 25%？

假如 USD1 = CNY8，升值后汇率变为 USD1 = CNY10，美元对人民币升值（10 - 8）/8 = 25%，那么人民币对美元贬值多少？

3. 美元标价法与非美元标价法。随着外汇市场的迅速发展和外汇交易的全球化，对于外汇交易的双方来说，一笔交易所涉及的两种货币可能没有一种属于本币。如法国某银行与中国某银行进行一笔外汇交易，而买卖的货币分别是港元和日元，这时要进行港元对日元的报价就很难采用直接标价法或间接标价法。所以，要应对国际外汇市场上的外汇交易需求，沿用各国国内的标价方法不可行，必须有一种统一的标价方法，这就是美元标价法。

美元标价法又称纽约标价法，是指在纽约国际金融市场上，除对英镑采用直接标价法外，对其他外国货币用间接标价法的标价方法。

20 世纪 50 年代，国际金融市场开始逐步采用美元标价法，美国在 1978 年 9 月 1 日开始正式实行美元标价法，目前是国际金融市场上通行的标价法。例如，香港某外汇银行挂出自己的外汇牌价为 1 美元兑 78. 909 日元。对该银行来说，上述标价既不是直接标价也不是间接标价，而是美元标价。

在美元标价法下，美元作为基准货币，其他货币是标价货币；在非美元标价法下，非美元货币作为基准货币，美元是标价货币。在国际外汇市场上，除英镑、澳大利亚元、新西兰元、欧元、南非兰特等几种货币采用非美元标价法以外，其余大多数货币均采用美元标价法。美元标价法与非美元标价法是国际外汇市场买卖外汇报价的习惯做法，这一惯例已被全世界的市场参与者所接受，国际间已约定俗成，形成惯例。

【知识链接】 汇率的种类

（一）按外汇管制松紧程度分

1. 官定汇率（Official Rate）：官方（一个国家的外汇管理机构，如财政部、中央银行或经指定的外汇专业银行）所规定的汇率。在外汇管制比较严格的国家禁止自由外汇市场的存在，在这样的国家实际执行汇率就是官定汇率。

2. 市场汇率（Market Rate）：在自由外汇市场上买卖外汇的实际汇率。在外汇管制放松的国家，官定汇率往往只是形式，实际外汇交易均按市场汇率进行。

3. 黑市汇率（Black Market Rate）：在外汇黑市市场上买卖外汇的汇率。严格执行外汇管制的国家，外汇交易一律按官方汇率进行。一些持有外汇者以高于官方汇率的价格在黑市市场上出售外汇，可换回更多的本币，这是黑市外汇市场的外汇供给者；另有一些因为国家严格的外汇管制政策而不能以官定汇率获得或获得不足够的外汇需求者，只能以高于官定汇率的价格从黑市外汇市场购买外汇，这是黑市外汇市场的外汇需求者。

（二）按外汇资金性质和用途分

1. 贸易汇率（Commercial Rate）：用于进出口贸易及其从属费用方面的汇率。

2. 金融汇率（Financial Rate）：资金转移和旅游等方面的汇率。

（三）按汇率适用于不同的来源与用途分

1. 单一汇率（Single Rate）：一国对外仅有一个汇率，各种不同来源与用途的外汇收付均按此计算，或本币对各种外币的即期外汇交易的买卖差价不超过2%者。

2. 多种汇率（Multiple Rate）：一国货币对某一外国货币的汇价因用途及交易种类的不同而规定两种或两种以上的汇率，或本币对各种外币的即期外汇交易的买卖差价超过2%者，即为多种汇率，也叫复汇率。

（四）按外汇交易工具和收付时间分

1. 电汇汇率（T/T Rate）：用电信通知付款的外汇价格。电汇汇率交收时间最快，一般银行不能占用顾客资金，因此电汇汇率最贵。在银行外汇交易中的买卖差价均指电汇汇率。电汇汇率是计算其他各种汇率的基础。

2. 信汇汇率（M/T Rate）：信汇汇率即用信函方式通知付款的外汇汇率。由于航空邮件通知需要较长时间，汇款银行在一定时间内可以占用顾客的资金，因此信汇汇率较电汇汇率低。

3. 票汇汇率（D/D Rate）：在兑换各种外汇汇票、支票和其他票据时所采用的汇率叫票汇汇率。因票汇在期限上有即期和远期之分，故汇率又分为即期票汇汇率和远期票汇汇率，后者要在即期票汇汇率基础上扣除远期付款的利息。

（五）按外汇银行营业时间分

1. 开盘汇率：外汇银行在一个营业日刚开始营业、进行外汇买卖时使用的汇率。

2. 收盘汇率：外汇银行在一个营业日的外汇交易结束时使用的汇率。随着现代科技的发展、外汇交易设备的现代化，世界各地的外汇市场连为一体。由于各国大城市存在时差，而各大外汇市场汇率相互影响，所以一个外汇市场的开盘汇率往往受到上个时区外汇市场收盘汇率的影响。开盘与收盘汇率只相隔几个小时，但在汇率动荡的今天，也往往会有较大的出入。

（六）按买卖对象分

外汇交易主要分为银行同业之间买卖和银行与一般顾客之间的买卖两种。因为银行同业间外汇买卖金额较大，交易频繁，而银行与一般顾客之间的交易金额较小，较为零碎，难以平仓，所以这两种交易适用不同的汇率。

1. 银行同业汇率：银行与银行以及银行与经纪人之间进行外汇买卖时所使用的汇率。由于它敏捷地反映了外汇市场上供求关系的变化，因此又被称为市场汇率。在国际金融市场上，银行之间每天都在不停地买卖外汇。它们有时直接进行，有时通过外汇经纪人成交。银行交易员所报出的汇率，反映了外汇市场上供求关系的最新变化，因此银行同业汇率（或市场汇率）是不断波动的。国际市场汇率指的就是这种银行之间的交易汇率，它是银行制定柜台汇率的基础。目前，国际金融市场上银行与大的跨国公司或企业集团之间的外汇买卖也适用这一汇率。

2. 银行柜台汇率：银行对外的挂牌汇率，又称商业汇率，适用于银行与一般顾客之间的外汇买卖。这种汇率是各银行以银行同业市场前一天的中心汇率（前一天交易最多的汇率）为基础，根据银行本身的外汇头寸和市场因素等情况调整之后，再加上手续费制定的汇率。因此，柜台汇率的买卖差价要比市场汇率差价大很多。

在市场汇率比较稳定时，银行柜台汇率一天之内不会有变化，可以无限制进行买卖。但如果外汇市场发生了大的波动，银行柜台汇率也会随之进行调整。

（七）名义汇率与实际汇率

1. 名义汇率：也就是市场汇率，与实际汇率对称，是指公布的汇率，是一种货币能兑换另一种货币的数量。名义汇率不能反映两种货币的实际价值，是随外汇市场上外汇供求变动而变动的外汇买卖价格。

2. 实际汇率：名义汇率减去通货膨胀率后的汇率。

（八）固定汇率与浮动汇率

1. 固定汇率（Fixed Exchange Rate）：汇率基本固定，汇率的波动幅度被限制在较小的范围内。

2. 浮动汇率（Floating Rate）：一国货币管理当局不规定汇率波动的上下限，汇率随外汇市场的供求关系自由波动。

除以上分类外，还有即期汇率与远期汇率之分；买入汇率与卖出汇率之分；交叉汇率（套算汇率）与基准汇率之分。这些汇率之间都涉及相互折算，所以将在本项目“模块三　汇率折算”中进行详述。

三、影响汇率的因素

1. 国际收支。非严格地说，国际收支是指一国对外经济活动中所发生的收入和支出。当一国的国际收入大于支出时，即为国际收支顺差。表现在外汇市场上，就是外汇的供应大于需求，因而本国货币汇率上升，外国货币汇率下降。反之，当一国的国际收入小于支出时，即为国际收支逆差。表现在外汇市场上，就是外汇（币）的供应小于需求，因而本国货币汇率下降，外国货币汇率上升。

需要说明的是，以上所描述的影响要求国际收支顺差或逆差是长期的、大规模的。如果一国国际收支顺（逆）差是短期的、临时性的、小规模的，它可以轻易地被国际资金的流动、相对利率水平、相对通货膨胀率、政府在外汇市场上的干预等其他因素所抵消。大规模、长期的国际收支顺差或逆差将长期影响汇率的走势。

想一想　近几年人民币汇率走势与我国的国际收支情况相符吗？

2. 相对通货膨胀率。通货膨胀就是普遍而持续的物价上涨，它是一国国内的经济现象，不会对其他国家产生直接影响，但是通过物价和进出口活动，将会影响汇率进而将影响传递到其他国家。当一国国内出现高通货膨胀时，会造成国内物价普遍持续的上涨，包括原材料和人工成本等，所以本国出口商品的成本会增加，标价也会随之升高。如果其他国家国内没有出现通货膨胀，或者通货膨胀率相对本国而言较低，那么国际市场对本国出口商品的需求会减少。如果这一情况持续一段时间，本国出口将会持续减少，外汇收入减少，表现在外汇市场上就是外汇供给减少，从而造成外汇汇率上升，本币汇率下降。

这里非常强调的是相对通货膨胀率。当一国国内出现通货膨胀时，即使不考虑其他影响汇率的因素，也不代表该国汇率一定会下降，必须要看同期其他国家国内的通货膨胀情况。如果当时全球都笼罩在恶性通胀的阴影中，本国有通货膨胀但通胀率相对较低，那么本国汇率不但不会下降反而会上升。反之，当本国通胀率相对较高时，将在一定时期内促进本币汇率下降。

3. 财政经济状况。从长期看，一国的财政经济状况是影响该国货币对外比价的基本因素。一国的财政收支或经济生产状况较以前有所改善，该国货币代表的价值量就提高，该国货币对外币就升值。如果一国财政经济状况较以前恶化，或财政赤字增大，该国货币代表的价值量就减少，该国货币对外币就贬值。此外，较好的财政经济状况可以吸引国际资本流入，会有更多资本在国际市场购买本币，从而增加外汇供给和本币需求，引起本币汇率上升。一般来讲，财政状况对本国货币价值的影响相对较慢。

4. 相对利率水平。一国的利息率水平对本币的汇率也会产生影响。国际金融市场存在大量游资，如果一国的利息率较以前有所提高，游资持有者就会向该国投资，追求较高的利息收入，该国外汇收入就会增加，外币供大于求，从而促使该国货币较以前升值，本币汇率提高。如果该国降低利息率，其结果则相反。

同样，这里也强调的是相对利率水平，只有本国利率相对其他国家较高，国际资本才会流入。否则，即使本国利率上升，但相对其他国家而言仍然偏低，国际资本也不会流入。在经济全球化的今天，某个国家调高或降低本国利率水平已经不再是一国内部的事情，它会联动影响到其他国家的国内货币政策。

想一想　次贷危机过后美国经济放缓，美联储为了刺激经济多次降息，美国目前的利率水平已经接近于零。这种利率水平对人民币汇率有什么影响？如果不考虑其他因素，我国希望通过调整本国利率水平抑制人民币升值，该怎么做？

5. 心理预期。心理预期决定了大多数人的行为，所以往往能对汇率产生重大影响。心理预期多种多样，包括经济的、政治的和社会的。就经济方面而言，心理预期包括对国际收支状况的预期，对相对物价水平和通货膨胀率的预期，对相对利率或相对资产收益率的预期，以及对汇率本身的预期等。心理预期通常是通过捕捉刚刚出现的某些信号来进行的。因此，有意或无意地发出一些与之相对冲的信号，可以改变心理预期的方向。也可以通过故意释放某些信息来引导市场参与者的心理预期。

以在外汇市场仍占统治地位的美元为例，一般规律是在美国以外的政治危机会促使美元汇率上涨，美国自身出现政治危机，则美元汇率下跌，政府的改选更替、财政部部长或中央银行行长易人也会给外汇市场的心理预期带来不同程度的影响，从而引起汇率波动。

心理预期对汇率的影响是同方向的，也就是预期汇率上升，就会促进汇率上升，反之亦然。需要说明的是，这里的心理预期指的是整个市场的心理预期，而不是单个个体的心理预期。只有绝大部分市场参与者的心理预期都是一致的，才会推动汇率发生相应变化。

6. 政府干预行为。市场调节效果不佳时，政府有可能会进行直接的干预。例如，当本币有贬值压力时，政府可以动用外汇储备在外汇市场上购买本币，增加本币需求和外币供给，从而缓解本币贬值压力；当本币有升值压力时，政府可以在外汇市场上用本币购买外汇，增加本币供给和外币需求，从而缓解本币升值压力。

除了直接进入外汇市场买卖外汇外，政府还可以直接限制进口用汇需求、改变对资本流入或流出的限制、加紧或放松外汇管制等。有时政府故意作出某种表态也可以实现对市场的干预。如 1988 年 11 月下旬美元对原西德马克汇价，经过西欧国家的干预从 1.7170 上涨到 1.7200 左右，但此时美国财政部部长布莱德（Brady）在电视上发表讲话，他说：“外汇市场的汇价有涨有跌，今年美元汇价的最低点接近去年 1 月的水平。”在讲到这句话时，外汇市场的交易商认为是他不能容忍美元降到目前的较低水平，可能要采取措施，提高美元的对外汇价。因此，美元对原西德马克汇价略有提高。但是，布莱德紧接着又说：“我们对此并不感到担忧。”言外之意，美元汇价如再下降他也不怕，这句话说出后，美元汇价立刻又下降了。可见，政府金融主管人员的政策性讲话对国际外汇市场的影响也是很大的。我们可以把这看成政府故意作出的表态，能够在很大程度上影响市场。

【知识链接】 南非政府将直接干预汇市压低货币汇率

2010年以来，从发达国家流向新兴市场国家的各类资金总额已超过8 000亿美元，其中流向南非的热钱就有约125亿美元。大量热钱涌入导致的货币升值问题已经引起南非政府警觉。南非有关部门日前表示，除将直接干预汇市压低兰特汇率外，还考虑对资本流入征税。

升值迅速严重影响了该国采矿业、农业和制造业的国际竞争力

近几个月，南非兰特迅速升值，10月中旬升至1美元兑换6.76兰特，达到近3年来的最高点。2010年以来，兰特对美元升值幅度超过7%，从2009年初算起更是超过30%。兰特汇率持续走高势必给经济增长带来不平衡，加大经常项目赤字。南非政府表示，兰特升值已经严重影响了该国采矿业、农业和制造业的国际竞争力。如果这一问题不能尽快得到解决，将会有众多企业倒闭和大量工人失业，影响南非经济的恢复。

南非将兰特升值的主要原因归结于大量热钱的涌入。南非财政部部长普拉温·戈尔丹表示，由于主要发达国家的利率目前处于较低水平，大量来自这些国家的资本流入新兴市场国家，并推动新兴市场国家的货币走强。南非储备银行日前发布的货币政策评估报告也认为，兰特升值受流入新兴市场国家的资本影响很大。据当地媒体报道，2010年以来从发达国家流向新兴市场国家的各类资金总额已超过8 000亿美元，其中流向南非的热钱就有约125亿美元。

主张征税

南非媒体认为，对流入资本征税是抑制兰特走强的最好办法。但一些经济学家却认为，这种措施很难实施。

虽然南非已经意识到热钱流入可能对经济产生严重影响，但并没有像一些新兴市场国家那样立即采取限制措施。有分析认为，原因之一在于，南非认为新兴市场国家的货币升值问题需要全球共同应对。戈尔丹财长日前表示，热钱是世界经济结构失衡产生的问题，需要全球共同应对，一些国家的单方面行动不可能解决问题。

作为执政联盟之一的南非工会大会一直主张通过征税来抑制热钱的流入，进而控制兰特升值。南非《商业日报》日前也报道说，对流入资本征税是抑制兰特走强的最好办法。但一些经济学家却认为，由于货币市场流动性极强，这种措施很难实施。

此外，在实际操作过程中也很难将短期热钱与长期投资资金完全区分开来。2010年以来，外国投资者对南非市场的热情不断升温，在南非进行的兼并和收购活动极为活跃，仅前9个月并购总额已达115亿美元，是2009年同期的两倍多。

出台政策

本国货币升值严重干扰了政府的经济发展计划，促使南非下定决心干预兰特汇率。

南非政府认为，该国经济增长前景并不十分乐观，预计2010年经济增长率为3%，2011年约为3.5%。南非总统祖马多次明确表示，增加就业是政府工作的优先任务。然而截至2010年第三季度失业率仍高达25.3%。而南非要想增加就业，其经济增长率就必须达到6.5%。但本国货币升值严重干扰了政府的经济发展计划，促使南非政府下定决心干预兰特汇率。

为此，南非政府决定采取综合措施。在日前发表的中期预算政策报告中，南非政府公布了将要采取的政策措施：为该国央行提供额外资金，通过购买外币、抛售本币的方式直接干预汇市；从2011年1月1日起放松外汇管制，允许跨国公司自行筹集和调动海外资本而不必再申领外汇管制许可，取消移民向外转移资产的限制；减少对资本流出的限制，鼓励购买海外资产；酝酿对资本流入进行征税，将在对有关国家的做法进行观察和评估后适时采取措施。不过由于南非正在加大引资力度，政府也担心征税会对外来投资造成影响，因此有关政策的出台会相当谨慎。

资料来源：人民网，http：//news. sina. com. cn/w/2010－11－02/050021396715. shtml，2010－11－02。

此外，外汇交易商对汇率走势的预期与技术性因素（如长周末前的平仓、长期空头后的补进等），以及投机因素对汇率变化也有影响。

上述各种因素的关系，错综复杂，有时各种因素会合在一起同时发生作用；有时个别因素起作用，有时各因素的作用又相互抵消；有时某一因素的主要作用，突然为另一因素所代替。但是，在一定时期内（如1年）国际收支是决定汇率基本走势的主导因素；通货膨胀与财政状况、利率水平和汇率政策起着助长或削弱国际收支的作用；预期与投机因素不仅是上述各项因素的综合反映，而且在国际收支状况所决定的汇率走势的基础上，起推波助澜的作用，加剧汇率的波动幅度。

从最近几年来看，在一定条件下，利率水平对一国货币汇率涨落起着重要作用，而从长期来看，相对经济增长率和货币供给增长率决定了汇率的长期走势。

四、汇率变动对经济的影响

1. 汇率变动对国际收支的影响。国际收支中最重要的部分是经常项目，经常项目中主要包括贸易收支和非贸易收支。贸易收支就是一国出口商品所得收入和进口商品的外汇支出的总称，与商品的进出口有关。除了进出口商品外，经常项目下还包括一些服务的收支，如来本国旅游、出国旅游、出国留学，这些统称为非贸易收支。

在贸易收支方面，当本币汇率上升时，一方面本币标价的出口商品实际价格上升，本国的贸易条件恶化，国外对本国出口商品的需求减少，本国的出口会减少，所以贸易收入减少；另一方面本币在国际上的购买力增强，本国对进口商品的需求会增大，所以进口增多，贸易支出增加。综合作用的结果就是贸易收入减少，贸易支出增加，贸易收支出现逆差（或贸易收支顺差额减少）。

在非贸易收支方面，当本币汇率上升时，一方面来本国留学或旅游的代价变高，国外消费者会减少来本国留学或旅游，本国的非贸易收入会减少；另一方面本币在国际上的购买力增强，本国人去国外留学或旅游变得更便宜，会增大对出国旅游、留学的需求，本国的非贸易支出会增加。综合作用的结果是非贸易收入减少，非贸易支出增加，非贸易收支出现逆差（或非贸易收支顺差额减少）。

由于经常项目是国际收支最主要的组成部分，它的顺差或逆差决定了整个国际收支是顺差或逆差。这样一来，当本币汇率上升时，本国国际收支将出现逆差的趋势；反之，当本币汇率下降时，本国国际收支将有向顺差发展的趋势。

想一想 美国对中国常年大额贸易逆差，希望改善本国贸易收支状况是不是美国向人民币施压要求其升值的原因之一？

2. 汇率变动与国际资本流动。国际资本最大的共性就是逐利，哪里有利可图、哪里更安全，国际资本就会流向哪里。当一国货币汇率稳步上升时，持有该币种不但安全而且有利可图，所以会有大量的国际资本涌入该国，在资本与金融账户下改善国际收支的情况。反之，当一国货币汇率不断下降时，这种弱势的表现会刺激逐利的国际资本离开，从而恶化资本与金融账户下的收支情况。

3. 汇率变动与国际储备。国际储备是一国官方持有的用于国际支付和维持本国货币汇率的流动性资产。其数量多少体现了一国国际清偿能力的强弱。一国的国际储备资产包括黄金储备、外汇储备等。一国的货币当局可以利用国际储备调节本币汇率的异常波动。当本币汇率下降时，货币当局可以动用国际储备中的外汇储备去国际外汇市场购买本币，增加本币需求，从而缓解本币贬值；当本币汇率上升时，货币当局可以把过多的外汇收入国际储备这个“蓄水池”，减少外汇供给，从而缓解本币升值。所以，国际储备与汇率的关系非常密切。

同时，汇率的变动也会直接给国际储备带来影响。首先，汇率变动会直接改变国际储备的价值。因为国际储备中占比最大的是外汇储备，为了分散风险，一国往往会选择一篮子货币作为外汇储备币种，通常美元占最大比重。当美元大幅度贬值时，会直接造成把美元作为外汇储备币种的国家国际储备的大量缩水。其次，汇率变动还会间接影响国际储备的数量。当汇率稳步上升时，会吸引国际资本流入，这将增加国际储备中外汇储备的数量。

想一想 一场美国次贷危机，让全球多少财富化为乌有？

4. 汇率变动与国际债务。国际借贷相比国内借贷而言要复杂得多，因为贷款涉及的货币很可能不是本国货币。如果某种货币汇率上升，那么持有该货币债权的一方会得益，负有该币种债务的一方利益将受损。

想一想 中国某商业银行借给日本某银行 1 000 万美元，期限为 1 年，如果 1 年后美元贬值了，这对中国的银行有利还是对日本的银行有利？

5. 汇率变动与通货膨胀。本币汇率上升，以本币标价的出口商品的实际价格将升高，外国将减少对该商品的需求，该商品的出口份额只能转为国内销售，国内市场同类商品供给增加，其国内售价会降低；另一方面，本币汇率上升，本币的国际购买力增强，国内会有更多的进口商品供给，进口商品在国内市场的价格将会下降。

随着本币汇率的上升，出口商品的国内售价会降低，进口商品的国内售价也会降低，就有可能带动国内整体物价水平的下降，从而缓解国内的通货膨胀。反之，若本币汇率不断下降，则有可能加剧国内的通货膨胀。

6. 汇率与国际经济关系。汇率波动加剧了发达国家与发展中国家之间的矛盾。因为国际支付和国际储备货币大多采用发达国家的货币，当发达国家货币贬值时可能会影响发展中国家出口产品的收入和外汇储备。同时，汇率变动也加剧了发达国家之间的矛盾，因为任何一方的汇率下降都会使其本国出口商品对外销售竞争力增强，从而引起发达国家之间加强对销售市场的争夺。这也是为什么当今的全球市场中汇率大战与贸易大战层出不穷的原因。

五、汇率制度

汇率制度是指一国对本币与外币的比价所作出的安排与规定，安排的情况与规定的内容不同，就有不同的汇率制度。第二次世界大战以后，主要发达国家所建立起来的汇率制度经历了两个阶段：从 1945 年到 1973 年春，它们建立的是固定汇率制度（Fixed Rate System）；1973 年春以后，它们建立起浮动汇率制度（Floating Rate System）。但广大的发展中国家仍实行不同形式的固定汇率制度。

（一）固定汇率制度

固定汇率制度就是两国货币比价基本固定，并把两国货币比价的波动幅度控制在一定的范围之内。各国货币当局为维持汇率波动幅度，通常采取以下措施：

1. 提高贴现率。贴现率是利息率的一种，它是各国中央银行用来调节经济与汇价的一种手段。如前所述，在美国外汇市场上，如果英镑的价格上涨，接近波动幅度的上限水平，美国货币当局则可提高贴现率，其他利率如存款利率，也随之提高，国际游资为追求较高的利息收入，会将原有资金兑换成美元，存入美国，从而增加对美元的需求，引起美元对外汇价的提高。如果英镑价格下跌至下限水平，美国货币当局可降低贴现率，其结果则相反。

2. 动用黄金外汇储备。一国黄金外汇储备是维持该国货币汇率稳定的“蓄水池”。如果伦敦市场的英镑汇率下跌低于官定下限，则英国就动用美元外汇储备，在市场投放美元，从而缓和对美元的需求，促进英镑汇率上涨。反之，则收购美元，充实本国美元储备，减少市场供应，促使英镑汇率下跌。

3. 外汇管制。一国黄金外汇储备的规模有限，一旦遇到本币汇率剧烈下跌，将无力在市场上大量投放外汇以买进本币，因此，政府还会借助外汇管制的手段，直接限制某些外汇支出。

4. 举借外债或签订货币互换协定。哪种外币在本国外汇市场短缺，则向短缺货币国家借用，投放市场以平抑汇率。20 世纪 60 年代以后，美国曾与多个国家签订互换货币协议，签约国一方如果对某种外汇需求急迫，可立即从对方国家取得，投放市场，无须临时磋商。

例如，A与B做货币互换，为期10年。A向B提供人民币，利率是3%。B向A提供美元，利率是2%。

一开始A向B支付700万元人民币，B则向A提供100万美元。在互换期间，A向B每年支付2万美元利息，B向A每年支付21万元人民币利息。10年后互换期满，A向B归还100万美元，B向A归还700万元人民币。

【知识链接】 我国中央银行与白俄罗斯签订200亿元货币互换协议

2009年3月11日，中国人民银行和白俄罗斯共和国国家银行宣布签署双边货币互换协议。至此，中国与包括韩国、马来西亚、白俄罗斯等在内的国家和地区签署的双边货币互换规模总计已达到4 800亿元人民币……

人民银行网站于3月11日公布，中国和白俄罗斯此次签署的双边货币互换协议互换规模为200亿元人民币/8万亿白俄罗斯卢布，协议实施有效期3年，经双方同意可以展期。自2008年12月至今，人民银行已与韩国、中国香港、马来西亚分别签署双边货币互换协议，协议互换规模分别为1 800亿元人民币/38万亿韩元、2 000亿元人民币/2 270亿港元和800亿元人民币/400亿林吉特。

中国与他国和地区的双边货币互换作为人民币国际化的关键步骤，进展相当迅速。全国人大财经委副主任委员吴晓灵不久前曾透露，中国已经与包括俄罗斯、蒙古国、越南、缅甸等在内的周边8国签订了自主选择双边货币结算协议。

货币互换（又称货币掉期），作为货币不同的债务资金之间的调换，其目的在于降低筹资成本及防止汇率变动风险造成的损失。

中国在与韩国等签署双边本币互换协议时曾公开表示，两国（两地）通过本币互换可相互提供短期流动性支持，为本国商业银行在对方分支机构提供融资便利，并可促进双边贸易发展，促进地区金融稳定。

……

资料来源：节选自《上海证券报》，2009-03-12。

5. 实行货币公开贬值。如果一国国际收支逆差严重，对外汇需求数额巨大，靠上述措施不足以稳定本币汇率，则可以实行本币公开贬值，提高外币价格，在新的比价基础上，减少外汇需求，增加出口收入，追求新汇率的稳定。

（二）浮动汇率制度

浮动汇率制度即对本同货币与外国货币的比价不加以固定，也不规定汇率波动的界限，而听任外汇市场根据供求状况的变化自发决定本币与外币的汇率。外币供过于求，外币汇率就下跌（下浮）；外汇需求大于供给，外币汇率就上涨（上浮）。政府不再承诺把汇率维持在某种界限的义务，表面上对外汇市场不加干涉，但这种不干涉仅仅是表面上的。

1. 清洁浮动与肮脏浮动。按照政府是否干涉汇率，可以把浮动汇率制度分为清洁浮动和肮脏浮动：

（1）清洁浮动（Clean Float）或称自由浮动（Free Float），是政府完全不干涉外汇市场的汇率制度。现实中没有哪个政府能够做到对汇率完全地放任自由，所以清洁浮动并不存在，只是纯理论上的定义。

（2）肮脏浮动（Dirty Float）或称管理浮动（Managed Float），是政府不时地干涉外汇市场，使本币汇率的升降朝有利于本国的方向发展。现实中实行浮动汇率制的国家都是这一类型。

2. 单独浮动与联合浮动。从实行浮动汇率制的国家是否组成国家集团这一角度划分，则可分为单独浮动和联合浮动：

（1）单独浮动，就是一国不与其他国家组成集团而单独实行浮动汇率制，如美国、日本、加拿大、瑞士等国。

（2）联合浮动（Joint Float），是指某些国家组成集团来实行浮动汇率制，如1973年3月欧洲共同体6国（原联邦德国、法国、比利时、荷兰、卢森堡和丹麦）决定实行联合浮动汇率制度。在联合浮动汇率制度下成员国之间的货币保持固定汇率，波动幅度不得超过各自货币比价的±1.125%。当某成员国的货币受到冲击，其他5国采取一致行动，干预市场，以维持6国之间的固定汇率，但对美元和其他货币的汇率则实行共同浮动。

1970年3月，欧洲共同体国家建立了欧洲货币体系后，成员国的货币与欧洲货币体系内部的欧洲货币单位确定了比价，并重申成员国之间维持固定比价，对非成员国实行联合浮动。20世纪80年代，西班牙、葡萄牙和希腊，1995年芬兰、奥地利、瑞典先后参加了欧洲共同体。在这些国家中，除英国、希腊、瑞典外，其余国家均参加了联合浮动。

（三）中国香港的联系汇率制

联系汇率制源于英联邦成员国的货币发行制度。这种制度最主要的特点是将汇率制度的确定与货币发行准备制度加以结合，利用市场机制，互相牵制。

香港特别行政区回归中国以前，在第二次世界大战以后至1972年7月期间曾实行过港元钉住英镑的固定汇率制；1972年7月至1974年11月实行钉住美元的固定汇率制；1974年11月至1983年10月又实行了自由浮动汇率制；最后于1983年10月开始实行港元与美元的联系汇率制，一直持续至今。

港元联系汇率制包括以下主要内容：

1. 香港特别行政区的发钞银行（目前有汇丰银行、渣打银行和中国银行）如果发行港元，要按1美元兑7.8港元的固定汇率向外汇基金（现并入金融管理局）交存美元，并换取“负债证明书”，作为港元的发行准备。

2. 如果发钞银行向外汇基金退回港元与“负债证明书”，则按1美元兑7.8港元的固定汇率赎回美元。

3. 众多商业银行等金融机构如果需要港元也按上述比价，向发钞银行交付美元领取港元。如果退回港元，则按原比价，赎回美元。

上述联系汇率制规定的1美元兑7.8港元的固定汇率只适用于发钞银行与外汇基金以及商业银行等与发钞银行之间的发钞准备规定。在香港外汇市场上的港元与美元的交易并不受此约束，汇率变动由市场供求力量决定。

由此可见，香港特别行政区实际存在两种汇率，一种是发钞银行与外汇基金以及商业银行等与发钞银行之间的发行汇率，也就是1美元兑7.8港元的联系汇率；另一种是在外汇市场上受供求关系决定的市场汇率。

想一想 香港的联系汇率制度是怎样自动实现汇率稳定的？

【知识链接】 **汇率制度知多少**

自亚洲金融危机以后，IMF对成员国的汇率安排问题加强了研究、监督和指导。根据IMF在1999年出版的《各国汇率安排与汇兑管制年报》所公布的各国汇率制度安排，可细分为以下几种类型：

1. 自由浮动。有48个成员国实行自由浮动汇率制度，占第一位。
2. 平行钉住。这种制度可视为固定汇率制度。
3. 爬行钉住。这种制度可视为固定汇率制度。
4. 爬行区间浮动。这种制度也可视为固定汇率制度。
5. 无区间的有管理浮动。这种制度可视为准自由浮动。
6. 无本国法定货币的固定汇率安排。有37个成员国实行这种汇率制度，占第三位。
7. 货币发行局制度。有8个成员国（地区）实行这种制度。
8. 传统的钉住汇率（固定汇率制）安排。约44个成员国实行这种汇率制度，占第二位。

六、我国的汇率制度

（一）人民币汇率制度沿革

1. 向市场经济转轨初期（1979—1993年）。

第一阶段是人民币内部结算价与官方汇率并存时期（1981—1984年）。改革开放以前，人民币汇率长期低于出口创汇成本，但高于国内外消费物价之比。为了扩大出口，人民币需要贬值，不过人民币贬值对非贸易外汇收入不利。从兼顾贸易和非贸易两方面的需要出发，1979年8月政府决定自1981年1月1日起在官方汇率之外实行贸易内部结算汇率，它以全国出口平均换汇成本加一定幅度的利润计算出来，明显低于官方汇率。

第二阶段是取消内部结算汇率，进入官方汇率与外汇调剂市场汇率并存时期（1985—1993年）。双重汇率体制明显调动了出口企业的积极性，国家外汇储备也有所增加。但是这种安排存在明显的问题：第一，从对外关系来看，IMF将双重汇率看做是政府对出口的补贴，发达国家威胁要对我国出口商品征收反补贴税。第二，从国内角度来看，双重汇率造成外汇管理工作中的混乱，而且它在外贸部门仍然吃大锅饭的情况下不能有效抑制进口。所以，从1985年1月1日起取消了内部结算价，人民币又恢复到单一汇价。

为了配合外贸改革和推行承包制，我国逐步取消财政补贴，从1988年起增加外汇留成比例，普遍设立外汇调剂中心，放开调剂市场汇率，形成官方汇率和调剂市场汇率并存的局面。

2. 社会主义市场经济时期（1994年至今）。

第一阶段是汇率并轨与有管理的浮动汇率制时期（1994年至2005年7月）。1994年国家外汇体制改革的总体目标是“改革外汇管理体制，建立以市场供求为基础的、单一的、有管理的浮动汇率制度和统一规范的外汇市场，逐步使人民币成为可兑换的货币”。具体措施包括，第一，实行以市场供求为基础的、单一的、有管理的浮动汇率制。1994年1月1日实行人民币官方汇率与外汇调剂价并轨。第二，实行银行结售汇制，取消外汇留成和上缴。第三，建立全国统一的、规范的银行间外汇交易市场，央行通过参与该市场交易管理人民币汇率，人民币对外公布的汇率即为该市场所形成的汇率。1996年12月我国实现人民币经常项目可兑换，从而实现了人民币自由兑换的重要一步。

1994年以后，我国实行以市场供求为基础的管理浮动汇率制度，但人民币对美元的名义汇率除了在1994年1月到1995年8月期间小幅度升值外，始终保持相对稳定状态。亚洲金融危机以后，由于人民币与美元脱钩可能导致人民币升值，不利于出口增长，中国政府进一步收窄了人民币汇率的浮动区间。1999年，IMF对中国汇率制度的划分也从“管理浮动”转为“钉住单一货币的固定钉住制”。

第二阶段是参考一篮子货币进行调节的浮动汇率制度（2005年7月21日至今）。我国货币当局给出的汇率制度表述为“以市场供求为基础、参考一篮子货币进行调节、有管理的浮动汇率制度”。“参考一篮子货币”表明外币之间的汇率变化会影响人民币汇率，但参考一篮子货币不等于盯住一篮子货币，它还需要将市场供求关系作为另一重要依据，据此形成有管理的浮动汇率。

钉住制成功地保持了人民币汇率水平的稳定，有力地促进了外贸和投资的发展。同时也带来不少问题，突出表现在：第一，对外贸易不平衡状况加剧。自1994年以来（1998年除外），中国一直保持国际收支双顺差的格局，特别是进入21世纪以后，双顺差规模持续扩大，2004年经常账户盈余已达到当年GDP的4.2%。第二，双顺差造成中国的外汇储备迅速增加并带来了货币冲销操作的压力，货币政策的独立性受到挑战。第三，粗放的出口增长方式使我国出口商品的技术含量低，出口企业的国际竞争力不强，部分出口产品的资源和能源消耗大、对环境破坏严重，不利于实施可持续发展战略。

随着我国与世界经济依存关系的日趋密切，今后的人民币对外汇率将从以市场供求为基础的单一、有管理的浮动汇率起步，最终实现人民币的自由兑换。

（二）现行人民币汇率制度特点

1. 以市场供求为基础。这主要包括两个方面：一是指外汇市场的供求状况及汇率水平是决定人民币汇率水平的主要因素；二是指新的汇率将以前一天外汇市场的交易价格为基础，参照国际金融市场主要货币的变动情况予以制定。中国人民银行每天把外汇市场前一天交易中每笔交易的成交价格与成交量进行加权平均计算得出的价格，作为中国人民银行当天对外公布的人民币汇率中间价，又称基准汇率。因此，人民币汇率不是由中国人民银行制定的，而是由市场供求决定的，是在外汇市场上生成的，按市场供求变化进行浮动。

2. 单一的汇率。各外汇指定银行根据中国人民银行公布的汇率中间价及规定的浮动范围自行对外挂牌的汇率，将适用于所有的外汇与人民币的结算及兑换。

3. 有管理的汇率。这主要体现在中国人民银行通过国家外汇管理局对人民币汇率实施宏观调控与监督，即当市场汇率出现较大幅度的波动时，中央银行要通过买卖外汇的行动来干预外汇市场，保持人民币汇率在合理水平上的基本稳定。

4. 浮动汇率。这主要体现在两个方面：一是中国人民银行每日公布的市场汇率是浮动的；二是各外汇指定银行对外挂牌买卖外汇的汇率可在中国人民银行公布的市场汇率及规定的浮动范围内浮动。

（三）人民币汇率制度的内容

1. 实行以市场供求为基础的、单一的、有管理的浮动汇率制度。其汇率形成与运行的机制是：

（1）汇率的形成以银行间市场供求为基础。为保证银行结售汇制度的顺利运行，我国建立了一个统一的、规范的、有效率的外汇市场。

（2）统一的汇率。所有贸易、非贸易和资本与金融项目下的外汇收支都按银行挂牌汇率进行结算。对超过 100 万美元或与 100 万美元等值的交易，银行和客户可在规定的幅度内议价。

（3）有管理的浮动汇率。人民币汇率由银行间市场供求决定，因而是浮动的。但它又是有管理的，中国人民银行在中国外汇交易中心设有公开市场操作室，根据国家宏观经济政策目标在银行间市场吞吐外汇，调节外汇供求，保持人民币汇率的相对稳定。

2. 我国国内公布的人民币汇率有 18 种。例如，人民币对美元、港元、日元、欧元、英镑等汇率。

3. 人民币汇率采用直接标价法，即以 1、100、1 万或 10 万外币单位为标准，折算为一定数额的人民币。

4. 人民币汇率采取双方报价（同时报出买价和卖价），买卖价差大致为 5‰，为银行的营业收入。

5. 人民币买卖外币现钞，实行现钞买卖价。现钞买入价一般比现汇牌价低 2% ~3%，现钞卖出价与现汇卖出价相同。

6. 中国银行办理人民币对外币的远期买卖。人民币远期买卖不采用公布远期汇率或公布升、贴水办法，而是按即期汇率加收一定比例的远期费用的办法办理。

【知识链接】　周小川：特殊阶段的人民币汇率政策迟早将退出

2010 年 3 月 6 日讯　今日上午 10 时，十一届全国人大三次会议将在人民大会堂三楼金色大厅举行记者会，由国家发展和改革委员会主任张平、财政部部长谢旭人、商务部部长陈德铭、中国人民银行行长周小川就加强和改善宏观调控问题答记者问。

针对德国《法兰克福汇报》记者关于人民币汇率何时会升值的问题，中国人民银行行长周小川表示，首先，中国经济正处在一个从传统的集中型计划经济向社会主义市场经济的转轨过程中，鉴于此，汇率的形成机制、人民币的价格也会处于不断转变的动态过程。可以说，它应该适应于我国改革开放的具体进程，适应于社会主义市场经济框架建立的形成过程，适应于建立一个开放型的市场经济，适应于全球化的进程。因此，它在不同的阶段会有所变化。

同时，这个变化也包括了针对短期的一些经济形势的变化，比如亚洲金融风波，比如这次的全球金融危机。经过若干年的中国对于人民币汇率形成机制的探索、论证和实践，我们认为，中国现阶段所实行的人民币汇率机制应该是一个有管理的浮动汇率机制。大家可以回顾一下，1993 年党的十四届三中全会对于汇率改革的描述，正是那次会议决定了 1994 年中国开始实行汇改，从那时候起，我们就已开始实行单一的浮动汇率制，当然也包括 2005 年 7 月 21 日的汇改，当时所确定的一个提法就是以市场供求为基础、参考一篮子货币进行调节、有管理的浮动汇率制度。同时，也要不断完善汇率形成机制，使人民币汇率在合理、均衡水平上保持基本稳定。我认为，这是根据中国国情和整个改革开放进程的需要所确定的一个制度。

但是，这不排除一些特殊的阶段，比如说刚才提到的亚洲金融风波和这次全球金融危机，在危机的条件下，不排除我们会采用特殊的政策，也包括特殊的汇率形成机制，它也是我们应对全球金融危机的一揽子政策中的一个组成部分。实践也表明，中国在应对全球金融危机中，各项政策发挥了积极的作用，对我国经济以及对全球经济的复苏都作出了贡献。

这样的政策迟早也有一个退出的问题。尽管当前经济出现了复苏的迹象，但是，危机的影响还是很深重的。复苏的基础并不巩固，仍然有很多的不确定性，时不时地还有一些让许多人意料之外的事件在发生。如果说我们从非常规的政策中退出回归到常规型的经济政策，对于这个时机的选择需要非常慎重。这里也包括人民币汇率政策。

G20 匹兹堡峰会也特别提示要避免出现刺激政策过早退出的现象。因此，我们可以从上述一组政策的观点来分析人民币汇率形成机制不断演变的过程和不断完善的过程，您可以据此来估计人民币未来的走势。

资料来源：中国网。

【能力训练】

1. 2008 年 3 月，中国人民银行、发展改革委、财政部联合举办的记者招待会上，道琼斯通讯社记者向人民银行行长周小川提问："近期人民币升值很快，是否是为了抑制国内通胀?"周小川回答："汇率弹性的增大和人民币汇率变化的加大，最主要还是从汇率形成的改进和逐步更加市场化，从这个角度来看。从分析的角度来看，人民币适当升值或者稍微快一点，有助于抑制中国货币的通货膨胀。但是从中国这个大国来说，抑制通货膨胀不会成为汇率机制改革或者市场汇率浮动变化的主要原因，在通货膨胀的控制方面，可能更主要的还是看到国内的一些政策，包括我们实行从紧的货币政策，以及货币政策的各种各样措施……我个人认为，不必要把汇率变化更多地看做是为了抑制通货膨胀。但从分析的角度，方向也是对的。"请根据你对通货膨胀率和汇率关系的理解分析周小川的话。

2. 美国向人民币施压要求其升值时，曾列举人民币升值对中国的好处，事实上人民币升值最大的受益者是谁?对中国来说人民币升值是利大于弊还是弊大于利?很多人认为人民币升值在短期内对中国来说是无法承受之痛，但从长期来看有利于国民福利的提高及产业结构的调整，你怎么看这种观点?

3. 2008 年 3 月武汉再现柴油荒，58 辆公交车停运，出行受阻的中国人也许想不到，这竟然和千里之外的美国有关。美国商业银行大量发放次级住房按揭抵押贷款最终引爆次贷危机；中国国内多个大中城市出现柴油荒，公交车大规模停运。这两件事看起来没有任何关系，实际上恰恰是美国不该买房的人通过贷款买了房，造成了中国人坐不了公交车。次贷危机造成美元汇率不断下降，而不断下降的美元汇率又促使国际油价节节攀升，这正是我国出现柴油荒的重要原因。请分析美元贬值为什么会促使国际油价上涨?

4. 请分析美国次贷危机带给中国的影响（提示：一方面是次贷危机直接给中国造成的损失，另一方面是由于次贷危机造成的美元贬值给中国带来的损失或危机）。

模块三 汇率折算

【课前思考】

在双报价原则下，我们如何判断交易时按照哪个报价计算?已知人民币与两种货币的汇率，怎样快速得知这两种货币之间的汇率?如何根据远期汇水和即期汇率快速判断远期汇率?

【能力目标】

1. 根据交易需求准确选择报价；
2. 准确快速计算交叉汇率；
3. 准确快速计算远期汇率。

一、有关买入汇率与卖出汇率的折算

在前面我们了解了汇率采用的是双报价原则，即买价和卖价一起报。在国际外汇交易市场上，客户向外汇银行询价时，通常不会透露交易意图，不会问"美元怎么卖、日元怎么买"，只询问相关的币种，例如"美元兑日元汇率多少"，外汇银行在报价时会将

买价和卖价一起报出，这在各国均是如此。

我们通常将单位货币的买价（现汇买入价）写在前面，卖价写在后面，这样汇率可以表示为如下形式：

GBP1 = CNY10. 546/10. 631

USD1 = CNY6. 5788/6. 6052

HKD1 = CNY0. 8441/0. 8473

想一想 如果我们需要向中国银行购买 10 000 美元，需要多少元人民币？我们向中国银行卖出 10 000 美元现钞可获得多少元人民币？

要解决以上问题我们必须先弄清楚“买价”指的是“谁来买”。因为一笔外汇交易中，交易的双方分别是一种货币的买方和卖方，同时是另一种货币的卖方和买方。如果客户是买入美元，卖出人民币，那么与之交易的外汇银行就是卖出美元，买入人民币。

在银行公布的外汇牌价中，“买”和“卖”都是站在银行自身的立场来说的。

买入汇率指的是银行买入某种外汇时的汇率，对于客户来说就是卖出这种外汇时的汇率。例如，根据表 1 – 2，2011 年 2 月 1 日这天银行购买美元卖出人民币（客户向银行卖出美元买入人民币）的价格是 USD1 = CNY6. 5788。

卖出汇率指的是银行卖出某种外汇时的汇率，对客户来说就是买入这种外汇时的汇率。例如，根据表 1 – 2，2011 年 2 月 1 日这天银行卖出美元买入人民币（客户向银行买入美元卖出人民币）的价格是 USD1 = CNY6. 6052。

表 1 – 2　中国银行 2011 年 2 月 1 日公布的外汇牌价（以 1 单位外币为单位货币）

货币名称	现汇买入价	现钞买入价	卖出价
英镑	10. 546	10. 221	10. 631
美元	6. 5788	6. 5261	6. 6052
港元	0. 8441	0. 8374	0. 8473

【知识链接】　双报价汇率的表达

由于买价与卖价的差距比较小，一般只是区别在最后两位，所以我们在表达汇率时常常将卖价只写出最后两位。

HKD1 = CNY0. 8441/0. 8473

GBP1 = CNY10. 546/10. 631

就可以简单表达为：

HKD1 = CNY0. 8441/73

GBP1 = CNY10. 546/31

买入汇率与卖出汇率之间的汇差是银行的营业收入，所以银行报出的某种外汇的卖价一定高于买价，即“/”后面的汇率一定高于前面的。当我们看见 GBP1 = CNY10.546/31 这样的汇率时，发现“31”小于“46”，我们就知道“31”代表的是 10.631，而不是 10.531。

也有的外汇买价卖价差别较大，例如 USD1 = CNY6.5788/6.6052，这时卖价就不能只写两位，我们只可以这样表达：USD1 = CNY6.5788/052。

当我们需要进行货币兑换时，必须首先根据自己的需求判断应该选用哪个价格进行折算。

例 1－1： 某公司欲购入 10 000 英镑，得到的银行报价为 GBP1 = USD1.6710/50，则该公司需要为此支付多少美元？

分析：该公司要买入英镑，即卖出美元；对银行来说是卖出英镑，买入美元，所以应该用英镑的卖出汇率 GBP1 = USD1.6750，

$$10\,000 \times 1.6750 = 16\,750 \text{（美元）}$$

例 1－2： 某公司欲购入 10 000HKD，得到的银行报价为 USD1 = HKD7.6366/10，则该公司需要为此支付多少美元？

分析：该公司要买入港元，即卖出美元；对银行来说是买入美元，卖出港元，所以应该用美元的买入汇率 USD1 = HKD7.6366，

$$10\,000/7.6366 = 1\,309.48 \text{（美元）}$$

二、有关交叉汇率的折算

交叉汇率（Cross Rate）又称为套算汇率，是指两种货币都通过各自对第三国的汇率算出来的汇率。世界外汇市场只公布按美元标价计算的外汇汇率，不能直接反映其他外币之间的汇率，要换算出其他各种货币的汇率，就要用各种货币对美元汇率进行套算。例如，通过美元对日元的汇率和美元对港元的汇率，可以换算出日元对港元的汇率。其中，美元对日元的汇率和美元对港元的汇率就称为基础汇率，日元对港元的汇率就是交叉汇率。

一个国家制定出基本汇率后，对其他国家货币的汇率，可以按基本汇率换算出来。例如，我国公布的汇率都是以外币做单位货币，人民币做计价货币，我们可以通过美元对人民币的汇率和日元对人民币的汇率，换算出美元对日元的汇率，这也是交叉汇率。

想一想 请根据以下汇率套算出 CNY/HKD

USD100 = CNY657.58

USD100 = HKD778.48

以上问题并不难解决，但实际中我们会遇到的交叉汇率的折算会复杂得多，因为实际中的汇率都是买价卖价同时给出的双报价。在实践中我们总结出交叉汇率的计算口

诀：“交叉相除，同边相乘”。

（一）交叉相除

若银行标出的两个汇率都是以美元为单位货币或计价货币，则使用交叉相除的方法。

例 1-3： 已知 USD/CNY = 7.7366/06，USD/CHF = 1.4509/85，求 CNY/CHF。

分析：首先根据三个汇率的关系写出等式 CNY/CHF = USD/CHF ÷USD/CNY

将作为被除数的汇率写在上面，作为除数的汇率写在下面，直接交叉相除，如下图所示：

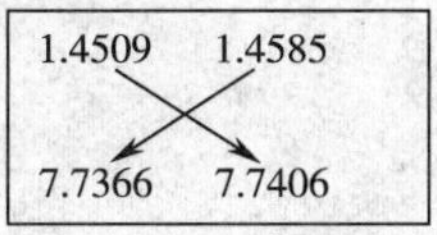

1.4509 ÷ 7.7406=0.1874

1.4585 ÷ 7.7366=0.1885

根据卖价在后买价在前，且卖价高于买价，可以得出 CNY/CHF =0.1874/85。

想一想　如果要求 CHF/CNY 如何折算？

（二）同边相乘

若银行标出的两个汇率，一个是以美元为单位货币，另一个是以美元为计价货币，则使用同边相乘的方法。

例 1-4： 已知 USD/JPY =120.31/66，GBP/USD =1.5770/80，求 GBP/JPY。

分析：首先检验三个汇率是否满足 GBP/JPY = GBP/USD × USD/JPY

如果等式成立，直接将两个汇率中的买价与买价（前面与前面）相乘，卖价与卖价（后面与后面）相乘，如下：

1.5770 ×120.31 =189.73

1.5780 ×120.66 =190.40

得出 GBP/JPY =189.73/40

想一想　如果要求 JPY/GBP 如何折算？

如果要求 JPY/GBP，需要先按照上述方法折算出 GBP/JPY。

例 1-5： 已知 USD/HKD =7.7275/90，GBP/USD =1.5770/80，求 HKD/GBP。

分析：GBP/HKD = GBP/USD × USD/HKD

1.5770 ×7.7275 =12.186

1.5780 ×7.7290 =12.196

GBP/HKD =12.186/96

$$\text{HKD/GBP} = \frac{1}{12.196} \Big/ \frac{1}{12.186} = 0.0820/21$$

【知识链接】 交叉汇率计算口诀推导

已知 USD/CHF = 1.5430/40，USD/HKD = 7.7275/90，求 CHF/HKD。

先分解第一个汇率：

买 USD 卖 CHF　　USD1 = CHF 1.5430

卖 USD 买 CHF　　USD1 = CHF 1.5440

同理分解第二个汇率：

买 USD 卖 HKD　　USD1 = HKD7.7275

买 HKD 卖 USD　　USD1 = HKD7.7290

将以上汇率重新分组得到：

买 USD 卖 CHF　　USD1 = CHF 1.5430……………………………①

买 HKD 卖 USD　　USD1 = HKD7.7290……………………………②

卖 USD 买 CHF　　USD1 = CHF 1.5440……………………………③

买 USD 卖 HKD　　USD1 = HKD7.7275……………………………④

由①②得7.7290 ÷ 1.5430 = 5.0091

CHF1 = HKD5.0091

由③④得7.7275 ÷ 1.5440 = 5.0049

CHF1 = HKD5.0049

最终结果：CHF1 = HKD5.0049/91

分析计算公式：7.7290 ÷ 1.5430 = 5.0091

7.7275 ÷ 1.5440 = 5.0049

得出计算口诀：交叉相除；同理可得同边相乘。

三、有关远期汇率的折算

按外汇交易交割期限长短可以把外汇交易分为即期外汇交易和远期外汇交易，分别使用的汇率就是即期汇率和远期汇率。

1. 即期汇率（Spot Rate）。即期汇率是指即期外汇买卖的汇率，即外汇买卖成交后，买卖双方在当天或在两个营业日内进行交割所使用的汇率，也就是现汇汇率。交割（Delivery）是买卖双方履行交易契约，进行钱货两清的授受行为。

即期汇率是由当场交货时的货币供求关系情况决定的。外汇市场上挂牌的汇率，除特别标明远期汇率以外，一般均指即期汇率（见表 1 - 3）。

表 1-3 中国银行人民币即期外汇牌价（2011-02-10）

货币名称	现汇买入价	现钞买入价	卖出价	基准价	中国银行折算价
英镑	1 053.74	1 021.21	1 062.2	1 059.44	1 059.44
港元	84.41	83.73	84.73	84.57	84.57
美元	657.36	652.09	660	658.49	658.49
瑞士法郎	680.69	659.67	686.15		686.97
新加坡元	513.56	497.7	517.68		516.53
瑞典克朗	101.61	98.47	102.43		102.32
丹麦克朗	120.11	116.4	121.07		121.2
挪威克朗	113.37	109.87	114.28		114.29
日元	7.9367	7.6916	8.0004	7.9841	7.9841
加拿大元	657.76	637.45	663.04		662.11
澳大利亚元	659.03	638.68	664.32		664.79
欧元	895.53	867.89	902.73	902.92	902.92
澳门元	81.99	81.3	82.3		82.15
菲律宾比索	15.02	14.55	15.14		15.11
泰铢	21.33	20.68	21.51		21.43
新西兰元	503.68		507.72		507.99
韩元		0.568	0.6159		0.596

注：1. 每 100 外币兑换人民币。

2. 以上人民币牌价系当日 16:24:43 的实时价格，仅作参考。

资料来源：中国银行网站。

2. 远期汇率（Forward Rate）。远期汇率是指在未来一定时期进行交割，而事先由买卖双方签订合同，达成协议的汇率。到了交割日期，由协议双方按预定的汇率、金额进行交割。远期外汇买卖是一种预约性交易，是由于外汇交易者对外汇资金需求的时间不同，以及为了避免外汇风险而进行的交易。

远期汇率是以即期汇率为基础的，是以即期汇率的“升水”、“贴水”、“平价”来表示的。如果远期汇率比即期汇率高，高出的差额称为升水（Premium）；如果远期汇率比即期汇率低，低出的差额称为贴水（Discount）；如果远期汇率与即期汇率相等，则没有升水和贴水，称为平价（Par）。远期汇率与即期汇率的差称为远期汇水，又叫掉期率。

例如，即期汇率 USD/HKD = 7.7275/90，3 个月的远期汇率为 USD/HKD = 7.7506/53，那么对美元来说，远期升水，对港元来说，远期贴水。

需要强调的是，远期汇率是在即期汇率基础上由交易双方约定的，与未来交割时的市场汇率并不是一回事，我国远期外汇牌价如表 1-4 所示。

表 1-4　　中国银行人民币远期外汇牌价（2011-02-10）

		美元	欧元	日元	港元	英镑	瑞士法郎	澳大利亚元	加拿大元
7天	买入	657.15	898.84	7.9443	84.24	1 055.54	683.69	660.93	659.05
	卖出	660.45	907.51	8.0146	84.98	1 064.87	689.73	667.57	664.87
1个月	买入	656.96	898.38	7.9432	84.23	1 055.07	683.61	659.07	658.54
	卖出	660.25	907.05	8.0134	84.98	1 064.39	689.65	665.69	664.36
3个月	买入	655.59	895.81	7.9312	84.11	1 052.09	682.59	652.52	656.27
	卖出	658.87	904.45	8.0013	84.85	1 061.39	688.63	659.08	662.07
6个月	买入	651.98	890.31	7.9037	83.80	1 045.62	680.11	641.99	651.69
	卖出	656.43	898.90	7.9736	84.54	1 054.86	686.12	648.44	657.45
9个月	买入	649.81	885.83	7.8904	83.60	1 040.29	678.67	632.46	647.77
	卖出	654.37	894.37	7.9602	84.34	1 049.48	684.67	638.82	653.50
12个月	买入	648.59	883.36	7.9015	83.51	1 036.12	678.34	623.74	644.58
	卖出	653.14	890.98	7.9634	84.25	1 045.28	684.34	630.01	650.28

注：1. 每100外币兑换人民币。

2. 以上人民币牌价系当日市场开盘价，仅作参考。中国银行交易报价随市场波动而变化，如需交易，价格以中国银行当时报价为准。

资料来源：中国银行网站。

【知识链接】　　如何根据远期汇水判断升水或贴水

如果是平价，那么远期汇水为零，只要不是零，就必定存在升水或贴水。此时银行报出的远期汇水无非是两种形式：前小后大（小/大，如21/29、35/46）；前大后小（大/小，如54/40、37/23）。

小/大表示单位货币相对于报价货币升水。

大/小表示单位货币相对于报价货币贴水。

例如，即期汇率 USD/HKD = 7.7275/90，3个月远期汇水25/38，这表示美元（单位货币）相对于港元（报价货币）升水。

3. 远期汇率的快速折算。在外汇市场上为了节约时间，在给出远期汇率报价时，一般直接给出远期汇水。询价者自行根据当时的即期汇率折算出远期汇率，要求快速且准确。所以，如何根据即期汇率和远期汇水折算远期汇率，是在国际外汇市场上进行远期外汇交易的基本功。

即期汇率、远期汇率的折算关系，可用如下计算公式表示：

在直接标价法下：

远期汇率 = 即期汇率 + 升水

远期汇率 = 即期汇率 - 贴水

在间接标价法下：

远期汇率 = 即期汇率 - 升水

远期汇率 = 即期汇率 + 贴水

这要求先区分标价方法，再判断升水还是贴水，最后选择加或减。经过总结，我们得出更加简便的折算口诀“前小后大往上加，前大后小往下减”。

例 1-6： 已知某银行某日报出的即期汇率为 USD/JPY = 113.13/43，1 个月远期汇水为 25/38，计算 USD/JPY 的 1 个月的远期汇率。

分析：25/38 是小/大，所以应该“加”（前小后大往上加）

USD/JPY = 113.13/43 + 25/38

USD/JPY = 113.38/81（所求的远期汇率）

例 1-7： 已知某银行某日报出的即期汇率为 USD/JPY = 113.13/43，1 个月远期汇水为 38/25，计算 USD/JPY 的 1 个月的远期汇率。

分析：38/25 为大/小，应该“减”（前大后小往下减）

USD/JPY = 113.13/43 - 38/25

USD/JPY = 112.75/18（所求的远期汇率）

【能力训练】

1. 以下是中国人民银行公布的外汇牌价（直接标价法）

货币	单位	银行买入价	银行卖出价
美元	100	831.22	834.55
港元	100	107.49	107.93
日元	100	7.6479	7.6785
英镑	100	1 256.4	1 261.4
欧元	100	1 034.24	1 038.39

请换算成间接标价法，填写下表：

货币	单位（¥）	银行买入价	银行卖出价
美元	100		
港元	100		
日元	100		
英镑	100		
欧元	100		

2. 你手头有一笔英镑需要兑换成美元，为了取得更好的交易价格，你分别向 A、B、C、D、E、F 六家外汇银行进行询价，收到的报价如下，请判断最好从哪个报价行那里卖出英镑？

GBP/USD

报价行 A　　1.9505/15

报价行 B　　1. 9507/17

报价行 C　　1. 9500/10

报价行 D　　1. 9502/12

报价行 E　　1. 9503/13

报价行 F　　1. 9506/16

3. 现在市场相对平静，你拥有汇率为 1. 4580 的 500 万美元头寸。市场有消息表明美元汇率会上升，买入美元的数额估计会很大。市场上其他交易商现在的报价是：

USD/CHF

报价行 A　　1. 4599/04

报价行 B　　1. 4600/05

报价行 C　　1. 4601/06

报价行 D　　1. 4602/07

报价行 E　　1. 4603/08

你接到一个要卖出美元的询价，你将如何报价（ USD/CHF ）：

A 1. 4604/09

B 1. 4603/09

C 1. 4605/10

D 1. 4600/05

你刚从纽约同事那里得到消息，市场上有一个大买单，一家公司正在买入 5. 5 亿瑞士法郎。你将如何向市场对 USD/CHF 进行报价：

A 1. 4599/05

B 1. 4598/08

C 1. 4604/09

D 1. 4601/05

4. 你现在接到一个大公司的 2 000 万英镑的即期汇率的询价。你已有3 000万英镑的头寸。市场上的其他交易商的报价为：

GBP/USD

报价行 A　　1. 9925/35

报价行 B　　1. 9922/32

报价行 C　　1. 9926/36

报价行 D　　1. 9924/36

报价行 E　　1. 9920/30

报价行 F　　1. 9921/29

你希望能减少英镑的头寸，你应该如何回复询价？

A 1. 9918/28

B 1. 9926/36

C 1. 9920/30

D 1.9927/35

5. 已知 USD/CHF = 1.4598/08，USD/HKD = 7.7275/90，求 CHF/HKD；

已知 USD/CHF = 1.4598/08，GBP/USD = 1.9926/36，求 GBP/CHF。

6. 即期汇率为 EUR/USD = 1.2127/59，6 个月期远期汇水为 71/48，请判断远期升水的是哪一种货币。

7. 若即期汇率为 USD/JPY = 117.60/70，3 个月期远期汇水为 29/38，请计算 USD/JPY3 个月期的远期汇率。

若即期汇率为 USD/CNY = 7.7989/02，1 个月期远期汇水为 42/33，请计算 USD/CNY 1 个月期的远期汇率。

8. 分析表 1－3 和表 1－4：

（1）美元远期升水还是贴水？

（2）英镑的 1 个月期、3 个月期远期的远期汇水分别是多少？

模块四　进出口报价

【课前思考】

对外贸易中，买方综合考虑多方因素给出报价，卖方却要求改换另一种货币的价格，如何更改报价？

【能力目标】

1. 在保持本币收入不变的前提下进行更改币种报价；

2. 我国绝大部分对外贸易都是用外币结算的，进出口报价通常需要给出以外币计价的价格。但是出口商品的成本是以本币核算，进口成本也需要换算为本币来核算。在进出口业务中怎样才能给出合理的报价，需要考虑多方面因素。

一、进出口报价原则

在对外贸易中，我国进出口商品的定价原则是，在贯彻平等互利原则的基础上，根据国际市场价格水平，结合国别（地区）政策，并按照我们的经营意图确定适当的价格。由于价格构成因素不同，影响价格变化的因素也是多种多样的。因此，在确定进出口商品价格时，必须充分考虑影响价格的种种因素，加强成本和盈亏核算，并注意同一商品在不同情况下应有合理的差价。

确定进出口商品价格除遵循上述原则外还应考虑下列因素：

1. 交货地点和交货条件。在国际贸易中，由于交货地点和交货条件不同，买卖双方承担的责任、费用和风险也不同，在确定进出口商品价格时，必须首先考虑这一因素。例如，在同一距离内成交的同一商品，按 CIF 条件成交与按 CFR 条件成交，其价格是不同的。

2. 运输距离。国际商品买卖，一般都要经过长途运输，运输距离的远近关系到运费和保险费的开支，从而影响商品价格。因此，在确定商品价格时，必须核算运输成本，做好比价工作。

3. 商品品质。在国际市场上，商品一般都是按质论价，即优质高价，劣质低价。品质的优劣，包装装潢的好坏，款式的好坏，款式的新旧，商标、牌名的知名度，都影响商品价格。

4. 季节因素。在国际市场上，某些节令性商品，如赶在节令前到货，抢行应市，即能卖上好价。过了节令的商品往往售价很低，甚至以低于成本的“跳楼价”出售。因此，应充分利用节令因素，争取按照有利的价格成交。

5. 成交量。按国际贸易的习惯做法，成交量的大小直接影响商品的价格。成交量大，在价格上应予适当优惠，或采用数量折扣办法。反之，成交量小，可适当提价。

6. 支付条件和汇率变动的风险。支付条件是否有利和汇率变动风险的大小，都影响商品的价格。例如，在其他条件相同情况下，采取预付货款同采取凭信用证付款方式，其价格应有区别。同时，确定商品价格时，一般应采用对自身有利的货币。

以上这些因素涉及很多方面，与国际金融相关的主要是支付条件的选择，具体包括币种的选择和付款方式的选择，在考虑这些因素时必须结合汇率变动的可能。

二、选择报价币种

如果进出口是以本币结算，报价就容易得多。当以外币结算时，报价方必须考虑汇率因素，结合自身的立场，选择对自己最有利的币种。例如，中国某公司向日本出口商品，结算货币可以选择美元或者英镑，当前英镑有升值趋势而美元有贬值趋势，那么中国公司应该选择用英镑结算。因为从订立合同到最终结算会经过一段时间，用英镑结算，中国公司实际收到的英镑数额没有变，但英镑币值升值，中国公司出口收汇的实际价值提高了。

在上例中，币值坚挺且趋于升值的英镑通常被称为“硬币”，趋于贬值的美元被称为“软币”。一般而言，交易的卖方希望结算货币是硬币，买方则希望结算货币是软币。所以日方公司很可能不接受以英镑结算，此时就需要双方博弈，博弈的结果与商品的国际行情、购销意图等因素有关。如果中方公司不能如愿实现以英镑结算，可以采取其他办法进行弥补，例如，在合同中加入保值条款，改变付款时间，适当调整价格等，具体操作详见项目六模块二。

三、选择付款方式

国际结算的方式主要有信用证、托收、汇款三种。这三种方式的流程不同，对买卖双方提供的保障程度不同，当然成本也不同。信用证有即期与远期之分，托收有付款交单与承兑交单之分，汇款也有电汇、信汇、票汇三种，不同方式的选择使得付款的时间有所差别。当结算币种已经选定后，需要分析结算币种的未来走势，判断应该提前结算还是延迟结算。选择合适的付款方式往往可以弥补结算币种的不利。

四、更改报价

交易双方会在初步报价的基础上进一步做交易磋商，如果在磋商过程中对方提出要更改币种，报价方必须重新作出报价。由于之前的报价已经是核算了成本收益后的选择，所以即使更改币种，必须满足的前提条件是本币收入不变。

汇率的买入价与卖出价之间存在差价，一般为0.1%~0.5%，进出口商在对外报价时，应充分考虑到运用两个价格报价带来的货价差额。以下是总结的报价一般规则。

1. 本币折算外币时，用买入价。出口商对外报价时，原以本币报价，现改报外币，则需以所收取的外币向银行兑换本币，即银行买入外币，付给出口商本币，所以按买入价折算。

例1-8： 中国香港某出口商的商品报价原为本币（港元），但客户要求改用美元报价，若2010年5月23日汇率为USD/HKD=7.7942/8 020，港商出口机床的报价为100 000港元，要使港商的本币收入不变，则该商人应该改报美元价为多少？

分析：港商希望本币收入不变，即收到的美元货款兑换为港元时，必须能换到100 000港元。首先需要判断，当港商拿着美元货款去兑换港元时应按照哪个汇率计算？港商需要卖美元买港元，对应地，外汇银行则是买美元卖港元，所以应该用美元的买入汇率折算，即USD/HKD=7.7942。

此时问题简化为：按照USD/HKD=7.7942汇率折算，多少美元能够兑换成100 000港元？得出100 000/7.7942=12 830.05（美元）。

例1-9： 某美国出口商出口一批机械设备，原报价为50万美元，现法国进口商要求改报欧元，则该美国出口商可根据当日纽约外汇市场欧元对美元的汇率0.8809/0.8869将货价改报为500 000÷0.8809=567 601.3（欧元）。

2. 外币折算本币时，用卖出价。出口商原以外币对外报价，现改报本币，则需以收取的本币向银行换回外币，即银行买入本币，卖出外币，故以卖出价折算。

例1-10： 某日本出口商向英国进口商出口一批货物，原报价10万英镑，现应对方要求改报日元，当日东京外汇市场英镑对日元的汇率为129.43/131.52，该出口商改报后的价格为100 000×131.52=13 152 000（日元）。

如果报价时所采用的两种货币都是外币，则将外汇市场所在国的货币视为本币，报价方法同前。而且，上述买入价、卖出价在进出口报价的运用原则，不仅适用于即期汇率，也同样适用于远期汇率。

【能力训练】

1. 中国某出口商向日本出口一批丝绸，给出报价为300 000港元，后日方要求改用美元结算，中方出口商要在使用本币的条件下本币（人民币）收入不变，应如何调整报价？参考外汇牌价如下：

货币名称	现汇买入价	现钞买入价	卖出价
美元	6.5788	6.5261	6.6052
港元	0.8441	0.8374	0.8473

提示：中方报价300 000港元时其预期的本币收入是多少？要保证这一收入不变，应该报价多少美元？

2. 日本公司向美国出口商品，可以选择作为结算货币的有：美元、日元、英镑。请分析，对于日本公司来说，最有利的结算币种是什么？最不利的结算币种是什么？对于美国进口方来说呢（假设当时英镑和日元较坚挺，美元稍显疲软）？

综合练习一

一、判断题

1. 外汇是在国外能得到偿付的货币债权，至于它能否兑换成其他货币表示的资产或支付手段则无关紧要。(　　)

2. 直接标价法指直接用一定单位的本国货币表示外国货币的数量，即以一定单位本国货币为标准可折算成若干数额的外国货币的标价方法。在直接标价法下，一定外币单位折算的本国货币增加，说明外币汇价上涨或本币汇价下跌，即外币币值上升，或本币币值下降。(　　)

3. 进口商向银行买外汇，应采用买入价。(　　)

4. 甲货币对乙货币贬值20%，也就是乙货币对甲货币升值20%。(　　)

5. 黄金可用于国际支付或清偿国际债务，外国邮票的面值也是外币表示的，因而它们都可视为外汇。(　　)

6. 外汇的买入价总是高于外汇的卖出价。(　　)

7. 我国外汇管理的机构是中国银行。(　　)

8. 外汇银行标示的“买入价”是银行买入本币的价格；“卖出价”是银行卖出本币的价格。(　　)

9. 贴现和贴水的英文都是 Discount，两者是同一概念。(　　)

10. 1978 年 9 月，纽约外汇市场开始使用间接标价法，从此，美元对所有外汇的汇率都采用间接标价法。(　　)

11. 升水表示远期外汇比即期外汇贵，贴水表示远期外汇比即期外汇贱，这一概念仅适用于直接标价法。(　　)

12. 在纸币流通条件下，影响汇率频繁变动的直接原因是外汇供求变化。(　　)

13. 外汇市场上的基本汇率是信汇汇率。(　　)

14. 远期汇率买卖价之差总是大于即期汇率买卖价之差。(　　)

15. 目前，只有英国和美国等少数国家采用直接标价法，而世界上绝大多数国家和地区都采用间接标价法。(　　)

二、单项选择题

1. 外汇的基本作用是充当国际间债权债务的支付手段和(　　)。

A. 实现购买力的国际转移　　B. 增加一国的国际储备

C. 提高国际竞争力　　D. 保持国际收支平衡

2. 在直接标价法下，外币币值的上升或下降与汇率值的增加或减少的方向(　　)。

A. 相反　B. 相同　C. 不变　D. 同比例变化

3. 我国和世界上绝大多数国家和地区采用的汇价标价方法是(　　)。

A. 间接标价法　　B. 直接标价法

C. 间接标价法为主，直接标价法为辅　　D. 间接标价法为辅，直接标价法为主

4. 一定单位的本币折算的外币数量减少，说明（　　）。

A. 本币汇价下跌　　B. 外币汇价下跌

C. 本币汇价上涨或外币汇价下跌　　D. 本币汇价下跌或外币汇价上涨

5. 一定单位的外币折算的本币数量增多，说明（　　）。

A. 本币贬值或外币升值　　B. 本币升值或外币贬值

C. 本币升值　　D. 外币贬值

6. 卖出汇率，又称汇率卖出价，是指（　　）。

A. 银行卖出外汇的价格　　B. 客户卖出外汇的价格

C. 政府卖出外汇的价格　　D. A、B 和 C

7. 官方汇率是指（　　）。

A. 由一国中央银行或外汇管理当局制定和公布的汇率

B. 由官方授权外汇银行制定和公布的汇率

C. 各国中央银行共同制定和公布的汇率

D. 介于固定汇率与浮动汇率之间的汇率

8. 我国的法定货币是（　　）。

A. 人民币　　B. 黄金　　C. 人民币和黄金　　D. 人民币和港元

9. 我国《外汇管理条例》中的外汇不包括（　　）。

A. 外国货币　　B. 黄金　　C. 外币有价证券　　D. 外币支付凭证

10. 在外汇市场上，如果银行的买进超过卖出，则说明（　　）。

A. 外汇供过于求，外汇汇率下跌

B. 外汇供不应求，外汇汇率上升

C. 外汇供过于求，外汇汇率上升

D. 外汇供不应求，外汇汇率下跌

三、多项选择题

1. 我国现行的《中华人民共和国外汇管理条例》第三条规定，外汇是指以外币表示的可以用作国际清偿的支付手段和资产，它们是（　　）。

A. 外币　　B. 外币支付凭证　　C. 外币有价证券　　D. 特别提款权

2. 从外汇资金的用途划分，可分为（　　）。

A. 贸易汇率　　B. 金融汇率　　C. 名义汇率　　D. 实际汇率

3. 汇率制度有（　　）两种类型。

A. 固定汇率制度　　B. 金汇兑制度　　C. 浮动汇率制度　　D. 自由兑换制度

4. 汇率 USD/CNY = 6.6832/96，6.6832 代表（　　）。

A. 银行买入美元的价格　　B. 银行卖出人民币的价格

C. 客户买入人民币的价格　　D. 客户卖出美元的价格

5. 我国的汇率制度是（　　）。

A. 清洁浮动汇率制度　　B. 肮脏浮动汇率制度
C. 单独浮动汇率制度　　D. 联合浮动汇率制度

四、辨析题（先判断对错，再说明理由）

1. 以外币表示的有价证券和黄金可视为狭义外汇。

2. 一国货币实现了全面可兑换就等于成为国际上可自由兑换的国际货币，即实现了国际化。

五、简答题

1. 狭义外汇的含义是什么？它有何基本特征？

2. 汇率变动对国内经济有何影响？

3. 固定汇率制度的主要优缺点是什么？

4. 人民币可兑换的进程可分为哪三个步骤？

5. 如果你代表银行，向客户报出美元对港元汇率为7.8057/67，客户要以港元向你买进100万美元，请问：

（1）你应给客户什么汇价？

（2）如果客户以你的上述报价，向你购买了100万美元，随后，你打电话给一经纪公司想买回美元平仓。几家经纪公司的报价是：

经纪公司A：　7.8085/65
经纪公司B：　7.8062/70
经纪公司C：　7.8054/60
经纪公司D：　7.8053/63

你选择哪家经纪公司买回美元平仓？

6. 如果你是银行交易员，客户向你询问澳大利亚元对美元汇价，你答复道："0.7685/90。"请问：

（1）如果客户想把澳大利亚元卖给你，汇率是多少？

（2）如果客户要买进澳大利亚元，汇率又是多少？

六、计算题

1. 已知：GBP1 = USD1.6550/60，USD1 = CHF1.7320/30，求：GBP1 = CHF？

2. 已知：USD1 = CAD1.4580/90，USD1 = CHF1.7320/30，求：CAD1 = CHF？

七、论述题

1. 试述影响汇率变动的因素。

2. 简述人民币汇率形成与运行的机制。

项目二

国际收支申报与平衡表编制

GUOJI SHOUZHI SHENBAO YU PINGHENGBIAO BIANZHI

关于“收支”这个概念大家都比较熟悉，一般精明的家庭主妇或主男都会对每月、每季度甚至每年的收支情况进行逐次记录。企业、工厂更是如此，目的是为了对货币收支的来龙去脉有清晰的了解，以便做到收支相抵，或略有盈余，如果入不敷出，则分析其原因、对策。既然个人和企业作为一个经济体，都需要对自己的收支情况做一个具体的记录和分析，那么，国家作为这么一个更加庞大的经济体，它是否也需要做一个这样的记录和分析呢？如果需要，我们该如何分步骤进行呢？本项目将帮助大家掌握国际收支平衡表的编制，熟悉整个国际收支申报的流程，以及能够针对具体的国际收支平衡表进行分析和应用。

模块一　国际收支平衡表编制

【课前思考】

什么是国际收支平衡表？“平衡”是否意味着“收 = 支”？

【能力目标】

1. 准确把握“国际收支”的含义；
2. 熟悉国际收支平衡表的结构和表内各个基本项目；
3. 能够根据某一时期居民与非居民之间发生的经济交易编制国际收支平衡表。

一、国际收支的含义

国际收支（Balance of Payments，BOP）这个概念最早出现在 17 世纪初。由于当时的国际收支，主要是一国在一定时期内的贸易收支，所以把国际收支简单地解释为一国的对外贸易差额。在开放经济条件下，一个国家对外既有收入，又有支出。对外的收入和支出及其变化，会影响一个国家内部的经济运行。第一次世界大战以后，国际收支被解释为一国在一定时期内的外汇收支，即凡是在这一时期内涉及外汇收支的国际经济交易（International Economics Transaction），都属于国际收支的范畴。国际收支是国际金融学中重要的概念之一，它有狭义和广义两个层面的含义：

（一）狭义的国际收支

1. 狭义的国际收支的概念。狭义的国际收支概念是建立在现金（Cash Based）基础上的，即一个国家或地区在一定时期内，由于经济、文化等各种对外交往而发生的，必须立即结清的外汇收入与支出。

2. 狭义的国际收支的特点。狭义的国际收支概念，十分强调到期立即结清和以现金作出支付，这一概念仅包含已实现外汇收支的交易。凡在报告期内涉及的外汇收支的交易，均属于国际收支范畴。

（二）广义的国际收支

1. 广义的国际收支的概念。广义的国际收支，是指一国地区居民与非居民在一定时期内全部经济交易的货币价值之和。它是以交易为基础的，不仅包括贸易收支和非贸易收支，而且还包括资本的输出和输入；既包括已实现的外汇收支的交易，也包括尚未实现的外汇收支的交易。只有建立在全部经济交易基础之上的广义的国际收支概念才能完整反映当今一国对外经济总量的状况。

【知识链接】　国际收支的定义

根据国际货币基金组织（International Monetary Fund，IMF）制定的《国际收支手册》中将广义的国际收支概念定义为：“国际收支是一定时期内的一种统计报表，它反映：(A) 一国与他国之间商品、劳务和收益等的交易行为；(B) 该国所持有的货币黄金、特别提款权的变化以及与他国债权债务关系的变化；(C) 凡不需要偿还的单方面转移的项目和相对应的项目，由于会计上必须用来平衡的尚未抵消的交易，以及不易互相抵消的交易。”

2. 广义的国际收支的特点。

（1）国际收支是一个流量概念，它与各国的报告期相对应。

（2）国际收支所反映的内容是经济交易，包括商品和劳务的买卖、物物交换、金融资产之间的交换、无偿的单向商品和劳务的转移、无偿的单向金融资产的转移。

（3）国际收支所记载的经济交易是居民与非居民之间发生的。

想一想　居民与非居民的划分标准是什么？

居民与非居民的概念及划分标准。

（1）居民与非居民。居民（Resident），是指在一个国家居住时间在一年以上的自然人、法人、政府机构和非营利性团体，反之是非居民（Nonresident）。

（2）个人居民身份的确定。身在国外而不代表政府的任何个人，不是以国籍为标准，而是以长期居住地，或经济利益中心，即从事生产、消费等经济活动和交易的所在地作为标准进行划分的。

（3）法人居民身份的确定。按法人居民的注册所在国或所在地区来确定。

（4）特殊情况。

a. 一个国家的外交使节、驻外军事人员，不论在国外时间长短，都是派出国居民；

b. 国际性机构是所有国家的非居民；

c. 一个企业的国外子公司是所在国（注册地）的居民，是母公司所在国的非居民。

【知识链接】　居民

外汇管理条例所称居民包括中华人民共和国居民自然人、居民法人。

1. 居民自然人包括：

（1）在中华人民共和国境内连续居留一年或者一年以上的自然人；

（2）外国及中国香港、澳门、台湾地区在境内的留学生、就医人员，外国驻华使馆领馆、国际组织驻华办事机构的外籍工作人员及其家属除外；

（3）中国短期出国人员（在境外居留时间不满 1 年）、在境外留学人员、就医人员（已取得境外居留权的人员除外）及中国驻外使馆领馆、常驻国际组织使团的工作人员及其家属。

2. 居民法人包括：

（1）境内依法成立的企业法人、机关法人、事业单位法人、社会团体法人和部队；

（2）在中国境内注册登记但未取得法人资格的组织视为居民法人；

（3）境外法人的驻华机构视为居民法人。

想一想　经济交易的形式有哪些？

经济交易是指经济价值从一个单位向另一个单位的转移，具体包括：

（1）物物交换（商品和劳务）——如易货贸易；

（2）金融资产与商品、劳务的交换——如进出口贸易；

（3）金融资产之间的交换——如货币借贷、有价证券投资；

（4）商品、劳务单方面无偿转移——物资捐赠、技术援助；

（5）金融资产单方面无偿转移——如债务注销、投资捐赠。

【知识链接】 **国际收支概念的产生及发展**

16世纪末17世纪初，由于地理大发现、工业革命的胜利，开始有了以国际贸易为主的国际经济活动的迅速发展。对于一国来说，为了能准确了解本国的国际经济活动情况，有必要进行国际贸易收支的统计，从而产生了贸易差额（Balance of Trade）的概念，它表示一国在一定时期内对外商品贸易的综合情况。这个时期是国际收支概念的萌芽时期。

随着世界经济的发展，资本主义国家国际经济交易的内容和范围不断扩大，尤其是20世纪20年代之后，国际资本流动在国际经济中扮演着越来越重要的角色，显然，在这种情况下，“贸易差额”这个概念已不能全面反映各国国际经济交易的全部内容，于是就出现了“外汇收支”（Balance of Foreign Exchange）的概念，即此时的国际收支概念指的是一定时期内外汇收支的综合。各国经济交易只要涉及外汇收支，无论它是贸易、非贸易，还是资本借贷或单方面资金转移，就都属于国际收支范畴。这也是目前许多国家仍在沿用的狭义的国际收支的含义。

第二次世界大战结束之后，国际经济活动的内涵、外延又有了新的发展，狭义国际收支的概念也已经不能反映实际情况了，因为它已不能反映一系列不涉及外汇收支的国际经济活动，如易货贸易、补偿贸易、无偿援助和战争赔款中实物部分、清算支付协定下的记账等，而这些在世界经济中的影响愈来愈大，于是国际收支概念又有了新的发展，形成了广义的国际收支概念，它指一个国家或地区在一定时期内（通常为一年）在同外国政治、经济、文化往来的国际经济交易中的货币价值的全部系统记录。目前，世界各国普遍采用广义的国际收支概念。

二、国际收支平衡表的内容

国际收支平衡表（Balance of Payment Presentation/Statement），又称国际收支账户，是一国根据交易内容和范围设置项目和账户，并按照复式记账法对一定时期内的国际经济交易进行系统的记录，对各笔交易进行分类、汇总而编制出的分析性报表。各国或地区分析的目的不同，所编制的报表格式也就不一样。我国的国际收支平衡表的内容与格式如表2-1所示。

表2-1 **2010年中国国际收支平衡表** 单位：亿美元

项目	行次	差额	贷方	借方
一、经常项目	1	3 054	19 468	16 414
A. 货物和服务	2	2 321	17 526	15 206
a. 货物	3	2 542	15 814	13 272
b. 服务	4	-221	1 712	1 933
1. 运输	5	-290	342	633

续表

项目	行次	差额	贷方	借方
2. 旅游	6	-91	458	549
3. 通讯服务	7	1	12	11
4. 建筑服务	8	94	145	51
5. 保险服务	9	-140	17	158
6. 金融服务	10	-1	13	14
7. 计算机和信息服务	11	63	93	30
8. 专有权利使用费和特许费	12	-122	8	130
9. 咨询	13	77	228	151
10. 广告、宣传	14	8	29	20
11. 电影、音像	15	-2	1	4
12. 其他商业服务	16	184	356	172
13. 别处未提及的政府服务	17	-2	10	11
B. 收益	18	304	1 446	1 142
1. 职工报酬	19	122	136	15
2. 投资收益	20	182	1 310	1 128
C. 经常转移	21	429	495	66
1. 各级政府	22	-3	0	3
2. 其他部门	23	432	495	63
二、资本和金融项目	24	2 260	11 080	8 820
A. 资本项目	25	46	48	2
B. 金融项目	26	2 214	11 032	8 818
1. 直接投资	27	1 249	2 144	894
1.1　我国在外直接投资	28	-602	76	678
1.2　外国在华直接投资	29	1 851	2 068	217
2. 证券投资	30	240	636	395
2.1　资产	31	-76	268	345
2.1.1　股本证券	32	-84	115	199
2.1.2　债务证券	33	8	154	146
2.1.2.1　（中）长期债券	34	19	128	110
2.1.2.2　货币市场工具	35	-11	25	36
2.2　负债	36	317	368	51
2.2.1　股本证券	37	314	345	32
2.2.2　债务证券	38	3	22	19
2.2.2.1　（中）长期债券	39	3	22	19

续表

项目	行次	差额	贷方	借方
2.2.2.2 货币市场工具	40	0	0	0
3. 其他投资	41	724	8 253	7 528
3.1 资产	42	-1 163	750	1 912
3.1.1 贸易信贷	43	-616	5	621
长期	44	-43	0	43
短期	45	-573	4	578
3.1.2 贷款	46	-210	197	407
长期	47	-277	0	277
短期	48	66	197	131
3.1.3 货币和存款	49	-580	303	883
3.1.4 其他资产	50	244	245	1
长期	51	0	0	0
短期	52	244	245	1
3.2 负债	53	1 887	7 503	5 616
3.2.1 贸易信贷	54	495	583	88
长期	55	35	41	6
短期	56	460	542	81
3.2.2 贷款	57	791	5 860	5 069
长期	58	100	264	163
短期	59	691	5 596	4 906
3.2.3 货币和存款	60	603	1 038	435
3.2.4 其他负债	61	-3	22	25
长期	62	-4	1	5
短期	63	1	22	20
三、储备资产	64	-4 717	0	4 717
3.1 货币黄金	65	0	0	0
3.2 特别提款权	66	-1	0	1
3.3 在基金组织的储备头寸	67	-21	0	21
3.4 外汇	68	-4 696	0	4 696
3.5 其他债权	69	0	0	0
四、净误差与遗漏	70	-597	0	597

注：1. 本表计数采用四舍五入原则。

2. 从2010年第三季度开始，按照国际标准，将外商投资企业归属外方的未分配利润和已分配未汇出利润同时记入国际收支平衡表中经常账户收益项目的借方和金融账户直接投资的贷方。2010年各季度以及2005—2009年年度数据也按此方法进行了追溯调整。

资料来源：国家外汇管理局网站，2011-04-01。

(一) 经常项目

经常项目 (Current Account) 又称经常账户，是指实质资源的流动，包括进出口货物、输入输出的服务、对外应收及应付的收益，以及在无同等回报的情况下，与其他国家或地区之间发生的提供或接受经济价值的经常转移。

经常项目是本国与外国交往中经常发生的国际收支项目，它反映了一国与他国之间真实资源的转移状况，在整个国际收支中占有主要地位，往往会影响和制约国际收支的其他项目。它包括货物项目、服务项目、收入项目和经常转移项目四个子项目。

1. 货物项目 (Goods Account)。货物包括一般商品、用于加工的货物、货物修理、各种运输工具在港口购买的货物及非货币黄金。一般商品是指居民向非居民出口或从非居民那里进口的可移动货物；用于加工的货物包括跨越边境运到国外加工的货物的出口以及随之而来的再进口；货物修理包括向非居民提供的或从非居民那里得到的船舶和飞机等上面的修理活动；各种运输工具在港口购买的货物包括非居民在岸上采购的所有货物，如燃料、给养、储备、物资；非货币黄金包括不作为一国货币当局储备资产的所有黄金的进出口。

想一想 货物进出口是以“离岸价格 FOB”还是“到岸价格 CIF”计价？

在国际收支平衡表中，货物收支统计数据的来源及商品价格计算的方式在各国不尽相同。按国际货币基金组织规定，货物进出口统计一律以海关统计为准，商品价格一律按离岸价格 FOB (Free on Board) 计算。但实际上，有许多国家对出口商品按离岸价格计算，而对进口商品则按到岸价格 CIF (Cost, Insurance and Freight) 计算。这两种不同的价格条件，在计算进出口总值时，会产生一定的差额。例如，进口商品以 CIF 计价，其中运费和保险费属于劳务方面的支出，这样就会产生重复入账的项目，结果影响了国际收支平衡表的精确性。

2. 服务项目 (Service Account)。服务项目是指一个国家对外提供服务或接受服务所发生的收支。由于服务不像货物那样能够看得见、摸得着，所以服务项目又称为无形收支项目 (Invisible Trade Account)，它包括下列具体项目：

(1) 运输通讯收支。运输通讯收支包括海陆空运商品和旅客运费的收支。有些国家对于运输工具的修缮费、港湾费与码头的使用费、船舶注册费等均纳入运输收支的项目。通讯方面，属于国际电报、电话、电传、卫星通讯等服务项目引起的外汇收支都记入劳务账户下。

想一想 如果一个中国人在 AIA 美国友邦保险广东分公司购买一份人身保险，则此交易行为是否需要列入我国的国际收支平衡表？如果一个美国人在中国人寿保险广东分公司购买一份人身保险是否需要列入我国的国际收支平衡表？如果需要，应列入国际收支平衡表哪个位置？

(2) 保险收支。凡本国人向外国保险公司投保，则成为保险费的支出；如外国人向本国保险公司投保，则成为保险费的收入。

（3）旅游收支。旅游收支是指本国居民到国外旅游或外国居民到本国旅游而产生的膳费、交通等服务性费用的收支。

（4）其他服务收支。其他服务收支包括办公费、专利权使用费和特许费、广告宣传费、手续费、领事费等项目收支。

目前，劳务收支的重要性日趋突出，不少国家的劳务收支在该国的国际收支中占有举足轻重的地位，有的甚至还超出了有形贸易收支。

3. 收入项目（Income Account）。收入包括居民与非居民之间的两大类交易：

（1）职工报酬，即支付给非居民工人的工资、薪金和其他福利。

（2）投资收入，包括居民因持有国外金融资产或承担对非居民负债而造成的收入或支出。投资收入包括直接投资收入、证券投资收入和其他形式的投资收入，其中其他形式的投资收入是指其他资本如贷款所产生的利息。应注意的是，资本损益是不作为投资收入记载的，所有由交易引起的现已实现的资本损益都包括在金融账户下面。

4. 经常转移项目（Current Transfer Account）。经常转移属于单方面转移的一类。单方面转移项目是指单方面、无对等的交易，即在国际间移动后并不产生归还或偿还问题的一些项目。贷方记录本国从外国取得的单方转移收入，借方记录本国向外国的单方面转移支出。

想一想 单方面转移是放在经常项目项下还是资本和金融项目项下？

单方面转移包括经常转移和资本转移，其中经常转移放在经常项目项下，资本转移放在资本和金融项目的资本项目项下。

【知识链接】 **经常转移**

经常转移包括所有非资本转移的转移项目，即包括排除下面三项的所有转移：

（1）固定资产所有权的资产转移；

（2）同固定资产收买/放弃相联系的或以其为条件的资产转移；

（3）债权人不索取回报而取消的债务。

经常转移包括各级政府的转移（如政府间经常性国际合作，对收入和财产支付的经常性税收）和其他转移（如工人汇款）。

（二）资本和金融项目

资本和金融项目（Capital and Financial Account）是指资本项目项下的资本转移、非生产/非金融资产交易以及其他所有引起一经济体对外资产和负债发生变化的金融项目。它反映一国资产所有权在国际间转移的状况，它包括资本项目和金融项目两大部分。

1. 资本项目（Capital Account）。资本项目是指资本的输出输入，所反映的是本国和外国之间以货币表示的债权债务的变动，换言之，就是一国为了某种经济目的在国际经济交易中发生的资本跨国界的收支项目。资本项目分为两个子项目：

(1) 资本转移。资本转移是指涉及固定资产所有权的变更及债权债务的减免等导致交易一方或双方资产存量发生变化的转移项目，主要包括固定资产转移、债务减免、移民转移和投资捐赠等。

想一想 所有权的变更是记在经常转移项下还是资本转移项下？

如果是固定资产所有权的变更，则记在资本转移项下，其特点是不直接影响双方当事人的可支配收入和消费，不经常发生，规模较大；如果是移动资产所有权的变更，则记在经常转移项下，其特点是直接影响捐助者或受援者的可支配收入和消费，经常发生，规模较小。

(2) 非生产/非金融资产交易。非生产/非金融资产交易是指非生产性有形资产（土地和地下资产）和无形资产（专利、版权、商标和经销权等）的收买与放弃。

想一想 无形资产的变更是记在经常转移项下还是资本转移项下？

如果是无形资产的使用所引起的外汇收支，则记在经常转移项下；如果是无形资产所有权的买卖所引起的外汇收支，则记在资本转移项下。

2. 金融项目（Financial Account）。金融项目包括了一国对外资产和负债所有权变更的所有交易。根据投资类型或功能分类，金融项目分为直接投资、证券投资、其他投资和储备资产四类。与经常项目不同，金融项目并不按借贷方总额来记录，而是按净额来记入相应的借方和贷方。

(1) 直接投资（Direct Investment）。直接投资的主要特征是投资者对另一经济体的企业拥有永久利益，这一永久利益意味着直接投资者和企业之间存在着长期的关系，并且投资者对企业经营管理施加着相当大的影响。

想一想 购买了外国股票是不是就等同于直接投资？

直接投资在传统上主要采用在国外建立分支企业的形式，目前越来越多的采用购买一定比例的普通股股票的形式来达到，如果是这样的话，一般要求这一比例最低为10%。

(2) 证券投资（Portfolio Investment）。证券投资是指为了取得一笔预期的固定货币收入而进行的投资，它对企业经营管理没有发言权。证券投资资本交易包括股票、中长期债券、货币市场工具和衍生金融工具（如期权）。投资的利息收支记录在经常项目中，本金还款记录在金融项目中。

(3) 其他投资（Other Investment）。这是一个剩余项目，包括所有直接投资、证券投资或储备资产未包括的金融交易，比如长短期的贸易信贷、贷款、货币和存款以及应收款项和应付款项等。

(4) 储备资产（Reserve Assets）。储备资产是指一个国家的金融当局（如中央银行或其他官方机构）持有的储备资产及其对外债权，它包括用做货币的黄金、外汇、分配的特别提款权和在国际货币基金组织的储备头寸四个子项目。储备资产项目是一个记录储备变化，而不是流量状况的项目。每年底，把一个国家金融当局所持有的储备资产与上年底相比，而后把净差额记入储备资产项目之中。另外，在处理这个项目的符号时，我们会遇到最大的概念上的困难，因为出于平衡整个账户的需要，人为地把储备资产的增加用负号表示，把储备资产的减少用正号表示，恰恰与一般意义上正负号的含义相反。

【知识链接】 **储备资产**

储备资产是指一国货币当局为了平衡国际收支、干预外汇市场以影响汇率水平或其他目的而拥有控制的各种外国资产。

储备资产又叫官方储备或国际储备，它是平衡国际收支的项目。当一国国际收支的经常项目与资本和金融项目发生顺差或逆差时，可以用这一项目来加以平衡。储备资产主要包括货币黄金、特别提款权、在国际货币基金组织的储备头寸和外汇。

1. 货币黄金。货币黄金是一国货币当局所持有的货币性黄金。货币性黄金的交易仅在不同国家的货币当局之间或货币当局与国际货币基金组织之间进行。

2. 特别提款权。特别提款权是国际货币基金组织按照会员国缴纳的份额分配给会员国的一种记账单位，可以同黄金、美元一起作为持有国的国际储备。各国分到的特别提款权，是国际收支的一项收入，既可用于弥补国际收支逆差，也可用于偿还国际货币基金组织的贷款。

3. 在国际货币基金组织的储备头寸。在国际货币基金组织的储备头寸是指国际货币基金组织的成员国在国际货币基金组织普通资金账户中的资产，即普通提款权。

4. 外汇。外汇主要是一国货币当局对非居民的债权，其表现形式为货币、银行存款、政府的有价证券、中长期债券、货币市场工具、派生金融产品以及各国的中央银行之间或政府之间各种安排下的不可交易的债券。

(三) 错误与遗漏项目

错误与遗漏项目（Errors and Omissions Account）是一个人为设计的平衡项目，尽管它在某些国家不是最后一个项目，但却是作为余项在最后才计算的。

想一想 如果经常项目与资本和金融项目之和借贷双方相等，是否意味着错误与遗漏项目为零?

如果经常项目与资本和金融项目之和借贷双方相等，理论上错误与遗漏项目应该为零，但这种情形不太可能出现。因为，每个国家的国际收支平衡表的统计数据总会出现一些遗漏：

(1) 资料来源不一。一国在编制国际收支平衡表时所汇集和应用的原始资料来自许多渠道，如海关统计、银行报告、企业报表等。

(2) 资料不全。某些数字如商品走私、资金外逃、私自携带现钞出入境等这些也属于国际收支范畴，难以掌握。

想一想 如果一个美国人从墨西哥以现金购买了价值1万美元的大麻（在途中却未能通过海关官员的检查），结果这1万美元落到了墨西哥的银行系统中，并被按惯例计入储备变动项目，但是这笔交易的另外一面却中断了。政府当局怀疑这些货是大麻，但在没有可靠的证据下，它不能记录下这笔交易。请问这在国际收支平衡表上会发生什么变化？

(3) 资料本身错漏。有关单位提供的统计数字也不是百分之百的准确无误，有的仅仅是估算数字。

因此，一般而言，一国经常项目加上资本和金融项目之后，借方与贷方间会有“缺口”，此时，国际收支平衡表上“错误与遗漏”项目的数字，就是该“缺口”数目，方向（正负号）相反。

【知识链接】 净误差与遗漏形成的原因和国际比较

净误差与遗漏也可称做平衡项目或统计误差，是国际收支平衡表中的一个单独项目，设立该项目的目的是平衡国际收支平衡表中各项目统计数据的误差与遗漏问题。

对于国际收支统计而言，国际收支平衡表中出现误差与遗漏是正常的。造成误差与遗漏的原因主要有，一是由于国际收支统计涉及一经济体的全部涉外交易，各国编制国际收支平衡表一般会使用多渠道多部门的多种数据来源，这些不同渠道不同部门的数据往往在统计时点、统计口径上与国际收支统计原则存在一定差异；二是各部门各自采集的数据不可避免地存在一定的统计误差；三是各数据源在货币折算等方面的差异在一定程度上也会造成误差与遗漏；四是未被记录的跨境资金流动，如违规资本的流入或流出。

一般而言，净误差与遗漏的绝对值过大会影响国际收支统计的可信度。通常国际上认为，净误差与遗漏规模占国际收支口径的进出口贸易总值的5%以下是可以接受的。从各国近年来的统计情况看，一般绝大多数国家都低于这一比例。以2007年为例，德国该比例为2.0%，日本为1.3%，美国为1.3%，俄罗斯为2.1%，马来西亚为1.5%，印度为1.3%。我国2007年和2008年的净误差与遗漏规模占进出口贸易总值的比例分别为0.8%和1.0%。

净误差与遗漏的正负值与违规资本的流向并无必然联系。如果国际收支平衡表中的净误差与遗漏主要是因统计因素引起的，则一般呈现正负交替的随机分布状态，即净误差与遗漏既可能出现在贷方（为正值），也可能出现在借方（为负值）。以1998年至2007年十年的时间段为例：德国负值三年，正值七年；日本负值四年，正值六年；美国负值六年，正值四年；俄罗斯负值九年，正值一年；马来西亚负值八年，正值两年；中国负值六年，正值四年。其中，我国2005年、2006年净误差与遗漏均为负值，当时正面临较大的资本流入压力和较强的人民币升值预期。

三、编制“国际收支平衡表”

国际货币基金组织（IMF）为使各国的国际收支平衡表具有可比性，对国际收支平衡表的概念、准则、惯例、分类方法以及标准构成等都作了统一的规定和说明。IMF 规定其各成员国有义务定期向该组织报送各国的国际收支数据资料，并逐年编制各成员国的国际收支平衡表，以年鉴形式出版。

（一）国际收支平衡表的编制原则

1. 居民原则。国际收支是以居民（机构和个人的经济利益中心，如在经济体内拥有住所或生产场所）为基础进行的统计，与国籍没有必然的联系。中国居民包括中国国家机关（含中国驻外使馆领馆）、团体、部队、在中国境内依法成立的企业事业法人（含外商投资企业及外资金融机构）及境外法人的驻华机构，以及在中国境内居留 1 年以上的自然人、中国短期出国人员（在境外居留时间不满 1 年）、在境外留学人员和就医人员及中国驻外使馆领馆工作人员及其家属，但国际组织驻华机构、外国驻华使馆领馆，外国及中国香港、澳门、台湾地区在境内的留学生、就医人员，外国驻华使馆领馆外籍工作人员及其家属除外。非居民是指除中国居民以外的机构和个人。

2. 会计原则。国际收支平衡表采用复式记账法，遵循“有借必有贷、借贷必相等”的会计记账原则，每笔交易由两个金额相等、方向相反的会计分录组成。贷方表示实际资源出口和资金流出，借方表示实际资源进口和资金流入。如货物出口收汇在国际收支平衡表中贷记货物贸易、借记银行存款，外商直接投资现汇流入在国际收支平衡表中贷记直接投资、借记银行存款。

3. 记录原则。国际收支交易采用权责发生制确定流量的记录时间，即以所有权变更确定记录时间，如在货物已出口但未收回货款的情况下，应借记其他投资项下的贸易信贷和贷记货物出口。

【知识链接】 **国际收支平衡表中的经济交易**

按照 IMF 的规定，国际收支平衡表中记录的各种经济交易应包括：

（1）在编表时期内全部结清部分。一笔经济交易如在国际收支平衡表编制时期内结清，则理所当然可以如实记录。

（2）在这一时期内已经到期必须结清部分（不管实际上是否结清）。例如，在编制表时期内已到期应予支付的利息，实际上并未支付，则应在到期日记录，未付的利息作为新的负债记录。又如，某项劳务已提供，但期内尚未获得收入，则应按劳务提供日期登记，未获得收入作为债权记录。

（3）在这一时期内已经发生（指所有权已变更），但需跨期结算部分。例如，涉及贸易信用的预付货款或延付货款。这类贸易发生时，所有权已变更，因而应在交易发生日期进行记录。就预付货款而言，应在借方记录货物债权，贷方记录支付的货款。就延付货款而言，应在借方记录获得的货物，贷方记录货款负债。收到货物或支付货款时，再冲转债权或货款负债。

4. 计价原则。国际收支交易主要采用市场价格计价，但债务工具大多按面值来记录。国际投资头寸表也是按年末市场价格对对外金融资产和负债定值。

（二）国际收支平衡表的编制方法

【案例分析】 **假设甲国在某一时期内发生了以下6笔经济交易：**

（1）甲国某公司出口价值300万美元的商品，收入存入海外某银行，使得甲国的对外短期债务下降。

（2）甲国政府向非洲某国提供无偿援助，其中动用外汇库存120万美元，另有人道主义救援物资80万美元。

（3）法国商人以价值1 000万美元的设备投入甲国，兴办合资企业。

（4）甲国某公司海外投资所得利润200万美元，其中100万美元用于当地再投资，60万美元购买原材料，40万美元汇给国内售给政府换取本币。

（5）甲国有一个旅行者到澳大利亚观光，共花费50万美元。

（6）甲国居民购买德国某公司的欧元债券，折合100万美元，购买某公司股票，用去50万美元。

请根据以上交易内容编制一份国际收支平衡表。

1. 首先，学会制作会计分录。遵循“有借必有贷、借贷必相等”的会计记账原则，根据每笔交易制作会计分录：

（1）凡引起本国外汇收入的项目，记入贷方，记为“＋”，表示实际资源出口和资金流出；

（2）凡引起本国外汇支出的项目，记入借方，记为“－”，表示实际资源进口和资金流入。

如货物出口收汇在国际收支平衡表中，贷记“货物贸易”、借记“银行存款”；又如外商直接投资现汇流入在国际收支平衡表中，贷记“直接投资”、借记“银行存款”。我们以上面的案例为样本，先分步骤制作会计分录，如下：

（1）甲国某公司出口价值300万美元的商品，收入存入海外某银行，使得甲国的对外短期债务下降。

借：甲国在海外某银行的存款	300万美元	
贷：商品出口		300万美元

（2）甲国政府向非洲某国提供无偿援助，其中动用外汇库存120万美元，另有人道主义救援物资80万美元。

借：经常转移	200万美元	
贷：官方储备		120万美元
商品出口		80万美元

（3）法国商人以价值1 000万美元的设备投入甲国，兴办合资企业。

借：商品进口	1 000万美元	

贷：直接投资　　1 000 万美元

（4）甲国某公司海外投资所得利润 200 万美元，其中 100 万美元用于当地再投资，60 万美元购买原材料，40 万美元汇给国内售给政府换取本币。

借：对外长期投资　　100 万美元

原材料进口　　60 万美元

官方储备　　40 万美元

贷：海外投资利润收入　　200 万美元

（5）甲国有一个旅行者到澳大利亚观光，共花费 50 万美元。

借：服务　　50 万美元

贷：在外国银行的存款　　50 万美元

（6）甲国居民购买德国某公司的欧元债券，折合 100 万美元，购买某公司股票，用去 50 万美元。

借：证券投资　　150 万美元

贷：海外银行存款　　150 万美元

2. 然后，根据会计分录编制国际收支平衡表：

表 2－2　　××年甲国国际收支平衡表　　单位：万美元

项目	借方	贷方
一、经常账户		
货物贸易	1 000…………（3） 60…………（4）	300…………（1） 80…………（2）
服务贸易	50…………（5）	
收入		200…………（4）
经常转移	200…………（2）	
二、资本和金融账户		
直接投资	100…………（4）	1 000…………（3）
证券投资	150…………（6）	
其他投资	300…………（1）	50…………（5） 150…………（6）
三、官方储备	40…………（4）	120…………（2）

我国国际收支平衡表的指标解释和数据来源如表 2－3 所示。

表 2－3　　中国国际收支平衡表　　单位：千美元

项目	指标解释和数据来源
一、经常项目	
A. 货物和服务	
a. 货物	商品所有权变化的货物进出口。贷方表示货物出口，借方表示货物进口。以海关总署编制的贸易统计数据为基础。此外，“货物修理”和“在港口购买的货物”等项目的数据使用国际收支统计申报数据。

续表

项目	指标解释和数据来源
b. 服务	包括运输、旅游、通讯、建筑、保险、金融服务、计算机和信息服务、专有权使用费和特许费、各种商业服务、个人文化娱乐服务以及别处未提及的政府服务。贷方表示服务出口（即服务收入），借方表示服务进口（即服务支出）。
1. 运输	指与运输有关的服务收支，包括海、陆、空运输，太空和管道运输。运输收入（贷方）来自国际收支统计申报数据；运输支出（借方）来自海关编制的进口统计数据（按进口货物的4%计算运输支出）和国际收支统计申报数据。
2. 旅游	指对在我国境内停留不足一年的外国旅游者和我国港澳台同胞（包括因公、因私）提供货物和服务获得的收入以及我国居民出国旅行（因公、因私）的支出。旅游收入（贷方）来自国家旅游局的抽样调查数据，旅游支出（借方）根据公安部出入境管理局以及我国主要出境旅游目的地国家或地区相关数据测算得出。
3. 通讯服务	包括（1）电讯，指电话、电传、电报、电缆、广播、卫星、电子邮件等；（2）邮政和邮递服务。通讯服务收入和支出均来自国际收支统计申报数据。
4. 建筑服务	指我国企业在经济领土之外完成的建筑、安装项目，以及非居民企业在我国经济领土之内完成的建筑、安装项目。建筑服务收入和支出均来自国际收支统计申报数据。
5. 保险服务	包括各种保险服务的收支，以及同保险交易有关的代理商的佣金。保险收入（贷方）来自国际收支统计申报数据，保险支出（借方）来自海关编制的进口统计数据（按进口货物的1%计算保险支出）和国际收支统计申报数据。
6. 金融服务	包括金融中介和辅助服务收支。金融服务收入和支出均来自国际收支统计申报数据。
7. 计算机和信息服务	包括计算机数据和与信息、新闻有关的服务交易收支。计算机和信息服务收入和支出均来自国际收支统计申报数据。
8. 专有权使用费和特许费	包括使用无形资产的专有权、特许权等发生的收支。专有权使用费和特许费收入和支出均来自国际收支统计申报数据。
9. 咨询	包括法律、会计、管理、技术等方面的咨询服务收支。咨询服务收入和支出均来自国际收支统计申报数据。
10. 广告、宣传	包括广告设计、创作和推销，媒介版面推销，在国外推销产品，市场调研等的收支。广告宣传服务收入和支出均来自国际收支统计申报数据。
11. 电影、音像	包括电影、电视节目和音乐录制品的服务以及有关租用费用收支。电影音像服务收入和支出均来自国际收支统计申报数据。
12. 其他商业服务	指以上未提及的各类服务交易的收支，驻华机构办公经费（不含使领馆）也在此项下。其他商业服务收入和支出均来自国际收支统计申报数据。
13. 别处未提及的政府服务	指在前面分类没有包括的各种政府服务交易，包括大使馆等国家政府机构的所有涉外交易。别处未提及的政府服务收入和支出均来自国际收支统计申报数据。
B. 收益	包括职工报酬和投资收益两部分。贷方表示获取收益（收入），借方表示支付收益（支出）。
1. 职工报酬	指我国个人在国外工作（1年以下）而得到并汇回的收入以及我国支付在华外籍员工（1年以下）的工资福利。职工报酬收入和支出均来自国际收支统计申报数据。

续表

项目	指标解释和数据来源
2. 投资收益	包括直接投资项下的利润利息收支和再投资收益、证券投资收益（股息、利息等）和其他投资收益（利息）。直接投资收益收入来自国际收支统计申报数据和商务部编制的相关数据估算，直接投资收益汇出主要来自国际收支统计申报数据。其他投资收益收入和支出的数据来自银行和外汇局的外债统计。
C. 经常转移	包括侨汇、无偿捐赠和赔偿等项目，包括货物和资金形式。贷方表示外国对我国提供的无偿转移（收入），借方表示我国对外国提供的无偿转移（支出）。经常转移收入和支出的数据均来自国际收支统计申报数据。
1. 各级政府	指国外的捐赠者或受援者为国际组织和政府部门。
2. 其他部门	指国外的捐赠者或受援者为国际组织和政府部门以外的其他部门或个人。
二、资本和金融项目	
A. 资本项目	包括资本转移如债务减免、移民转移等内容。贷方表示外方对我国提供的资本转移等（收入），借方表示我国对外提供的资本转移等（支出）。资本项目收入和支出数据均来自国际收支统计申报数据。
B. 金融项目	包括我国对外资产和负债的所有权变动的所有交易。按投资方式分为直接投资、证券投资和其他投资；按资金流向构成的债权债务分为资产、负债，其中直接投资分为外国在华直接投资（视同于负债）和我国在外直接投资（视同于资产）。贷方表示金融资产减少或者负债增加，借方表示金融资产增加或者负债减少。
1. 直接投资	以投资者寻求在本国以外运行企业获取有效发言权为目的的投资。包括外国在华直接投资和我国在外直接投资两部分。直接投资流入数据以商务部和外汇局收集的有关外资企业（其普通股股权的10%或10%以上由非居民出资的居民企业）的信息为基础。有关各年度直接投资包括股本流入和收益再投资带来的直接投资股本增加。中国对外直接投资数据主要来自商务部和外汇局的相关统计。
1.1 我国在外直接投资	借方表示我国对外直接投资汇出的资本金、母子公司资金往来的国内资金流出；贷方表示我国撤资和清算以及母子公司资金往来的外部资金流入。
1.2 外国在华直接投资	贷方表示外国投资者在我国设立外商投资企业的投资，包括股本金、收益再投资和其他资本；借方表示外商企业的撤资和清算资金汇出我国。
2. 证券投资	包括股本证券和债务证券两类证券投资形式。有关股票余额数据来自中国证券监督管理委员会和外汇局，有关对外债券余额和合格境外机构投资者（QFII）投资数据来自外汇局统计，有关对外证券投资的数据来自中国人民银行和外汇局。
2.1 资产	借方表示我国持有的非居民证券资产增加；贷方表示我国持有的非居民证券资产减少。
2.1.1 股本证券	包括以股票为主要形式的证券。
2.1.2 债务证券	包括中长期债券和1年期（含1年）以下的短期债券和货币市场有价证券，如短期国库券、商业票据、短期可转让大额存单等。
2.2 负债	贷方表示当期我国发行的股票和债券筹资额，借方表示当期股票的收回和债券的还本。
2.2.1 股本证券	包括我国发行、非居民购买的境内外上市外资股。
2.2.2 债务证券	包括我国发行的中长期债券和短期商业票据等。

续表

项目	指标解释和数据来源
3. 其他投资	除直接投资和证券投资外的所有金融交易。分为贸易信贷、贷款、货币和存款及其他资产负债四类形式。其中长期指合同期为1年以上的金融交易，短期指合同期为1年及以下的金融交易。其他投资数据来自中国人民银行、外汇局国际收支统计申报数据以及外汇局的其他来源。
3.1 资产	借方表示资产增加，贷方表示资产减少。
3.1.1 贸易信贷	借方表示我国出口商对国外进口商提供的延期收款额，以及我国进口商支付的预付货款。贷方表示我国出口延期货款的收回。
3.1.2 贷款	借方表示我国金融机构以贷款和拆放等形式的对外资产增加；贷方表示减少。
3.1.3 货币和存款	包括我国金融机构存放境外资金和库存外汇现金的变化，借方表示增加，贷方表示减少。
3.1.4 其他资产	包括除贸易信贷、贷款、货币和存款以外的其他资产。
3.2 负债	贷方表示负债增加，借方表示负债减少。
3.2.1 贸易信贷	贷方表示我国进口商接受国外出口商提供的延期付款贸易信贷，以及我国出口商预收的货款。借方表示我国进口商归还延期付款。
3.2.2 贷款	我国机构借入的各类贷款，如外国政府贷款、国际组织贷款、国外银行贷款等。贷方表示新增额，借方表示还本金额。
3.2.3 货币和存款	包含海外私人存款、银行短期资金及向国外出口商和私人借款等短期资金。贷方表示新增额，借方表示偿还额或流出额。
3.2.4 其他负债	其他类型的外债。
三、储备资产	指我国中央银行拥有的对外资产。包括外汇、货币黄金、特别提款权、在国际货币基金组织的储备头寸。有关储备资产变化的数据来自中国人民银行。
3.1 货币黄金	指我国中央银行作为储备持有的黄金。
3.2 特别提款权	是国际货币基金组织根据会员国认缴的份额分配的、可用于偿还国际货币基金组织债务、弥补会员国政府之间国际收支赤字的一种账面资产。
3.3 在国际货币基金组织的储备头寸	指在国际货币基金组织普通账户中会员国可自由提取使用的资产。
3.4 外汇	指我国中央银行持有的可用做国际清偿的流动性资产和债权。
3.5 其他债权	
四、净误差与遗漏	平衡表采用复式记账法，由于统计资料来源和时点不同等原因，造成借贷不相等。如果借方总额大于贷方总额，其差额记入此项目的贷方；反之，记入借方。

【能力训练】

1. 判断下列各项是居民还是非居民。

（1）在一国从事经营的企业，如外国企业的分支机构，为该国居民吗？

（2）A国的大使馆等驻外机构外交人员、留学生和驻外国部队，属于A国居民吗？

（3）如果在某一国维持的分支机构或办事处长达一年或一年以上的时间，则该分支机构或办事处应视为其活动所在国的居民吗？

（4）国际组织是其所在地国家的居民还是非居民？

2. 依据下列6笔经济交易做会计分录并编制Y国的国际收支平衡表。

（1）Y国出口价值为500万美元的商品，国外进口商以当地银行短期存款支付货款；

（2）国外旅游者在Y国旅游，Y国旅游部门在该年收到各种类型的外汇旅行支票为200万美元；

（3）Y国居民向定居在国外的原亲属汇款5万美元；

（4）Y国进口部门该年共进口国外商品700万美元，国外出口商将这笔款项存入Y国银行短期存款账户；

（5）国外居民购买Y国某公司的长期债券400万美元，用在Y国银行的存款支付；

（6）IMF将与500万美元等值的特别提款权调换成Y国货币存放在Y国银行的基金账户上。

模块二 国际收支申报

【课前思考】

国际收支平衡表中的数据是怎么来的？又是如何统计的？

【能力目标】

1. 了解国际收支统计的内涵；
2. 能够掌握国际收支统计间接申报流程；
3. 能够掌握国际收支统计直接申报流程。

一、国际收支统计的内涵

想一想 前面我们学习了什么是国际收支，什么是国际收支平衡表，以及如何编制一份国际收支平衡表。可是为什么要制作这样一份国际收支平衡表呢？

（一）国际收支统计的重要性

国际收支统计全面反映了一个国家的国际收支状况，它的结果不仅对于一国宏观经济管理和决策具有重要作用，也是世界其他国家了解一国涉外经济发展状况的主要途径。各国对其准确性、及时性和全面性的要求随着经济全球化进程的加快而不断提高。

1. 国际收支统计是国民经济综合平衡必不可少的一个环节。

首先，国际收支状况是国民经济综合平衡的一个重要部分，国际收支的顺差或逆差可以弥补国内投资和消费与国内生产总值间的缺口。

其次，国际收支与国内本币的供应有密切的联系，国际收支中无论经常项目还是资本和金融项目的交易都需要人民币资金的配套。外汇储备的增减更直接影响人民币外汇占款的规模，进而影响信贷资金的投放。因此，国际收支状况可影响国内信贷平衡，对金融调控至关重要。

2. 良好的国际收支统计信息是制定正确的对外经济政策的基础。国际收支状况对一国的汇率、利率、财政、贸易、利用外资、对外投资、外汇管理等方面有着深刻的影响。良好的国际收支统计信息有助于了解并掌握国内外经济联系情况及其相互影响情况，从而制定相应的经济政策。

3. 国际收支统计工作关系到一个国家的对外形象。目前，我国向国际货币基金组织及其他国际机构提供的国际收支统计数据和资料是国际社会观察和评估我国经济发展状况的重要组成部分，成为国际信用评定机构和商业银行对我国进行风险信用评级的重要依据之一。因此，国际收支统计工作如何，能否提供完整的国际收支信息已是我国在国际资本市场上筹资的一个前提条件。

想一想 既然国际收支统计这么重要并意义重大，那么到底什么是国际收支统计呢？它又包含了哪些内容呢？

（二）国际收支统计的含义

国际收支统计是指对一个国家或经济体与世界其他国家或经济体之间各项国际经济金融交易及对外资产负债情况进行的统计，包括流量统计和存量统计。

1. 国际收支流量统计。国际收支流量统计是对特定时期内货物进出口、服务进出口、收益和转移、直接投资、证券投资、金融衍生产品、存款、贷款等国际收支交易的统计，并具体反映在国际收支平衡表中。

2. 国际收支存量统计。国际收支存量统计是对特定时点一经济体对外金融资产负债情况的统计，包括直接投资、证券投资、金融衍生产品等，并具体反映在一经济体的国际投资头寸表（International Investment Position，IIP）中，其变动是由特定时期内交易、价格变化、汇率变化和其他调整引起的。

【知识链接】 **国际投资头寸表**

国际投资头寸表，是反映特定时点上一个国家或地区对世界其他国家或地区金融资产和负债存量的统计报表。国际投资头寸的变动是由特定时期内交易、价格变化、汇率变化和其他调整引起的。国际投资头寸表在计价、记账单位和折算等核算原则上均与国际收支平衡表保持一致，并与国际收支平衡表共同构成一个国家或地区完整的国际账户体系。

我国的国际投资头寸表的格式如表 2－4。

表 2－4 **中国国际投资头寸表** 单位：亿美元

项目	2009 年末	2010 年末
净头寸	15 107	17 907
A. 资产	34 571	41 260

续表

项目	2009 年末	2010 年末
1. 对外直接投资	2 458	3 108
2. 证券投资	2 428	2 571
2.1 股本证券	546	630
2.2 债务证券	1 882	1 941
3. 其他投资	5 173	6 439
3.1 贸易信贷	1 646	2 261
3.2 贷款	974	1 174
3.3 货币和存款	1 310	1 985
3.4 其他资产	1 243	1 018
4. 储备资产	24 513	29 142
4.1 货币黄金	371	481
4.2 特别提款权	125	123
4.3 在基金组织中的储备头寸	25	64
4.4 外汇	23 992	28 473
B. 负债	19 464	23 354
1. 外国来华直接投资	13 148	14 764
2. 证券投资	1 900	2 216
2.1 股本证券	1 748	2 061
2.2 债务证券	152	155
3. 其他投资	4 416	6 373
3.1 贸易信贷	1617	2 112
3.2 贷款	1 636	2 389
3.3 货币和存款	937	1 650
3.4 其他负债	227	222

注：1. 本表计数采用四舍五入原则。

2. 净头寸是指资产减负债，“+”表示净资产，“-”表示净负债。

资产来源：国家外汇管理局网站，2011-05-30。

一个经济体完整的国际账户体系由国际收支平衡表和国际投资头寸表共同构成。本书所涉及和讨论的国际收支统计主要是流量统计，即传统的国际收支平衡表的统计。

【知识链接】 我国国际收支统计报表的编制和公布

我国由国家外汇管理局负责编制、公布中国的国际收支平衡表和国际投资头寸表。

1982—1995 年，国家外汇管理局根据《国际收支手册（第四版）》按年编制和公布国际收支平衡表。从 1996 年起，根据《国际收支手册（第五版）》继续按年编制和公布国际收支平衡表。1998 年起按季度编制国际收支平衡表。2001 年起按半年度公布国际收支平衡表。2005 年起，为加深社会对国际收支形势的理解，按半年度撰写和发布《中国国际收支报告》。目前的发布渠道及发布方式为：在新华社、《金融时报》、《中国金融》（半月刊）和电视台等新闻媒体上发布国际收支概况，在国家外汇管理局的《中国外汇管理年报》、《中国国际收支统计年报》和《中国国际收支报告》和官方网站上公布完整的国际收支平衡表。

2006 年起，国家外汇管理局首次公布中国国际投资头寸表。之后，每年 5—6 月发布上年度末的中国国际投资头寸表，并通过新华社、《金融时报》、《中国金融》（半月刊）和中国其他主要媒体分别发布年度末国际投资头寸概况。在国家外汇管理局的《中国外汇管理年报》、《中国国际收支统计年报》、《中国国际收支报告》和官方网站上公布完整的国际投资头寸表。

（三）如何进行国际收支统计

想一想 统计作为一种社会实践活动已有悠久的历史。在外语中，“统计”一词与“国家”一词来自同一词源。因此，可以说自从有了国家就有了统计实践活动。那么我国国际收支统计到底是从什么时候开始的呢？又是如何进行统计的呢？

1949—1979 年，我国没有编制国际收支平衡表，只编制了外汇收支平衡表。1980 年我国正式恢复在国际货币基金组织和世界银行的合法席位，由此开始建立国际收支统计体系。1981 年，我国制定了国际收支统计制度，自 1982 年开始正式编制国际收支平衡表，直到 1995 年，所采取的收集数据的方法均是“超级汇总法”，也就是由各行政或行业主管部门报送全辖或全系统的数据，由国家外汇管理局汇总。

【知识链接】 统计小常识

我们常见各种统计如“GDP 国内生产总值”、“CPI 消费物价指数”、“PPI 工业生产者价格指数”、“城镇居民人均可支配收入及其增长速度”、“房屋销售价格指数”等，那么这些统计数据究竟是怎么得来的呢？

第一，采用“抽样调查法”。传统的统计调查方法以全面报表为主，基层单位向政府统计部门报送报表，然后层层汇总到国家统计局。这种调查方法涉及单位多，需要大量统计人员，有限的资源无法保障对他们进行必要的统计技能的培训，因而无法保证基层统计资料的准确性。抽样调查涉及的单位少，需要的统计调查人员相对较少，统计部门有能力进行统计技能培训，从而能够提高基层统计调查资料的质量。目前，粮食产量、棉花产量、城乡住户调查、价格调查、1%人口调查、规模以下工业等统计领域采用了抽样调查方法。

第二，采用“超级汇总法”。为了避免统计调查数据在层层汇总过程中的人为干扰，国家统计局对一些重要的基层统计报表采取了直接汇总的方法，比如规模以上的工业经济效益指标、粮食产量和农民收入等抽样调查数据已经采用了这种汇总方法。

现在统计资料在越来越多的领域采用“抽样调查法”和为避免中间层次干扰的“超级汇总法”。基本计算方法采用国际通用的现价和不变价计算方法。

为了适应社会主义市场经济的需要，1996 年我国开始实行的国际收支统计申报制度，实行了“交易主体申报”的原则，即交易主体是申报主体。

【知识链接】　　为什么要实行国际收支统计“申报制度”？

国际收支统计申报是为国际收支统计工作服务的，是编制国际收支平衡表的基础。随着我国经济体制从单一的计划经济向社会主义市场经济转变，经济主体多元化，对外交往不断扩大，原先建立在行业统计基础上的国际收支统计制度已不能全面反映整个对外交易的情况，无法涵盖大量新出现的经济信息。为适应社会主义市场经济体制，并与国际接轨，必须建立由交易主体进行申报的国际收支统计申报制度。

新的国际收支统计申报办法是按照国际货币基金组织的《国际收支手册（第五版）》的原则，结合我国具体情况制定的，增强了数据的国际可比性，大大提高为经济决策提供基础数据和动态信息的作用。1995 年 8 月经国务院批准，于 1995 年 9 月以中国人民银行行长令颁布实施了《国际收支统计申报办法》。该办法的实施是我国国际收支统计制度改革过程中的一个重要里程碑。它对推动外汇管理体制改革，促进外向型经济发展，健全和完善我国宏观经济监测体系具有深远意义。

在涉外收入申报工作中，我们还坚持在“解付行申报”的原则。目前，我国国际收支统计制度具体采用的是间接申报与直接申报、逐笔申报和定期申报相结合的办法。

【知识链接】　　为什么采取“解付行申报”的原则？

《国际收支统计申报办法实施细则》和《通过金融机构进行国际收支统计申报的业务操作规程》明确指出在涉外收入申报工作中必须坚持在解付行申报的原则。之所以提出这条原则，是为了保证涉外收入申报工作在全国范围内有一个共同的标准，从而保证国际收支统计申报的准确性、完整性和可操作性。

那么，可否采用在结汇行申报的方法进行涉外收入申报的做法呢？我们认为这种做法是不可取的。由于存在外汇收入不结汇的现象，这样势必造成有的涉外收入在解付行申报、有的在结汇行申报的状况，在全国范围内造成涉外收入申报点确定标准的不一致。又由于结汇后的涉外收入存在境内人民币划转的问题，这样势必会造成跨地区、跨辖区进行涉外收入申报的现象。由此又会产生涉外收入难以在25个工作日（从2001年9月1日起为10个工作日；从2003年1月1日起为5个工作日）内完成申报的问题，影响到统计申报的及时性，还会增加涉外收入申报追踪、催报以及协调的难度，造成“先申报、后解付”规定执行方面的困难。同时涉外收入申报点和入账银行的分离，还会增加日后进行国际收支统计申报核查处理的困难。因此，必须坚持在解付行申报的原则。

【知识链接】 **我国国际收支统计发展的历程**

1981年，我国制定了国际收支统计制度；

1982年，我国开始正式编制国际收支平衡表，1985年起向社会发布；

1986年，我国开始外债统计；

1994年，我国开始银行结售汇统计；

1996年，我国开展跨境资金流动统计；

2003年，我国正式运行国际收支风险预警系统；

2005年，我国开始发布中国国际收支报告；

2005年，我国开始运行高频债务监测预警系统和市场预期调查系统；

2006年，我国国家外汇管理局首次公布中国国际投资头寸表。

目前，我国已建立起符合国际惯例和要求、适合国情的跨境资金流动监测预警制度。

（四）我国国际收支统计申报体系

我国国际收支统计申报体系具体可以分为三个层次：

第一个层次为《国际收支统计申报办法》；

第二个层次为《国际收支统计申报办法实施细则》；

第三个层次为各种业务操作规程及有关通知，业务操作规程包括：《通过金融机构进行国际收支统计申报的业务操作规程》、《金融机构对外资产负债及损益申报业务操作规程》、《证券投资统计申报业务操作规程》、《汇兑业务统计申报操作规程》。

其中，通过金融机构进行的国际收支统计申报为间接、逐笔申报，即交易主体必须通过相关金融机构逐笔申报其对外交易情况；其他三项统计申报为报告者定期地、直接向外汇管理局申报其对外交易状况及对外资产负债和分红派息情况。

【知识链接】 **我国国际收支统计的制度和框架**

1995 年以前，我国国际收支统计数据的收集主要依赖于国家各个行政主管部门从行业统计角度收集有关数据，再由国家外汇管理局进行超级汇总，并按照《国际收支手册（第四版）》编制全国的国际收支平衡表。

1996 年起，遵循国际惯例，正式实施国际收支统计申报制度，明确规定国际收支统计申报范围为中国居民与非中国居民之间发生的一切经济交易。

随后，国家外汇管理局相继发布了国际收支间接申报制度和国际收支四项直接申报制度（直接投资统计申报制度、汇兑业务统计申报制度、证券投资统计申报制度和金融机构对境外资产负债及损益申报制度），并于 1996 年建立国际收支统计监测系统，2004 年建立贸易信贷调查制度。经过十年的制度建设，目前我国已经初步建立了一套较为完整的、系统的、与《国际收支手册（第五版）》接轨的国际收支统计数据采集制度体系。

【知识链接】 **国际收支统计与国际货物贸易统计的关系**

《国际货物贸易统计：概念和定义》（*International Merchandise Trade Statistics: Concepts and Definitions*, IMTS）是由联合国制定并发布的有关货物贸易统计的国际标准，目前使用的是 1998 年更新的版本。

国际货物贸易统计数据普遍来源于海关统计，主要立足对跨越国境货物的统计。而国际收支统计中的货物贸易立足于居民和非居民之间发生的货物所有权变更的交易，与货物是否跨境没有必然的联系。

为将海关口径的国际货物贸易统计调整为国际收支口径下的货物贸易，需做以下调整：

一是统计范围的调整，即国际收支统计口径的货物贸易 = 国际货物贸易统计 + 已发生所有权变更但未计入海关数据的货物（如已查获的进口走私） - 计入海关统计但所有权并不变更的货物。

二是价格的调整，如将进口货物的到岸价格调整为离岸价格，我国采用 5% 的调整系数，将进口货物价格的 4% 调整为运输交易，1% 调整为保险交易。

二、国际收支统计间接申报制度

想一想 国际收支统计间接申报究竟应该由谁（Who）来申报？向谁（Whom）申报？什么时候（When）申报？申报什么（What）内容？以什么样（How）的方式申报？

国际收支统计间接申报制度，即国际交易报告系统（International Transaction Reporting System，ITRS），是指中国居民通过境内金融机构与非中国居民发生的涉外收付款，应当通过该金融机构向国家外汇管理局及其分支局（以下简称外汇局），及时、准确、全面地申报其国际收支交易情况。国际收支统计间接申报制度是我国国际收支交易数据采集的主要方法之一。

【知识链接】　涉外收付款

"涉外收付款"是指非银行机构和个人通过境内银行从境外收到的款项和对境外支付的款项（包括跨境人民币收付款），以及境内非居民通过境内银行与境内居民发生的收付款。

（一）间接申报中的申报主体

根据规定，通过境内银行收到境外款项或向境外支付款项的非银行机构和个人，应及时、准确、完整地进行国际收支统计申报。所以，涉外收付款人是间接申报中的申报主体。

（二）间接申报中的申报对象

间接申报中的申报对象是涉及涉外收付款的各境内银行，境内银行应根据规定确保基础信息的及时性、准确性、完整性，督促和指导申报主体办理申报，并履行审核及传送国际收支统计申报相关信息等职责。

【知识链接】　境内银行

这里的境内银行可能涉及的银行包括解付银行、结汇中转行和不结汇中转行。

1. 解付银行是指从境外收到款项后将收入款项贷记收款人账户的银行。

2. 结汇中转行是指从境外收到款项并将收入款项结汇后直接划转到收款人在其他银行账户的银行。

3. 不结汇中转行是指收到境外款项后不贷记收款人账户，以原币形式划转到收款人在其他银行账户的银行。

（三）间接申报中的申报内容

间接申报数据即涉外收付款数据为逐笔信息，每一笔涉外收付款信息都包括以下几部分：

1. 基础信息。基础信息是指包括收付款人、收付款币种和金额等可从银行自身计算机处理系统中采集的信息。

2. 申报信息。申报信息是指由申报主体填写的付（收）款人的国家（地区）、国际收支交易编码、交易附言等信息。

3. 辅助信息。除有关涉外收付款的业务信息外，还有一些基础性的辅助信息，包括：

（1）机构申报主体的档案信息。凡在境内银行任何一家网点首次办理涉外收付款业务的机构申报主体，应当填写单位基本情况表一式两联，第一联由银行留存，第二联由申报主体留存（见表2－5），并提供相关资料，以便在银行建立国际收支统计申报所需的申报主体档案。目前申报主体的档案信息仅限于机构，个人尚不需要填报。

（2）金融机构的档案信息，如金融机构网点的名称、级别等，以便于后续的数据质量核查、错误反馈以及数据分析之用。

表2－5　　单位基本情况表

请选择：单位基本情况表新建□	单位基本情况表变更□	单位基本情况表停用□	
组织机构代码	□□□□□□□□—□		
机构名称			
住所/营业场所名称及代码	□□□□□□□		
常驻国家（地区）名称及代码	□□□		
外方投资者国别（地区）名称及代码	国别1：□□□		
	国别2：□□□		
	国别3：□□□		
	国别4：□□□		
	国别5：□□□		
经济类型代码	□□□	所属行业属性代码	□□□□
是否特殊经济区内企业　是□　否　□		所属外汇局代码	□□□□□□□
特殊经济区企业类型	□保税区 □保税物流园区 □综合保税区 □出口监管仓库	□出口加工区 □钻石交易所 □跨境工业园区 □进口保税仓库	□保税物流中心B型 □保税港区 □保税物流中心A型 □其他
申报方式：纸质申报 □（选择本方式后仅可通过银行柜台填写纸质凭证来完成国际收支统计申报） 开通网上申报 □（选择本方式后可通过互联网完成国际收支统计申报或通过银行柜台进行纸质申报） 关闭网上申报 □（已开通网上申报的客户如需关闭网上申报功能应选择本项）			
机构地址		邮政编码	
联系用E－mail地址			
备注			
经办行名称			
机构联系人			
机构联系电话			
机构传真号码			

机构经办人员签章：　　　　　　　　　　银行签章：

（四）间接申报中的申报方式

为简化和便利申报主体及时完成涉外收付款的申报，国家外汇管理局提供了两种申报途径：

1. 纸质申报。客户在上述规定时限内填写涉外收入申报单、境外汇款申请书、对外付款/承兑通知书中的申报信息后交给银行，完成申报义务。

2. 网上申报。目前该途径仅提供给机构客户，暂不支持个人客户办理收入网上申报。收入网上申报可不填写纸质涉外收入申报单。

（五）间接申报中的申报时效

涉外收入款的基础信息必须通过银行接口的方式报送外汇局，报送时间为收付款的第二个工作日中午12:00前导入国际收支申报系统（银行版）。申报信息的报送时效视业务而不同：

1. 目前涉外收入业务的申报时效为收入的5个工作日内（T+5）；

2. 境外汇款的申报时效为客户办理对外付款的同时（T）；

3. 在对外付款承兑业务中，如果客户在境内银行规定的时间内进行付款承兑，则时效为付款的同时（T）；如果客户未在银行规定的时间内付款承兑，则在银行按惯例对外付款后5个工作日内（T+5）申报。

（六）间接申报中的申报流程

1. 涉外收入业务申报（见图2－1）。

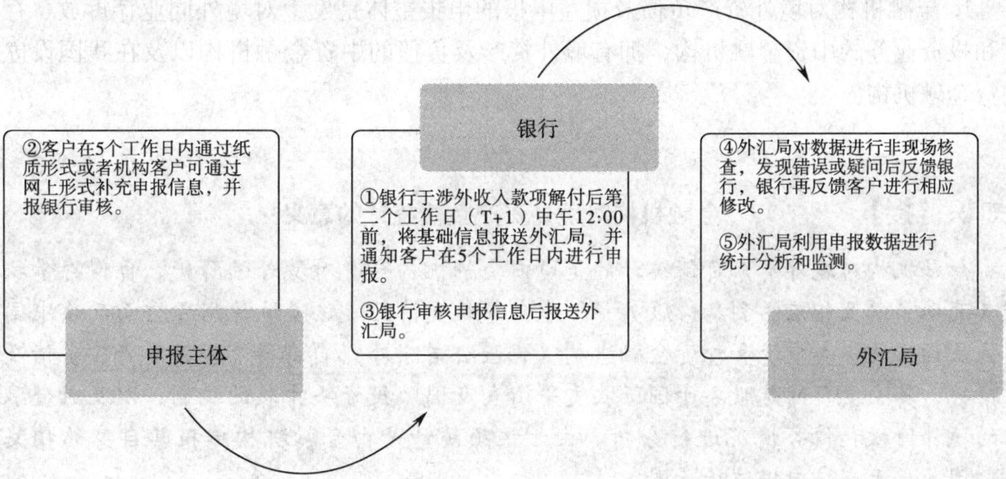

图2－1　涉外收入申报简明流程图

2. 境外汇款业务申报（见图2－2）。

3. 对外付款承兑业务申报。银行接到境外来单索汇后，通知客户在规定时间内办理付款承兑：

（1）如果客户在境内银行规定的时间内进行付款承兑，则客户在付款同时完成基础信息和申报信息的申报（见图2－2）。

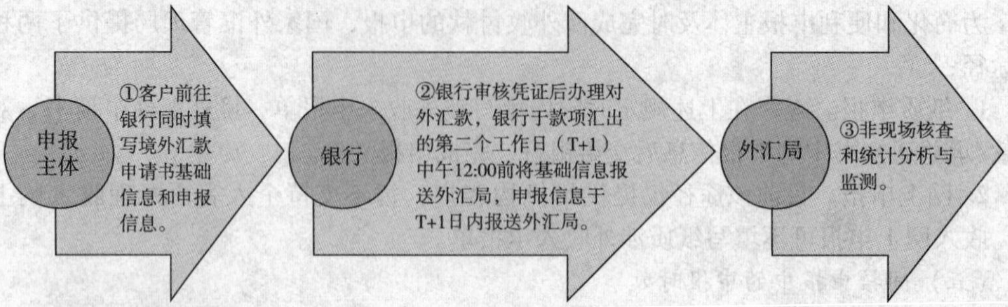

图2－2　境外汇款申报简明流程图

（2）如果客户未在银行规定的时间内付款承兑，则客户应在银行按惯例对外付款后5个工作日内（T+5）进行申报（见图2－1）。

三、国际收支统计直接申报

国际收支统计直接申报是指申报主体直接向外汇管理部门申报其与非居民发生的经济交易，是国际收支统计申报体系的重要组成部分。我国国际收支统计直接申报目前主要包括：金融机构对境外资产负债及损益申报业务、汇兑业务统计申报业务、直接投资统计申报业务、证券投资统计申报业务等。

（一）金融机构对境外资产负债及损益申报

1. 金融机构对境外资产负债及损益申报的申报主体是发生对境外同业存拆放、存贷款和投资业务的中资金融机构，拥有境外资产及负债的中资金融机构以及在我国设立的外资金融机构。

【知识链接】　　金融机构对境外资产负债统计的意义

金融机构对境外资产负债统计的是境内金融机构自身对境外的资产、负债存量状况及其变动，以及相应的利息、服务费、中介费收支情况。该项统计用于全面反映中国境内依法设立的各类中资和外资金融机构（保险公司除外）自身持有境外资产、负债及损益情况，其主要目的是服务于国际收支平衡表及国际投资头寸表的编制，以及对金融机构的境外债权和债务情况进行分析。由于该项统计是由金融机构申报其自身的相关数据，因此属于直接申报统计范围。

2. 金融机构对境外资产负债及损益申报的申报对象是各金融机构总行（或总部）和国家外汇管理局各分支局。申报表由各金融机构总行（或总部）和国家外汇管理局各分支局分别汇总统计后报送国家外汇管理局。各级外汇管理局国际收支统计部门按照有关规定对本辖内的金融机构自身业务申报情况进行调查、检查和处罚工作。

【知识链接】　　我国国家外汇管理局的基本职能

（一）研究提出外汇管理体制改革和防范国际收支风险、促进国际收支平衡的政策建议；研究落实逐步推进人民币资本和金融项目可兑换、培育和发展外汇市场的政策措施，向中国人民银行提供制定人民币汇率政策的建议和依据。

（二）参与起草外汇管理有关法律法规和部门规章草案，发布与履行职责有关的规范性文件。

（三）负责国际收支、对外债权债务的统计和监测，按规定发布相关信息，承担跨境资金流动监测的有关工作。

（四）负责全国外汇市场的监督管理工作；承担结售汇业务监督管理的责任；培育和发展外汇市场。

（五）负责依法监督检查经常项目外汇收支的真实性、合法性；负责依法实施资本和金融项目外汇管理，并根据人民币资本和金融项目可兑换进程不断完善管理工作；规范境内外外汇账户管理。

（六）负责依法实施外汇监督检查，对违反外汇管理的行为进行处罚。

（七）承担国家外汇储备、黄金储备和其他外汇资产经营管理的责任。

（八）拟定外汇管理信息化发展规划和标准、规范并组织实施，依法与相关管理部门实施监管信息共享。

（九）参与有关国际金融活动。

（十）承办国务院及中国人民银行交办的其他事宜。

3. 金融机构对境外资产负债及损益申报的申报内容。国家外汇管理局制定的《金融机构对境外资产负债及损益申报业务操作规程》（以下简称《操作规程》）规定了8种不同的金融机构对境外资产负债及损益申报表，即：

（1）金融机构存放和拆放业务申报表；

（2）金融机构对境外贷款业务申报表；

（3）金融机构吸收境外贷款业务申报表；

（4）金融机构对境外投资业务申报表（一）；

（5）金融机构对境外投资业务申报表（二）；

（6）金融机构对境外业务损益申报表；

（7）金融机构利润分配申报表（只限于外资金融机构填报）；

（8）外资金融机构投资情况申报表（只限于外资金融机构填报）。

4. 金融机构对境外资产负债及损益申报的申报方法。凡按《操作规程》的规定必须填报金融机构对境外资产负债及损益申报表的金融机构，应安装金融机构对境外资产负债及损益申报系统（金融机构版）应用软件，所生成的报表以电子数据的形式通过国际收支统计监测系统传输报送。

5. 金融机构对境外资产负债及损益申报的申报时间。以上各表均为季度报表，电子数据和纸质报表的报送时间为季后20个工作日内。

【知识链接】 金融机构对境外资产负债及损益申报的制度补充

1. 非居民人民币账户余额统计制度。根据《国际收支统计申报办法》，为满足中国国际收支平衡表和国际投资头寸表编制的需要，国家外汇管理局于2008年5月建立了非居民人民币账户余额统计，其统计的是境内银行的非居民个人和机构人民币账户余额及其变动情况。该项统计实行月度报送制度，总部在北京的全国性中资外汇指定银行总行，汇总所辖各分支机构数据直接报送国家外汇管理局。总部不在北京的全国性中资外汇指定银行总行和改制后的外商独资银行，汇总所辖各分支机构数据送所在地外汇分局，各分局汇总辖内银行数据后将汇总数据同时采用纸质报表和电子报表形式报送国家外汇管理局。该项统计制度的建立改善了我国外债统计不包括非居民人民币存款余额统计数据的情况。

2. 境内金融机构直接投资统计制度。境内金融机构直接投资统计的是境内金融机构对外和吸收境外直接投资的存量和变动情况。该项统计也是目前商务部非金融企业直接投资统计工作的补充，可以更全面、准确地反映境内金融机构直接投资交易和存量状况，满足中国国际收支平衡表、国际投资头寸表的统计需要。该项制度的申报主体是发生对外直接投资活动（含在境外设立机构协议购买境外机构股权、开展境外兼并收购）、吸收外国来华直接投资（协议卖出本机构股权、接受境外兼并收购等）的境内金融机构以及境外机构在境内设立的金融机构。境内金融机构直接投资申报制度的报送频率为季度，报送制度与中资金融机构外汇资产负债数据的统计制度类似，采用各金融机构总部汇总申报原则。

（二）中资金融机构外汇资产负债统计申报业务

美国次贷危机爆发以来，为关注此次危机对我国造成的影响，了解中资金融机构对境外投资风险状况，完善国际收支统计体系，2008年10月，国家外汇管理局建立了中资金融机构外汇资产负债统计监测制度，以衡量中资金融机构的外汇资产和负债及其相关衍生金融产品交易和损益的月度总体情况。

1. 中资金融机构外汇资产负债统计申报的申报主体。中资金融机构外汇资产负债统计申报的申报主体为：依法在中国境内设立的中资商业银行、政策性银行、保险公司、证券公司、期货公司、基金管理公司、财务公司等经批准可从事外汇业务的中资金融机构及全国社会保障基金理事会、中国投资有限责任公司。

2. 中资金融机构外汇资产负债统计申报的申报内容。中资金融机构外汇资产负债统计报表可分为两类报表：一类是中资金融机构资产负债表内的外汇资产、负债及币种结构；另一类是中资金融机构的外汇证券、衍生金融产品总体投资情况及特定资产投资情况，统计范围包括需要记入金融机构表内资产负债表或损益表的业务，即包括资产负债表内业务、自营衍生金融交易及承担交易风险的代客业务。

3. 中资金融机构外汇资产负债统计申报的申报方式。中资金融机构法人（包括其境内及境外分支机构）从2009年1月起正式按月报送外汇资产负债统计报表。总部在京的全国性中资外汇指定银行、全国社会保障基金理事会和中国投资有限责任公司，按总部原则将本单位系统内各分支机构数据汇总后直接报送国家外汇管理局。除此以外的其他中资金融机构（包括总部在京外的全国性中资外汇指定银行、地方性中资银行，以及中资非银行金融机构）按总部原则将本单位系统内各分支机构数据汇总后报送所在地国家外汇管理局分局，分局收齐并汇总辖内中资金融机构的报表后报送国家外汇管理局。国家外汇管理局在月后约20个工作日内完成对所有三百余家金融机构的统计报表的汇总统计工作。

【知识链接】 中资金融机构外汇资产负债统计与金融机构对境外资产负债及损益申报

与金融机构对境外资产负债及损益申报一样，中资金融机构外汇资产负债统计也反映自身对外资产负债情况，但这两项制度也存在一定区别。主要表现在：

一是报送主体不同。中资金融机构外汇资产负债统计的报送主体是依法在中国境内设立的中资商业银行、政策性银行等金融机构，而金融机构对境外资产负债及损益申报的报送主体包括在中国境内依法设立的各类中资金融机构和外资金融机构（保险公司除外）。

二是统计原则不同。中资金融机构外汇资产负债统计遵循法人统计的原则，中资金融机构的境外分支机构数据也被包括在内，而金融机构对境外资产负债及损益申报遵循的是居民统计的原则，即在中国境内从事经营活动的相关金融机构均需进行申报，含外资金融机构在中国境内设立的分支机构。

三是统计内容不同。中资金融机构外汇资产负债统计只统计外汇的资产负债情况，而金融机构对境外资产负债及损益申报统计除了含对金融机构外汇资产负债和损益的统计外，还包括对非居民人民币存款等人民币款项的统计。

（三）汇兑业务统计申报

【知识链接】 什么是汇兑

汇兑是指与人员进出我国国境相联系的、以外汇（汇兑业务所涉及的外汇仅指信用卡、旅行支票和现钞）兑换人民币或以人民币兑换外汇的行为。汇兑包括外汇兑换人民币和人民币兑换外汇两类。

1. 汇兑业务统计申报的申报主体。汇兑业务统计申报的申报主体是各开办汇兑业务的金融机构及其下设的各类代兑点。

2. 汇兑业务统计申报的申报内容。汇兑业务统计是银行间接统计申报的一个重要补充部分，它是指与人员进出我国国境相联系的，以外汇兑换人民币或以人民币兑换外汇的行为，包括现钞、旅行支票和信用卡。

【知识链接】　汇兑业务统计的目标及申报意义

汇兑业务统计的目标是：通过对与各类人员进出我国国境相联系的外汇兑换人民币和人民币兑换外汇的行为和状况进行统计监测，真实地反映我国汇兑的状况，为国际收支平衡表中经常项目中服务贸易项下的旅游收支提供可靠的依据，达到满足编制我国国际收支平衡表的需要的目的。

汇兑业务统计的申报弥补了国际收支统计间接申报对出入境人员携带的外币信用卡、旅行支票和现钞统计的缺陷，是对旅游外汇收支统计的补充。

3. 汇兑业务统计申报的申报方法。凡须按《操作规程》报送汇兑业务统计申报表的金融机构，应安装汇兑业务统计申报系统（金融机构版）应用软件。汇兑业务统计申报表以电子数据形式通过国际收支统计监测系统传输报送。

4. 汇兑业务统计申报的申报时间。汇兑业务统计申报表按月进行统计，所生成的电子数据通过国际收支间接申报系统传输，纸质报表由金融机构直接送达外汇局外汇管理部国际收支处，报送时间为月后 10 日内。

5. 汇兑业务统计申报的申报制度。汇兑业务统计申报的申报制度从 1997 年开始实施。汇兑业务统计申报由各开办汇兑业务的金融机构根据国家外汇管理局制定、下发的格式自行印制汇兑业务统计申报表，并向其下设的各类代兑点发放。各代兑点须逐日填报并按月报送汇兑业务统计申报表至所属金融机构。各金融机构汇总本月自身及所辖代兑点办理的汇兑业务情况后报送至当地外汇管理局。各级外汇管理局将所辖各外汇管理局及金融机构报送的汇兑业务统计申报表进行汇总并报送至国家外汇管理局。最终的汇总报表可以按照国别、报送银行、省别和币种进行分类。

【知识链接】　汇兑统计申报与间接申报的区别

汇兑统计是由银行按月汇总其自身及所辖代兑点汇兑业务的统计数据，交易主体无须申报；而间接申报是单位或个人通过境内银行办理涉外收付款时，通过银行向外汇局逐笔进行申报其交易情况。区别包括：

一是申报内容和范围不同，汇兑必须与人员进出国境有关；

二是资金形式不同，汇兑中所统计的外汇仅限于信用卡、旅行支票和现金；

三是资金流动的方式不同，汇兑统计申报出入境人员携带的是外汇，而间接申报统计的是以银行电子支付手段进行对外交易和相应的收支。

（四）直接投资统计申报业务

1. 直接投资统计申报的申报主体。直接投资统计申报的申报主体分为两类：第一类是外商直接投资企业；第二类是对境外有直接投资的辖内中资企业。

2. 直接投资统计申报的申报内容。第一类直接投资企业申报内容包括：直接投资企业直接投资情况申报表、直接投资企业对其投资者债权情况申报表、直接投资企业对其投资者负债情况申报表、直接投资企业分红派息情况申报表；

第二类直接投资企业申报内容包括：对外直接投资者直接投资权益情况申报表、对外直接投资者对其直接投资企业债权情况申报表、对外直接投资者对其直接投资企业负债情况申报表、对外直接投资者所得分红派息情况申报表。

3. 直接投资统计申报的申报时间。以上两类直接投资企业于每年 2 月 15 日和 7 月 15 日分别报送上一年全年和当年上半年的直接投资统计申报表。

4. 直接投资统计申报的申报渠道。两类直接投资企业将直接投资统计申报表直接向外汇局外汇管理部国际收支处申报。

（五）证券投资统计申报业务

证券投资统计申报业务是我国国际收支统计申报体系的有机组成部分，所反映的业务内容为我国境内外上市的外资股以及其派生形式的交易情况和与其相关的收益、各类服务费用和印花税的信息，为我国的资本和金融项目管理提供基础的分析数据和决策依据。

1. 证券投资统计申报的申报内容。证券投资统计申报包括非居民投资 B 股统计申报表和非居民投资中国境外上市公司股票统计申报表。

2. 证券投资统计申报的申报范围。根据国家外汇管理局制定的《证券投资统计申报业务操作规程》的规定，中国境外上市的公司均应按照该操作规程分别填制上述报表，进行国际收支统计申报。

3. 证券投资统计申报的申报时间及申报渠道。在境外上市的公司应由董事会秘书负责按季度编制非居民投资中国境外上市公司股票统计申报表，并于季后 15 天内以磁盘或打印稿方式向外汇局外汇管理部国际收支处报送该报表。

【知识链接】 **国际收支统计申报办法实施细则**

第一条　根据《国际收支统计申报办法》，制定本细则。

第二条　国家外汇管理局及其分支局（以下简称外汇局）是负责国际收支统计的管理部门。交易主体应当按照规定向外汇局申报其以各种支付方式（包括本外币电子支付手段和现钞等）进行的对外交易和相应的收支情况。

第三条　中国居民通过境内金融机构从境外收入款项的，应当按照有关操作规程进行国际收支统计申报。解付行应当按照规定，通过计算机系统向外汇局传送有关国际收支统计申报信息。

中国居民未在申报期内按操作规程进行申报的，之后其在外汇局规定的一段时间内从境外收入的款项，应当在完成国际收支统计申报之后，解付行方可为其办理解付手续。

非中国居民通过境内金融机构从境外收入款项的，由境内金融机构按照有关操作规程进行国际收支统计申报并通过计算机系统向外汇局传送有关国际收支统计申报信息。

第四条　中国居民通过境内金融机构向境外支付款项的，应当按照有关操作规程进行国际收支统计申报。付款行在受理其申报后，方可为其办理对外付款手续，并按照规定，通过计算机系统向外汇局传送有关国际收支统计申报信息。

非中国居民通过境内金融机构向境外支付款项的，由境内金融机构按照有关操作规程进行国际收支统计申报并通过计算机系统向外汇局传送有关国际收支统计申报信息。

第五条　收款人通过境内邮政机构等从境外收入款项的和付款人通过境内邮政机构等向境外支付款项的，由邮政机构等按照有关规定进行国际收支统计申报。

第六条　中国境内办理外币兑换人民币以及人民币兑换外币业务的兑换机构应当填写汇兑业务统计申报表，并按照规定向外汇局申报其办理的汇兑业务情况。

第七条　中国境内外商投资企业以及对境外直接投资的企业，应当填写直接投资统计申报表，并按照规定直接向外汇局申报其直接投资者与直接投资企业间的所有者权益、债权债务状况以及分红派息等情况。

各有关管理部门应向外汇局提供企业涉外资产划拨、收购、兼并、重组、处置的相关信息。

第八条　涉外证券投资，应当按照以下规定进行申报：

（一）通过中国境内证券交易所进行涉外证券交易，由境内证券登记机构或证券交易所填写证券投资统计申报表，并按照规定向外汇局申报该交易以及相应的收支和分红派息情况。

（二）中国境内不通过境内证券交易所进行涉外证券交易的（包括自营和代理），由境内证券交易商或境内投资者填写证券投资统计申报表，并按照规定直接向外汇局申报其交易以及相应的收支和分红派息情况。

（三）中国境内机构在境外发行证券的，应当填写证券投资统计申报表，并按照规定直接向外汇局申报其境外证券发行以及相应的收支和分红派息等情况。

第九条　涉外期货、期权等交易，应当按照以下规定进行申报：

（一）通过中国境内期货、期权等交易所（交易中心）进行的涉外期货、期权等交易，由境内期货、期权等交易所（交易中心）填写期货、期权交易申报表，并按照规定向外汇局申报该交易以及相应的收支情况。

（二）中国境内不通过境内交易所（交易中心）进行涉外期货、期权等交易的，由境内交易商或境内投资者填写期货、期权交易申报表，并按照规定直接向外汇局申报其交易以及相应的收支情况。

第十条 中国境内的金融机构应当填写金融机构对境外资产负债及损益申报表，按照规定直接向外汇局申报其对外资产负债状况及损益情况。

第十一条 在境外开立账户的中国非金融机构应当填写境外账户收支申报表，按照规定向外汇局申报其境外账户的余额及其变动情况，并向外汇局提供相应的银行对账单。

第十二条 从事国际收支统计申报业务的人员，应当经过国际收支统计申报业务培训并达到相应的要求。

第十三条 外汇分支局应当按照要求通过计算机系统逐级向上一级外汇局传送国际收支统计申报信息。

第十四条 经营外汇业务的金融机构未按照规定办理国际收支申报的，按照《金融违法行为处罚办法》第二十五条的规定给予警告，并处5万元以上30万元以下的罚款；对该金融机构直接负责的高级管理人员、其他直接负责的主管人员和直接负责人员，给予记过直至开除的纪律处分；情节严重的，对该金融机构直接负责的高级管理人员，给予撤职直至开除的纪律处分。

第十五条 其他违反《国际收支统计申报办法》及本细则的，由外汇局视情节轻重对其单处或并处以警告、罚款处罚：

（一）逾期未履行申报或申报信息传送义务的；

（二）造成国际收支统计申报信息遗失的；

（三）误报、谎报、瞒报国际收支交易的；

（四）阻挠、妨碍或破坏外汇局对国际收支申报信息进行检查、审核的。

本条上款（一）、（二）、（三）中的罚款金额为所涉及的单笔国际收支交易金额的1%~5%，但最高不超过3万元人民币。本条上款（四）中的罚款金额由外汇局根据违法情节轻重确定，但最高不超过3万元人民币。

第十六条 外汇局对国际收支统计申报行为进行调查、检查和审核时，应当按照《国家外汇管理局国际收支统计申报核查处罚规程》的规定办理，有关机构和人员应当为之提供便利。

第十七条 对外汇局违反保密规定，泄露国际收支统计具体申报信息的，有关单位和个人可提请责任者所在外汇局或者上一级外汇局进行处理。

第十八条 本细则由国家外汇管理局负责解释。

第十九条 本细则自2003年3月1日起施行。1995年11月23日国家外汇管理局发布的《国际收支统计申报办法实施细则》废止。

【能力训练】

1. 假设你是一家进出口公司的主要负责人，你刚通过中国银行广东省分行收到美国客户一笔10万美元的外汇款项，请问你该如何进行国际收支申报?

2. 假设你要到日本旅游，出境的时候将2万元人民币兑换成日元，请问你需要进行国际收支申报吗？如果需要，该如何申报？如果旅游结束的时候你手头还有5万日元需要兑换回人民币，请问你需要进行国际收支申报吗？如果需要，该如何申报？

模块三　国际收支分析

【课前思考】

国际收支是逆差好还是顺差好？

【能力目标】

1. 能够解读国际收支平衡表的“不平衡”；
2. 能够分析国际收支“不平衡”的原因；
3. 能够通过国际收支平衡表的分析，解读一国经济政策。

【知识链接】国家外汇管理局公布2010年我国国际收支平衡表修订数据

发布时间：2011－04－01

日前，国家外汇管理局公布了2010年我国国际收支平衡表修订数据，并同时公布了根据最新情况修订的2010年各季度以及2005—2009年年度数据。

2010年，我国国际收支经常项目、资本和金融项目继续呈现“双顺差”，国际储备资产继续增长。经常项目顺差3 054亿美元，较上年增长17%。其中，按照国际收支统计口径计算，货物贸易顺差2 542亿美元，服务贸易逆差221亿美元，收益顺差304亿美元，经常转移顺差429亿美元。资本和金融项目顺差2 260亿美元，增长25%，其中，直接投资净流入1 249亿美元，证券投资净流入240亿美元，其他投资净流入724亿美元。国际储备资产增加4 717亿美元，增长18%，其中，外汇储备资产增加4 696亿美元（不含汇率、价格等非交易价值变动影响），在国际货币基金组织的储备头寸和特别提款权合计增加22亿美元。

资料来源：国家外汇管理局网站。

一、国际收支平衡的含义

我们前面通过学习国际收支平衡表的编制，知道国际收支平衡表是按照复式记账的原则来编制的，所以，在国际收支平衡表中，经常项目与资本和金融项目及平衡项目的借贷双方，在账面上总是平衡的，这种平衡是会计意义上的概念。但是，我们接下来要讨论的“平衡”与“不平衡”并非会计意义上的，而是指实际经济意义上的。国际收支平衡与国际收支平衡表差额是两个不同的概念，在探讨国际收支平衡表差额之前，我们要先来理解国际收支平衡。为了更好地理解国际收支平衡，我们必须了解国际经济交易的形式，这反映到国际收支平衡表上有若干项目，各个项目都有各自的特点，按其交易的性质可分为自主性交易和补偿性交易。

（一）自主性交易

自主性交易（Autonomous Transactions）是指个人或企业为某种自主性目的（如追逐利润、追求市场、旅游、汇款赡养亲友等）而进行的交易，由于其具有自主的性质，必然经常出现差额。

（二）补偿性交易

补偿性交易（Compensatory Transactions）是为了弥补自主性交易差额或缺口而进行的各种交易活动，如分期付款、商业信用、动用官方储备等。

如果基于自主性交易就能维持平衡，则该国的国际收支是平衡的，如果自主性交易收支不能相抵，必须用补偿性交易来轧平，这样达到的平衡是形式上的平衡，被动的平衡，其实质就是国际收支的不平衡。

【知识链接】　如何识别国际收支不平衡

通过自主性交易与补偿性交易这种识别国际收支不平衡的方法，从理论上看是很有道理的，但在概念上很难准确区别自主性交易与补偿性交易，在统计上也很难加以区别。因为一笔交易从不同的角度看可以是不同的归类。例如，一国货币当局以提高利率来吸引外资，就投资者而言属自主性交易，就货币当局而言却属调节性交易，若投资者系该国居民，则同一笔交易既可归入自主性项目，也可列入调节性项目。因此，按交易动机识别国际收支的平衡与不平衡仅仅提供了一种思维方式，迄今为止，还无法将这一思维付诸实践。

按照人们的传统习惯和国际货币基金组织的做法，国际收支平衡是指国际收支平衡表中横线以上项目的平衡，即综合项目的平衡。横线以下的项目即平衡项目是弥补国际收支赤字或反映国际收支盈余的项目，也就是官方储备项目。国际收支的逆差表现为国际储备的减少，国际收支的顺差表现为国际储备的增加，一般来说，国际收支平衡表中横线以上项目出现差额或缺口，这时就出现了国际收支的不平衡。

二、国际收支不平衡的表现

国际收支不平衡，又称国际收支失衡、国际收支差额，它主要表现为：经常项目差额、贸易差额、资本和金融项目差额、综合项目差额。

（一）经常项目差额

1. 什么是经常项目差额（Current Account Balance）。经常项目差额是一定时期内一国商品、服务、收入和经常转移项目上借方总值和同期商品、服务、收入和经常转移项目上贷方总值之差。当贷方总值大于借方总值时，为经常项目顺差；反之，则为经常项目逆差。

经常项目差额是国际收支平衡表中最重要的收支差额。如果出现经常项目顺差，则意味着由于有商品、服务、收入和经常转移的贷方净额，该国的国外财产净额增加，也即经常项目顺差表示该国对外净投资。在开放的宏观经济中，经常项目的差额概括了一国的净债务人或债权人的地位，能够清楚地反映出一国内、外经济的紧密联系。因此，经常项目差额又被国际银行家视为评估向外国贷款的重要变量之一。

2. 经常项目差额的计算公式。经常项目（经常账户）由三个子项目构成，分别为货物和服务项目（又称贸易项目）、收益项目及经常转移项目，因此经常账户差额就可以写为

经常账户差额 = 贸易账户差额 + 收益差额 + 经常转移差额

如果差额为正，则经常账户盈余；如果为负，则经常账户赤字；如果为零，则经常账户平衡。经常账户差额的变化受其子项目差额的影响，其子项目和内部结构的变化都将直接影响经常账户的变化。

【知识链接】 **“经常项目差额”项目如何填报**

“经常项目差额”项目反映外商投资企业自成立以来至报告期期末期间发生的涉及外币计价交易的经营活动的外汇收入和支出的净差额。经常项目差额 =（企业外币计价结算的货物、服务、无形资产销售收入 + 投资收益 + 单方面经常转移）-（企业外币计价结算的货物、服务、无形资产采购 + 外国投资者和境内外汇投资者投资收益 + 外籍人员工资总额）。其中：

（1）“企业外币计价结算的货物、服务、无形资产销售收入”项目应根据“主营业务收入”、“其他业务收入”等科目分析填列。

（2）“投资收益”反映企业以各种方式对境外投资和外汇投资（包括外汇存款）所分配的收益；该项目应根据“应收股利”、“投资收益”和“财务费用”等科目分析填列。

（3）“单方面经常转移”项目：该项目借方反映本企业对外币计价结算交易债权的单方面放弃以及坏账核销，该项目贷方反映外币计价结算交易债权人对本企业债务的单方面豁免或对企业的外汇现金捐赠。该项目应根据“外汇货币资金”、“应收外汇账款”、“应付外汇账款”、“预收外汇账款”等科目分析填列。

（4）“企业外币计价结算的货物、服务、无形资产采购”项目：应根据“材料采购”、“在建工程”、“固定资产”、“无形资产”、“主营业务成本”、“营业费用”、“管理费用”等科目分析填列。

（5）“外国投资者和境内外汇投资者投资收益”项目：反映外国投资者和境内外汇投资者对企业进行股权投资所分配的收益以及外汇借款所发生的利息收入；该项目应根据“应付股利”、“应付利息”、“未分配利润”、“财务费用”等科目分析填列。

（6）“外籍人员工资总额”项目：应根据“应付工资”、“管理费用”等科目分析填列。

（二）贸易差额

1. 什么是贸易差额（Balance of Trade，BOT）。贸易差额又称净出口（Net Exports）贸易余额，是指一国在一定时期内（如一年、半年、一季、一月）货物与服务的出口总

值与进口总值之间的差额。

当出口总值与进口总值相等时，称为“贸易平衡”；当出口总值大于进口总值时，出现贸易盈余，称“贸易顺差”或“出超”。当进口总值大于出口总值时，出现贸易赤字，称“贸易逆差”或“入超”（Trade Deficit）。通常，贸易顺差以正数表示，贸易逆差以负数表示。

【知识链接】　　促使中国贸易顺差迅猛增长的原因

一是经济全球化为这一结果提供了基本条件。在全球化的推动下，当今各国的经济比以往联系得更加紧密，商品和服务越来越自由地在国与国之间流动，这必然为推动刚刚加入世界贸易组织体系的我国贸易的快速增长提供了可能和条件。

二是我们的供给能力比较强。近三十年来我国经济的快速增长，国内投资的较快增长，以及国际分工带来的外国直接投资的快速增长，我国的生产能力已经是大大增强，而且形成了较强的产业链，更重要的是，形成这一生产能力的，正是国际上短缺的或者是不愿意经营的加工贸易，目前占我国出口比重已达60%，就足以说明这一点。

三是国际市场对中国生产的商品需求比较大。受整体经济发展水平的限制，劳动密集型仍是我国目前生产的基本特征，而与我国贸易量最大的欧盟、美国、日本等都是以技术含量较高的经济结构为特征，与我国经济有着较强的互补性，同时这三个地区和国家经济总量占世界大约75%左右，自然决定了国际市场对我国生产的商品和服务需求也比较大。

四是我国生产成本比较低，决定了我国产品在国际市场上有较强的竞争力。根据国际组织数据测算，目前我国制造业劳动力成本仅相当于发达国家的2%~3%，亚洲四小龙的5%~6%，亚洲四小虎的50%左右。

另外，还有一个很重要的因素，近几年来世界经济增长比较快，由于经济增长比较快，相应来说盘子就比较大，本来贸易顺差可能没有这么多，但是由于世界经济总量很大，相应也放大了贸易顺差的量。受国内外各种因素的综合作用影响，未来中国保持贸易顺差的可能性还是比较大的。

2. 贸易差额的意义。贸易差额传统上是一国国际收支的代表，目前在一些发展中国家由于其国际收支中的其他交易较少，因此贸易差额仍然足以反映其整个国际收支状况。特别是对一些处于经济增长过程中的发展中国家，分析贸易差额是十分重要的。贸易差额的数据主要来自海关，因此便于收集、整理和分析。贸易差额体现了一个国家自我创汇的能力，反映了一国的产业结构和产品、服务在国际市场上的竞争能力；标志着一国在国际分工中的地位。贸易差额影响和制约国际收支中其他项目的变化。

（三）资本和金融项目差额

1. 什么是资本和金融项目差额。资本和金融项目差额反映该项目下直接投资、证券投资和其他投资交易（包括贸易信贷、贷款和存款）及储备资产交易的差额（假设资本转移净额为零)，它记录了世界其他国家对本国的投资净额或贷款/借款净额。

2. 资本和金融项目的意义。

首先，通过资本和金融项目规模可以看出一个国家资本市场的开放程度和金融市场的发达程度，一般而言，资本市场越开放，金融市场越发达，资本和金融项目的流量总额就越大。

其次，资本和金融项目与经常项目之间具有融资关系，所以，资本和金融项目的余额可以折射出一国经常项目的状况。根据复式簿记法原则，在国际收支中一笔贸易流量通常对应一笔金融流量，可以说，经常项目中实际资源的流动与资本和金融项目中资产所有权的流动是一个活动的两个方面。

因此，如果不考虑错误与遗漏，经常项目的余额与资本和金融项目的余额必然数量相等，符号相反。也就是说，经常项目的余额与资本和金融项目的余额之和等于零。

想一想 我国国际收支平衡表出现的双顺差，即经常项目与资本和金融项目同时顺差，这种现象是否不合理，是否与国际收支平衡表的“平衡”相悖?

（四）综合项目差额

1. 什么是综合项目差额。综合项目差额也称总差额，是指经常项目加上资本和金融项目中的资本转移、直接投资、证券投资、其他投资后的余额，也就是将国际收支项目中官方储备剔除后的余额。由于综合项目差额必然导致官方储备的反方向变动，所以，可用它来衡量国际收支对一国储备带来的压力。

2. 综合项目差额的意义。当一国实行固定汇率制时，综合项目差额的分析意义更为重要。因为，国际收支的各种行为将导致外国货币与本国货币在外汇市场上的供求变动，影响到两个币种比价的稳定性。为了保持外汇市场汇率的稳定，政府必须利用官方储备介入市场以实现供求平衡。所以，综合项目差额在政府有义务维护固定汇率制时是极其重要的。而在浮动汇率制度下，政府原则上可以不动用官方储备而听任汇率变动，或是动用官方储备调节市场的任务有弹性，相应地，这一差额的分析意义略有弱化。

三、国际收支平衡表的分析方法

国际收支平衡表的分析方法有静态分析、动态分析和比较分析三种。在对一国国际收支进行分析时，一定要把这三种分析方法结合起来一起分析，才能对一国经济进行全面、正确和深入地分析。

（一）静态分析

静态分析也称项目分析，是指分析某国在某一时期（一年、一季或一个月）的国际收支平衡表。具体地讲是计算和分析表中各个项目及其差额，分析各个项目差额形成的原因与对国际收支总差额的影响。

根据2010年中国国际收支平衡表（见表2－6），我们可以解读出：

2010年，我国国际收支经常项目顺差3 054亿美元。其中，货物项目顺差2 542亿美元，服务项目逆差221亿美元，收益项目顺差304亿美元，经常转移顺差429亿美元。

2010年，我国国际收支资本和金融项目顺差2 260亿美元。其中，直接投资净流入

1 249 亿美元，证券投资净流入 240 亿美元，其他投资净流入 724 亿美元。

表 2－6 2010 年中国国际收支平衡表 单位：亿美元

项目	行次	差额	贷方	借方
一、经常项目	1	3 054	19 468	16 414
A. 货物和服务	2	2 321	17 526	15 206
a. 货物	3	2 542	15 814	13 272
b. 服务	4	－221	1 712	1 933
B. 收益	18	304	1 446	1 142
C. 经常转移	21	429	495	66
二、资本和金融项目	24	2 260	11 080	8 820
A. 资本项目	25	46	48	2
B. 金融项目	26	2 214	11 032	8 818
1. 直接投资	27	1 249	2 144	894
2. 证券投资	30	240	636	395
3. 其他投资	41	724	8 253	7 528
三、储备资产	64	－4 717	0	4 717
四、净误差与遗漏	70	－597	0	597

资料来源：国家外汇管理局网站，2011－04－01。

【知识链接】 **静态分析的方法和应注意的问题**

贸易收支：一国贸易收支出现顺差或逆差，主要受多个方面的因素影响，它包括经济周期的更替、财政与货币政策变化所决定的总供给与总需求的对比关系；气候与自然条件的变化；国际市场的供求关系；本国产品的国际竞争力；本国货币的汇率水平等。结合这些方面的资料进行分析，有助于找出编表国家贸易收支差额形成的原因。

服务收支：服务收支反映着编表国家有关行业的发达程度与消长状况。如运费收支的状况直接反映了一国运输能力的强弱，一般发展中国家总是支出多，而一些经济发达的国家由于拥有强大的商船队而收入颇丰；还有银行和保险业务收支状况反映了一个国家金融机构完善状况。分析这些状况之后，对其本国来说可以为寻找改进对策提供依据；对别国来说，为选择由哪个国家提供相关业务的服务提供依据。

在单方面转移收入中，重点研究官方转移收入。第二次世界大战之后，国际援助相对来说在不断增加，这种援助包括军事援助和经济援助两种，其中又分低息贷款和无偿援助两部分。在分析这个项目时除考虑其数额大小外，还要分析这种援助的背景、影响及其后果，并对趋势作一分析。

资本和金融项目中涉及许多子项目，比如直接投资、间接投资、国际借贷和延期付款信用等，一般来说前三项处于主要地位。直接投资状况反映一国资本国际竞争能力的高低（对发达国家而言）或一国投资利润前景的好坏（对发展中国家而言）。国际借款状况反映了一国借用国际市场资本条件的优劣，从而反映了该国的国际信誉高低。第二次世界大战之后，短期资本在国际间移动的规模与频繁程度都是空前的，它对有关国家的国际收支与货币汇率的变化都有主要影响。因而研究、分析短期资本在国际间移动的流量、方向与方式，对研究国际金融动态和发展趋势具有重要意义。

分析官方储备项目，要重点分析国际储备资产变动的方向，因为这些数据反映了一国对付各种意外冲击能力的变化。错误与遗漏项目，主要分析其数额大小的变化。因为错误与遗漏项目的规模一方面反映了一国国际收支平衡表虚假性的大小，规模越大，国际收支平衡表对该国国际经济活动的反映就越不准确；另一方面在某种程度上它也反映了一国经济开放的程度，一般来说经济越开放，错误与遗漏项目的规模就越大。

（二）动态分析

国际收支平衡表虽只反映某一特定时期的情况，但应看到，它绝不是孤立存在的，而是与以前或以后的发展过程紧密相连的。可以说，它既是前一时期演变的结果，又是后一时期状况的原因。因此，要研究一国的国际经济地位、国际金融状况，必须遵循动态性原则，连续分析不同时期的国际收支平衡表，掌握其长期变化情况。只有这样，才能得出比较正确的结论。

根据2004—2010年国际收支顺差结构表（见表2－7），我们可以解读出：2010年，随着国内外经济企稳回升，我国经常项目顺差较上年增长17%，与GDP之比为5.2%，与2009年持平。其中，2010年国际收支统计口径的货物贸易顺差与GDP之比为4.3%，较上年下降0.7个百分点。

表2－7　　2004—2010年中国国际收支顺差结构　　单位：亿美元、%

项目＼年份	2004	2005	2006	2007	2008	2009	2010
国际收支总差额	1 794	2 351	2 854	4 491	4 587	4 420	5 314
经常项目差额	687	1 341	2 327	3 540	4 124	2 611	3 054
占GDP比例	3.6	5.9	8.6	10.1	9.1	5.2	5.2
资本和金融项目差额	1 107	1 010	526	951	463	1 808	2 260
占GDP比例	5.7	4.5	1.9	2.7	1.0	3.6	3.8

资料来源：国家外汇管理局网站和国家统计局网站。

（三）比较分析

它既包括对一国若干连续时期的国际收支平衡表进行比较分析，也包括对不同国家在相同时期的国际收支平衡表进行比较分析。后一种比较分析较为困难，因为各国的国际收支平衡表在项目的分类与局部差额的统计上不尽相同。利用联合国或国际货币基金组织的资料有助于克服这一困难，因为这两个机构公布的若干重要资料，都是经过重新整理后编制的，可以互相比较。

四、国际收支不平衡的原因

国际收支不平衡的现象是经常的、绝对的，而平衡却是偶然的、相对的，因此，国际收支的调节是无时不在地进行着。为了顺利而有效地调节国际收支，首先必须研究国际收支不平衡的原因，然后才能采取与之相适应的措施来对不平衡的国际收支进行调节。各国发生国际收支不平衡的原因繁多而复杂，这些原因中既有一般的原因，又有特殊的原因。

想一想　我国国际收支平衡表持续出现双顺差是什么原因？

（一）一般原因

1. 周期性不平衡（Cyclical Disequilibrium）。

（1）什么是周期性不平衡。周期性不平衡是一国经济周期波动引起该国国民收入、价格水平、生产和就业发生变化而导致的国际收支不平衡。周期性不平衡是世界各国国际收支不平衡常见的原因。因为在经济发展过程中，各国经济不同程度地处于周期波动之中，周而复始地出现繁荣、衰退、萧条、复苏，而经济周期的不同阶段对国际收支会产生不同的影响。

（2）周期性不平衡的表现。在经济衰退阶段，国民收入减少，总需求下降，物价下跌，会促使出口增长，进口减少，从而出现国际收支顺差；而在经济繁荣阶段，国民收入增加，总需求上升，物价上涨，则使进口增加，出口减少，从而出现逆差。如日本在1974年，国民生产总值增长19.4%，国际收支却出现46.9亿美元的逆差；1976年日本经济萧条，但国际收支却出现国际收支顺差36.8亿美元。

想一想　周期性不平衡是否意味着经济处于繁荣阶段，国际收支一定出现逆差；经济处于衰退阶段，国际收支一定出现顺差？

2. 货币性不平衡（Monetary Disequilibrium）。

（1）什么是货币性不平衡。货币性不平衡是指一国货币增长速度、商品成本和物价水平与其他国家相比，发生较大变化而引起的国际收支不平衡。这种不平衡主要是由于国内通货膨胀或通货紧缩引起的，一般直观地表现为价格水平的不一致，故又称价格性的不平衡（Price Disequilibrium）。

（2）货币性不平衡的表现。例如，一国发生通货膨胀，其出口商品成本必然上升，使用外国货币计价的本国出口商品的价格就会上涨，就会削弱本国商品在国际市场上的竞争能力，客观上起着抑制出口的作用。相反，由于国内商品物价普遍上升，相比较而言，进口商品就显得便宜，鼓励了外国商品的进口，从而出现贸易收支的逆差。不过在这里还得注意的是，通货膨胀还会引起该国货币汇率一定程度的贬值，但一般来说此时汇率贬值的幅度要比物价上涨的幅度小得多，因而其影响也小得多。它只能缓和但不会改变通货膨胀对国际收支的影响。货币性不平衡可以是短期的，也可以是中期的或长期的。

3. 结构性不平衡（Structural Disequilibrium）。

（1）什么是结构性不平衡。结构性不平衡是指当国际分工的结构（或世界市场）发生变化时，一国经济结构的变动不能适应这种变化而产生的国际收支不平衡。

【知识链接】 **为什么会出现结构性不平衡**

世界各国由于地理环境、资源分布、技术水平、劳动生产率差异等经济条件和历史条件不同，形成了各自的经济布局和产业结构，从而形成了各自的进出口商品和地区结构，各国的产业、外贸结构综合成国际分工结构。若在原有的国际分工结构下，一国的进出口尚能平衡，但在某一时期，若世界市场对该国的出口需求或对该国进口的供给发生变化，则该国势必要改变其经济结构以适应这种国际变化，即原有的相对平衡和经济秩序受到了冲击。若该国经济结构不能灵活调整以适应国际分工结构的变化，则会产生国际收支的结构性不平衡。

（2）结构性不平衡的表现。结构性不平衡具体表现为产品结构性失衡与要素结构性失衡：

a. 产品结构性失衡，主要是由于一国生产力水平较低，产业结构不合理，导致其商品出口额将伴随国际市场上的需求减少而大幅降低；同时商品进口额则可能因国际市场上供给的减少而大幅飙升。

这种结构性不平衡在发展中国家尤其普遍，因为发展中国家进出口商品具有以下两个特点：其一，产品出口需求的收入弹性低，而产品进口需求的收入弹性高，所以出口难以大幅度增加，而进口则能大幅度增加；其二，产品出口需求的价格弹性大，而产品进口需求的价格弹性小，于是进口价格上涨快于出口价格上涨，贸易条件恶化。

想一想 为什么美国从20世纪70年代以来发生持续性国际收支逆差？

b. 要素结构性失衡，是指一国国内要素价格的提高速度快于其要素生产率的提高速度，例如，由于过于强大的工会力量使一国国内的工资水平提高的速度快于劳动生产率的提高速度，丧失原来由于要素价格低廉而产生的成本优势，从而导致商品出口额减少，国际收支逆差。

改变结构性不平衡需要重新组织生产，并对生产要素的使用进行重新组合，以适应需求和供给的新结构，否则这种不平衡现象难以克服，而生产的重新组合阻力较大，进展缓慢，因此结构性不平衡具有长期性，扭转起来相当困难。

【案例分析】 **英国如何扭转长期国际收支逆差的局面？**

英国历来是一个石油进口国，20世纪70年代，由于石油价格的提高，英国的国际收支连年逆差。但到了20世纪80年代，北海油田的开发投产，使英国由石油进口国变为石油出口国，从而扭转了英国长期国际收支逆差的局面。

4. 收入性不平衡（Income Disequilibrium）。

（1）什么是收入性不平衡。收入性不平衡是指由于各种经济条件的恶化引起国民收入的较大变动而引起的国际收支不平衡。引起国民收入变动的原因很多，一种是经济周期波动所致，这属于周期性不平衡，另外一种是因经济增长率的变化而产生的，在这里是指这种不平衡，它具有长期性。

（2）收入性不平衡的表现。一般来说，国民收入大幅度增加，全社会的消费水平就会提高，社会总需求也会扩大，在开放型经济下，社会总需求的扩大，通常不一定会表现为价格上涨，而表现为进口增加，出口减少，从而导致国际收支出现逆差；反之当经济增长率较低时，国民收入减少时，国际收支出现顺差。

【案例分析】　为何韩国国际收支由顺差转为逆差？

20 世纪 80 年代的韩国，经济发展迅速，人均 GDP 从 1980 年的 1 530 美元猛增至 1989 年的 5 400 美元，经济实力有了较大的增强，但国际收支却由顺差转为逆差，1989 年还有 8 亿美元的顺差，1990 年为逆差 50 亿美元，1991 年逆差更增至 100 亿美元，这是什么原因造成的呢？主要原因就是居民的海外旅游支出迅速增加，使无形贸易逆差严重。

5. 临时性不平衡。

（1）什么是临时性不平衡。临时性不平衡也称为偶发性不平衡，是指短期的、由非确定或偶然因素引起的国际收支不平衡。

（2）临时性不平衡的表现。临时性不平衡包括政治、经济、自然等方面偶发的突发性事件。例如，在国际贸易中，可能会突然遇到贸易伙伴国对供应其国内市场的本国主要出口产品进行反倾销调查，这时有可能导致本国该种产品的出口大幅下降甚至停滞，如果该种产品在本国出口结构中所占比重较高，则可能导致本国国际收支经常项目出现暂时性的逆差。这种性质的国际不平衡，程度一般较轻，持续时间也不长，带有可逆性，因此，可以认为是一种正常现象。

【知识链接】　经济制裁改善国际收支

1990 年伊拉克入侵科威特，国际社会对伊拉克实行全面经济制裁，世界各国一度曾中止与伊拉克的一切经济往来，伊拉克的石油不能输出，引起出口收入剧减，贸易收入恶化；相反，由于国际市场石油短缺，石油输出国扩大了石油输出，这些国家的国际收支从而得到了改善。

（二）特殊原因

如前所述，这些原因并不都适合所有国家，实际上，不同类型的国家如发达国家、发展中国家和计划经济国家的国际收支不平衡的原因是各有差异的。

1. 发达国家国际收支不平衡的原因和特点表现为：

第一，商品、劳务、资本输入过多或不足的直接原因主要是国际竞争力、利润率和未经抵补的利息率的变化。

第二，资本和金融项目在国际收支中的地位日趋重要，资本输出、输入频繁且不稳定。

第三，由于高度一体化的全球国际金融市场上资金对有资信的国家来说是充裕的，因而较易发生的是国际储备过多（而不是不足）的情形。

2. 发展中国家国际收支不平衡的原因和特点是：

第一，一些商品、劳务输入不足与另一些输入过多并存；商品、劳务的输出时而不足、时而过多，尤其是世界经济结构全面而深刻的变化，使它们面临出口构成严重不合理的问题。

第二，资本净输入过多与不足相交替，但国际储备的水平经常处于适度水平线以下。

第三，国际收支不平衡常常表现为过度逆差。

3. 社会主义计划经济国家国际收支不平衡的原因和特点是：

第一，出口构成不合理，而且大部分出口因缺乏国际竞争力而常常输出不足，小部分出口因支付逆差所需而常常输出过多。

第二，处于对外开放过程中的国家国际收支不平衡往往表现为：先是经常项目过度逆差、外资输入过多，然后是外汇储备不足、进口不足、外资输入不足。

第三，由于货币不可自由兑换，因而能否通过进口来平衡货币供应和货币需求、总供给和总需求，以抑制或消除通货膨胀，必定受制于本国的外汇储备水平或对外借贷能力。

【知识链接】 **解读美国贸易逆差数据：原因主要在于两方面**

刘丽娜　刘　洪

美国商务部10日公布的数据显示，2009年美国贸易逆差下降至3 807亿美元，比2008年减少45%，创8年来最低水平。不过，2009年12月美国贸易逆差为402亿美元，为全年最高水平。这意味着随着经济复苏，美国贸易逆差存在加大趋势。

从年度数据来看，2009年美国贸易逆差回落速度显著。究其原因，主要在于两方面，一是美国经济衰退影响了国内消费与进口，二是美国政府采取了控制逆差、促进出口的政策。

上届布什政府于2007年创下7 116亿美元的贸易逆差纪录，2008年逆差也高达6 959亿美元。金融危机爆发后，尤其是2008年9月以后，美国消费受到明显抑制，进口开始大幅减少，贸易逆差自2008年7月创下649亿美元的月度历史新高以后逐月回落。到2009年5月降至258亿美元的近年新低。

奥巴马政府上台后在减少贸易逆差方面竭尽所能，并把扭转逆差作为一项核心经济政策。白宫首席经济顾问萨默斯在2009年8月曾提出转变美国经济发展模式的4个方向，其中首要一项就是要更多依靠出口。一年来，美国积极推动与韩国、哥伦比亚、巴拿马等国的双边自由贸易协定，同时不时挥舞“保护主义大棒”以限制进口，此外美元贬值也令美国商品更具有国际竞争力。

2009年，美国对最大贸易伙伴加拿大的贸易逆差下降74.2%，降至202亿美元；对欧盟贸易逆差下降36.8%，降至605亿美元；对中国贸易逆差总额为2 268亿美元，下降15.4%，中国仍是美国最大的贸易逆差国。

2010年1月27日奥巴马在国会发表的首次国情咨文当中，再度强调出口的重要性，并提出未来5年使美国出口翻倍的具体目标。2月4日，商务部部长骆家辉提出落实奥巴马总统出口目标的一项重要措施——“全国出口计划”，帮助企业，特别是中小企业扩大出口。

奥巴马政府之所以大力推动出口，控制贸易逆差，一方面，是因为认识到长期高额逆差对经济的危害与不可持续性；另一方面，是要借本轮金融危机重塑美国产品的国际竞争力，达到创造就业的目的。奥巴马希望通过出口翻番新增200万个就业岗位，这一数字相当于奥巴马上任以来推行的经济刺激计划所创造的就业岗位总数。

奥巴马以出口带动就业的政策受到美国国内各界的普遍欢迎。华盛顿智库彼得森国际经济研究所所长伯格斯滕认为，这一政策对美国经济回归可持续增长轨道至关重要。

不过，随着美国经济复苏，贸易逆差却有增加趋势。在经历了连续四个季度的萎缩以后，2009年第三季度美国经济环比增长2.2%，第四季度经济增幅首次预估值为5.7%。2009年下半年，美国贸易逆差除8月和10月环比有所下降以外，其余4个月环比都为上升。这显示贸易逆差与经济增幅呈现同步趋势。经济学家认为，今年随着美国经济复苏，贸易逆差还会上升。

作为美国主要贸易伙伴，也是美国最大的贸易逆差国，中国无疑是美国贸易政策调整的重点对象。卡内基国际和平基金会国际经济研究部主任达杜什接受新华社记者采访时曾说，他担心2010年中美之间的贸易纠纷将进一步加剧。

资料来源：新华网，2010-02-11。

五、国际收支不平衡对经济的影响

国际收支是一国对外经济关系的综合反映，随着各国经济日趋国际化，对外经济与对内经济关系日益密切，相应地，国际收支不平衡对一国经济的影响范围越来越广，程度也越来越深。

（一）持续的、大规模的国际收支逆差对一国经济的影响（见图2-3）

1. 如果持续的、大规模的国际收支逆差是由贸易逆差引起的，则会造成本国收入下降和失业增加。

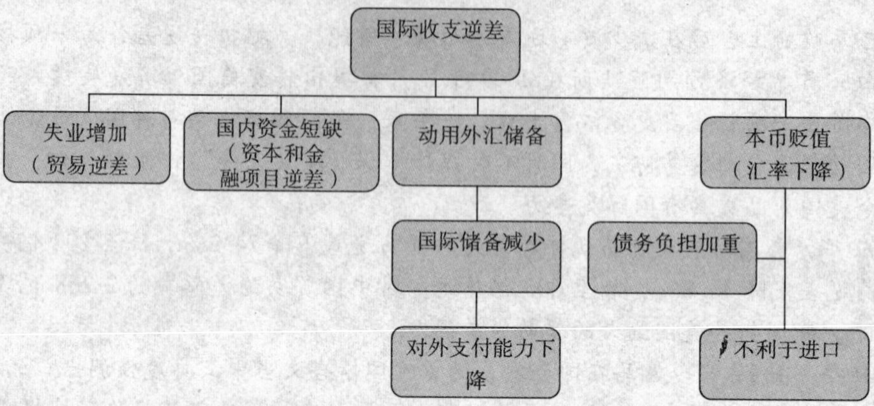

图2-3　持续的、大规模的国际收支逆差对一国经济的影响

2. 如果持续的、大规模的国际收支逆差是由资本和金融项目逆差引起的，则会加剧国内资金紧张，造成本国收入下降和失业增加，并导致利率上升，使企业生产成本提高，利润减少。

3. 持续的、大规模的国际收支逆差会导致外汇储备大量流失。储备的流失意味着该国金融实力甚至整个国力的下降，损害该国在国际上的声誉。

4. 持续的、大规模的国际收支逆差会导致该国外汇短缺，造成外汇汇率上升，本币汇率下跌。一旦本币汇率过度下跌，会削弱本币在国际上的地位，导致该国货币信用的下降，国际资本大量外逃，引发货币危机，本币贬值，不利于本国进口。

（二）持续的、大规模的国际收支顺差对一国经济的影响（见图2-4）

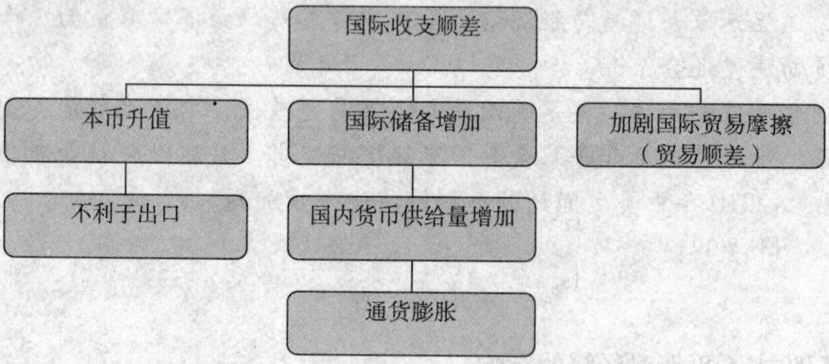

图2-4　持续的、大规模的国际收支顺差对一国经济的影响

1. 持续的、大规模的国际收支顺差会使一国所持有的外国货币资金增加，或者在国际金融市场上发生抢购本国货币的情况，这就必然产生对本国货币需求量的增加，由于市场法则的作用，本国货币对外国货币的汇价就会上涨，不利于本国商品的出口，对本国经济的增长产生不良影响。

2. 持续的、大规模的国际收支顺差会导致一国通货膨胀压力加大。因为如果国际贸易出现顺差，那么就是意味着国内大量商品被用于出口，可能导致国内市场商品供应短缺，带来通货膨胀的压力。另外，出口公司将会出售大量外汇兑换本币收购出口产品从而增加了国内市场货币投放量，带来通货膨胀压力。如果资本和金融项目出现顺差，大量的资本流入，该国政府就必须投放本国货币购买这些外汇，从而也会增加该国的货币流通量，带来通货膨胀压力。

3. 持续的、大规模的国际收支顺差容易引起国际摩擦，而不利于国际经济关系的发展，因为一国国际收支出现顺差也就意味着世界其他一些国家因其顺差而国际收支出现逆差，从而影响这些国家的经济发展，它们要求顺差国调整国内政策，以调节过大的顺差，这就必然导致国际摩擦，例如，20 世纪 80 年代以来越演越烈的欧、美、日贸易摩擦就是因为欧共体国家、美国、日本之间国际收支状况不对称之故。

可见，一国国际收支持续不平衡时，无论是顺差还是逆差，都会给该国经济带来危害，政府必须采取适当的调节，以使该国的国内经济和国际经济得到健康的发展。

六、国际收支不平衡的调节

一国国际收支持续出现不平衡，不管是顺差还是逆差，对其经济的协调、健康发展都非常不利，因此，各国政府都非常关心对国际收支不平衡的调节问题。国际收支的调节大体可分为两类，一类是自动调节，另一类是人为的政策调节。

（一）国际收支的自动调节机制

国际收支自动调节是指由国际收支不平衡引起的国内经济变量变动对国际收支的反作用过程。在商品经济条件下，一国国际收支不平衡时，受价值规律的支配，一些经济变量就会出现相应变动，这些变动反过来又会使国际收支不平衡自动地得到一定程度的矫正。在不同的货币制度下，自动调节机制也有所差异。

1. 国际金本位制下的自动调节机制。在国际间普遍实行金本位制的条件下，一个国家的国际收支可通过物价的涨落和现金（黄金）的输出输入自动恢复平衡。这一自动调节规律称为“物价—现金流动机制”（Price Specie - Flow Mechanism）。它是在 1752 年由英国经济学家大卫·休谟（David Hume）提出的，所以又称“休谟机制”。

“物价—现金流动机制”自动调节国际收支的具体过程如下：一国的国际收支如果出现逆差，则外汇供不应求，外汇汇率上升，若外汇汇率上升超过了黄金输送点，则本国商人不再用本币购买外汇付给商人，而是直接用黄金支付给外国出口商，这样黄金就大量流出。黄金外流导致本国银行准备金降低，从而使流通中货币量减少，物价下跌，而物价下跌使得出口成本降低，本国商品的出口竞争力增强，出口增加，进口减少，直至国际收支改善。这样，国际收支的不平衡完全能够自发调节，用不着任何人为的干预。如果一国国际收支出现顺差，其自动调节过程完全一样，只是各经济变量的变动方向相反而已。

上述自动调节过程可用图 2 - 5 表示。

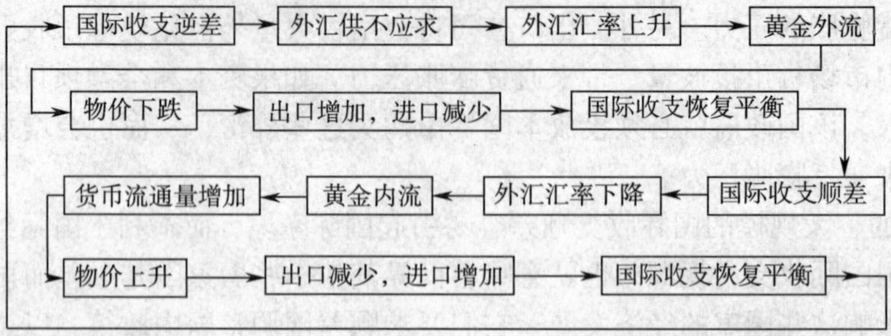

图 2-5 物价—现金流动机制

【知识链接】 "物价—现金流动机制"的缺陷

休谟的"物价—现金流动机制"在理论分析上存在着一系列缺陷：

第一，他是以货币数量论为依据的，因而得出物价仅因货币数量变化而变化；

第二，在金币流通的情形下，黄金流动不一定会引起物价变动，因为金属货币可以自发调节到必要的数量；

第三，他强调相对价格的变动，而忽视了产量和就业的变动；

第四，黄金流动同恢复国际收支平衡自动联系起来，金融当局没有进行干预的余地。

正是因为休谟忽略了上述 4 方面的情况因而过高估计了"物价—现金流动机制"对国际收支不平衡的调节作用。

2. 纸币流通条件下的国际收支自动调节机制。在不兑现纸币流通条件下，黄金流动虽已不复存在，然而，价格、汇率、利率、国民收入等经济变量对于国际收支自动恢复平衡仍发挥着一定的作用。

（1）价格的自动调节机制。当一国的国际收支出现顺差时，由于外汇支付手段的增多，容易导致国内信用膨胀、利率下降、投资与消费相应上升、国内需求量扩大，从而对货币形成一种膨胀性压力，使国内物价与出口商品价格随之上升，从而削弱了出口商品的国际竞争能力，导致出口减少而进口增加，使原来的国际收支顺差逐渐消除。

如果一国的国际收支出现逆差时，由于外汇支付手段的减少会导致国内信用紧缩、利率上升、国内总需求量减少、物价下跌，使出口商品成本降低，从而增强了其在国际市场上的竞争能力，与此同时，进口商品在国内相对显得昂贵而影响其进口，于是，国际收支的逆差逐渐减少，恢复平衡。

（2）国民收入的自动调节机制。国民收入的自动调节机制是指在一国国际收支不平衡时，该国的国民收入、社会总需求会发生变动，而这些变动反过来又会减弱国际收支的不平衡。

当一国国际收支出现顺差时，会使其外汇收入增加，从而产生信用膨胀、利率下降，总需求上升，国民收入也随之增加，因而导致进口需求上升，贸易顺差减少，国际收支恢复平衡。

当一国国际收支出现逆差时，会使其外汇支出增加，引起国内信用紧缩、利率上升，总需求下降，国民收入也随之减少，国民收入的减少必然使进口需求下降，贸易逆差逐渐缩小，国际收支不平衡也会得到缓和。

（3）利率的自动调节机制。利率的自动调节机制是指一国国际收支不平衡会影响利率的水平，而利率水平的变动反过来又会对国际收支不平衡起到一定的调节作用。

一国国际收支出现顺差时，即表明该国银行所持有的外国货币存款或其他外国资产增多，负债减少，因此产生了银行信用膨胀，使国内金融市场的银根趋于松动，利率水平逐渐下降。而利率的下降表明本国金融资产的收益率下降，从而对本国金融资产的需求相对减少，对外国金融资产的需求相对上升，资本外流增加、内流减少，资本和金融项目顺差逐渐减少，甚至出现逆差。另外，利率下降使国内投资成本下降，消费机会成本下降，因而国内总需求上升，国外商品的进口需求也随之增加，出口减少，这样，贸易顺差也会减少，整个国际收支趋于平衡。

反之，当一国国际收支出现逆差时，即表明该国银行所持有的外国货币或其他外国资产减少，负债增加，于是就会发生信用紧缩，银根相应地趋紧，利率随市场供求关系的变化而上升，利率上升必然导致本国资本不再外流，同时外国资本也纷纷流入本国以谋求高利。因此，国际收支中的资本和金融项目逆差就可以减少而向顺差方面转化。另外，利率提高会减少社会的总需求，进口减少，出口增加，贸易逆差也逐渐改善，国际收支逆差减少（见图2－6）。

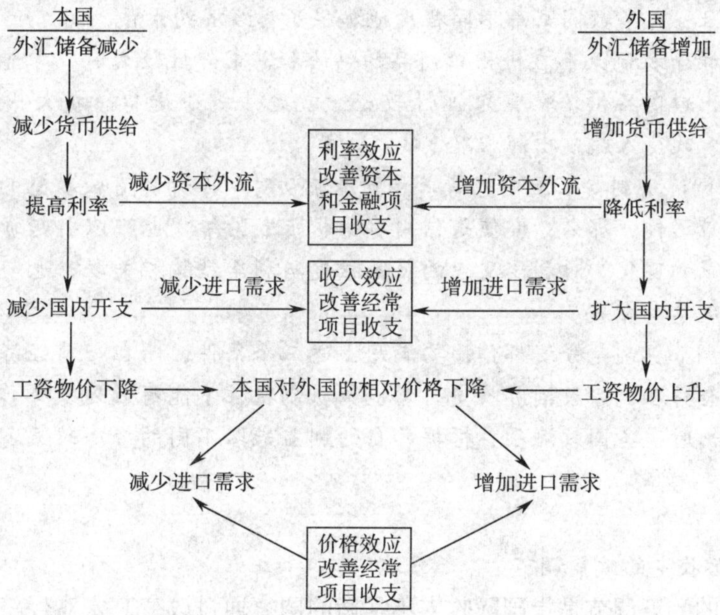

图2－6　固定汇率制度下自动调节机制

(4) 浮动汇率的自动调节机制（见图2-7）。汇率调节国际收支是通过货币的升值、贬值消除顺差或逆差，从而恢复国际收支平衡的。

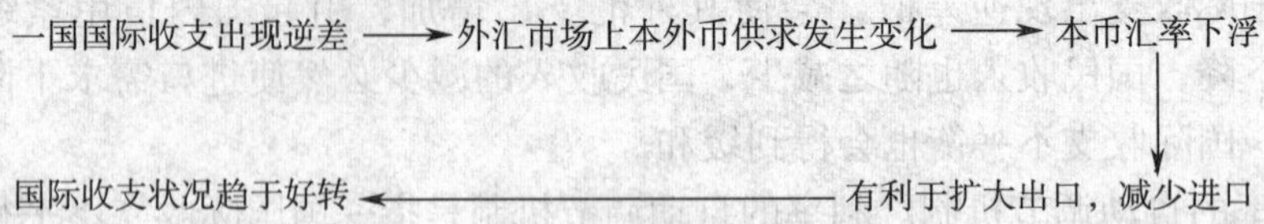

图2-7 浮动汇率制度下自动调节机制

当一国国际收支出现顺差时，外汇供给大于外汇需求，本币汇率上升，进口商品以本币计算的价格下跌，而出口商品以外币计算的价格上涨，因此，出口减少，进口增加，贸易顺差减少，国际收支不平衡得到缓和。

当一国国际收支出现逆差时，外汇需求大于外汇供给，本币汇率下跌，出口商品的价格以外币计算下跌，而以本币计算的进口商品的价格上升，于是刺激了出口，抑制了进口，贸易收支逆差逐渐减少，国际收支不平衡得到缓和。

【知识链接】 国际收支自动调节机制的局限性

在纸币流通条件下，国际收支自动调节机制的正常运行具有很大的局限性，往往难以有效地发挥作用，因为它要受到各方面因素的影响和制约。

(1) 国际收支的自动调节只有在纯粹的自由经济中才能产生作用。政府的某些宏观经济政策会干扰自动调节过程，使其作用下降、扭曲或根本不起作用。自西方国家盛行凯恩斯主义以来，大多数国家都不同程度地加强了对经济的干预。

(2) 自动调节机制只有在进出口商品的供给和需求弹性较大时，才能发挥其调节的功能。如果进出口商品供给、需求弹性较小，就无法缩小进口、扩大出口，或扩大进口、减少出口，改变入超或出超状况。

(3) 自动调节机制要求国内总需求和资本流动对利率升降有较敏感的反应。如果对利率变动的反应迟钝，那么，即使是信用有所扩张或紧缩，也难以引起资本的流入或流出和社会总需求的变化。对利率反应的灵敏程度与利率结构相关联，也与一国金融市场业务的发展情况息息相关。

由于自动调节机制充分发挥作用要满足上述三个条件，而在当前经济条件下，这些条件不可能完全存在，导致国际收支自动调节机制往往不能有效地发挥作用。因此，当国际收支不平衡时，各国政府往往根据各自的利益采取不同的经济政策，使国际收支恢复平衡。

(二) 国际收支的政策调节

国际收支的政策调节是指国际收支不平衡的国家通过改变其宏观经济政策和加强国际间的经济合作，主动地对本国的国际收支进行调节，以使其恢复平衡。人为的政策调节相对来说比较有力，但也容易产生负作用（如考虑了外部平衡而忽视了内部平衡），有时还会因时滞效应达不到预期的目的。

1. 外汇缓冲政策。外汇缓冲政策是指一国运用所持有的一定数量的国际储备，主要是黄金和外汇，作为外汇稳定或平准基金（Exchange Stabilization Fund），来抵消市场超额外汇供给或需求，从而改善其国际收支状况。它是解决一次性或季节性、临时性国际收支不平衡简便而有力的政策措施。

一国国际收支不平衡往往会导致该国国际储备的增减，进而影响国内经济和金融。因此，当一国国际收支发生逆差或顺差时，中央银行可利用外汇平准基金，在外汇市场上买卖外汇，调节外汇供求，使国际收支不平衡产生的消极影响止于国际储备，避免汇率上下剧烈动荡，而保持国内经济和金融的稳定。但是动用国际储备，实施外汇缓冲政策不能用于解决持续性的长期国际收支逆差，因为一国储备毕竟有限，长期性逆差势必会耗竭一国所拥有的国际储备而难以达到缓冲政策的最终效果，特别是当一国货币币值不稳定，使人们对该国货币的信心动摇，因而引起大规模资金外逃时，外汇缓冲政策更难达到预期效果。

2. 财政政策。财政政策主要是采取缩减或扩大财政开支和调整税率的方式，以调节国际收支的顺差或逆差。如果国际收支发生逆差，则第一，可削减政府财政预算、压缩财政支出，由于支出乘数的作用，国民收入减少，国内社会总需求下降，物价下跌，增强出口商品的国际竞争力，进口需求减少，从而改善国际收支逆差；第二，提高税率，国内投资利润下降，个人可支配收入减少，导致国内投资和消费需求降低，在税负乘数作用下，国民收入倍减，迫使国内物价下降，扩大商品出口，减少进口，从而缩小逆差。

可见，通过财政政策来调节国际收支不平衡主要是通过调节社会总需求、国民收入的水平来起作用的，这一过程的最中心环节是社会企业和个人的“需求伸缩”，它在不同的体制背景下作用的机制和反应的快捷程度是不一致的，这取决于其产权制约关系的状况。

3. 货币政策。货币政策主要是通过调整利率来达到政策实施目标的。调整利率是指调整中央银行再贴现率，进而影响市场利率，以抑制或刺激需求，影响本国的商品进出口，达到平衡国际收支的目的。当国际收支产生逆差时，政府可实行紧缩的货币政策，即提高中央银行再贴现率，使市场利率上升，以抑制社会总需求，迫使物价下跌，出口增加，进口减少，资本也大量流入本国，从而逆差逐渐消除，国际收支恢复平衡。相反，国际收支产生顺差，则可实行扩张的货币政策，即通过降低中央银行再贴现率来刺激社会总需求，迫使物价上升，出口减少，进口增加，资本外流，从而顺差逐渐减少，国际收支恢复平衡。

【知识链接】 **利率政策的局限性**

利率政策对国际收支不平衡的调节存在着一些局限性：

其一，利率的高低只是影响国际资本流向的因素之一，国际资本流向很大程度上还要受国际投资环境、政治因素的影响，如一国政治经济局势较为稳定，地理位置受国际政治动荡事件的影响小，则在这里投资较安全，该地区可能成为国际游资的避难所。

此外，国际资本流向还与外汇市场动向有关，当汇率市场剧烈波动的时候，国际游资转向投机目的以获取更高利润，因此若一国金融市场动荡，即使利率较高也难以吸引资本流入。

其二，国内投资、消费要对利率升降有敏感反应，而且对进口商品的需求弹性、国外供给弹性要有足够大，利率的调整才能起到调节国际收支不平衡的效果。反之，若国内投资、消费对利率反应迟钝，利率提高时，国内投资、消费不能因此减少，则进口需求不会减少，出口难以提高，国际收支逆差也难以改善。

其三，提高利率短期内有可能吸引资本流入本国，起到暂时改善国际收支的作用，但从国内经济角度看，由于利率上升，经济紧缩，势必削弱本国的出口商品竞争力，从而不利于从根本上改善国际收支。相反，为了促进出口而活跃经济必须降低利率，这又会导致资本外流，势必加剧国际收支不平衡，因此利率政策调节国际收支不平衡容易产生内外均衡的矛盾。

4. 汇率政策。汇率政策是指通过调整汇率来调节国际收支的不平衡。这里所谓的“调整汇率”是指一国货币金融当局公开宣布的货币法定升值与法定贬值，而不包括金融市场上一般性的汇率变动。

汇率调整政策是通过改变外汇的供需关系，并经由进出口商品的价格变化，资本融进融出的实际收益（或成本）的变化等渠道来实现对国际收支不平衡的调节。当国际收支出现逆差时实行货币贬值，当国际收支出现顺差时实行货币升值。

汇率调整政策同上述财政政策、货币政策相比较而言，对国际收支的调节无论是表现在经常项目、资本和金融项目或是储备项目上都更为直接、更为迅速。因为汇率是各国间货币交换和经济贸易的尺度，同国际收支的贸易往来、资本往来的“敏感系数”较大；同时，汇率调整对一国经济发展也会带来多方面的副作用。比如说，贬值容易给一国带来通货膨胀压力，从而陷入“贬值→通货膨胀→贬值”的恶性循环。它还可能导致其他国家采取报复性措施，从而不利于国际关系的发展等。

【知识链接】　　汇率政策的局限

一般只有当财政政策、货币政策不能调节国际收支不平衡时，才使用汇率手段。同时，汇率调整政策有时对国际收支不平衡的调节不一定能起到立竿见影的效果，因为其调节效果还取决于现实的经济和非经济因素：

第一，汇率变动对贸易收支的调节受进出口商品价格弹性和时间滞后的影响。

第二，汇率变动对资本收支的影响不一定有效，其影响要看外汇市场情况而定。如果一国汇率下跌引起人们预测汇率还会继续下跌，则国内资金将会外逃，资本收支将会恶化，并且资本输出入主要还是要看一国的利率政策、融资环境等，这些都无法随汇率的变化而变化。

第三，汇率变动对国际收支的调节还受制于各国对国际经济的管制和干预程度。这些管制和干预包括贸易壁垒的设置、外汇管制政策的宽松程度等。

5. 直接管制政策。财政政策、货币政策和汇率政策的实施有两个特点，一是这些政策发生的效应要通过市场机制方能实现，二是这些政策的实施不能立即收到效果，其发挥效应的过程较长。因此，在某种情况下，各国还必须采取直接的管制政策来干预国际收支。

【知识链接】　直接管制政策

直接管制政策包括外汇管制和贸易管制两个方面：

1. 外汇管制方面主要是通过对外汇的买卖直接加以管制以控制外汇市场的外汇供求，维持本国货币对外汇率的稳定。如对外汇实行统购统销，保证外汇统一使用和管理，从而影响本国商品及劳务的进出口和资本流动，调节国际收支不平衡。

2. 贸易管制方面的主要内容是奖出限入。在奖出方面常见的措施有：（1）出口信贷；（2）出口信贷国家担保制；（3）出口补贴。而在限入方面，主要是实行提高关税、进口配额制和进口许可证制，此外，还有许多非关税壁垒的限制措施。

实施直接管制措施调节国际收支不平衡见效快，同时选择性强，对局部性的国际收支不平衡可以采取有针对性的措施直接加以调节，不必涉及整体经济。例如，国际收支不平衡是由于出口减少造成的，就可直接施以鼓励出口的各种措施加以调节。但直接管制会导致一系列行政弊端，如行政费用过大，官僚、贿赂之风盛行等，同时它往往会激起相应国家的报复，以致使其效果大大减弱，甚至起反作用，所以，在实施直接管制以调节国际收支不平衡时，各国一般都比较谨慎。

6. 国际借贷。国际借贷就是通过国际金融市场、国际金融机构和政府间贷款的方式，弥补国际收支不平衡。国际收支逆差严重而又发生支付危机的国家，常常采取国际借贷的方式暂缓国际收支危机。但在这种情况下的借贷条件一般比较苛刻，这又势必增加将来还本付息的负担，使国际收支状况恶化，因此运用国际借贷方法调节国际收支不平衡仅仅是一种权宜之计。

7. 国际经济、金融合作。如前所述，当国际收支不平衡时，各国根据本国的利益采取的调节政策和管制政策措施，有可能引起国家之间的利益冲突和矛盾。因此，除了实施上述调节措施以外，有关国家还试图通过加强国际经济、金融合作的方式，从根本上解决国际收支不平衡的问题。其主要形式有：

（1）国际间债务清算自由化。第二次世界大战后成立的国际货币基金组织（IMF）和欧洲支付同盟（European Payment Union，EPU）的主要任务是促使各国放松外汇管制，使国际间的债权债务关系在这些组织内顺利地得到清算，从而达到国际收支平衡。

（2）国际贸易自由化。为了调节国际收支，必须使商品在国际间自由流动，排除任何人为的阻碍，使国际贸易得以顺利进行，为此或订立国际间的一些协定，或推行经济一体化，如欧洲共同市场（European Common Market）、拉丁美洲自由贸易区（Latin American Free Trade Association）、石油输出国组织（Organization of Petroleum Exporting Countries，OPEC）等。

(3) 协调经济关系。随着20世纪80年代全球性国际收支不平衡的加剧，西方主要工业国日益感到开展国际磋商对话、协调彼此经济政策以减少摩擦，共同调节国际收支不平衡的必要性和重要性。如1985年起一年一次的西方七国财长会议，就是协调各国经济政策的途径之一，通过西方七国财长会议的协调，近几年来，在纠正全球性国际收支不平衡方面已取得了一些积极成果。

（三）选择国际收支调节方式的一般原则

从前面我们可知，国际收支不平衡的调节方式很多，但是每一种调节方式都有自己的特点，对国际收支不平衡调节的侧重点也不同，因此在具体调节一国国际收支不平衡时选择适当调节措施是非常重要的，一般来说应遵循三个原则：

1. 按照国际收支不平衡产生的原因来选择调节方式。国际收支不平衡产生的原因是多方面的，根据其产生原因的不同选择适当的调节方式可以有的放矢、事半功倍。例如，一国国际收支不平衡是经济周期波动所致，说明这种不平衡是短期的，因而可以用本国的国际储备或通过从国外获得短期贷款来弥补，达到平衡的目的，但这种方式用于持续性巨额逆差的调整不能收到预期效果。如果国际收支不平衡是由于货币性因素引起的，则可采取汇率调整方法。如果国际收支不平衡是因为总需求大于总供给而出现的收入性不平衡时，则可实行调节国内支出的措施，如实行财政金融的紧缩性政策。如果发生结构性的不平衡，则可采取直接管制和经济结构调整方式来调节。

2. 选择国际收支调节方式应尽量不与国内经济发生冲突。国际收支是一国宏观经济的有机组成部分，调整国际收支势必对国内经济产生直接影响。一般来说，一国经济要达到内外均衡是很困难的，往往调节国际收支的措施对国内经济会产生不利影响，而谋求国内均衡的政策又会导致国际收支不平衡。因此，必须按其轻重缓急，在不同的时期和经济发展的不同阶段分别作出抉择。当然最一般的原则是尽量采用国内平衡与国际收支平衡相配合的政策。

3. 选择调节国际收支的方式应尽可能减少来自他国的阻力。在选择调节国际收支的方式时，各国都以自身的利益为出发点，各国利益的不同必然使调节国际收支的对策对不同国家产生不同的影响，有利于一国的调节国际收支的措施往往有害于其他国家，从而导致这些国家采取一些报复措施，其后果不仅影响了国际收支调节的效果，而且还不利于国际经济关系的发展，因此，在选择调节国际收支的方式时，应尽量避免过于损害他国利益的措施，最大限度地降低来自他国的阻力。

【知识链接】 **外汇“走出去”破解双顺差**

孙韶华

长达近20年的双顺差（经常项目顺差与资本和金融项目顺差），使中国国际收支不平衡已经达到前所未有的程度。国际金融危机后的全球经济格局和中国经济的庞大体量意味着巨额双顺差格局已经不具有可持续性。“十二五”规划中提到，“我国对外开放由出口和吸收外资为主转向进口和出口、吸收外资和对外投资并重”。这一“主动调整”

被解读为双顺差困局的破题。

接受记者采访的人大代表、政协委员及业内专家表示，中国双顺差与经济结构不平衡紧密相连，而结构调整是个长期过程，无法一蹴而就。不过就目前而言，理顺外汇机制，让外汇“走出去”，推动进口和中国企业海外投资，已经刻不容缓。

风险

20 年双顺差使中国面临空前挑战

国家外汇管理局前不久公布的数据显示，2010 年全年，我国国际收支经常项目、资本和金融项目（含净误差与遗漏）继续呈现顺差，国际储备资产继续增长。这意味着，从 1990 年至 2010 年，中国已经保持长达近 20 年（除 1992 年、1993 年、1998 年外）的经常项目顺差与资本和金融项目顺差。

事实上，不论是与日本、德国这样大的经济体之间比较，还是与亚洲一些相对小些的出口导向型经济体比较，中国的国际收支结构、双顺差持续近 20 年的基本格局都是世界上独有的。

两会期间，多位代表委员以及专家均对《经济参考报》表示，中国国际收支不平衡目前已经达到前所未有的严重程度。长达近 20 年的双顺差格局，使中国经济陷入一个新的“增长的困局”，面临空前严峻的挑战。

首先，在中国当前的一系列制度安排下，双顺差带来的主要的风险就是外汇储备贬值和货币供给过度增长。全国政协委员、国家开发银行原副行长刘克崮说，多年来，我国对外贸易一直“出多进少”，超量地对外提供了大量实物资产，而获得的仅是以美元为主的虚拟货币。在这个循环中，美国等其他国家的政府和人民实际上得到了更多的实惠，我们相应地攒了一些钱，却要面临美元贬值的巨大风险。

“最近几年，我国的国际收支平衡状况正逐步改善，但顺差偏大仍然是引起流动性偏多的重要因素。实现稳健货币政策的目标，还要继续促进国际收支基本平衡。”全国人大代表、中国人民银行行长助理郭庆平说。

其次，双顺差也使得中国面临更多国际压力。“随着中国经济的持续增长和规模的不断扩大，世界经济对中国巨额经常项目顺差的承受力不断减弱，结构性调整的必要性不断加强，人民币升值的国际压力不断加大，相应地国际经贸关系中的矛盾也日益尖锐。”联合国贸发会议官员梁国勇说。

最后，多年来我国出口和引资的快速增长对经济发展作出了巨大贡献，但也付出了一定的成本，出现了资源消耗、环境污染、经济严重依赖外部需求等一系列问题。长期资源错配更是给中国经济带来巨大的体制成本。

“至于损失，表象上看是外汇储备投资的风险和损失，人民币升值带来的外汇估值效应的潜在损失以及升值对出口带来的负面影响，但更深层次的是金融系统资源配置效率的损失，因为储蓄转化为投资效率的不提高就意味着金融资源的错配或浪费。”中国人民大学经济学院教授王晋斌表示。

根源

经济结构不平衡

追溯中国双顺差的过程，可以发现，20 世纪 90 年代中国外汇储备的积累主要来自资本和金融项目盈余，或者更准确地说，来自 FDI（外商直接投资）。但是，从 2005 年开始，经常项目盈余已经超过 FDI 成为外汇储备增长中最主要的力量。

专家介绍说，中国经济起飞阶段的双顺差有其特殊的历史背景，那个阶段的双顺差规模都比较小。真正值得关注的双顺差产生在中国加入世界贸易组织之后，由于国内外市场结构特点、外国对华出口限制继续存在等原因，中国出口增长远快于进口，经常项目顺差大幅度增加；中国金融市场、房地产市场发展壮大，丰厚的利润和人民币升值预期都吸引着外国资本持续加码中国，资本和金融项目保持顺差，但顺差规模波动明显。

储蓄—投资缺口也被认为是导致国内经常项目顺差的重要原因。王晋斌就认为，顺差在根本上表明国内储蓄与投资关系的不平衡，国内储蓄大于国内投资；而资本账户顺差则带来了资本储蓄，进一步加重了储蓄与投资关系的不平衡。一方面，收入低、公共服务供给不足、社会保障不完善等因素共同导致全民储蓄大动员；另一方面，中国经济持续高增长的吸引力和 20 世纪 80 年代后期以来的大量吸收外资的优惠政策，使外资大量进入中国。

按照发展经济学的理论，发展中国家应该保持经常项目赤字和资本和金融项目盈余，通过利用外国储蓄实现比单纯利用国内储蓄更高的投资水平。双顺差表明，中国无论是通过 FDI 形式还是出口形式获得的以美元为主的外汇，都没有像其他发展中国家那样用来购买外国的设备和技术，而是又回到了美国政府的债券市场。

“双顺差很大程度上反映了中国经济结构的不平衡。中国的双顺差是同各种制度缺陷、价格扭曲、宏观经济不平衡相联系的。”中国社会科学院学部委员余永定指出。

他指出，中国特色的出口导向发展战略（推行优惠政策引资的同时，鼓励出口限制进口）建立了一种“创汇经济”，导致双顺差为特征的中国国际收支结构的形成。此后，由于种种原因，中国在汇率政策、贸易政策上调整缓慢，使得中国的国际收支不平衡愈演愈烈。

梁国勇也认为，中国国际收支双顺差格局的持续有国际国内很多方面的原因，根本上还是中国乃至全球经济的结构性失衡，中国长期实施的利用外资和出口导向的发展战略，以及人民币汇率体制所共同决定的。

破解

外汇亟待“走出去”

“十二五”规划中提到：“我国对外开放由出口和吸收外资为主转向进口和出口、吸收外资和对外投资并重。”这一“主动调整”被解读为双顺差困局终于破题。

目前一个比较一致的思路是，减顺差，不是通过压出口、压外资的手段实现，而是通过扩大进口和“走出去”的主动调整来实现，通过在此过程中对出口和引资的侧重点从“数量”向“质量”的转变来实现。

代表委员及专家表示，中国双顺差与经济结构不平衡紧密相连，而结构调整是个长期的过程，无法一蹴而就。不过目前而言，改革外汇管理体制，让外汇“走出去”，推动扩大进口和中国企业海外投资，已经刻不容缓。

“用外汇扩大进口，该用就用，放开了用。”刘克崮说，建议确定国际收支平衡的方向，把外汇增量控制住，存量用出去。增量一时控制不住，不要急于压缩出口，出口应保持连续稳健增长，不追求过快增长，也不盲目扩大进口，扩大进口要符合企业和市场的实际需要。

刘克崮还说，目前，建议有关部门研究新的方式，如运用借款、定向发债、委托贷款等方式来改进外汇资金供应的方法和渠道。

全国工商联也表示，从实践看，海外投资合作所需资金往往数额巨大，企业对外投资需要数量较多的贷款，而我国金融机构普遍存在外汇存贷款比例严重失调的情况，外汇头寸严重不足，企业对外投资一般只能从银行贷到人民币，再用人民币去购汇，这样企业投资面临人民币升值的汇率风险，投资收益的不确定性影响了企业对外投资的积极性。建议发挥金融机构的作用，运作外汇储备支持企业“走出去”。建议利用外汇储备，设立海外产业投资基金。

“从降低顺差规模入手，渐进地实现国际收支基本平衡的目标，是一条可行的路径。”梁国勇表示，提高进口是实现经常项目基本平衡的关键，而促进对外投资则是实现资本和金融项目基本平衡的关键。

王晋斌表示，破解双顺差，客观、有效的方法应该是在“不恐惧、不盲求”的原则下，依靠增加国内居民消费，提升金融系统的效率和改变为出口而出口、为就业而出口的对外发展战略，在长期中渐进降低、消化双顺差的态势和压力。

梁国勇认为，未来5到10年将是中国实现国际收支基本平衡的一个机遇期。要积极推动人民币市场化和国际化，进一步完善汇率形成机制，改革外汇管理体制。国际收支基本平衡应是长远目标。国际收支平衡本身不是根本目的，其实现应当服务于中国经济长期、可持续增长的根本目标。国际收支基本平衡的实现需要兼顾国内经济的需要和国际经济的制约，并与其他政策目标平衡、协调，服务于中国经济长期稳定增长的大局。

资料来源：《经济参考报》，2011-03-15。

【能力训练】

1. 某国某一年的国际收支数据如下（单位为10亿美元）：

货物：出口106	服务：贷方34
服务：借方28	资本进入账户：贷方6
货物：进口119	资本进入账户：借方29
经常转移差额：贷方8	净差错与遗漏：2
储备与相关项目：20	

（1）计算该国国际收支平衡表中的经常账户净额、资本和金融账户净额及总差额，

并分别说明该国在经常项目和资本和金融项目上是顺差还是逆差。

（2）如何理解国际收支平衡表中反映的国际收支平衡？该国存在顺差还是逆差？

（3）该国的国际收支情况对该国货币汇率有何影响？

2. 请到我国外汇管理局网站下载我国最近某一年的国际收支平衡表，运用本项目所学到的知识和方法，试着综合分析国际收支平衡表的各个项目以及其所隐含的内容。

3. 请上互联网收集我国最近某一年国家出台的经济政策，运用本项目所学到的知识和方法，试着通过上面的国际收支平衡表分析解读这一经济政策。

4. 2011 年 3 月 17 日联合国安理会通过决议，决定在利比亚设立禁飞区，并要求有关国家采取一切必要措施保护利比亚平民和平民居住区免受武装袭击的威胁。2011 年 3 月 19 日法国战机向利比亚军事目标开火，这标志着多国军事干预利比亚的揭幕。请运用本项目所学到的知识和方法，试着预测这一政治事件将会如何影响我国国际收支的走势？

综合练习二

一、填空题

1. 国际经济交易是指发生在________与________之间经济交易。

2. 国际性机构，如国际货币基金组织，世界银行等是________的非居民。

3. 一个国家的国际收支情况，集中反映在该国的________中。

4. 经常项目包括________、________、________、________四个项目。

5. 凡引起本国外汇收入的项目，记入________，符号记为________，表示实际资源出口和________。

6. 我国国际收支统计申报中，间接申报中的申报主体是________。

7. 国际收支货币性失衡不仅与经常账户收支有关，也与________账户收支有关。

8. 一国经济结构失衡可以分为________和要素结构性失衡。

9. 在固定汇率制度下，国际收支自动恢复均衡是通过国内________的变化来实现的。

10. 在纸币流通制度下，调节国际收支逆差的措施之一是________财政开支、________税收。

二、判断题

1. 资本的流入是指本国对外资产的减少或本国对外负债的增加。（ ）

2. 在国际收支平衡表中，贷方记录的是本国从外国取得收入的交易，借方记录的是本国向外国进行支付的交易。（ ）

3. 在国际收支平衡表中，货物、劳务的出口收入记入借方。（ ）

4. 在国际收支平衡表中，储备资产的减少记贷方，增加记借方。（ ）

5. 国际收支平衡表中若无错误与遗漏项目，那么经常项目与资本和金融项目净差额应与官方储备项目净差额数字相等，方向相反。（ ）

6. 我国国际收支统计申报采用的是间接申报制度。(　　)

7. 在金本位制下，一国的国际收支失衡可以通过黄金的输出入即“黄金点”来调节。(　　)

8. 在纸币本位制下，国际收支顺差国通常用紧缩性宏观经济政策来调节其国际收支。(　　)

9. 经济处于高涨期的国家由于进口大幅度增加，其国际收支必然是逆差。(　　)

10. 国家通过税收政策来调节国际收支失衡的做法属于外汇管制。(　　)

三、单项选择题

1. 国际收支系统记录的是一定时期内一国居民与非居民之间的（　　）。

A. 贸易收支　B. 外汇收支　C. 国际交易　D. 经济交易

2. 如果实际资源从国内向国外净转移，则该国（　　）。

A. 资本账户顺差　B. 资本账户逆差

C. 经常账户顺差　D. 经常账户逆差

3. 国际收支平衡表的编制原理是（　　）。

A. 增减记账法　B. 复式记账法

C. 收付记账法　D. 单向记账法

4. 在国际收支统计中，货物进出口按照（　　）计算价值。

A. 到岸价格　B. 离岸价格

C. 进口用到岸价格，出口用离岸价格

D. 出口用到岸价格，进口用离岸价格

5. 国际收支平衡表中，最基本、最重要的账户是（　　）。

A. 资本账户　B. 经常账户　C. 平衡账户　D. 官方储备账户

6. 政府和居民的单方面转移记入国际收支平衡表的（　　）。

A. 经常项目　B. 资本项目　C. 金融项目　D. 平衡项目

7. 一般而言，由（　　）引起的国际收支失衡是长期性失衡。

A. 偶发性因素　B. 经济周期更迭

C. 结构性因素　D. 货币价值变动

8. 当一国国际收支逆差是因贸易逆差而导致的，会造成其国内（　　）。

A. 资金紧张　B. 资金宽松

C. 失业增加　D. 失业减少

9. 一国经济处于逆差和通胀下，它应采取（　　）措施来调节。

A. 紧的财政政策和松的货币政策

B. 紧的财政政策和紧的货币政策

C. 松的财政政策和紧的货币政策

D. 松的财政政策和松的货币政策

10. 直接管制政策调节国际收支失衡能起到立竿见影的作用，但容易导致（　　）。

A. 失业　B. 通货膨胀　C. 经济衰退　D. 贸易战

四、简答题

1. 什么是国际收支？
2. 简述国际收支平衡表的基本内容。
3. 间接申报中的申报方式有哪些？
4. 哪些因素引起国际收支失衡？
5. 调节国际收支失衡有哪些政策选择？

项目三

国际储备与外债

GUOJI CHUBEI YU WAIZHAI

在我们的日常生活中，作为个人或家庭有的时候将多余的钱存放在银行或进行实体与金融投资，这时个人或家庭可以视为资产所有者，但有的时候个人或家庭在入不敷出的情况下，也会通过向亲朋好友或银行借款来救急，这时个人或家庭是被视为负债者看待的。对个体如是，那么对于国家所拥有的资产或形成的负债又应如何理解呢？这就涉及两个重要的概念：国际储备和外债。通过本项目的学习，将引导大家理解与体会国际储备与外债的有关内容。

模块一　国际储备

【课前思考】

几乎所有的国家都持有一定规模的国际储备，你知道什么是国际储备吗？怎么理解国际储备对于一个国家的重要性呢？

【能力目标】

1. 准确把握国际储备的概念；
2. 掌握国际储备的管理方法。

一、国际储备概述

（一）国际储备的概念

平时总是会听到关于国际储备的各种消息，如中国外汇储备持续增加，居世界首位这样的消息总是让我们感到振奋与自豪，而在美国次贷危机中，中国储备资产缩水这样的消息则令人不安，那么，什么是国际储备？哪些资产可以构成国际储备？

国际储备（International Reserve）是指一国货币当局为了弥补国际收支逆差和保持汇率稳定以及紧急支付需要而持有的国际间可以接受的各种形式的资产。

国际储备的概念有广义和狭义之分。广义的国际储备包括自有储备和借入储备。自有储备是指主要来源于经常项目顺差，本国货币当局可以无条件自由支配使用的储备资产；借入储备则是主要来源于国际信贷，如“备用信贷”、“互惠信贷协议”以及“本国商业银行对外短期可兑换货币资产”等。狭义的国际储备仅指自有储备。

【知识链接】

借入储备

借入储备主要包括：

（1）备用信贷。是指成员国在国际收支发生困难时同国际货币基金组织签订的一种备用借款协议，其主要内容包括可借用款项的额度、使用年限、利率、分阶段使用的规定、币种等，成员国在需要时无须办理新的手续便可使用。而未使用部分的款项，须缴纳约1%的年管理费。凡按规定可随时使用但未使用部分，计入借入储备。

（2）互惠信贷协议，又称互换货币安排和支付协议。是指两个国家签订的使用对方货币的协议。当其中一国发生国际收支困难时，便可按协议规定的条件（如最高限额和最长使用期限）自动使用对方的货币，然后在规定的期限内偿还。这种协议同备用信贷一样，从中获得的储备资产是借入的，可以随时使用。两者的区别是：互惠信贷协议不是多边的，而是双边的，它只能用来解决协议国之间的收支差额，而不能用做清算同第三国的收支差额。

（3）本国商业银行对外短期可兑换货币资产。尤其是离岸金融市场上的资产。虽然这种资产不属于政府所有，也未被政府借入，但其流动性和投机性很强，对政策的反应特别敏感，政府可以通过政策的、新闻的、道义的手段来诱导其流动方向，从而间接达到调节国际收支的目的。因此，这类资产又称诱导性储备资产。

（二）国际储备与国际清偿能力

国际清偿能力（International Liquidity）是指一国政府平衡国际收支逆差、稳定汇率而又无须采用调节措施的能力。

国际储备是一国国际清偿能力的一个重要方面，是一国具有的现实的对外清偿能力。一国拥有充足的国际储备，说明该国国际清偿能力较强，能够从容应付对外支付和按时清偿到期债务，具有较高的国家信誉。

参照国际货币基金组织关于国际储备的划分标准，国际清偿能力是广义的国际储备，它除了包括国际储备的内容（自有储备）之外，还包括一国政府向外借款的能力（借入储备），即向外国政府或中央银行、国际金融机构和商业银行的借款能力，它反映了一国货币当局干预外汇市场的总体能力。一般而言，发达国家主要依靠借入储备来保证国际清偿能力，而发展中国家则主要依靠自有储备来弥补国际收支逆差。

（三）国际储备的特点

1. 官方持有性。即作为国际储备资产，必须是一国货币当局直接掌握的，并且可以自由地、无条件支配使用的资产，非官方金融机构、企业和私人持有的黄金和外汇尽管也是流动资产，但不能算是国际储备资产。

2. 普遍接受性。即作为国际储备的资产，必须能同其他货币相兑换，并是国际间能普遍被接受的资产。能够具有普遍接受性的储备资产往往以经济地位比较高的国家币种来充当或具有某种国际准货币的色彩。

3. 流动性。即作为国际储备的资产必须是随时可以动用的资产，这样这种资产才能随时用来弥补国际收支逆差，或通过干预外汇市场来维持本国货币的稳定。

4. 无条件获得性。即作为国际储备的资产必须由一国货币当局能够无条件地获得，为此该国政府对该类资产不仅要具有使用权，而且还要具有所有权。

二、国际储备的构成

根据国际货币基金组织的表述，一国的国际储备包括黄金储备、外汇储备、会员国在国际货币基金组织的储备头寸和国际货币基金组织分配给会员国尚未动用的特别提款权四个部分。

（一）黄金储备

黄金储备，指一国货币当局持有的，用以平衡国际收支，维持或影响汇率水平，作为金融资产持有的黄金。它在稳定国民经济、抑制通货膨胀、提高国际资信等方面有着特殊作用。黄金储备的管理意义在于实现黄金储备最大可能的流动性和收益性。作为国际储备的主要形式之一，黄金储备在流动性上有其自身存在的局限性，因此应考虑其适度规模的问题。

各国要储备黄金是由其黄金货币商品属性决定的。由于黄金的优良特性，历史上黄金具有充当货币的职能，如价值尺度，流通手段，储藏手段，支付手段和历史货币。随着社会经济的发展，黄金已退出流通领域。20 世纪 70 年代布雷顿森体系瓦解，黄金与美元脱钩，黄金的货币职能也有所减弱，但仍保持一定的货币职能。目前许多国家，包括西方主要国家国际储备中，黄金仍占有相当重要的地位。

截至 2010 年 9 月，世界各国黄金官方储备前 10 名情况见表 3－1。

表 3－1　世界官方黄金储备一览表（2010 年 9 月）

序号	国家（组织）	数量（吨）	黄金占国际储备（%）
1	美国	8 133.5	72.1
2	德国	3 402.5	67.4
3	国际货币基金组织	2 907	—
4	意大利	2 451.8	66.2
5	法国	2 435.4	65.7
6	中国	1 054.1	1.5
7	瑞士	1 040.1	15.0
8	日本	765.2	2.7
9	俄罗斯	726	5.7
10	荷兰	612.5	55.8

注：1. 根据 2010 年 9 月国际货币基金组织的国际金融统计数据及其他可得到的来源整理而得。

2. 黄金占国际储备百分数是依据世界黄金协会的计算。金价按 2010 年 7 月底的每盎司 1 169.00 美元计算（每吨按照 32 151 盎司计算）。

资料来源：中国黄金网，http：//www.gold.org.cn。

（二）外汇储备

外汇储备是目前国际储备中最主要、最活跃的部分，同时也是各国国际储备资产管理的主要对象。

外汇储备是指一国货币当局所持有的、可以用于对外支付的国外可兑换货币。一国的外汇储备资产的保存一般并非在国内，而是体现在国外银行存款、股权及其他有价证券等外币资产上。

不是所有国家的货币都能充当国际储备资产，只有那些在国际货币体系中占有重要地位，且能自由兑换其他储备资产，中央银行和贸易商对其购买力稳定性具有信心的货币才能充当国际储备资产。我国和世界其他国家在对外贸易与国际结算中经常使用的外汇储备主要有美元、欧元、日元、英镑等。

一定的外汇储备是一国进行经济调节、实现经济内外平衡的重要手段。当国际收支出现逆差时，动用外汇储备可以促进国际收支的平衡；当国内宏观经济不平衡，出现总需求大于总供给时，可以动用外汇组织进口，从而调节总供给与总需求的关系，促进宏观经济的平衡。同时当汇率出现波动时，可以利用外汇储备干预汇率，使之趋于稳定。因此，外汇储备是实现经济均衡稳定的一个必不可少的手段，特别是在经济全球化不断发展，一国经济更易于受到其他国家经济影响的情况下，更是如此。

一般说来，外汇储备的增加不仅可以增强政府对经济进行宏观调控的能力，而且有利于维护国家和企业在国际上的信誉，有助于拓展对外贸易、吸引外国投资、降低国内企业融资成本、防范和化解国际金融风险。

目前世界外汇储备前10名情况见表3－2。

表3－2　世界各国家（地区）外汇储备一览表（2010年11月）

国家（地区）	外汇储备总额（10亿美元）	占全球比重（%）
中国	2 648.00	29.3
日本	1 041.69	11.5
俄罗斯	463.77	5.1
中国台湾	379.26	4.2
韩国	290.23	3.2
印度	266.25	3.0
中国香港	266.10	2.9
新加坡	217.57	2.4
泰国	161.66	1.8
马来西亚	95.30	1.1

资料来源：联合国统计月报。

（三）会员国在国际货币基金组织的储备头寸（Reserve Position in IMF）

储备头寸也称普通提款权，它指国际货币基金组织的会员国按规定从基金组织提取一定数额款项的权利，它是国际货币基金组织最基本的一项贷款，用于解决会员国国际收支不平衡，但不能用于成员国贸易和非贸易的经常项目支付。

国际货币基金组织犹如一个股份制性质的储备互助会，当一个国家加入国际货币基金组织时，必须按一定的份额向该组织缴纳一笔钱，作为入股基金，我们称之为份额。按该组织现在的规定，认缴份额的25%必须以可兑换货币缴纳，其余75%用本国货币缴纳。当成员国发生国际收支困难时，就有权向国际货币基金组织申请普通贷款。普通贷款有以下几个特点：

1. 贷款的方式是换购，即会员国以本国货币向国际货币基金组织申请换购所需的外币款项；还款方式是购回，即会员国再以外汇买回本国货币。

2. 贷款对象限于国际货币基金组织的会员国政府或政府财政、金融部门，如财政部、中央银行、外汇平准基金组织等。

3. 贷款额度大小与成员国所缴份额成正比，但最高额度不能超过所缴份额的125%。

4. 贷款条件随贷款额度的增加而越来越严格。国际货币基金组织把会员国可申请的贷款额分为五档，每档占其认缴份额的25%。由于第一档提款额等于该会员国认缴的可兑换货币额，因此，条件最宽松，在实践中，只要提出申请，便可提用这一档。所以称这一档提款权为储备部分提款权，其余四部分为信用提款权，贷款条件逐档严格，利率逐档升高，年限为3~5年，多采用备用信贷方式提供。即会员国与国际货币基金组织事先商定不将款项全额立即提用，而是在规定的有效期内，也就是备用信贷安排期内(一般为一年)，按实际需要随时提用。

（四）特别提款权

特别提款权（Special Drawing Right，SDR）是国际货币基金组织创设的一种储备资产和记账单位，亦称“纸黄金”（Paper Gold）。它是国际货币基金组织分配给会员国的一种使用资金的权利。会员国在发生国际收支逆差时，可用它向国际货币基金组织指定的其他会员国换取外汇，以偿付国际收支逆差或偿还国际货币基金组织的贷款，还可与黄金、自由兑换货币一样充当国际储备。但由于其只是一种记账单位，不是真正货币，使用时必须先换成其他货币，不能直接用于贸易或非贸易的支付。因为它是国际货币基金组织原有的普通提款权以外的一种补充，所以称为特别提款权（SDR）。

国际货币基金组织于1969年创设特别提款权，并于1970年按成员国认缴份额开始向参加特别提款权的成员国分配特别提款权。特别提款权作为各国国际储备资产的补充，较其他储备资产具有以下几个特点：第一，特别提款权获得更为容易。普通提款权的获得要以成员国的缴足摊额（份额）为条件，而特别提款权是由国际货币基金组织按参加国的摊额予以“分配”，不需缴纳任何款项，且这项权利的动用也不必事先定什么协议或事先审查。第二，普通提款权的融通使用需要按期偿还，而特别提款权无须偿还，是一种额外的资金来源。第三，特别提款权是一种有名无实的资产，虽然被称为“纸黄金”，但不像黄金那样具有内在价值，也不像美元、英镑那样以一国政治、经济实力作为后盾，而仅仅是一种用数字表示的记账单位。第四，特别提款权仅仅是一种计价结算工具，不能直接用于流通手段。

成员国可以实际动用的特别提款权数额，平均不能超过其全部分配额的70%，如果超过，则必须把超支部分赎回。就是说，每一成员国手中至少必须保持30%的分配到的特别提款权。任何成员国，只要本身愿意，最多可以持有3倍于它本身分配额的特别提款权。成员国使用所分配的特别提款权需按1.5%的利率付息。

特别提款权的收付业务均通过国际货币基金组织开立的特别提款权账户进行。

作为取得特别提款权的条件，成员国必须承担两项义务。一是支付利息，二是在需要时按照国际货币基金组织指定的原则接受特别提款权并兑出相应的货币。一般情况下，只有在国际收支和储备总额方面实力特别强的国家才有可能承担第二种义务。

三、国际储备的作用

国际储备的持有是以牺牲储备资产的生产性运用为代价的，然而，一国持有适度国际储备并非是一种非理性的行为，因为持有国际储备会给该国带来一定的收益，其收益主要是通过国际储备的作用体现出来的。

（一）清算国际收支差额，维持对外支付能力

一国在对外经济交往中，不可避免地会发生国际收支不平衡，如果这种不平衡得不到及时清算，将不利于本国国内经济和对外经济关系的发展，为此政府必须采取措施予以纠正。如果国际收支不平衡是暂时性的，则可通过使用国际储备予以解决，而不必采取影响整个宏观经济的财政政策和货币政策来调节；如果国际收支不平衡是长期的、巨额的或根本的，则国际储备可以起到一种缓冲作用，它使政府有时间渐进地推进财政政策和货币政策，避免因猛烈的调节措施可能带来的冲击。

（二）干预外汇市场，保持本国货币汇率稳定

当本国货币汇率在外汇市场上发生剧烈动荡时，该国政府就可动用国际储备来缓和汇率的波动，甚至改变其变动的方向。各国用来干预外汇市场的储备基金，称为外汇平准基金，它由黄金、外汇和本国货币构成。当外汇汇率上升，超出政府限额的目标区间时，就可通过在市场上抛出储备购入本币缓和外币升值；反之，当本币升值过快时，就可通过在市场上购入储备放出本币方式增加本币供给，抑制本币升值。不过，国际储备作为干预资产的职能，要以充分发达的外汇市场和本国货币的完全自由兑换为其前提条件。而且外汇干预只能对汇率产生短期影响，无法根本改变决定汇率的基本因素。

（三）提供举债和偿债的信用保证，增强国际清偿能力

国际储备可以为举债和偿债提供信用保证，其信用保证包括两层含义：第一，它是债务国债务到期还本付息的基础和保证，它是一国政府在国际上资信高低的标志。如果一国国际储备雄厚，则该国的国际信誉就高，国际清偿能力就强，在国际上借债就比较容易，成本也较低；反之，一国国际储备枯竭，则其国际信誉较低，难以在国际上筹集资金，即使能筹到资金，条件也较恶劣。第二，它可以用来支持对本国货币价值稳定性的信心，持有足量的国际储备无论从心理上还是客观上都能提高本国货币在国际上的信誉。

四、国际储备体系的历史演变与发展趋势

（一）国际储备体系及其历史演变

国际储备体系，是指在一种国际货币制度下国际储备货币或资产的构成与集合的法律制度安排。这种安排的根本问题是中心储备货币或资产的确定及其与其他货币或资产的相互关系。

国际储备体系的演变，实际上就是中心货币或资产在国际经济交易中的延伸与扩大。整个演变经历了四个发展阶段，从单元的储备体系逐步向多元的储备体系发展。

1. 黄金—英镑储备体系（第一次世界大战以前单元化的储备体系）。在典型的金本位制度下，世界市场上流通的是金币。因此，国际储备体系单元化，其特点就是国际储备受单一货币支配。

由于金本位制度率先在英国实行（1816 年），各国只是后来仿效，于是逐渐形成了以英镑为中心，金币（或黄金）在国际间流通和被广泛储备的现象。在这个储备体系中，黄金是国际结算的主要手段，也是最主要的储备资产。

2. 英镑—美元—黄金储备体系（两次世界大战之间过渡性的储备体系）。第一次世界大战后，典型的金本位制崩溃，各国建立起来的货币制度是金块本位制或金汇兑本位制（美国仍推行金本位制）。国际储备中外汇储备逐渐朝多元化方向发展，形成非典型性的多元化储备体系，不完全受单一货币统治。但由于该体系不系统、不健全，因此，严格地说是一种过渡性质的储备体系。当时，充当国际储备货币的有英镑、美元、瑞士法郎等，以英镑为主，但美元有逐步取代英镑地位之势。

3. 美元—黄金储备体系（第二次世界大战后至 20 世纪 70 年代初以美元为中心的储备体系）。第二次世界大战后，布雷顿森林货币体系建立了起来。美元取得了与黄金等同的地位，成为最主要的储备货币。因此，这个时期储备体系的特点是储备受美元统治。

在这个体系中，黄金仍是重要的国际储备资产，但随着国际经济交易的恢复与迅速发展，美元成为最主要的储备资产。这是因为，一方面，当时世界黄金产量增加缓慢，产生了经济的多样化需要与黄金单方面供不应求的矛盾；另一方面，黄金储备在各国的持有量比例失衡，美国持有了黄金储备总量的 75% 以上，其他国家的持有比例则较少。因此，在各国国际储备中，黄金储备逐渐下降，而美元在国际储备体系中的比例却逐渐超过了黄金而成为最重要的国际储备资产。如在 1970 年，世界储备中外汇储备占 47.8%，而美元储备又占外汇储备的 90% 以上。因此，从总体上看，这时期各国的外汇储备仍是美元独尊的一元化体系。

4. 国际储备多元化（20 世纪 70 年代后至今的多元化储备体系）。布雷顿森林货币体系崩溃后，国际储备体系发生了质的变化。这表现在储备体系完成了从长期的国际储备单元化向国际储备多元化的过渡，最终打破了某一货币一统天下的局面。30 多年来，形成了以黄金、外汇、特别提款权、储备头寸等多种国际储备资产混合构成的一种典型性的国际储备体系。其特点是国际储备受多种硬货币支配。多种硬货币互补互衡，共同充当国际间的流通手段、支付手段和储备手段。

（二）未来国际储备体系的发展趋势

未来的国际储备体系仍会继续呈现多元化趋势，具体表现为：

1. 外汇储备总额继续增长，发展中国家增幅较大。由国际货币基金组织统计的官方外汇储备货币构成显示，截至2007年9月底，全球公开的官方外汇储备总额从2006年第二季度末的5.72万亿美元提高到6.04万亿美元。目前超过3/4的全球官方外汇储备来自发展中国家，而2000年初这一比例还不到60%。从2003年第四季度开始，工业国家的官方储备增加约3 500亿美元，涨幅达到32%；而发展中国家的官方外汇储备则增长139%，增加金额达到2.654万亿美元。

2. 美元在全球储备货币中的主导地位正在逐渐削弱，欧元影响力不断上升。次级贷款市场崩溃之后，美国资产需求萎缩。根据国际货币基金组织最新统计数据，2007年第三季度，美元在全球外汇储备中的比例跌至历史低点。美元储备比例从65%下降至63.8%；欧元比例从5.5%升至26.4%；英镑比例从4.6%升至4.7%；日元比例从2.8%降至2.7%。欧元持有总额首次超过1万亿美元，从2006年同期的7 650亿美元增至1.01万亿美元。

3. 黄金在国际储备资产中的作用和地位仍是相当重要。在当前美国经济增速放缓，美元贬值的大背景下，黄金作为国际货币和战略保值功能必然会表现得愈加充分。

4. 特别提款权仍将是重要的储备资产，但作为一种并不完整的货币形式，很难有更大的发展。

五、国际储备管理

国际储备资产的管理早已有之，但随着布雷顿森林货币制度的崩溃和浮动汇率制的实行，国际储备管理问题对于各国货币当局或中央银行则显得更为突出和重要了。

国际储备管理是一国政府及货币当局根据一定时期内本国的国际收支状况和经济发展的要求，对国际储备的规模、结构和储备资产的运用等进行计划、调整、控制，以实现储备资产规模适度化、结构最优化、使用高效化的整个过程。一国国际储备管理主要包括两方面的管理，一是量的管理，即国际储备适度规模管理；二是质的管理，即国际储备资产的构成和营运管理。

（一）国际储备管理的原则和目标

国际储备管理的决策权属于政府，具体的管理工作则由各国货币当局（主要是中央银行）及其各个具体部门负责进行。政府从国民经济发展的总体规划出发，拟定出一定时期内一国国际储备的宏观政策，根据这一政策的要求，货币当局制定出具体的管理细则并实施管理。

1. 国际储备管理的原则。一国政府对国际储备进行宏观管理时，一般要遵循以下原则：

（1）储备资产的安全性。即指储备资产本身的价值稳定，且存放可靠。首先，一个国家要持有何种资产，必须先考虑这种资产（币种或信用工具）的价值是否稳定。如果一种资产价值经常会受到汇率的冲击而贬值，那么就说明该资产缺乏安全性，应当少储备。其次，一个国家在确定外汇资产存放的国家与银行时，必须考虑到这个国家经济是否发达，银行资信是否卓著，如果是的话，则存放可靠，该储备资产安全性就大；反之则不宜存放。

（2）储备资产的流动性。即指该储备资产随时能够获得与运用。不同形态的储备资产，具有不同的流动性。一般来说，活期存款、现钞、汇票等资产的流动性较高，金银、债券等资产的流动性较弱。一国在权衡得失时，一方面应保持较多的流动性强的储备资产，以利于日常的国际支付；另一方面应把流动性强弱不同的各种储备资产按时间作不同期限的投资，使各种资产的期限与对外支付的日期相衔接，保证资产的充分流动。

（3）储备资产的保值性。即指储备资产能保持原来的价值。进行保值的一般做法是，尽量使储备货币多样化，尽量对各种储备资产进行最佳组合。这样，尽管有时某些储备资产受到损失或某些储备货币贬值，但同时另外一些储备资产会有收益，或另外一些储备货币会升值，从而升贬相互抵消，使整个国际储备资产价值不变或少变。此外，还可采取储备货币与进口支付、干预市场需要的货币保持一致的做法，避免汇率风险。

（4）储备资产的盈利性。即指储备资产在保值的基础上有较高的收益。一国在营运安排储备资产时，一般应在流动性、安全性、保值性都得到充分保证的前提下，尽可能提高储备资产的盈利性，由此降低持有储备的机会成本。

必须指出，上述四条原则往往又是相互矛盾的，如活期存款的盈利性较小，但其流动性较高；债券的安全性较高，但流动性较弱；金银的盈利性较差，但安全性与保值性较高；软货币价值不稳定，但其盈利性却往往较高；硬货币安全性大，但其盈利性却较小；等等。因此，各国在营运安排储备资产时，必须坚持四条基本原则，处理好各个原则的矛盾关系，达到收益较大、风险较小的最佳储备资产组合。

2. 国际储备管理的目标。国际储备管理的总体目标是服务于一国的宏观经济战略需要，即在国际储备资产的积累水平、构成配置和使用方式上，有利于经济的适度增长和国际收支的平衡。

传统的国际储备管理的具体目标是诸如干预外汇市场、弥补国家赤字等“务实”的目标。这种观念下一般认为，适当的外汇储备规模应能满足以下三方面的需求：一是在没有任何外汇收入的情况下，现存的外汇储备足以支付一定时期的进口；二是在没有任何外汇收入的情况下，足以让当局有能力支付短期债务；三是当汇率出现波动时，能有足够的外汇来干预汇率，使之保持稳定。

随着金融全球化的迅速发展，传统的国际储备管理指导思想发生了重大的变化。国际储备管理的具体目标也随之改变。2001 年，国际货币基金组织通过了《国际储备管理指导》文件，其中指出国际储备管理目标是：（1）有充分的外汇储备来达到一系列被定义的目标；（2）用谨慎原则来管理国际储备的流动性风险、市场风险和信用风险；（3）在流动性风险和其他风险的约束条件下，通过将国际储备投资于中长期金融工具而获得一个合理收入。

【知识链接】 **中国目前的外汇储备管理难题**

近年来，我国外汇储备呈现高速增长态势，2008年以1.9万亿美元的规模，高居世界榜首；2009年这一规模已攀升至2.1万亿美元；截至2011年3月底，这一规模已突破3万亿美元大关，达到3.04万亿美元。如此规模的外汇储备中，却仅仅以美元作为主要资产，无疑会加剧其持有风险。美元固然有其一系列优点，如流通性强、交易方便等，但是外储过于集中在美元，使其在黄金上涨、美元缩水时，损失就甚为严重，特殊情况下，还会带来一定的政治风险。

连年的贸易顺差，迫使中国人民银行购买超额的外汇，这同时也造成了基础货币的过度投放，无形间加大了通货膨胀的压力，进一步考验着管理当局的宏观调控能力。另外，巨额的外汇储备也给人民币升值带来巨大的压力，而这势必会给国内经济的平稳快速增长带来很大的负面影响。这一切都迫使央行采取更多灵活的手段，调整外汇储备结构，维持币值的稳定。

（二）国际储备的规模管理

1. 确定适度国际储备规模的意义。维持合理的国际储备规模，是国际储备管理的一项重要内容。国家外汇储备的合理水平是指国家外汇储备的额度要确保能满足于其基本功能所需外汇储备数量的正常水平。

国际储备作为一国调节国际收支逆差、稳定外汇市场的现实能力的标志，如规模过小，则容易发生支付危机、经济脆弱，不利于一国经济的稳定增长。

同时，国际储备的规模也不宜过大，这是因为：

（1）国际储备过多将导致储备资源的浪费。持有国际储备具有一定的机会成本，由此丧失了这些国际储备投资其他领域的投资收益率。

（2）国际储备过多将对一国的通货膨胀带来压力。一国的国际储备增加将导致该国货币发行量的扩大，因而必然对其通货膨胀产生压力。

（3）国际储备过多对于发展中国家来说尤其不利。因为它让国际社会认为该国具有充裕的资金，这样该国就可能失去享受国际金融组织低利息优惠贷款的机会，从而难以借助国际力量加快经济发展。

（4）由于国际储备的构成中外汇储备占大部分，因此国际储备过多，其实质往往就是外汇储备过多，而外汇储备是一国存放在其他国家银行的国外资产，因此，难免要受到外汇汇率波动的冲击。

2. 确定适度国际储备规模的参照指标。各国政府在确定国际储备适度规模时，主要参照以下三个经济指标：

（1）国际储备与贸易进口额相比（或国际储备能支付进口的月数）。这是最为流行的参照指标。一般认为，一国的国际储备应能保证支付3个月的进口额，或者认为储备对进口额的比例（年度数字）不低于25%。发达国家有较强的借款能力，其国际储备额可以低于支付3个月的进口额；发展中国家则需要保证支付。

（2）国际储备与国民生产总值相比。这项指标是以实现国内平衡为出发点，两者之比基本上成正比例变化关系。一般来说，一国的经济规模越大，发展速度越快，对市场的依赖程度也就越大，因此需要更多的国际储备作为后盾，反之，要求的国际储备量就少。

（3）国际储备与外债相比。这是反映一国对外清偿能力和资信的指标之一，这项指标是从满足国际社会对国内经济的要求角度设计的。通常情况下，一国的国际储备应以相当于该国对外债务总额的1/2为宜。

上述三个指标对国际储备规模的测算仅仅只能作为一种参考数据，在具体估测一国的国际储备适度规模时，还应根据该国经济发展的实际情况、经济的政策目标作出相应的调整。

3. 确定适度国际储备规模应考虑的因素。确定适度国际储备规模应考虑的因素应从一国对国际储备的需求和供给两方面分析。

（1）影响国际储备需求的因素。

①一国持有国际储备的成本。主要考虑一国持有国际储备的机会成本，即如果货币当局不持有储备，就可以把这些储备资产用来进口商品和劳务，增加生产的实际资源，从而增加就业和国民收入，而持有储备则放弃了这种利益。一般会将机会成本与所得利息相比，若持有国际储备的投资收益率与储备资产的利息收益率差额大，说明持有国际储备成本高；若差额小，说明持有储备的成本低。一国持有国际储备的成本越高，国际储备的需求量越少；反之则越多。

②一国的经济增长状况。一国在经济起飞和高速增长时期，一般对外汇资金的需求比较旺盛，因此应保持较少的外汇储备，以将更多的外汇用于投资和消费。

③一国的经济开放与对外贸易状况。主要包括一国的对外开放程度、进出口贸易在其国民经济中的地位与作用、贸易条件和出口商品在国际市场上的竞争力等。对外开放程度大，国民经济依赖程度高的国家需要保持较多的国际储备。反之，则需要较少的国际储备。一个在贸易条件上处于不利地位、其出口商品又缺乏竞争力的国家，需要较多的国际储备；反之，则需要较少的国际储备。

④一国的国家信誉和对外融资能力。如果一国政府在国际上有良好的对外信誉，对外借款的能力就会较强，能够比较容易地借入外汇资金以补充自有储备的不足，需要保持的国际储备就可以少一些；反之，则需要较多的国际储备。

⑤一国货币当局调控国际收支的能力。如果一国货币当局具有较强的调控国际收支的能力，或拥有较强的国际清偿能力，则对国际储备的需要较少；反之，需要较多。

⑥一国货币的国际地位。如果一国货币在国际货币体系中处于主要国际储备货币地位，则该国可以直接使用本国货币对外支付和清偿债务。因此，无须过多的国际储备；反之，则需要较多的国际储备。

⑦一国的汇率制度和汇率政策。如果一国实行固定汇率制度和采取稳定汇率的外汇政策，为干预外汇市场，维持汇率的稳定，就需要较多的国际储备；反之，需要较少。

⑧一国的外汇管制的宽严程度。如果一国政府对外汇管制严格，外汇的集中度较

高，则不需要较多的国际储备；反之，外汇管制越松，所需的国际储备就越多。

⑨一国国际收支受冲击的可能。如果一国国际收支受到冲击的概率较大，程度较高，为保证国际收支的稳定，就需要有较多的国际储备；反之，国际储备需求就可以少一些。

（2）影响国际储备供给的因素。一国考虑其国际储备规模的时候，不仅取决于国际储备的需要量，还取决于国际储备的供给量。

国际储备的供给包括两个方面：外部供给和内部供给。从国际上看，国际储备的供给取决于国际储备货币国家的国际收支的逆差规模及其持续时间；国际货币基金组织分配给成员国的特别提款权数额；国际资本市场提供的资金等，这些方面一般认为对一国来说具有充分的弹性，同时也是在该国的政策影响范围之外，因此一国实现国际储备适度规模主要考虑其内部供给方面。

国际储备的内部供给主要有以下几个渠道：

①国际收支的顺差是国际储备最主要和最直接的来源。如果一国的经常项目为顺差，而资本净流出较少或是资本净流入，则必然形成该国的国际储备增加；反之，当一国的经常项目为逆差，又没有资本净流入来补偿，则必然使其国际储备减少。

②国家干预外汇市场时买进的外汇会增加外汇储备存量。在外汇市场上外汇供应过多，外汇汇率有下跌趋势，而本币汇率有上升势头时，货币行政当局为了维持本国货币汇率，可以抛出本国货币收买外汇，这部分外汇就可列入外汇储备中，增加国际储备。

③一国政府持有的货币黄金的增加可以扩充国际储备。作为国际储备的黄金是货币黄金，其增加主要来自于国内收购和在国际黄金市场的购买。

④国际货币基金组织成员国按规定运用普通提款权所得到的贷款也是国际储备的一个重要来源。不过，相对而言，这个部分所占的比重较小而且稳定，因而也很难通过这种渠道来改变国际储备的持有规模。

⑤国际储备的最后一个来源是国际储备资产自身的增值。

4. 确定适度国际储备规模的方法。一国在确定国际储备适度规模时，主要采用定性分析法和定量分析法。

（1）定性分析法。定性分析法的代表方法是质量分析法。

质量分析法的基本观点是：国际储备的短缺或过剩会直接影响到某些关键的经济变量，或间接地鼓励国家实行某些经济政策。通过考察这些关键经济变量的变化和所实行的政策，就可以反映出储备水平是否适度。

质量分析法所考察的政策因素主要包括：

①紧缩性或扩张性需求管理。主要涉及财政政策和货币政策两种基本宏观调控政策，一般来讲，紧缩性需求管理政策会抑制进口而使国际储备相对增加，而扩张性需求管理政策会鼓励进口而使国际储备相对减少。

②收入政策。由收入政策实施后导致的一国国民收入水平提高同样会鼓励进口，进而导致国际储备减少。

③外汇管制。一国外汇管制的程度会影响到对应的国际储备变动，一般来讲，外汇

管制程度越严格，越有利于国际储备增加。

④进口配额或进口自由化。在进口配额的条件下，进口过程受到控制，对国际储备的需求减少；在进口自由化的条件下，对国际储备的需求增加。

⑤非关税壁垒。又称非关税贸易壁垒，指一国政府采取除关税以外的各种办法来对本国的对外贸易活动进行调节、管理和控制的一切政策与手段的总和，其目的就是试图在一定程度上限制进口，以保护国内市场和国内产业的发展。因此，在这种条件下，会相对减少对国际储备的需求。

⑥出口补贴或出口税等。对出口过程实施补贴或征税，实质是影响出口成本，当出口受到不同影响时，国际储备也会随之相应增加或减少。

所关注的经济变量因素包括：失业率、利率、汇率和通货膨胀率等。

质量分析法需要有一定的合理性，但只能粗略地反映储备的适应性，不能测算出一个确定的储备量。而且用来反映储备适度性的经济变量和政策措施的变化可能并非由储备过剩或不足引起的，而是由其他经济因素甚至政治因素引起的。因为这种方法的前提是假定储备水平是一种重要的政策目标，政府为达到预定的储备水平目标而调整内部和外部的政策，但实际上政府的政策调整可能是为了其他更重要的政策目标。

（2）定量分析法。定量分析法的代表方法主要包括比例分析法和成本—收益分析法。

①比例分析法。比例分析法是根据国际储备量和某种经济活动变量之间的比例关系确定国际储备需求适度水平的一种方法。其优点是数据易于统计，计算简便易行；缺点是只能反映个别经济变量对储备需求的影响，而不能全面反映各种经济变量的影响。因此，计算的结果不够精确，只能粗略地反映对储备需求的长期趋势。

进口比例法（R/M 比例法）是国际上普遍采用的一种方法。这种方法是由美国著名经济学家特里芬对 1950—1957 年 12 个主要国家的储备变动情况进行实证研究后提出的。特里芬认为，一国的国际储备应与它的贸易进口额保持一定的比例关系，这种比例一般以 40% 为适度，低于 30% 需要采取调节措施，而 20% 则为低限，如按全年储备与进口额的比例计算，约 25% 为宜，即满足 3 个月的进口为宜。这个方法简单易行，并且进口额与储备额的相关分析已证实两者之间存在一种稳定关系。

除此之外，比例分析法常用的比例指标还有：储备对外债总额的比例、储备对国民生产总值的比例等。

②成本—收益分析法。又称机会成本分析法。是 20 世纪 60 年代以来，海勒、阿加沃尔等经济学家，将西方微观经济学的厂商理论——边际成本等于边际收益运用于外汇储备总量管理而得出的。

该方法认为，一般情况下，国际储备的需求量与持有国际储备的机会成本成正比，与持有国际储备的边际收益成反比。持有储备的机会成本是运用外汇进口资源要素促进国内经济增长的边际产出（可采用国内投资收益率计算）。持有储备的边际收益则是运用储备弥补国际收支逆差，避免或推迟采用政策性调节措施，减少和缓解对经济造成的不利影响，以及运用外汇购买国外有息资产的收益。只有当持有储备的边际收益等于持有储备的机会成本，从而带来社会福利最大化时，才是最适度的储备规模。

与比例分析法相比，成本—收益分析法具有测算的准确性，这种方法采用多元回归和相关分析的技术建立储备需求函数，克服了比例法采用单一变量的片面性。但是该种方法也有计算比较复杂，涉及的经济变量较多，有的数据难以获得，只能凭经验主观选择或采用其他近似指标替代等问题；许多变量之间具有较高的相关性，不符合多元回归方程条件的要求，因而影响了计算结果的准确性，很难在实际生活中采用。

（三）国际储备的结构管理

国际储备结构管理主要包括储备货币币种结构的管理和储备资产流动性结构的管理两个方面。

1. 储备货币币种结构的管理。储备货币币种结构的管理是指确定各种储备货币在本国外汇储备额中各自所占的比重。对于一国而言，储备货币的多元化是一种趋势，因为只有币种分散化、多元化才能减少甚至避免由于持有单一货币所遭受的汇率变动带来的损失。在多元化的前提下，各国必须要将各种货币按其汇率的升降变动加以合理搭配，才能保证外汇储备较高的收益，把风险降低到最小程度。一般来说，各国在确定储备货币币种结构时应该遵循或参考以下原则：

（1）及时了解储备货币发行国的经济、金融状况，包括该国经济、金融实力、货币供给量、经济发展趋势、国际收支动态等，这是因为，一国货币的汇率主要受这些因素影响。通过了解上述因素的发展状况就可以较准确地预测各储备货币汇价变动的中长期趋势。

（2）从短期来看，汇率受利率以及政治、经济等偶发事件的影响很大，因此应注意主要储备货币发行国家的利率动向，同时也应密切注视世界上“热点”地区事态的发展，这对避免某些储备货币的贬值风险有重大意义。

（3）根据本国对外贸易的地区结构及其金融支付对储备货币的需求作出选择。国际储备是国际收支的准备金，因此，分析外贸商品的流向、数量及历来的支付惯例，力求使外汇储备币种结构与国际支付所使用货币的结构相一致。

（4）选择储备货币的结构还应考虑在外汇市场上为支持本国货币汇率，金融当局实行干预措施时所需货币的类型和规模。国际储备的作用之一就是作为干预外汇市场的手段，尤其是在本国货币受到某种储备货币的冲击、汇率趋于下跌时，为了使本币汇率趋于稳定，金融当局必须抛售该种储备货币换购本国货币以支持本币的汇率，这就要求一国在外汇储备中该储备货币应保持一定的存量。

（5）储备货币的持有除了追求安全因素之外，还需使之尽可能有盈利，即尽可能多持有一些盈利性较高的储备货币。

2. 储备资产流动性结构的管理。由于国际储备的主要作用是弥补国际收支逆差，因而各国货币当局都比较重视储备资产的流动性。按照流动性的高低，西方经济学家和英格兰等货币当局把储备资产划分为三级：

（1）一级储备资产或流动储备资产。是指流动性非常强的资产，即活期存款和短期票据（如 90 天国库券），平均期限为 3 个月。但此类资产收益性一般较低。

（2）二级储备资产。是指收益率高于一级储备资产，而流动性低于一级储备资产但仍然具有较强流动性的储备资产，如中期国库券，平均期限为2~5年。

（3）三级储备资产。是指收益率最高但流动性也最弱的储备资产。如长期公债和其他信誉良好的债券，平均期限为4~10年。

一国储备资产流动性结构如何，即一国三个层级的储备资产在储备资产中各自比重如何，视各国具体情况确定。大体来说，一国需要拥有足够的一级储备来满足储备资产的交易性需求。这部分储备资产可以随时动用，充当干预外汇市场的手段。剩余储备资产主要在各种二级储备资产和三级储备资产之间进行组合投资，以期在保持一定的流动性条件下获取尽可能高的预期收益率。

一国在安排储备资产流动性结构中，不仅要考虑外汇储备，还应考虑储备头寸、特别提款权、黄金储备，以保持整个国际储备较优的流动性结构。在国际货币基金组织中的储备头寸（普通提款权），由于会员国随时可以从国际货币基金组织提取和使用，类似于一级储备资产。特别提款权，由于它只能用于会员国政府对国际货币基金组织的支付与会员国政府之间的支付，会员国若需将它用于其他方面的支付，需向国际货币基金组织提出申请，并由国际货币基金组织指定参与特别提款权账户的国家，提供申请国所需货币。这个过程需要一定的时日，因此，特别提款权归类于二级储备资产。至于黄金储备，一国政府货币当局一般只在黄金市价有利的情况下才愿意出售，换取所需的储备货币，可视为三级储备资产。目前，世界各国对黄金储备的管理方针大体可分为三类：主要发达国家多采取维持数额不变的方针；一些石油出口国及印度采取适当增加的方针；多数发展中国家则因外汇短缺而采取适当减少的方针。

六、中国的国际储备

（一）我国国际储备的构成与特点

与世界上绝大多数国家一样，我国的国际储备也是由黄金储备、外汇储备、在国际货币基金组织的储备头寸和特别提款权组成。1980年4月17日，我国恢复了在国际货币基金组织的合法席位，次年正式公布国家黄金外汇储备。目前，随着我国市场经济体制的建立和完善以及金融体制改革的不断深化，我国国际储备体系日趋完善，并具有以下几个明显的特点。

1. 黄金储备数量保持稳定。中国历年黄金储备变化总体上呈现平稳态势，进入21世纪后，出现稳中有升的增长趋势。其具体变化见表3-3。

表3-3　　中国历年黄金储备变化表（1979—2008年）　　单位：万盎司

年份	1979—1980	1981—2001	2002	2003—2008
黄金储备	1 280	1 267	1 608	1 929

资料来源：中国人民银行网站。

2. 外汇储备数量迅猛增长，已成为我国国际储备的主体。在1979—1992年间，我国的外汇储备由两部分构成。一是国家外汇库存，即国家对外贸易和非贸易外汇收支的差额累计，它需要通过中国银行买进卖出，用人民币办理结汇手续，占用一定数量的人民币资金。二是中国银行外汇结存，是中国银行的运营资金，即其自有外汇资金，用它在国内外吸收的外汇存款与对外借款之和，减去它在国内外的外汇贷款与投资之后的余额。国家外汇库存是我国货币当局持有的对外债权，中国银行外汇结存实质上是中国银行的对外负债。为了和国际货币基金组织关于外汇储备的规定保持一致，1992 年 10 月起，我国将外汇储备的统计口径改为仅指国家外汇库存。

我国的外汇储备不仅在构成上发生了变化，在数量上也表现出迅猛增长的特点。目前其他储备在我国国际储备中所占的比例极少，外汇储备已成为我国国际储备的绝对主体。有关数据见表 3－4。

表 3－4　　中国历年外汇储备总表（1950—2008 年）　　单位：10 亿美元

年末	外汇储备	年末	外汇储备	年末	外汇储备
1952	0.108	1971	0.037	1990	11.093
1953	0.090	1972	0.236	1991	21.712
1954	0.088	1973	－0.081	1992	19.443
1955	0.180	1974	0.000	1993	21.199
1956	0.117	1975	0.183	1994	51.620
1957	0.123	1976	0.581	1995	73.597
1958	0.070	1977	0.952	1996	105.049
1959	0.105	1978	0.167	1997	139.890
1960	0.046	1979	0.840	1998	144.959
1961	0.089	1980	－1.296	1999	154.675
1962	0.081	1981	2.708	2000	165.574
1963	0.119	1982	6.986	2001	212.165
1964	0.166	1983	8.901	2002	286.407
1965	0.105	1984	8.220	2003	403.251
1966	0.211	1985	2.644	2004	609.932
1967	0.215	1986	2.072	2005	818.872
1968	0.246	1987	2.923	2006	1 066.344
1969	0.483	1988	3.372	2007	1 528.249
1970	0.088	1989	5.550	2008	1 946.030

资料来源：国家外汇管理局网站。

3. 在国际货币基金组织的储备头寸和特别提款权数额有限，占比很小。按国际货币基金组织协定的规定，国际货币基金组织的会员国都可以自愿参加特别提款权的分配，成为特别提款账户参加国，特别提款权按会员国所摊付的基金份额的比例进行分配，份额越大，分配的越多。

目前，我国持有的在国际货币基金组织的储备头寸与分配到我国的特别提款权的数量相对其他储备资产有限，占我国国际储备的比重很小，不到3%。

【知识链接】 IMF通过份额改革方案 中国排名从并列第六跃居第三

中新社北京11月6日电 中国央行6日晚在此间称，国际货币基金组织执行董事会（简称执董会）于北京时间11月6日7时30分就份额和治理改革一揽子方案达成一致。根据该方案，中国份额占比将增加2.398个百分点至6.394%，排名从并列第六跃居第三。

该方案将实现向有活力的新兴市场和发展中国家转移份额达6个百分点，基本满足G20匹兹堡峰会所要求的目标。印度、俄罗斯、巴西排名也前移，“金砖四国”均居前十位。IMF要求各成员国尽最大努力，加快各项审批程序，争取2012年国际货币基金组织年会前使本轮份额改革方案正式生效。

根据方案，发达国家份额整体将降至57.7%，发展中国家升至42.3%，发达国家向新兴市场和发展中国家整体转移份额2.8个百分点。其中美国降0.263个百分点至17.407%，日本降0.092个百分点至6.464%，仍排名第一、第二。德国降0.524个百分点至5.586%，降至第四。法、英调整后并列第五。意大利仍排第七。印度增0.309个百分点至2.751%，从第十一位升至第八位，俄罗斯增0.212个百分点至2.706%，从第十位升至第九位，巴西增0.533个百分点至2.316%，从第十四位升至第十位。

资料来源：中国新闻网，2010-11-06。

（二）我国外汇储备现状分析

从外汇资产的形式上看，我国的外汇储备以购买外国政府的债券为主。主要是美国政府债券。美国政府统计数字显示，2004年，中国购买了美国发行的1/5的国库券，这个数字2005年增长到30%，2006年则是36%，截至2010年1月末，中国持有的美国国债较上月增加122亿美元，总量达到7 396亿美元，此数额已经相当于美国国债总额的6%。

从币种结构上看，以美元、欧元、日元为主要币种。美元构成了主要部分，欧元占有重要地位，此外还包括日元、英镑、加拿大元和澳大利亚元。

我国的国际储备有其特殊的形成过程，国际储备既是对外债权，又是对内债权。1994年外汇管理体制改革后长期实施事实上的经常账户强制结售汇制度，有外汇收入的企业超出限额的部分必须结售给指定经营外汇业务的银行，最后中央银行接盘指定业务银行的外汇，形成外汇储备。2007年8月，国家外汇管理局宣布取消境内机构经常项目外汇账户限额，从而实现了经常项目自由结售汇，但由于人民币升值、企业对外投资意愿不强等因素影响，仍有相当数量的企业选择结汇。

从2000年开始，我国外汇储备一直保持较快增长速度。2000年末，我国外汇储备余额仅为 1 656 亿美元，2001 年同比增长 28. 1%，达到 2 122 亿美元。此后几年，外汇储备余额同比增长速度都超过 30%。其中 2002 年增长 34. 9%，2003 年增长 40. 8%，2004 年增长 51. 3%，2005 年增长 34. 3%，2006 年增长 30. 22%，2007 年增长 43. 3%，2008 年增长 27. 34%。截至 2010 年底中国外汇储备达 2. 8 万亿美元 同比增长 18. 7%。

经常项目与资本和金融项目“双顺差”是我国外汇储备增加的主要来源。我国经常项目顺差的主要原因是外贸顺差，外贸顺差的劲增为外汇储备的持续增长提供了持续动力。自 1994 年以来，外贸收支一直保持顺差，1997 年顺差增幅为 230%，至 2008 年顺差达 2 954. 7 亿美元，增幅为 12. 5%。而非贸易往来在 1993 年以后由顺差转为逆差，且每年的数额有所增加；无偿转移虽一直表现为顺差，但数额相对较小。我国资本和金融项目顺差是我国外汇储备大幅增长的最主要原因。近 10 年来，我国直接投资的净流入和举借外债使我国资本和金融项目一直保持较大的顺差增幅。

（三）我国国际储备的管理

我国国际储备的管理主要是对外汇储备的管理，包括适度规模的管理和储备货币结构的管理以及投资的管理。

1. 我国国际储备适度规模的管理。我国国际储备合适的规模该为多少，并不能照搬维持三个月的进口需要，需根据国内具体情况加以确定，一般说来，如果我国的外汇储备能满足以下几个方面的外汇需求，或略有结余，就可视为储备规模是适度的。(1) 维持正常进口用汇要求；(2) 偿还债务用汇需求；(3) 外商直接投资盈利返还用汇需求；(4) 政府干预汇市的用汇需求；(5) 其他用汇需求（包括居民出境旅游、求学、就医等）。

【知识链接】 我国国际储备合适的规模的两种观点及理由

1. 第一种观点：认为应该偏低些。(1) 利用外资是我国一项不可动摇的决策，在借用外资的同时增加外汇储备，等于高价借入，低价借出，太多储备与利用外资方针相抵触；(2) 我国经济工作具有计划性，对外经贸活动都有严格的管理，意味着我国平衡国际收支能力较强；(3) 人民币汇率由国家统一通过行政手段制定，我国不需要保持像西方国家基于干预资产功能所需要的那部分外汇；(4) 中国银行在国际上享有较高声誉，在国际市场上筹措应急资金的能力较强。

2. 第二种观点：应该偏高些。(1) 我国进口突发性较强，出口商品在国际市场上的竞争力较弱，需要持有多一些储备；(2) 随着借用外资的增多，我国外汇储备需要在担保外债偿还中发挥的作用越来越大；(3) 中国银行外汇结存并非全部用来执行国际储备职能，故在数量上有更高的要求。

2. 我国外汇储备货币结构的管理。我国外汇储备货币结构管理的主要任务是进一步优化构成外汇储备的货币与资产结构，继续巩固完善以流动性强的资产为主体的多元外汇储备体系。

鉴于我国目前外汇储备和个人外汇存款中主要是美元，且在外汇储备资产中也主要是以美元计价的美国政府和公司债券，这使得我国的外汇储备在次贷危机过程中由于美元持续贬值而遭受较大损失，为了适应我国“一揽子”汇率政策的调整，今后我国要逐步形成以美元、欧元和日元世界三大货币和黄金为主体的多元外汇储备资产体系。

3. 我国外汇储备的投资管理。近几年来，我国外汇储备一直保持较快增长速度。面对持续增加的外汇储备，我国不断探索拓宽外汇投资渠道，加强外汇储备的管理，保证外汇储备的保值增值。

2007 年 12 月 22 日，国家外汇管理局原副局长魏本华在北京大学举行的“第四届中国经济增长与经济安全战略论坛”上表示，随着国际储备的增加，一些国家和地区在确保储备安全和流动的情况下，更多地注重收益，将收益性目标置于更加突出的位置，储备投资向更广泛的领域拓展，并通过建立投资基金或公司运作管理外汇储备，以争取更大的收益。

【知识链接】

温总理就中国外汇储备如何确保安全、保值增值等问题答记者问

［路透社记者］ 一年前您在这里说过，有点担心中国在美国的资产安全，请问您今天是一样的担心？更担心？比较放心？还是有信心？另外，您刚刚讲过中国内部的一些担心，如果允许我问新的事情的话，那就是国际上您最担心的事情是什么？

［温家宝］ 大家都知道，我们有巨额的外汇储备，我们一定要把这笔巨大的金融资产用好和保护好。因此，我们对外汇储备的要求第一是安全，第二是流动，第三是保值增值。

［温家宝］ 我们在国际上之所以购买一些国家的债券，都是为了通过多元化的经营达到我所说的目的。

［温家宝］ 美国作为国际货币的主要发行国，币值的不稳定引起我们很大的忧虑。我去年说过我担心，今年我还要说我担心。

［温家宝］ 因为国家的金融资产不容得有一点的闪失。在这里，我还要强调另外一面，美国国债是以美国国家信誉作担保的，我希望美国以实际行动让投资者放心。

［温家宝］ 这不仅对投资方有利，对美国也有利。

［温家宝］ 你还有一个问题，就是对国外形势的担心。对国外的担心，最主要还是在安全和稳定上。我们正在集中精力进行建设，需要一个良好的外部条件，需要一个和平和安全的环境。

［温家宝］ 世界经济的不确定性，也会对中国经济带来影响，这些我已经讲过了。总之，我们愿与世界各国一道，为建立一个公正合理的政治和经济新秩序而努力。

资料来源：中国政府网，2010－03－14。

【知识链接】 中国外汇储备："钱多"也烦恼

中国开始尝试外汇储备投资多元化，在"配置的美国国债资产比例过高"的诘责声中，开始增持欧债，并进而增持日债和新兴市场国家货币。这些相对"安全"的投资途径并没有很好解决外汇储备保值增值问题。

相关管理层也在尝试利用外汇储备进行市场化投资。中投公司先后购买过黑石集团的股票和摩根士丹利的到期强制转股债券，但都出现巨额亏损。中国外汇储备投资多元化并非坦途，要使外汇储备保值增值，中国在外汇储备经营上还有艰难的路要走。

在人民币日渐国际化的今天，美元的故事颇值得思考和借鉴。美国的货币政策一直受到财政政策的主导或调节，其外汇储备资产中更多是储备黄金（约8 200吨），约占其外汇储备的78.3%。中国外汇储备资产的管理运营需引入更多的国家战略思维。在国际储备中增加商品储备的比例，减少外汇储备的比重，应是我国外汇储备管理的一个方向。

接近外汇局的消息人士称，储备管理司（中央外汇交易中心）设在资产管理部下的委托资产管理处已经升级，变为"委托投资部"，这意味着外汇局准备加大委托投资在外汇储备管理中的力度。

中国外汇储备的主要构成仍是美元资产。美国财政部日前公布的统计数据显示，截至2010年4月末，中国持有的美国国债总额9 002亿美元，较前月增加50亿美元，这是中国自2009年11月以来持有美国国债数量首次突破9 000亿美元。2009年4月以来的一年内，中国对美国国债共减持五次、增持六次，还有一次持平。

多数外汇专家表示，"抛短债、购长债"和数量上的基本持平，符合全球经济的整体趋势，并未表明中国外汇储备投资的策略发生了任何方向性转变。

外汇局并非没有做过其他尝试。除美元外，欧元作为世界第二大经济体的货币，亦成为投资的主要对象之一。然而，受4月初欧洲主权债务危机集中爆发的影响，美元大幅升值，欧元兑美元的汇率从2009年12月触及1.5144高点后，连续几个月呈不可遏制的下落趋势。

外汇界人士不免为中国外汇储备投资的欧元债务担忧，随之也传出了外汇局拟削减所持欧元资产的说法，对此，外汇局曾公开否认。

外汇储备无论是从追求资产的安全性还是收益性出发，都需要考虑投资的效率。形势逼迫之下，多元化投资成为必然的选择。在一些外汇界业内人士看来，"多元化"选择还需理念更加革新。

资料来源：新华网，http：//www.xinhuanet.com/。

【能力训练】

1. 近几年来，我国的外汇储备实现了持续快速的增长态势，2005年底，中国外汇储备约为8 189亿美元，排在日本之后，居世界第二位，到2010年底，中国外汇储备约为2.84万亿美元，居世界首位。持续增加的外汇储备当然使得中国拥有的对外资产不断增加，壮大了我国的经济实力。但由于外汇储备增加的速度与规模过快，也暴露出了一些问题。请你结合我国当前经济状况，谈谈外汇储备过快增长所造成的不利因素。

2. 假设A、B、C三个国家2010年新增储备与年进口总额数据如下：

	2010年新增储备（亿美元）	2010年进口总额（亿美元）
A国	205	823
B国	128	650
C国	198	505

就以上数据，请结合进口比例分析法原理，对此三个国家的国际储备规模是否适度进行比较。

模块二 外债与国际债务危机

【课前思考】

想一想外债相对于其他债务的特殊之处是什么？你能举例说明国际债务危机吗？

【能力目标】

1. 掌握外债的概念，能够对外债的经济效应与成本进行分析；
2. 掌握外债管理的原理与方法，能够对国际债务危机进行分析。

银行里面挤得满满的，外面也有很多人，排了一个街区的队，大概有一两百米，这么长的队，在阿根廷人口这么少的国家是比较罕见的现象。开车出去的时候，可看到游行的打着标语，要求银行归还存款，有的银行没有办法对付这种事情，干脆把门给关了，停业。老头、老太太一辈子的储蓄都在银行系统里面，他们很不满，拿着铁锅在银行门口敲，用锅碗瓢盆砸银行的门。最乱的一段时间，大家成群结队去抢超市，抢出来毫不避讳摄影记者，从超市里抢出面包、牛奶后，马上就在银行门口吃、喝。

这是2002年爆发的阿根廷债务危机的场景，大家可能会想：“债务危机怎么如此可怕，国家所欠的债务和我们有什么关系呢？债务危机又是由什么原因引起的？”在这一模块中，我们就来学习外债与国际债务危机的有关内容。

一、什么是外债

（一）外债的概念

我们前面已经了解到，中国是目前世界上持有外汇储备资产规模最大的国家，那是不是意味着中国就不需要向外借债了呢？实际情况是，中国在持有巨额储备资产的同时还有一定规模的外债。外债对于一个国家会有怎样的影响呢？外债是在任何给定的时刻，一国居民欠非居民的、已使用而尚未清偿的、具有契约性偿还义务的全部债务。

外债包括四个要素：

1. 必须是居民与非居民之间的债务；

2. 必须是具有契约性偿还义务的债务，以口头协议或意向性协约所形成的债务不是外债；

3. 必须是某一个时点的外债余额；

4. 全部债务既可以是外币表示的债务，又可以是本币表示的债务，还可以是以实物形态构成的债务。

以上是对外债概念的一般概括，不同的国家对于外债的界定标准是不一样的，按照我们中国对外债的规定，外债是指中国境内的机关、团体、企业、事业单位、金融机构或者其他机构对中国境外的国际金融组织、外国政府、金融机构、企业或者其他机构用外国货币承担的具有契约性偿还义务的全部债务。

具体包括国际金融组织贷款、外国政府贷款、外国银行和金融机构贷款、买方信贷、外国企业贷款、发行外币债券、国际金融租赁、延期付款、补偿贸易中直接以现汇偿还的债务及其他形式的对外债务。

我国外债除包含外债的一般特性外，还具有如下特征：

1. 借款形式为货币，以实物形式构成的债务不算外债；

2. 外债的币种是外币而非本币；

3. 对中国境内的外资和中外合资银行的债务视做非居民管理；

4. 外汇担保只有在实际履行偿还义务时才构成外债。

（二）外债的种类

1. 一般分类。按不同的标准，可以对外债进行如下划分：

（1）按债务期限，可分为短期债务和中长期债务。一般认为，一年及一年以下的债务为短期债务，一年以上的为中长期债务。

（2）按债务形式，可分为国际商业贷款、外币债券、国际金融租赁、贸易融资、政府和国际金融组织贷款、对外私人借款。

（3）按债务人或使用情况，可分为政府机构借款、金融机构借款、企业单位借款、其他机构借款。

（4）按债权人或其来源情况，可分为国际金融组织贷款、外国政府贷款、外国银行和金融机构贷款、外国企业或个人贷款。

（5）按优惠情况，可分为硬贷款和软贷款。一般而言，软贷款是无息的或低息的，而且还款期和宽限期均较长，一般贷放给非营利性的开发项目，具有一定的优惠性质；硬贷款则一般贷放给营利性项目，贷款利率按市场利率标准，不具有优惠性质。

（6）按贷款的利率，可分为无息贷款、低息贷款和市场利率贷款。

2. 我国的外债分类。

（1）国际金融组织贷款。国际金融组织贷款就是由国际金融组织机构向借款人（一般为成员国）提供的贷款。给我国提供贷款的主要国际金融组织有国际货币基金组织、世界银行、国际开发协会、国际金融公司、亚洲开发银行等。

（2）外国政府贷款。也称双边政府贷款。是指一国政府利用财政资金向另一国政府提供的贷款。政府贷款是以国家的名义提供与接受，主要使用国家财政预算收入的资金，通过列入国家财政预算支出的资金进行收付，属于国家资本的收入与支出。因此，政府贷款一般是由各国的中央政府经过完备的立法手续加以批准。

政府贷款是具有双边援助性质的优惠性贷款，但通常以两国良好的政治关系或附加一定的政治条件为前提，偿还期限一般在 20 ~ 30 年之间，最长可达 50 年，有 5 ~ 10 年的宽限期，贷款利率一般为 2% ~ 3%，甚至是无息贷款。

（3）国际商业贷款。国际商业贷款是借款人为了满足某一建设项目和其他用途资金的需要，在国际金融市场上向外国金融机构、企业或商人筹集的借款。主要类型有短期融资、普通中长期贷款、买方信贷、循环贷款等。

（4）对外发行债券。对外发行债券是一国政府、金融机构、企业等在国际债券市场上以外国货币或境外货币面值所发行的债券。新中国成立以来，我国对外发行的最早债券是 1982 年中国国际信托投资公司在日本发行的 100 亿日元私募国际债券。1984 年 11 月，中国银行在东京公开发行 200 亿日元债券，标志着中国正式进入国际债券市场；1993 年 9 月，财政部首次在日本发行了 300 亿日元主权外债。

（5）国际金融租赁。国际金融租赁也称融资性租赁（Financial Leases），它是商业信贷和银行信贷同时进行的一种新的筹资方式。是指由出租人根据承租人的决定，向承租人选定的第三者（供货人）购买承租人选定的设备，并将该设备的使用权转让给承租人，并在一个不间断的长期租赁合同期内，通过收取租金的方式，收回全部或大部分投资。

（三）外债的经济分析

1. 外债的经济收益。合理借入并利用外债是一国利用外资的重要途径。通过合理利用外债可以对一国的社会经济发展产生积极的经济效益，利用外债可以解决本国资金的困难，实现对资金的调节和配置，特别是对于发展中国家而言，通过合理利用外债可以弥补国内建设资金不足，增加投资能力，有助于引进国外先进的技术和设备，提高本国的生产技术水平和社会劳动生产率。国际经验表明，合理利用外债是加快经济发展的有效手段，世界上经济发达的国家在其经济发展过程中，几乎没有一个不曾利用外债，也没有一个国家是完全不利用外债而实现经济高速增长的。

2. 外债的成本。外债的合理利用可以发挥出巨大的经济效应，但也必须看到，借入外债在给债务国带来收益的同时也将使债务国付出代价，甚至在外债的借入和利用过程出现偏差时，很可能造成严重后果，如历史上曾经出现过的墨西哥债务危机、阿根廷债务危机、迪拜债务危机、希腊债务危机等就是典型的说明。

外债借入后，到偿还期时为了还本付息，债务国就要放弃一定数量用于消费和投资的购买力，特别是一国在外债的借入期限上没有妥善安排，导致外债偿还高峰过于集中，将对该国的社会经济造成较大干扰，如果由于外债借入规模过大，超过了本国的偿债能力，将可能导致债务危机的出现。另外，在向其他国家政府或国际金融组织进行贷款时，往往要增加较为苛刻的附加条件，这些贷款的附加条件可以视为还本付息之外的附加成本。如韩国在东南亚金融危机过后为得到国际货币基金组织的贷款，就不得不接受其提出的开放韩国金融业的附加条件。

由此可见，对外债的经济效应要全面综合地进行考虑和分析，必须意识到外债的借入对一国存在着一种双刃剑的效应，由此也就要求对外债必须进行科学严密的管理和控制，使其在规模、结构、期限等方面都保持在与国家主要经济指标相适应的状态，只有这样外债才能真正地发挥其积极的经济效应。

二、外债管理的主要内容

外债管理是指一国政府机构对外债的借入、使用、归还的系统运行进行协调、监督和控制的过程。由于外债的利用过程存在较大的风险性，因此通过科学有效的外债管理方法使外债的利用风险降到最低，从而发挥外债对一国经济的积极促进作用，这是保障一国外债利用效率和安全的必要手段。外债管理的过程主要包括借入外债和利用外债两个方面。关于借的管理，主要是将外债规模控制在本国经济的承受能力范围之内，保持外债结构的合理；关于用的管理，主要是保证外债投向的合理和避免出现外债使用过程中的风险。

（一）外债规模管理

外债规模管理是确定一国的中长期和年度合理负债水平。负债过多会超过本国的承受能力和吸收能力，造成不必要的风险和浪费；而借债过少又难以满足国内建设的资金需求，造成国民经济发展的迟缓。因此，确定适度的外债规模是一国有效管理外债的关键。

一般而言，外债规模通常受三个因素影响：一是经济建设对外债的需求量。理论上讲，国内储蓄和投资的差额决定利用外资的规模，其中扣除可利用的直接投资外，就是需要借用的外债规模。二是国际资本市场的可供量。国际资本市场的可供量总是处于不断的变化之中，因此一国外债规模要受到国际资本市场运行状况的影响。三是本国对外债的承受能力。这是确定借外债规模的最重要因素。通常外债的承受能力，可用负债率、债务率、偿债率等指标予以衡量。

1. 负债率。负债率是指一定时期一国的外债余额占该国当期的国民生产总值的比率，该比率以不大于20%为界限。用公式表示：

$$负债率 = 外债余额/国民生产总值 \leq 20\%$$

2. 债务率。债务率是指一定时期一国的外债余额占该国当前外汇总收入（商品和劳务出口总收入）的比率，该比率以不大于100%为界限。用公式表示：

$$债务率 = 外债余额/外汇总收入 \leq 100\%$$

3. 偿债率。偿债率是指一国还债额（年偿还外债本息额）占当年该国外汇总收入（商品和劳务出口总收入）的比率，该比率以不超过20%为界限。用公式表示：

$$偿债率 = 年偿还外债本息/年外汇收入 \leq 20\%$$

这是衡量外债偿还能力的一个最主要的指标，也是用来显示未来债务偿还是否会出现问题的一个“晴雨表”。

4. 短期债务比率。短期债务比率是指一定时期一国的外债余额中 1 年或 1 年以下的短期债务所占的比率，该比率以不大于 25% 为界限。用公式表示：

短期债务比率 = 短期外债余额/外债余额 ≤ 25%

（二）外债结构管理

外债结构管理是在确定的总规模范围内，对构成总量的各个债务要素，即利率、期限、币种和融资形式等进行组合，以降低成本，减少风险，保证偿债能力，使外债发挥最大效益。具体包括：

1. 融资结构管理。国际融资有多种形式，包括官方和国际金融机构的贷款、出口信贷、发行债券、国际租赁、补偿贸易等。各种形式具有不同的优势和特点。

发展中国家在借外债时，应尽可能地吸收官方或国际金融机构的优惠贷款，并根据引进技术的特点采取不同的融资方式，以降低成本，增加收益。

2. 期限结构管理。首先，要通过对外债年限的合理分布，按照国际惯例，使短期外债总额的比例控制在 25% 以下；其次，要避免借入大量年限相同的外债，防止还债时间过于集中；最后，要避免短期外债的增长长时间超过中长期外债的增长，防止债务短期化。

3. 利率结构管理。对外债的利率结构管理，必须注意：

（1）中长期债务尽可能使用固定利率，以防止国际资本市场变化对一国整体债务成本的影响，同时避免单一利率，以享受利率正常变动的益处；

（2）在不受政治和使用限制的条件下，尽可能争取政府贷款或国际金融机构贷款，以享受优惠利率，同时降低非优惠利率即商业银行贷款的比例。

在对外债的利率结构进行管理时，可采用国际金融市场上的掉期和期权等金融工具。

4. 币种结构管理。对外债进行币种结构管理，必须注意：

（1）从国家整体债务上讲，外债币种要与出口收汇、外汇储备相一致，避免偿债过程中的汇率风险；

（2）软、硬货币的搭配，防止外债使用过程中的汇率风险；

（3）在一个具体项目上，要使借、用、收、还四个环节币种相一致，避免汇率风险，保证按时偿还。

（三）外债投向管理

外债的投向决定了外债的收回和偿还，关系到能否支持国民经济长期、稳定、协调发展。外债的投向管理主要包括以下内容：

1. 政府贷款和国际金融机构贷款。主要投向国家重点项目和基础产业以及优化国民经济结构的行业，如能源、交通、电子、通信等。

2. 商业贷款。主要投向创汇能力强、回收期短的项目，以增强出口创汇能力，增加偿还能力。

3. 短期借款。用于流动资金和临时周转，不能用于长期投资，防止债务短期化。

4. 外债投入。根据不同行业和不同地区确定不同形式的外债投入，使国民经济均衡发展。

5. 创汇项目、非创汇项目和社会效益项目要保持适度比例和梯形格局。

（四）外债风险管理

外债风险管理在于增强应变能力，适应国际金融贸易的变化和国民经济政策与结构的调整。具体包括：

1. 非创汇收入年还本付息额≤年外汇调剂供应量。保证有本币效益的项目，通过外汇调剂市场换取外汇，偿付外债。

2. 社会效益项目年还本付息额≤年外汇储备增加额。保证国民经济基础产业的发展，并按时还债。

3. 在外债中长期指标分配上，要有一定的机动指标不用于项目投资，而用于债务结构的调整以防止整体债务风险。

4. 建立偿债风险基金。在每年出口收入中提取适当的比例，以保证呆账部分和偿付困难部分的还本付息。

5. 采用掉期、期权、远期和即期外汇买卖等金融工具。做好利率、汇率的风险调整，使债务合理化。

（五）中国的外债管理

1. 中国外债管理概述。

（1）外债管理机构及其职能。根据2003年修订的《外债管理暂行办法》，我国外债管理机构为国家发展和改革委员会、财政部与国家外汇管理局。

国家发展和改革委员会作为国民经济的综合管理部门，在利用外资计划中也对外债实行计划管理：拟订全国利用外资的总规模，确定外资的投向；审查限额（2亿美元以上）利用外资项目，提出国家统借外资的备选项目，并做好外债的宏观管理，等等。具体由国家计划委员会的国外资金利用司执行。

财政部代表国家在境外发行债券由财政部报国务院审批，并纳入国家借用外债计划。

国家外汇管理局是国家的外汇管理机关，在外债管理方面执行国家和中央银行的职能。具体负责：研究我国外债管理的理论、政策，拟订有关外债管理的方针、政策、法规；就外债问题向国务院提出建议，参与国际收支计划和利用外资计划的编制；负责有关国外借款的外汇管理，等等。具体由国家外汇管理局外债管理司执行。

（2）外债管理框架。我国的外债管理框架：

① 统一计划。国家统一制定中长期和年度利用国外贷款的总规模和使用方向，并编制指令性和指导性计划，对计划进行综合平衡，纳入国民经济和社会发展中长期计划和年度计划。

② 归口管理。即由国务院统一领导，国家发展和改革委员会、财政部、国家外汇管理局分工负责。

③ 窗口对外为加强管理，国家设立了负责筹集双边和多边贷款的“五大窗口”，还设立了对外办理筹借国际商业贷款和发行国际债券的“十大窗口”。

④ 债务登记。我国于1987年8月公布实施的《外债统计监测暂行规定》，标志着外债登记制度的建立。

国家外汇管理局对外债进行统一管理并负责统计监测工作。

【知识链接】 **目前的中国外债利用情况**

中国国家外汇管理局2010年10月9日公布的最新外债数据显示，截至2010年6月末，中国外债余额为5 138.10亿美元，较3月末上升705.74亿美元。其中美元外债占比继3月末超越七成后，6月末再升2.1个百分点，日元、欧元债务则继续下降。短期外债较第一季度末上升了4.6个百分点。

最新统计的5 138.10亿美元外债余额中，当期中国主权债务余额为382.09亿美元，占登记外债余额的12.44%，登记外债余额中，中资金融机构债务余额超过四成。

登记外债余额中，美元外债占比继续攀升，日元、欧元外债占比继续下降。美元债务占72.10%，比上年末上升4.34个百分点；日元债务占10.11%，比上年末下降1.78个百分点；欧元债务占4.51%，较上年末下降1.87个百分点；其他债务包括特别提款权、港元债务等较上年末下降。

中长期外债主要投向制造业，此外，投向房地产业的外债为110.38亿美元，占中长期外债的5.74%，较第三季度末有所下降。

2010年1—6月，中国新借入中长期外债197.76亿美元，同比增加104.43亿美元，上升111.89%。

资料来源：国家外汇管理局网站。

2. 我国外债偿还管理制度。

（1）三种偿还方式。

① 统借统还。这是指对外由国家统一借入，统一偿还。

② 统借自还。这是指对外由国家统一借入，对内由用款单位负责偿还贷款本息。

③ 自借自还。这是指借、用、还均由借款单位或其主管部门负责。

（2）“外债业务核准卡”。我国借款单位对外还本付息，要事先到外汇管理部门开具外债业务核准卡。

（3）偿债监督。借款单位如不履行偿还责任，有关部门可经国家外汇管理局批准后，通知银行从偿还单位或其主管部门或担保单位的外汇和人民币账户中直接扣付，以确保对外信誉。

（4）建立偿债基金。为应付国际资本市场的变化，使我国外债偿还有备无患，国家宜建立偿债基金。偿债基金亦称“减债基金”，是国家或发行公司为偿还未到期公债或公司债而设置的专项基金，目前很多发达国家都设立了偿债基金制度。我国外汇管理体制改革后，为了确保企业对外信誉，国家规定对外债较多的企业和有关部门可以建立相应偿债基金，并在外汇指定银行开立现汇账户存储，以保证按期归还。企业建立的外币偿债基金主要有三种来源：根据负债金额的一定比例按人民币购入外汇建立偿债基金；按规定可从现汇账户中划出一部分外汇作为偿债基金；以国家批准的专项还贷出口收汇作为偿债基金。

三、国际债务危机

国际债务危机是指债权国（贷款国家）与债务国（借款国）的债权债务关系中，债务国因经济困难或其他原因的影响不能按期如数地偿还债务本息，致使债权国与债务国之间的债权债务关系不能如期了结，并影响债权国与债务国各自正常的经济活动及世界经济的正常发展。

（一）国际债务危机的成因

国际债务危机通常都是在债权国与债务国之间的债权债务关系不能如期了结，并日益恶化的背景下爆发的。因此，国际债务危机的成因主要涉及两个方面，一是债务国国内自身的原因。二是与对应时期债权国的经济状况及世界整体经济形势相关。

1. 债务危机的内因。从爆发债务危机的国家与地区自身原因来总结，主要有以下两个方面：

（1）盲目借取大量外债。这是导致债务危机爆发的最常见原因，一些国家与地区在利用外债的态度上不能做到量力而行，简单地认为外债的借入多多益善，最终导致外债规模严重超过本国的偿债能力，这样，在外债偿还期到来之时，政府无力偿还，被迫借入新的外债偿还旧债，特别是在已经无法继续举债时，只能宣布无力或延期偿还，从而动摇国际国内对该国经济前景的信心，容易导致国内金融市场的动荡，严重时就会爆发债务危机。

（2）国内经济政策失误。这里所指的国内经济政策失误主要有以下可能：一是本国宏观经济政策的失误，如财政政策、货币政策等在调控方向、力度、结构等方面出现了大的失误，势必会严重影响到该国经济的稳定，不利于经济增长和国民收入水平的提高，当然对于外债的偿还能力也会造成干扰，增加发生债务危机的可能性；二是对外债管理的政策出现失误，在外债借入后，对外债的投向和利用出现了偏差，导致外债的利用效率低下，外债产生的经济效益不足以抵消外债借入成本，如此也会增加外债危机的可能性。

2. 债务危机的外因。债务危机的爆发除与债务国直接相关外，也和对应时期的国际经济金融形势变化及债权国经济波动有关。如20世纪70年代开始，国际原油价格急剧攀升，对各国的经济发展造成了严重冲击，发展中国家被迫向发达国家借入更多债务，而发达国家则在生产成本提高的情况下出现了严重的滞胀现象，即经济增长停滞和高通货膨胀现象并存，为应对通货膨胀，当时的西方主要国家都采取加息的方法进行控制，但利率的提高却加重了发展中国家的债务负担，使越来越多的国家在石油价格和外债成本同时上升的条件下举步维艰，最终，在80年代中期，主要在南美一些国家，如墨西哥、阿根廷、委内瑞拉等，在当初借入的外债到期时，这些国家相继表示无力偿还，由此动摇了国内国外的信心与预期，最终引起了大规模的债务危机，著名的南美债务危机事件就证明了这一点。

（二）历史上的国际债务危机事件

1. 迪拜债务危机。中东阿联酋迪拜政府于 2009 年 11 月 26 日宣布，将重组其最大的企业实体迪拜世界，并将迪拜世界债务偿还暂停 6 个月，迪拜世界的欠债约为 590 亿美元，而整个迪拜政府的欠债亦为 800 亿美元，消息宣布后，穆迪和标准普尔随即大幅下调多家迪拜政府相关机构的债务评级，此事引起全球金融市场对迪拜未来偿还能力的担忧，多国股市出现下跌。迪拜债务危机的爆发主要是迪拜的发展模式出现问题，导致在金融危机冲击下房地产价格大幅度下跌。

（1）迪拜债务危机的形成。20 世纪 60 年代末，由于在迪拜地区发现了石油，开启了迪拜现代经济的发展历程。石油财富的积累让迪拜得以在 20 世纪 70～80 年代大力开展基础建设。但由于石油储量并不丰富，从 20 世纪 90 年代初期开始，迪拜致力于多样化发展，主要依靠现代服务业推动经济增长。2006 年迪拜非石油收入已达 GDP 的 94%，其中贸易、修理服务业、运输、仓储、通信产业、房地产、商业、金融等产业处于主导地位，石油对迪拜经济的推动作用已极为有限。与此同时，迪拜还将出口所获得的石油美元存放在国外，进行房地产和证券投资。对冲基金、衍生产品市场等为石油美元提供了良好的渠道，其主权财富基金积极参与跨国投资，曾获得丰厚的收益。

2009 年 11 月 25 日，迪拜政府宣布将重组旗下最大的主权投资公司迪拜世界，延迟 6 个月偿还其即将到期的约 600 亿美元债务。该事件折射出迪拜经济繁荣背后的风险。房地产价格上升幅度下跌、资金链条断裂、工程项目过多停工等多重因素最终引爆了债务危机。

（2）迪拜债务危机对我国的启示。

①迪拜危机对我国房地产行业的启示。就中国目前而言，房地产行业毫无疑问是支撑国民经济发展的支柱产业之一，地方财政对于土地出让收入的依赖程度很高，甚至有些过分依赖房地产行业对经济的拉动作用。此次迪拜危机的爆发，为我国以房地产拉动经济增长的模式敲响了警钟。

第一，从财政收入的角度来看，单纯依靠卖地来拉动经济增长的模式是不能持久的。虽然随着城市化的进程，政府可以依靠加大土地供应在短期内提升城市的经济实力，但可供出售的土地面积是有限的，当土地资源枯竭之后，政府或将面临经济发展进入瓶颈之后的财政危机。

第二，依赖于房地产行业的经济发展模式在一定程度上压制了其他产业的发展。一个国家想要发展，没有实体经济的支撑最终只能是空中楼阁，迪拜危机的发生就说明了这一点。因此，对政府来说，应该更加注重对实体经济的培养，摆脱房地产行业对地方政府的束缚。

第三，目前我国房地产行业存在泡沫，高房价已经超过了普通老百姓的承受上限。在当前国民经济增长依赖房地产行业的情况下，政府不可能放任房地产行业出现大幅波动，这意味着高房价在未来的一段时间内仍将持续。在市场环境好的情况下，投资和投机的资金可以保持行业对经济增长的贡献，而一旦房地产行业陷入低谷，中国经济将不得不承受房地产泡沫破灭后的冲击。

②迪拜危机带来的区域经济发展启示。迪拜危机在全球范围内引发了一场信誉和信心的挑战。在对“迪拜模式”提出质疑的同时，迪拜危机对我国当前区域经济发展中存在的一些问题至少有三大启示。

第一，经济建设要站在区域经济的发展高度，而不是盲目冒进。迪拜只是位于阿联酋沙漠边陲的一个小港，丰富的石油资源为迪拜的建设带来了充足资金，而过度的外需依赖则催生了巨大的资产泡沫。近年来，由于石油蕴藏量不断萎缩，石油收入不断下滑，迪拜政府被迫通过全球债市借贷大量发展资金，最终导致债务危机。就我国区域经济发展而言，各地的资源拥有情况不同，在发展中就应该发挥各自优势，扬长避短。除了利用区域优势外，还可以根据需要，进行区域间合作，通过区域间优势互补，满足各自发展的需要。

第二，区域经济发展要适当依靠内需。迪拜全市90%左右的消费需求依靠的都是外籍人口。一旦所依赖的外部条件出现了不利变化，就很难保持经济发展水平。尽管阿联酋试图实现从低端要素密集型产业（石油出口）向资本密集型产业（旅游服务业）转变，但是，迪拜的对外依存度依然很高，其高收益和高风险的特征并未发生变化。在这一轮的经济危机中，中国已经认识到扩内需保增长的重要性。同样，对于一个地区的发展，也需要区域内适当的消费额作为自身财政收入的后盾，完全依靠外销很难保障经济的持续稳定。但是，实现产品的区域内消费并不等同于地方保护主义，而是建立在公平、合理竞争的基础之上。因此，这也促使企业不断提升自身的竞争力。

第三，政府非理性融资会造成信用危机。虽然时至今日我国各级政府没有发生信用危机，但是迪拜危机却给人以警示：地方政府在融资之前应严密考量，一旦发生信用危机，受伤害的不仅是政府的诚信度，更是民众的利益。

③关注全球热钱的流向并运用外汇储备进行投资。迪拜危机的发生使投资者的风险意识上升，而短期内中东投资风险大增，就可能导致部分避险资金流入我国，一方面，令热钱泛滥加剧，从而抬高资产泡沫和增加流动性，通货膨胀压力加大，因此我国政府在这方面应该加强防范；另一方面，潜伏在国内的热钱也有流出的风险。2009年房地产市场和股票市场总体回升，热钱流出的可能性也是存在的。因此应严密监管国际资本的流动，防止资金集中性地大量流出流入。

迪拜宣布重组旗下的主权投资公司并延迟6个月的偿还债款后，国际大宗商品价格暴跌，纽约原油期货降至72.39美元，跌幅超过7%；黄金价格则从1 192美元跌至1 140美元，跌幅超过4%。另外由于阿联酋已宣布将有选择地援助陷入债务危机的迪拜，它肯定会增加石油供给，以增强自己的偿债能力，所以未来石油价格可能不会超过80美元；在这种情况下，黄金价格近期也不可能突破1 200美元。这就给中国带来一定的投资机遇，可以将部分外汇储备转化为黄金和石油储备，以优化我国的外汇储备结构。

④迪拜危机警示我国对外投资必须进行审慎考虑。截至2009年末，在迪拜经商、务工的华人有10多万人，在经商人员中温州人至少有6 000人，并且大多数人在当地购有房地产。其实，金融危机以后当地房价就已大幅缩水，华商不同程度地被套牢，

而迪拜房产泡沫破裂，保守估计仅温州华商资产被套就有10多亿元人民币。迪拜世界房产项目中的“上海岛”是中国企业在迪拜投资的最大项目之一。“上海岛”项目只做了前期规划，金融危机以后就没有动工。迪拜地产缩水的影响波及几乎所有在当地经商的中国商人，但绝大部分商人并没有把鸡蛋放在一个篮子里，其损失尚在可承受的范围内。不过该事件对投资者信心的打击是巨大的。这就要求投资者在进行对外投资时应更加审慎。

2. 希腊主权债务危机。希腊是欧元区内经济发展相对落后的国家，其财政状况一直比较薄弱。1993年之后，希腊政府债务占国内生产总值的比重始终在90%以上。2008年美国次贷危机引发的全球金融危机爆发后，希腊政府巨额的财政赤字和债务规模逐渐浮出水面，并引发了市场对其债务可持续性的广泛担忧。2009年10月初，希腊新政府突然宣布，其2009年财政赤字和债务占国内生产总值的比重分别达到12.7%（欧元区设定上限为3%）和113%（国际警戒线是25%），国际金融市场随之大幅震荡，希腊债务危机正式爆发，并迅速向欧元区其他国家扩散。

2009年12月16日晚间，国际评级机构标准普尔宣布，将希腊的长期主权信贷评级下调一档，从“A-”降低为“BBB+”。标准普尔同时警告说，如果希腊政府无法在短期内改善财政状况，有可能进一步降低希腊的主权信用评级。这已是希腊一周内第二次遭受信贷评级下调的打击。2009年12月8日，另一家评级机构——惠誉国际信用评级有限公司刚刚将希腊主权信用评级由“A-”降至“BBB+”，并引发了希腊股市大跌和国际市场避险情绪大幅升温。另一评级机构穆迪也已将希腊列入观察名单，并有可能调降其信贷评级。

（1）希腊主权债务危机爆发的原因。

①产业结构易受外部冲击的影响。希腊属于欧元区的边缘国家，经济基础比较薄弱，工业和制造业尤为落后，海运和旅游业是其获取外汇收入的主要来源，而它们又恰是最易受到外部冲击的产业。金融危机期间，外需减少使运力占世界总量20%和欧盟总量50%的希腊航运业迅速陷入萧条。同时，希腊的旅游业也遭受重创，与2008年相比，2009年欧盟成员国进入希腊的游客减少了19.3%，而美国游客则锐减24.2%，相应的旅游收入分别减少了14%和16.2%。支柱产业的萎缩直接导致了希腊财政收入的锐减和应对外部金融危机冲击能力的下降。

②扩张性财政政策导致赤字激增。2001年加入欧元区后，区内的低利率环境，使希腊能够享受低廉的借贷成本以维持经济增长，从而掩盖了其生产效率低且劳动成本高等结构性问题，相关数据显示，希腊的实际有效汇率被高估超过10%，进而逐渐丧失出口竞争力。同时，欧元区内的低利率环境使希腊国内消费迅速膨胀，并使其能够以更优惠的条件融资和平衡债务，因此希腊政府进一步放松了财政控制和预算管理，大量增加公共支出，过度提高工资和养老金等社会福利水平，令财政不堪重负。2009年底，希腊国家负债高达3 000多亿美元，财政赤字、公共债务分别占GDP的12.7%、113%，远远超过欧盟《稳定与增长公约》（2002年）规定的3%和60%的水平。

③欧元区货币制度的设计缺陷束缚了希腊的自救行动。欧元区自产生伊始就存在分

散的财政政策与统一的货币政策之间的二元矛盾。欧洲央行只负责制定区内宽泛而统一的货币政策，无法影响成员国的政府预算和财政政策。在欧元区货币政策的执行和监督上，也没有统一的中央机构来管理，这导致成员国权利与责任的严重不对等，造成各成员国都有扩大财政赤字的内在倾向。同时，由于失去了利率和汇率两大工具，成员国只能借助财政政策来调节经济，这既可刺激经济增长，又能把通货膨胀的责任归于欧洲央行。这种制度设计必然导致一旦外部发生金融动荡和危机，欧元区国家就会普遍出现高额财政赤字和主权债务。同时，单一货币制度也使一国的金融危机会很快扩散到整个联盟，从而给整个欧元区的经济复苏带来更大风险。

④评级机构与对冲基金的推波助澜放大了危机的影响。希腊债务危机发生后，国际三大信用评级公司迅速跟进下调希腊主权信用评级。主权信用评级的下调，使希腊国债的抵押价值大大降低，融资成本进一步提高。同时，全球主要对冲基金均通过做空欧元套利，放大了危机影响。

（2）希腊主权债务危机对中国的挑战和中国的应对措施。希腊债务危机充分说明，由此次全球金融危机所衍生的去杠杆化进程远未结束，大量问题资产正从之前的银行体系转移到政府及公共部门。以希腊债务危机为借鉴，全面审视中国经济发展中的相关问题，无疑对中国经济的长期可持续发展具有重大意义。

①把握宏观经济政策的节奏和力度。对中国而言，目前还不是轻言政策“退出”的时候。当前，中国应该做好应对全球经济长期疲弱的思想准备，努力避免宏观经济政策的摇摆，并根据形势的变化不断提高政策的针对性和灵活性，把握好政策实施的力度、节奏和重点，防止多项政策叠加对经济的负面影响，确保宏观经济的平稳较快发展。

②加快经济结构优化调整的步伐。在压缩财政赤字应对债务危机的过程中，欧元区及欧盟各国开始空前重视出口对经济的贡献，并相继出台了促进出口的各项措施。可以预见，作为全球第一大出口国，中国和欧盟及其他贸易伙伴之间的贸易摩擦将会有增无减，中国的对外贸易环境将日益严峻，传统的出口导向型经济增长模式也将难以为继。因此，希腊债务危机为中国的经济结构调整提供了难得的压力和动力，中国目前的当务之急是应该通过经济结构的优化升级来夯实实体经济发展的基础，而经济结构调整的关键则是降低经济发展对投资和出口的依赖，提高最终消费对经济增长的贡献度。同时中国也迫切需要建立一个经济的实体层面与货币层面相统一的框架来积极应对流动性和资产价格的波动周期，减轻虚拟经济波动对实体经济发展的影响。

③高度关注中国的债权安全。当前世界的债权债务主体已经发生了根本性的变化，债务国在西方，债权国在东方。希腊债务危机充分说明，长期依赖举债为其政府融资的西方主权债务模式是不可持续的，且西方国家出于还债压力有利用自己的金融霸权，通过通货膨胀稀释债务的倾向，这无疑给中国等发展中国家的债权安全敲响了警钟。以中国为例，中国成为债权大国的速度比崛起为经济大国的速度更快，2006 年中国继日本和德国之后成为世界第三大债权国，2008 年又超过德国成为全球第二大债权国。目前，欧

元资产和欧洲市场是继美元资产和美国市场之外，中国外汇储备的第二大投资渠道，欧元的持续贬值无疑将导致我国外汇储备与投资中欧元资产的大幅缩水。当前，中国应继续深化人民币汇率机制改革，对外要推进人民币国际化进程，增加股权投资，逐步将中国的资本优势转化为资源和投资优势；对内则应该大力建设较为发达的本土金融市场，理顺储蓄与投资的转化机制，早日实现“藏汇于民、藏富于民”。

④加强对公共债务的管理。2009 年，我国国债余额约为 6.2 万亿元人民币，外债余额为 4 286.47 亿美元（约合 2.91 万亿元人民币），合计相当于当年 GDP（约 33.5 万亿元人民币）的 27%。虽然我国政府的财政状况总体良好，但其内涵和结构性问题仍不容忽视。首先，应从外汇储备、贸易结构、外债负担及整体债务状况等方面更加全面地审视我国的债务问题，密切关注流动性高和风险较大的短期负债和临时性负债，明确自身的债务水平和发展趋势，切实防范具有系统重要性的部门和机构出现重大坏账。其次，应高度重视我国的地方债务问题。由于我国地方政府收入来源有限且不稳定，在城市建设及医疗教育等方面的开支不断加大，地方政府的财政赤字压力持续增加，其高杠杆负债率和不透明的运作风险，应引起我们的高度重视。当前，我们应客观全面地对全国整体财政及债务状况进行评估和分析，认真做好各级债务的测算和偿债平衡工作，引导地方投融资业务的健康发展，切实防范债务风险。

⑤谨慎开展区域货币一体化合作。1997 年的亚洲金融危机唤醒了东亚各国的区域金融合作意识，欧元的出现又为之提供了货币一体化的明确方向和清晰路径，因而一时间，东亚各国对“亚元”的讨论变得尤为热烈，各种货币合作的构想层出不穷。但值得注意的是，各类方案均在谋求区域货币一体化利益的同时，忽略了各国分散的财政政策与区内统一的货币政策之间的协调性问题，而后者正是引发希腊债务危机的重要因素。因此，一旦实施区域货币一体化而缺乏相应有效的财政政策协调，亚洲各国也必将面临欧洲当前所面临的困境。同时，亚洲各国在经济制度、经济发展水平和经济结构等方面存在巨大差异，与欧元区相对良好和趋同的经济基础条件不可同日而语。这些都决定了建立“亚元”货币体系的时机还远未成熟，中国作为有影响力的地区经济大国，应当谨慎开展区域货币一体化合作。

【能力训练】

假设某国当年的 GNP 总量为 30 000 亿元，当年末外债余额为 1 000 亿元，当年商品和劳务出口收入为 1 200 亿元，当年应偿还债务本金为 100 亿元，当年应付债务利息为 10 亿元。请你计算该国当年的负债率、债务率、偿债率和到期应还债务与 GNP 的比率，并判断该国外债规模是否合理。

综合练习三

一、判断题

1. 通常情况下，固定汇率之下所需的国际储备要多于浮动汇率制。(　　)

2. 黄金储备是一国国际储备的重要组成部分，它可以直接用于对外支付。（　）

3. 储备货币发行国可持有较少的国际储备。（　）

4. 一国国际储备就是该国外汇资产的总和。（　）

5. IMF 成员国的普通提款权共分为五档，每档占其所交份额的 20%，档次愈上，条件愈严。（　）

6. 根据国际储备的性质，所有可兑换货币所表示的资产都可成为国际储备。（　）

7. 特别提款权由五种主要西方货币组合定价，因而受国际外汇市场的汇率波动影响较大。（　）

8. SDRs 的定价是按其组成货币的算术平均数计算的。（　）

9. 国际储备的过分增长，会引起世界性的通货膨胀。（　）

10. 一般情况下，一国国际储备量与国民生产总值之比在发达国家较高，在发展中国家较低。（　）

二、单项选择题

1. 特别提款权是（　）创造的储备资产。

A. 世界银行　B. 本国中央银行　C. 国际货币基金组织　D. 国际金融公司

2. 负债率是指一定时期一国的外债余额占该国当期（　）的比率。

A. 国民生产总值　B. 外汇储备　C. 国民收入　D. 出口收入

3. 偿债率是指一国还债额（年偿还外债本息额）占当年该国外汇总收入（商品和劳务出口总收入）的比率，该比率以不超过（　）为界限。

A. 10%　B. 20%　C. 30%　D. 40%

4. 在我国，由（　）对外债进行统一管理并负责统计监测工作。

A. 中国人民银行　B. 财政部

C. 国家外汇管理局　D. 国家发展和改革委员会

5. 一个国家的对外贸易条件越好、对外融资能力越强，则国际储备可以（　）。

A. 适当减少　B. 适当增加　C. 保持不变　D. 先增后减

6. 国际储备资产的币种管理中，应考虑的主要因素有（　）。

A. 币值的稳定性　B. 货币的盈利性　C. 使用的方便性　D. 投资的增值性

7. 一国国际储备应相当于该国对外债务总额的（　）为宜。

A. 1/3　B. 1/4　C. 1/2　D. 1/5

8. 一般认为，一国的国际储备量大约相当于该国（　）的进口付汇额为宜。

A. 三个月　B. 五个月　C. 六个月　D. 两个月

9. 国际储备最主要的来源是（　）。

A. 央行在国内收购黄金　B. 经常项目顺差

C. 资本项目顺差　D. 特别提款权

10. 长期有价证券属于（　）。

A. 一级储备　B. 二级储备　C. 三级储备　D. 四级储备

三、思考题

1. 国际储备的结构管理应注意哪些问题？

2. 储备货币为何要多元化?
3. 如何确定适度的国际储备水平?
4. 怎样理解外债对一国经济社会发展的意义?
5. 我国怎样对外债进行具体分类?

项目四

国际金融运行系统

GUOJI JINRONG YUNXING XITONG

当今的社会经济发展速度之快令人叹服，人们稍不努力就会跟不上社会发展的步伐。金融是现代市场经济的核心，在推动经济飞速发展的过程中，金融发挥了极其重要的作用，这一点很好理解，不妨想象一下，如果在我们的生活中没有了银行、证券公司、保险公司这些金融机构，我们的生活将会变成什么样子呢？

更为重要的是，复杂庞大的现代金融体系是在一种规律和机制的作用下进行运作的，如银行、债券公司和保险公司，各司其职又分工协作，始终在有条不紊地开展业务。我们把眼光放宽，从国际角度来看，各国不同的金融体系就组成了一套严密而有效的国际金融运行系统，那么，这套系统包括的主要内容有哪些？保障其正常运行的制度与机制又是怎样形成和发挥作用的？本项目将为大家展示林林总总的国际金融业务所依赖的运行环境，包括国际货币制度、国际金融市场、国际金融机构等。

模块一　国际货币制度

【课前思考】

你知道到目前为止，国际货币制度经过了哪些阶段吗？

【能力目标】

1. 理解国际货币制度的基本内容与演变历史；
2. 能够对现行国际货币体系的各种改革方案进行评价。

一、国际货币制度概述

在影视剧中经常看到古代的人们以金银作为货币来使用，这一场景在我们这个时代已经看不到了，在不同的历史时期和背景下，货币的形态、流通、运行机制等方面有着不同的表现，这就涉及了货币制度的演变与更替。国际货币制度是国际货币关系的集中反映，它构成国际金融活动总的框架，各国之间的货币金融交往在各个方面都要受到国际货币制度的约束。

（一）国际货币制度的含义

国际货币制度是指各国政府为了适应国际贸易和国际支付的需要，对货币在国际范围内发挥世界货币职能所作的一系列安排，包括为此所确定的原则、采取的措施和建立的组织机构。它的主要目的是为了协调各个独立国家的经济活动，促进国际贸易和国际支付活动的顺利进行。

国际货币制度是随着国际经济交往的不断发展而产生形成的。由于资本主义生产方式的确立和世界市场的形成，商品经济在全世界范围内发展。各国之间的贸易关系和其他各个领域的经济关系也日益扩大。各国之间的贸易往来、债务清算、资本移动等日趋频繁，最终都要通过货币进行结算和支付。但是，由于各国货币在国际间不具备普遍被接受的性质，各国关于本国的货币单位以及它与外国货币的兑换，自然都要有不同的规定。这样，就产生了在国际范围内协调各国货币安排的必要，国际货币制度正是在这一基础上形成的。

（二）国际货币制度的基本内容

国际货币制度主要包括以下几方面内容：

1. 国际收支及其调节机制。国际收支是各国对外经济活动的系统记录。从世界经济的全局来看，国际收支及其调节是国际货币制度的最主要问题。当一国国际收支出现不平衡时，各国政府应采取什么方式去弥补这一缺口。若调节机制失灵或不健全，会使整个国际货币制度失去运行的基础。

2. 汇率及汇率制度。围绕这个问题，各国必须涉及这样一些内容：货币比价确定的依据，货币比价波动的界限，货币比价的调整，维持货币比价所采取的措施，对同一货币是否采取多元比价，等等。其次一个问题就是各国货币的可兑换性，也就是一国对外支付是否受到限制，一国货币可否自由兑换成支付货币。

3. 国际货币或储备资产的确定。使用什么货币作为支付货币，一国政府应持有何种为世界各国所普遍接受的资产作为储备资产，用以维持国际支付原则和满足国际收支的需要。在此基础上，整个国际社会需要多少储备资产，新的储备资产如何供应与创造等，这都需要有国际性的规则与制度作出妥善安排。

4. 国际货币活动的协调与管理。我们已经知道，国际收支调节、国际汇率制度、国际储备体制都牵涉到不同的国家，而这些国家又都有着不同的社会经济条件和特定的政策目标，所以在国际货币制度中，就产生了国际货币活动的协调与管理问题。它的实质就是协调各国的国际货币活动和与此有关的经济政策。这种管理通常是通过国际货币机构和组织进行的，具体落实在制定若干各方所共同认可和遵守的规则、惯例和制度上。

按照国际货币制度的历史演进过程来划分，国际货币制度大体上经历了国际金本位制度、布雷顿森林体系与牙买加体系三个阶段。以下一一进行介绍。

二、国际金本位制度

国际金本位制度是世界金融历史上第一个具有国际性、统一性、规范性和代表性的货币制度。

（一）国际金本位制度的形成

金本位制度是一种以黄金作为本位货币的货币制度。英国政府于1816年率先颁布了黄金本位制法案，决定发行金币，规定1盎司黄金等于3英镑17先令，银币作为辅币。

随后，德国、法国、美国分别在1871年、1874年、1897年先后实行了金本位制度，因而使金本位制度具有了国际性，从而形成了国际金本位制度。

（二）国际金本位制度的内容

当时各国实行过的金本位制度按其货币与黄金的联系程度，又可分为金币本位制、金块本位制和金汇兑本位制。

1. 国际金币本位制。金币本位制是典型的金本位制。在这种货币制度下，国家法令规定以黄金作为货币金属，以一定重量和成色的金铸币充当主币。在金币本位制条件下，金铸币具有无限法偿能力。

金币本位制的主要特点是：由国家以法定的重量和成色的黄金铸成金币流通，其他金属辅币和银行券可以自由兑换成金币或黄金；允许黄金自由铸造、买卖、贮藏和输出输入；各国根据金币重量以及成色确定各自的黄金官价，以此确定各国货币之间的汇率；国家的货币储备以及国际结算均使用黄金，并且作为国际间最后的清偿手段。

在金币本位制下，汇率的决定基础是铸币平价，也就是两个不同国家流通中金币的法定含金量之比。铸币平价成为当时两国货币的汇率决定的价值基础，但在外汇市场上的实际汇率却又要受到外汇市场供求机制的作用和影响，如果市场上某种外汇供过于求，其汇率就会跌到铸币平价以下；反之，如果某种外汇供不应求，其汇率就会涨到铸币平价以上。然而在金币本位制度下，汇率的涨跌不是漫无边际的，而是以铸币平价为中心，在一定幅度内上下波动，波动幅度的界限就是黄金输送点。

在直接标价法下，黄金输送点表述如下：

黄金输出点 = 铸币平价 + 黄金运输费

黄金输入点 = 铸币平价 - 黄金运输费

例如，在金币本位制时期，英镑对美元的铸币平价为4.8665，即1英镑折合4.8665美元，假设把1英镑黄金由英国送往美国的运输费为0.03美元，对美国来说，黄金输送点如下：

黄金输出点：1英镑 = 4.8665 + 0.03 = 4.8965（美元）

黄金输入点：1英镑 = 4.8665 - 0.03 = 4.8365（美元）

黄金输送点之所以成为汇率波动的上下限，是由于金本位时期存在着现金和非现金两种对外结算方式，一般的贸易往来都采用方便的非现金结算，即用汇票作为支付手段，因此，在汇率围绕铸币平价波动的幅度不超过运输黄金的费用时，人们会选择非现金结算方式；而当汇率波动幅度超过运输黄金的费用时，人们宁愿选择现金结算方式，即直接运送黄金支付。

例如，美国商人进口英国的商品，用美元购买英镑支付给英国商人，导致英镑需求大于供给，汇率上升，当英镑汇率上升到1英镑折合4.8965美元时，美国商人觉得购买英镑不合算，不如直接向英国运送黄金有利，这样最多用4.8965美元就可以支付1英镑的债务。于是，美国进口商不再购买英镑外汇，而是直接运送黄金支付货款。这样，英镑需求减少，致使英镑汇率不再上升，黄金流出美国，则1英镑等于4.8965美元是美国的黄金输出点，是制约英镑汇率上升、美元汇率下跌的界限。同理，在英镑汇率下跌时，1英镑等于4.8365美元是美国的黄金输入点，是制约英镑汇率下跌、美元汇率上升的界限。

由此可见，在金币本位制时期，由于汇率总是在铸币平价决定的基础上在黄金输送点之间进行有限波动，因此金币本位制是一种相对稳定的货币制度，不会发生货币贬值现象，在一定程度上限制了汇率波动，有利于调节国际收支。金币本位制的缺陷是受黄金的供求关系影响较大。

2. 国际金块本位制。金块本位制是金币本位制度派生出来的变相金本位制度。第一次世界大战期间，西方国家的经济受到重创，为了维持庞大的军费开支，各国相继冻结黄金的外流，并且收回流通中的金币，使用完全不能兑换黄金的纸币，从而标志着金币本位制的垮台。1925年，英国为了维护其货币英镑的国际储备地位，率先实行了金块本位制。它与标准的金币本位制不同的是：在金块本位制下，政府无须再铸造金币，只需储存金块作为发行储备，金币仍然作为本位货币，但在国内不流通；原有的金币停止在市面流通，以纸币取而代之。

纸币虽规定有含金量，但却不能兑换成等量的黄金；纸币虽然不能兑现，但允许购买不低于400盎司的金块。但是，由于金块的价格比较昂贵，非一般家庭所能购买，因此金块实际上成为一种办理国际结算的支付手段。

金块本位制实行的条件是保持国际收支平衡和拥有大量的平衡国际收支的黄金储备。一旦国际收支失衡，大量黄金外流或黄金储备不敷支付时，这种本位制就难以维持。

1929年，全球性的经济危机爆发，英国、法国、比利时、荷兰、瑞士等国在世界性经济危机袭击下，先后放弃了这一制度。

3. 国际金汇兑本位制。金汇兑本位制也是金币本位制度废除后兴起的一种本位制度，与金块本位制同时并存。这种制度的特点是：规定本国货币的含金量，但既不发行金币，也不贮藏用于对外支付的黄金，国内只流通国家发行的纸币和银行券作为法定的流通货币；纸币和银行券虽然不能兑换成黄金，但可以兑换成外汇。而外汇可以在国外兑换成黄金；本国货币与另一个实行金本位制度国家的货币保持固定比价，并将大量黄金或外汇存放该国，从而间接地将本国货币与黄金联系起来，即变相地实行了金本位制度。

由于这种制度的突出特征表现为本国货币钉住别国货币，因此，这种货币制度实际上是一种附庸的货币制度。实行这种制度的国家多为殖民地或附属国家。例如，第一次世界大战前的印度、马来西亚以及一些拉美国家，伴随1929年国际金本位制度的瓦解，金汇兑本位制也不复存在。

（三）国际金本位制度的特征

国际金本位制是一种以一定重量和成色的黄金作为本位货币的货币制度，货币体系的基础是黄金，各国货币按其含金量之比确定一个法定平价，所以可以说国际金本位制是一种各国货币根据黄金来确定比价的固定汇率制度。具体来说有以下三个特点：

1. 黄金执行国际支付手段和国际储备货币的职能。在国际金本位制度下，黄金充分发挥世界货币的职能，它充当国际支付手段、国际购买手段和作为社会财富的代表。金币可以自由铸造，银行券可自由兑换成黄金，黄金可以自由输出入。

2. 各国货币的汇率由其法定平价决定。在国际金本位制下，各国货币都规定有法定的含金量，各国货币的汇率由其含金量之比即法定平价来决定，所以国际金本位制是严格的固定汇率制度。当然，由于外汇供求关系的变动，外汇市场的实际汇率会围绕法定平价而上下波动，但由于金本位制下黄金可以自由输出入，所以汇率的波动幅度始终维持在黄金输送点之间。

3. 具有自动调节国际收支的机制。这就是由英国经济学家休谟提出的“物价与铸币流动机制”。即当一国国际收支不平衡时，会引起该国汇率的变化，进而引起黄金的输出入，而黄金的流动又会使该国银行准备金发生变动，而银行准备金的变动将引起国内货币数量的变化，从而影响国内物价，物价的变动又会导致进出口变动，最后纠正国际收支的不平衡。

（四）国际金本位制度的评价

从总体上看，国际金本位制是一种比较稳定、理想的国际货币制度，对于当时的世界经济发展起到了一定的积极作用，主要表现为：

1. 有效地控制了通货膨胀。在金本位制度下，各国货币都规定了含金量，如果纸币发行量过多，银行便无法保证纸币对黄金的自由兑换，因此金本位制度有效地控制了通货膨胀。由于黄金生产量低于其他行业的生产量，物价还表现出下降趋势。

2. 保证汇率的稳定。由于外汇市场的汇率是在黄金输送点之间上下波动，幅度较小，基本上是稳定的，汇率的稳定有助于消除国际经济中不确定因素，促进国际贸易和国际金融的发展。

3. 可以依靠市场机制调节国际收支，政府不需要付出干预行为涉及的各种代价。

金本位制度在刚开始实行的一段时期，确实给部分西方国家和国际贸易带来了一段“黄金时代”，但随着时间的推移，当黄金产量无法满足日益增长的国际需求，当经济危机和世界战争席卷而来时，金本位体系的缺陷就暴露无遗。以上这些因素也注定了“黄金时代”的结束，1914 年第一次世界大战爆发后。各国纷纷放弃金本位制，国际金本位制中断运行。

三、布雷顿森林体系

（一）布雷顿森林体系的建立

在第二次世界大战快结束的时候，美国、英国就着手研究如何建立一个新的国际货币制度，以促进世界经济的复苏发展。为此，两国在 1943 年提出了各自的方案。

英国发表了由著名经济学家凯恩斯（J. M. Keynes）拟订的《国际清算同盟方案》，通常被称为《凯恩斯方案》，美国财政部顾问怀特（H. D. White）提出了另一方案，即《国际稳定基金计划》，通常被称为《怀特方案》，该方案是从美国的利益出发提出来的，其目的是让美国获得国际金融领域的领导权和统治权。

《凯恩斯方案》与《怀特方案》分歧很大，美、英两国就这两个方案进行了频繁的讨论和激烈的争辩，同时还吸收了一些其他国家参加讨论，但最后美国凭借在战争中迅速膨胀的经济实力占了上风，最后双方达成协议。这个协议经过 30 多个国家的代表共同商讨后，于 1944 年 4 月 23 日发表了以美国《怀特方案》为基础的《关于建立国际货币基金的联合声明》。在这个声明的基础上，1944 年 7 月 1—22 日，在美国新罕布什尔州的布雷顿森林（Bretton Woods）召开了有 44 个国家参加的联合国货币金融会议（United Nations Monetary and Finance Conference），通过了以《怀特方案》为基础的《联合国货币金融会议决议书》，以及《国际货币基金协定》和《国际复兴开发银行协定》这两个附件。这就是《布雷顿森林协定》（Bretton Woods Agreement）。至此，一个新的以美元为中心的国际货币制度——布雷顿森林体系就建立起来了。

（二）布雷顿森林体系的主要内容

布雷顿森林体系的主要内容有以下几个方面：

1. 建立一个长久性的国际金融机构，即国际货币基金组织（International Monetary Fund, IMF），对货币事项进行国际磋商。其宗旨是：在汇率政策、经常项目的支付和货币的可兑换性等问题上，确定国际性的行为规则，为会员国调整国际收支不平衡，提供融通资金，在一定程度上维护国际金融秩序的稳定。

2. 采用可调整的钉住汇率制。布雷顿森林会议通过的《国际货币基金协定》规定，各国货币的平价，必须以黄金或美元来表示，以各国所规定的货币的含金量为标准计算。平价确定后就不能随意变动。各成员国政府有义务与 IMF 合作，随时干预外汇市场使本国货币与美元的市场汇率波动幅度保持在平价 ±1% 以内，以维持有秩序的汇率安排，促进汇率的稳定。一国只有在国际收支发生“根本性不平衡”时，才允许其货币贬值或升值，平价的任何变动都要经过国际货币基金组织批准。一般来说，若平价的变更幅度在 10% 以下，成员国可自行调整，事后只需通知国际货币基金组织确认即可。若平价变动的幅度达到或超过 10%，则必须事先经过国际货币基金组织的批准，该国无权自行决定。这一汇率制度被称为可调整的钉住汇率制，即所谓战后的固定汇率制。

3. 通过“双挂钩”制度，确定黄金和美元并列为主要国际储备资产的储备体制。布雷顿森林体系确定以黄金为基础，以美元作为关键货币，美元同黄金直接挂钩，1 盎司黄金等于 35 美元的黄金官价，各国政府或中央银行可以随时用美元按黄金官价向美国兑换黄金。与此同时，其他国家货币与美元直接挂钩，以美元的含金量作为规定本国货币金平价的标准，各国货币与美元的汇率可以按各自货币的含金量确定，也可以不规定含金量而只规定与美元的比价。这就意味着，美元通过直接与黄金挂钩，取得了等同于黄金的地位，其他国家货币又与美元挂钩，从而使美元同黄金一起共同构成国际储备资产。

4. 国际收支的调节机制。布雷顿森林体系关于国际收支的调节机制有两方面内容：(1) 采用由 IMF 向国际收支赤字国提供短期资金融通的方式，以协助其解决国际收支困难。《国际货币基金协定》规定，成员国以黄金或可兑换成黄金的货币缴纳 25% 的基金份额，其余部分则以本国货币缴纳。(2) 当会员国发生国际收支困难需要国际储备时，可用本国货币向国际货币基金组织按规定程序购买（借入）限定数额的外汇，并在规定的期限内以黄金或外汇购回本币的方式偿还所借外汇。成员国在国际货币基金组织的借款能力，一般同其缴纳的基金份额相当。认缴份额越大，其借款能力也就越强，同时其投票权也就越大。

（三）布雷顿森林体系的缺陷

1. 布雷顿森林体系存在着自身无法克服的内在矛盾。以美元为中心的布雷顿森林体系中，美元既是一国的货币，又是世界货币。作为一国货币，美元必须受制于美国的货币政策和黄金储备；作为世界货币，美元的供应又必须适应世界经济和国际贸易增长的需要。于是美元便出现了一种进退两难的状况：为了世界经济和国际贸易的增长，美元的供应必须不断地增加；美元的供应不断增加，使美元同黄金的兑换性日益难以维持。

【知识链接】 **特里芬两难**

“特里芬两难”（Triffin Dilemma）是美国经济学家特里芬于20世纪50年代首先预见到的，又称“特里芬难题”。“特里芬难题”指出了布雷顿森林体系的内在不稳定性及危机发生的必然性。源于“双挂钩”制度的缺陷，布雷顿森林体系僵化的汇率机制不适应世界经济格局的变化，国际收支的调节机制效率不高，储备货币的供应缺乏有效的调节机制，这些构成了布雷顿森林体系的根本缺陷，在世界经济发生变化的过程中，这些根本缺陷最终导致了布雷顿森林体系的崩溃。

2. 美元作为国际主要储备资产享有一种特权地位。美国可以利用美元直接对外投资，操纵国际金融事务，弥补国际收支赤字。这就造成拥有美元储备国家的实际资源向美国转移，这种现象在西方叫做“铸币税”，即货币发行国家通过发行货币可获得一个净收益，因为流通中铸币或纸币的面值和金银条块及其铸造成本之间是有很大差额的，从而美国可以取得巨大的铸币税收益。同时由于各国货币汇率钉住美元，也造成了各国货币对美元的依附关系，使得美国的货币政策对各国经济有着重大影响。

3. 布雷顿森林体系所实行的固定汇率制在一定程度上可能造成会员国的通货膨胀。在各国货币对美元的汇率超过《国际货币基金协定》所规定的界限时，各国政府有义务在外汇市场上进行干预活动，以平抑汇价。如果一国发生国际收支顺差，那么汇率升值的压力将迫使官方金融机构大量抛售本国货币，买进美元，促使美元汇率回升。结果这些国家的货币供应量增多，从而加剧世界通货膨胀。另外，在美元过剩的情况下，如果抛售美元，则会引起美元危机，如果保持美元，又将遭受贬值的损失。

4. 国际收支失衡的调节责任不对称。在布雷顿森林体系下，虽然逆差国可能会在压力下降低汇率或者实行紧缩性的货币政策，IMF 却无法迫使顺差国提高汇率或者实行较为扩张性的货币政策。虽然该体系规定有稀缺货币条款，但却很少实行，国际收支不平衡的调节仍然落在逆差国一方的肩上。

由于以上缺陷，布雷顿森林体系从 20 世纪 60 年代开始经历了三次大规模的美元信任危机后，在 1976 年 1 月，IMF 在牙买加召开会议达成《牙买加协定》，这标志着布雷顿森林体系的最后终结。

（四）布雷顿森林体系的评价

布雷顿森林体系是在第二次世界大战中极不平衡的政治经济局势下建立起来的，它反映了各国对国际金融稳定的良好愿望，同时也不可避免地融进了美国谋求金融霸主的意图，从而使美国成了最大受益者。抛开这一点，布雷顿森林体系支撑了 20 世纪 60 年代资本主义世界高速增长的"黄金时代"，对全球经济贸易发展起到了积极作用。

1. 促进了第二次世界大战后国际贸易的迅速发展和生产国际化。各国严格遵守国际通行的固定汇率制，保持汇率的稳定，消除了国际贸易及对外投资的汇率风险，自然极大地推动了国际贸易和资本流动。据统计，1948—1971 年，资本主义世界的出口贸易年平均增长 8%，大大高于第一次世界大战期间的 0.8%。

2. 缓解了各国国际收支困难，保障了各国稳定、高速发展。IMF 不仅为各国提供部分应急贷款，还指导并协助各国进行国内经济政策调整，减少了国际收支不平衡对经济发展的制约。

3. 树立了开展广泛国际货币合作的典范。布雷顿森林体系建立常设机构 IMF 来协调国际货币问题，该组织吸收了 140 多个国家参加，每年召开一次全体成员会议，就国际金融问题交换意见，在共同讨论的基础上作出决策。在稳定汇率方面。IMF 与十国集团之间的互相协调已受到世界范围的首肯，通过 IMF 这样庞大的国际金融组织来协调解决国际金融问题，开辟了国际金融政策协调的新时代。

四、牙买加体系

布雷顿森林体系解体后，国际货币金融关系动荡混乱，美元地位不断下降，许多国家实行浮动汇率制，汇率波动频繁。世界各国都希望建立一种新的国际货币制度，以结束这种混乱局面。1976 年 1 月，IMF"国际货币制度临时委员会"在牙买加首都金斯敦召开会议，达成了关于国际货币制度改革的《牙买加协定》。1978 年 4 月 1 日，国际货币制度正式进入牙买加体系。

（一）牙买加体系的主要内容

1. 汇率制度多样化。国际货币基金组织同意固定汇率制和浮动汇率制暂时并存，会员国可以自由作出汇率方面的安排，但会员国的汇率政策须受国际货币基金组织监督。

2. 黄金非货币化。废除黄金条款。实行黄金非货币化，目的是使黄金与货币完全脱离关系，让黄金成为一种单纯的商品。

3. 储备货币多元化。在牙买加体系下，国际储备呈现多元化局面，美元虽仍是国际主导货币，但其地位明显削弱。由美元垄断外汇储备的情形已不复存在，欧元、日元、英镑等货币所占比重不断上升。

4. 国际收支调节手段多样化。现行体系可以采取多种调节机制相互补充的办法来调节国际收支，因而在一定程度上缓和了布雷顿森林体系调节渠道有限和调节机制失灵的困难。现行体系下调节国际收支的手段有多种选择，汇率机制、利率机制、国际金融机构信贷、国际商业银行信贷等在一定的条件下都可对国际收支发挥调节作用。这样，多种调节机制结合起来相互补充，可以使国际收支调节有更多的选择余地。

（二）牙买加体系的评价

牙买加体系创建至今，经历了国际金融的一系列重大变化，在克服各种危机，推动经济稳定发展方面起了积极作用。

1. 基本上摆脱了布雷顿森林体系时期基准通货国家与依附国家相互牵连的弊端，并在一定程度上解决了“特里芬难题”。

布雷顿森林体系的弊端之一就是各国货币与美元挂钩，从而使基准通货国家与依附国家相互牵连。而牙买加体系由于实现了国际储备多元化和浮动汇率制，即使发生美元贬值，也不一定会影响各国货币的稳定性；由于美元早已与黄金脱钩，即使发生美元贬值的预兆，各国也不可能用自己的美元储备向美国联邦储备银行挤兑黄金，所以，可以说牙买加体系已经基本上摆脱了基准通货国家与依附国家相互牵连的弊端。

2. 比较灵活的混合汇率体制，能够灵敏地反映不断变化的经济情况，有利于国际经济运转和世界经济的发展。

具体表现在：第一，各个主要国家货币的汇率可以根据市场供求状况自发调整，可以灵活地反映瞬息万变的宏观经济状况，这便使各国货币的币值得到了充分体现与保证，有利于国际贸易与金融及其他经济交往的进行。第二，这种灵活的混合汇率体制可以使一国的宏观经济政策更具有独立性与有效性。当国际收支出现严重逆差时，不一定必须采取紧缩的宏观经济政策来维持本国货币的汇率的稳定；同时，一国的宏观经济政策往往易于取得较好的效果。第三，在以浮动汇率为主的混合汇率体制下，各国还可以减少为了维持汇率稳定所必须保留的应急性外汇储备，可以减少由于这部分资财脱离生产而造成的损失。

3. 采取多种调节机制相互补充的办法来调节国际收支，因而在一定程度上缓和了布雷顿森林体系调节机制失灵的困难。

牙买加体系的国际收支调节机制除了依靠国际货币基金组织和汇率变动外，还通过多种调节机制结合起来相互补充，在一定程度上缓和了布雷顿森林体系调节机制失灵的困难，从而对世界经济的运转和发展起到一定的积极作用。

同时也必须指出，牙买加体系也并非完美到没有欠缺。自该体系成立至今，其内在缺陷逐渐显现，随着2007年美国次贷危机的爆发，将其制度缺陷暴露无遗。在布雷顿森林体系下，美元与黄金挂钩，其他各国货币与美元挂钩。布雷顿森林体系解体以后，这一挂钩规则取消了，各国货币均有成为国际储备货币的可能性，但实际上美元作为国际储备货币的地位几乎没有遭到削弱，美元与黄金的脱钩反而给了美国货币政策更大的自主空间，美元作为国际货币，但美国货币政策的决策则基于其本国利益，目前国际储备体系的主要缺陷是储备货币币值不稳定和国际储备分布不均衡。由于美元一直以来都是世界最重要的定价货币、结算货币和储备货币，世界重要的初级产品定价都以美元计价，在次贷危机爆发之前，美元仍占世界储备资产的60%以上，这些条件都赋予了美国独特的货币优势，凭借美元就可以方便地换取美国所需要的资源、技术和产品，因此造成的现象就是长期内世界性的国际收支失衡主要表现在美国经常账户逆差，而东亚经济体和石油输出国表现为经常账户顺差。当然这样的状况持续多年后，一个必然的结局就是美元过度发行，美元的贬值压力随之增加，信用风险也相应增加，最终美国次贷危机的爆发证明了这种以主权货币为主要的国际储备货币的制度安排存在重大欠缺，这种模式注定是不可持续的。

【知识链接】　周小川：关于改革国际货币体系的思考

此次金融危机的爆发与蔓延使我们再次面对一个古老而悬而未决的问题，那就是什么样的国际储备货币才能保持全球金融稳定、促进世界经济发展。历史上的银本位、金本位、金汇兑本位、布雷顿森林体系都是解决该问题的不同制度安排，这也是国际货币基金组织（IMF）成立的宗旨之一。但此次金融危机表明，这一问题不仅远未解决，由于现行国际货币体系的内在缺陷反而愈演愈烈。

理论上讲，国际储备货币的币值首先应有一个稳定的基准和明确的发行规则以保证供给的有序；其次，其供给总量还可及时、灵活地根据需求的变化进行增减调节；最后，这种调节必须是超脱于任何一国的经济状况和利益。当前以主权信用货币作为主要国际储备货币是历史上少有的特例。此次危机再次警示我们，必须创造性地改革和完善现行国际货币体系，推动国际储备货币向着币值稳定、供应有序、总量可调的方向完善，才能从根本上维护全球经济金融稳定。

一、此次金融危机的爆发并在全球范围内迅速蔓延，反映出当前国际货币体系的内在缺陷和系统性风险

对于储备货币发行国而言，国内货币政策目标与各国对储备货币的要求经常产生矛盾。货币当局既不能忽视本国货币的国际职能而单纯考虑国内目标，又无法同时兼顾国内外的不同目标。既可能因抑制本国通胀的需要而无法充分满足全球经济不断增长的需求，也可能因过分刺激国内需求而导致全球流动性泛滥。理论上“特里芬难题”仍然存在，即储备货币发行国无法在为世界提供流动性的同时确保币值的稳定。

当一国货币成为全世界初级产品定价货币、贸易结算货币和储备货币后，该国对经济失衡的汇率调整是无效的，因为多数国家货币都以该国货币为参照。经济全球化既受益于一种被普遍接受的储备货币，又为发行这种货币的制度缺陷所害。从布雷顿森林体系解体后金融危机屡屡发生且愈演愈烈来看，全世界为现行货币体系付出的代价可能会超出从中的收益。不仅储备货币的使用国要付出沉重的代价，发行国付出的代价也在日益增大。危机未必是储备货币发行当局的意图，但却是制度性缺陷的必然。

二、创造一种与主权国家脱钩，并能保持币值长期稳定的国际储备货币，从而避免主权信用货币作为储备货币的内在缺陷，是国际货币体系改革的理想目标

1. 超主权储备货币的主张虽然由来已久，但至今没有实质性进展。20 世纪 40 年代凯恩斯就曾提出采用 30 种有代表性的商品作为定值基础建立国际货币单位“Bancor”的设想，遗憾的是未能实施，而其后以《怀特方案》为基础的布雷顿森林体系的崩溃显示《凯恩斯方案》可能更有远见。早在布雷顿森林体系的缺陷暴露之初，国际货币基金组织就于 1969 年创设了特别提款权（SDR），以缓解主权货币作为储备货币的内在风险。遗憾的是由于分配机制和使用范围上的限制，SDR 的作用至今没有能够得到充分发挥。但 SDR 的存在为国际货币体系改革提供了一线希望。

2. 超主权储备货币不仅克服了主权信用货币的内在风险，也为调节全球流动性提供了可能。由一个全球性机构管理的国际储备货币将使全球流动性的创造和调控成为可能，当一国主权货币不再作为全球贸易的尺度和参照基准时，该国汇率政策对失衡的调节效果会大大增强。这些能极大地降低未来危机发生的风险，增强危机处理的能力。

三、改革应从大处着眼，小处着手，循序渐进，寻求共赢

重建具有稳定的定值基准并为各国所接受的新储备货币可能是个长期内才能实现的目标。建立凯恩斯设想的国际货币单位更是人类的大胆设想，并需要各国政治家拿出超凡的远见和勇气。而在短期内，国际社会特别是国际货币基金组织至少应当承认并正视现行体制所造成的风险，对其不断监测、评估并及时预警。

同时还应特别考虑充分发挥 SDR 的作用。SDR 具有超主权储备货币的特征和潜力。同时它的扩大发行有利于国际货币基金组织克服在经费、话语权和代表权改革方面所面临的困难。因此，应当着力推动 SDR 的分配。这需要各成员国政治上的积极配合，特别是应尽快通过 1997 年第四次章程修订及相应的 SDR 分配决议，以使 1981 年后加入的成员国也能享受到 SDR 的好处。在此基础上考虑进一步扩大 SDR 的发行。

SDR 的使用范围需要拓宽，从而能真正满足各国对储备货币的要求。

- 建立起 SDR 与其他货币之间的清算关系。改变当前 SDR 只能用于政府或国际组织之间国际结算的现状，使其能成为国际贸易和金融交易公认的支付手段。
- 积极推动在国际贸易、大宗商品定价、投资和企业记账中使用 SDR 计价。不仅有利于加强 SDR 的作用，也能有效减少因使用主权储备货币计价而造成的资产价格波动和相关风险。
- 积极推动创立 SDR 计值的资产，增强其吸引力。国际货币基金组织正在研究 SDR 计值的有价证券，如果推行将是一个好的开端。
- 进一步完善 SDR 的定值和发行方式。SDR 定值的篮子货币范围应扩大到世界主要经济大国，也可将 GDP 作为权重考虑因素之一。此外，为进一步提升市场对其币值的信心，SDR 的发行也可从人为计算币值向有以实际资产支持的方式转变，可以考虑吸收各国现有的储备货币以作为其发行准备。

四、由国际货币基金组织集中管理成员国的部分储备，不仅有利于增强国际社会应对危机、维护国际货币金融体系稳定的能力，更是加强 SDR 作用的有力手段

1. 由一个值得信任的国际机构将全球储备资金的一部分集中起来管理，并提供合理的回报率吸引各国参与，将比各国的分散使用、各自为战更能有效地发挥储备资金的作用，对投机和市场恐慌起到更强的威慑与稳定效果。对于参与各国而言，也有利于减少所需的储备，节省资金用于发展和增长。国际货币基金组织成员众多，同时也是全球唯一以维护货币和金融稳定为职责，并能对成员国宏观经济政策实施监督的国际机构，具备相应的专业特长，由其管理成员国储备具有天然的优势。

2. 国际货币基金组织集中管理成员国储备，也将是推动 SDR 作为储备货币发挥更大作用的有力手段。国际货币基金组织可考虑按市场化模式形成开放式基金，将成员国以现有储备货币积累的储备集中管理，设定以 SDR 计值的基金单位，允许各投资者使用现有储备货币自由认购，需要时再赎回所需的储备货币，既推动了 SDR 计值资产的发展，也部分实现了对现有储备货币全球流动性的调控，甚至可以作为增加 SDR 发行、逐步替换现有储备货币的基础。

资料来源：中国人民银行网站。

五、国际货币制度改革与欧洲货币体系

（一）国际货币制度改革

自牙买加体系建立以来，各国政府、经济界和理论界一直在寻求改革方案，但是，由于发达国家从牙买加体系中获益良多，对此一直持漠然态度。直到 1994 年的墨西哥金融危机，1997 年的东南亚金融危机以及此后俄罗斯、巴西、阿根廷金融危机的爆发，使全世界再次清醒地认识到现今的国际货币体系存在着缺陷与弊端。

国际货币体系改革是世界新经济秩序中的核心问题，涉及汇率、国际储备的选择以及各个国家国际收支的调节。各国之间在国际货币体系改革的重大问题上，由于存在着国与国之间的巨大的经济、政治利益，使得国际货币体系改革的步履艰难。

目前，对于国际货币体系的改革方案，国际组织和学术界一直争论不休。国际货币基金组织、发达国家集团、发展中国家集团、各国际经济政治组织和著名学者都提出了改革货币体系的方案。这些方案大体可以分为两大类。

1. 恢复与改进旧的金融体系。部分学者认为国际货币体系改革的方向应是从恢复或改进旧的金融体系着手。

（1）主张恢复金本位制度。现行的国际货币体系没有自主调节功能，通货膨胀与经济不稳定的危机时时存在。以法国经济学家吕埃夫为代表的学者认为只有金本位制度才能解决这些危机。他们提出方案的主要内容是：通过大幅度提高黄金价格，刺激黄金产量；恢复纸币兑换黄金；各国国际收支用黄金清算，从而促进经济增长的目的。这一提案曾遭到各界的反对，金本位制对通货膨胀和国际收支调节确实曾起到过显著作用，但当时的社会背景与发展条件都已不复存在，尤其是如今世界经济增长的速度远远超过了

黄金的开采量。金本位制的“黄金时代”已经一去不复返了，最终此提案被否决。

（2）改进金汇兑制度。以瑞士学者拉兹为首的学者提出以黄金为基础的多种储备货币制度方案。该方案的主要目的是摆脱对美元过分依赖。

（3）恢复布雷顿森林体系。此派学者认为只有固定汇率才能建立稳定不变的货币平价制度，减少国际往来的外汇风险，并能解决国际清偿力不足的问题，促进国际贸易和国际投资发展。

2. 建立新的国际货币体系。

（1）实行商品性储备通货本位制。恢复金本位制的不可行，激发人们寻找一种新的商品，用这种商品代替黄金，使其具有黄金的特性，但产量更高于黄金，价格比黄金更稳定。这就形成了英国学者丁伯根的商品性储备通货本位制的基本思路。但何种商品能担此“重任”成为这一方案的难点。

（2）建立爬行钉住汇率制度。该方案的创始人是英国学者威廉姆逊，方案内容是建立一种短期稳定、长期灵活的汇率制度。爬行钉住汇率介于固定汇率和浮动汇率之间，因此其结合了两者的优点，既可以避免短期汇率剧烈波动，也可以在长期对汇率进行适时调整。

国际金融体系改革的呼声近年来不断高涨，但因为新型的国际金融体系的改革方案涉及面较广，需要包括汇率制度、国际收支调节、发展资金等众多问题，而且各国的方案都是站在本国利益上考虑，因此，目前为止还没有出现令各方都满意的国际金融体系改革方案。

（二）欧洲货币一体化的进程

国际货币制度的变化以及由此而来的国际金融的复杂性，决定了要在世界上形成全球性的货币制度非常困难，人们从而开始转向构建区域货币体系，寻求地区性货币稳定。欧洲货币体系就是典型的例证。

欧洲货币体系的演进是一个经济货币一体化从低级向高级的渐进过程。欧洲共同体的建立是欧洲货币一体化的开端和基础，欧洲货币体系的建立是欧洲货币一体化的制度安排和进一步深化的体现；而欧洲经济货币联盟的建立乃至单一货币——欧元的诞生则是欧洲货币一体化的最高形式和逻辑结果，此演进一波三折，经历了漫长的过程。

1. 欧洲共同体的建立——欧洲货币一体化的开端和基础。欧洲货币一体化是在第二次世界大战后的特定历史条件下逐步建立和发展起来的。第二次世界大战结束后，欧洲经济千疮百孔，欧洲各国认识到20世纪两次世界大战的战争发源地和主要战场均在欧洲，令欧洲诸国蒙受了巨大的损失，为防止历史重演，必须重组欧洲的政治、经济和生活秩序。以法国外交部部长罗贝尔·舒曼提出的西欧煤钢联营建议，也就是通常人们所说的“舒曼计划”为起点，欧洲一体化进程逐步展开，1951年4月8日，法国、西德、意大利、荷兰、卢森堡和比利时等西欧六国在巴黎签订了有效期为50年的《欧洲煤钢共同体条约》，确定建立煤钢共同市场。欧洲煤钢共同市场的建立，为西欧联合奠定了基础。1957年3月25日六国政府在意大利首都罗马签订了《欧洲经济共同体条约》和《欧洲原子能共同体条约》，统称《罗马条约》。《罗马条约》明确规定，共同体的优先目标是建立共同市场，在共同市场的基础上实现人员、商品、服务和资本的自由流通。关于单一货币，条约本身并未提出明确的主张。1958 年 1 月 1 日，《罗马条约》正式生效，欧洲经济共同体和欧洲原子能共同体正式成立。

1965 年 4 月 8 日，上述六国在布鲁塞尔签订《布鲁塞尔条约》，决定将三个共同体的机构合并，统称欧洲共同体，但三个组织仍各自存在。《布鲁塞尔条约》于 1967 年 7 月 1 日生效，欧洲共同体正式成立。1968 年 7 月 1 日欧洲共同体实现了关税同盟，完成了《罗马条约》赋予的取消成员国之间的贸易限制、取消内部关税及统一各国对外关税税率的使命。在此后的 20 几年中，欧洲共同体经过四次扩大，成员国也由最初的 6 个增加到 15 个。1994 年 1 月 1 日，欧洲共同体更名为欧洲联盟，并继续朝着一体化的目标迈进。

欧洲共同体的成立开创了经济区域化的先河，是欧洲货币一体化的开端和基础。

2. 欧洲货币体系——欧洲货币一体化的制度安排及深化。1969 年 12 月欧洲共同体六国领导在海牙举行首脑会议，提出建立欧洲经济与货币联盟的构想。根据海牙会议精神，以荷兰首相兼外交大臣魏尔纳为首的专家小组于 1970 年 5 月提出了建立欧洲经济货币联盟的初步计划，此计划被称为“魏尔纳计划”。

“魏尔纳计划”主张在 10 年内分三个阶段建成欧洲经济货币联盟，实现资本完全自由流通，各成员国确定货币固定汇率，最终以统一货币取代各国货币。为了进一步加速实现共同市场国家的货币经济同盟的目标，力争摆脱对美元的依赖与美元危机的影响，建立自己的货币稳定区，除英国外的联邦德国、法国、意大利、荷兰、比利时、卢森堡、爱尔兰、丹麦等欧洲共同市场各国经过多年酝酿协商，在德国总理和法国总统的倡议下，欧洲经济共同体的 8 个成员国决定建立欧洲货币体系。1979 年 3 月，欧洲货币体系宣告成立。至此，欧洲货币一体化已进入到制度安排的层面，这标志着欧洲货币一体化的进一步深化。

3. 欧洲经济货币联盟——欧洲货币一体化的高级形式。1989 年 6 月，欧洲共同体 12 国在马德里召开首脑会议，通过了欧洲共同体委员会主席德洛尔提交的《欧洲共同体经济和货币联盟的报告》，即所谓的《德洛尔报告》。《德洛尔报告》成为后来的《马斯特里赫特条约》的雏形。

1991 年 12 月 10 日，欧洲共同体首脑会议在荷兰小城马斯特里赫特召开，通过了《欧洲联盟条约》，包括《欧洲经济货币联盟条约》和《欧洲政治联盟条约》，统称《马斯特里赫特条约》（以下简称《马约》）。同时会议决定将欧洲共同体改为欧洲联盟，简称欧盟。此后，欧盟成员国向东不断扩大，1993 年奥地利、瑞典、芬兰加入。1995 年 11 月，欧盟扩大到 15 个成员国。2002 年，欧盟委员会公布了欧盟东扩的 10 国名单，到 2004 年，欧盟已经成为一个拥有 25 个成员国的区域性多国联盟。

1993 年 11 月，《马约》生效。《马约》是欧洲经济货币联盟的基石，是欧洲货币一体化进程中的里程碑。它明确制定出欧洲经济货币联盟的具体实施过程，更为重要的是为加入欧洲经济货币联盟的国家制定出了具体的可操作标准，令欧洲经济货币联盟的步伐更为坚实和稳定。

《马约》参考了《德洛尔报告》的三个阶段，为欧洲经济货币联盟制定了详细的时间表。第一阶段：1990 年 7 月至 1993 年底，所有成员国都以同一条件加入汇率机制。第二阶段：1994 年 1 月 1 日至 1997 年，进一步实现成员国经济政策的协调，加强成员国之间的经济趋同，建立独立的欧洲货币管理体系——欧洲货币局，为统一货币作技术和程序上的准备；各国货币汇率的波动在原有的基础上进一步缩小并趋于固定。第三阶段：1997 年至 1999 年 1 月 1 日，最终建立统一的欧洲货币和独立的欧洲中央银行。

此后，按照《马约》的计划，1999 年 1 月 1 日，11 个成员国（比利时、德国、西班牙、法国、爱尔兰、意大利、卢森堡、荷兰、奥地利、葡萄牙、芬兰）的统一货币——欧元如期启动。2002 年 1 月 1 日，欧元纸币和硬币开始进入流通，与成员国货币并行流通。2002 年 6 月 30 日以后，成员国货币完全退出流通。

4. 欧元启动对国际货币体系的影响。欧元的诞生是欧洲货币一体化的必然结果，是世界货币史上具有划时代意义的重大事件。它不仅会推动欧洲政治、经济的进一步联合，也对世界经济、金融格局产生重要影响。

欧元作为一种实质上稳定的货币，很快成为了集投资、贸易和储备三位一体的世界性货币，它会使国际货币体系改变面貌，使其趋于合理，为防止世界金融危机发挥了难以替代的重要作用。

（1）国际货币体系多极化。欧元对美元在国际金融格局中的主导地位直接提出挑战，将使国际货币体系走向多极化。在当今国际货币体系中，美元处于主导地位，欧元问世，形成新的一极，国际货币格局形成多极化发展态势。

（2）欧元会使国际货币体系趋向均衡和平稳。在当今世界金融中，美元独步天下：国际贸易的一半以上以美元结算，外汇交易活动的 80% 为美元交易。但是美国在世界出口贸易中只占百分之十几，它的贸易作用和美元在国际货币体系中的影响名不副实。因此，只要美国经济出一点问题，世界就要受震动。

世界货币体系内的均衡和稳定，是反映不同货币的相对分量和它们所代表的贸易区域可以提供一种在国际范围内更好地进行宏观经济和货币合作的可能性。欧元正是适应了这一要求。

（3）欧元启动后的不确定因素。欧元出现后，对巩固欧盟内部大市场和对国际金融体制都有正面影响。然而欧元本身也存在着一些不确定的因素，可能会在将来影响它自身的稳定。这些不确定因素主要表现在两个方面：

首先，欧元区将货币政策集中到欧洲中央银行，将产生高度集中的货币政策与各成员国各不相同的具体情况的矛盾。欧元计划要求各国将货币政策制定权上交欧洲中央银行，各国中央银行将失去利用货币手段协助本国政府对本国经济进行宏观调控的能力，各国政府对本国经济进行宏观调控的回旋余地大大缩小。

其次，欧元的实施使欧盟经济上高度一体化与政治上一体化程度不足的矛盾更加尖锐。欧盟的经济一体已发展到很高的程度，货币联盟是经济一体化的又一重大飞跃。但是，与经济一体相比，政治一体化大大滞后了。所以，欧元可以先于政治联盟出现，但它必须最终推动政治联盟的建立，只有到了那时，欧元区才能进入它的稳定和成熟阶段。

【知识链接】　亚元的前景

欧元的正式流通向全世界揭示了金融全球化的潮流是不可阻挡的。在欧元的强劲挑战之下，美元、加拿大元和墨西哥元之间的整合正在加速进行，美元区已初见端倪，亚洲区内日益频繁的经济合作也催生了人们对亚洲未来共同货币——“亚元”的期待。

早在2003年，有“欧元之父”美誉的诺贝尔经济学奖得主蒙代尔就曾建议设立由亚洲地区某一组货币组成的共同货币，争取在每个国家不放弃本币的情况下，能让一种叫做“亚元”的区域性货币在亚洲流通。

统一货币对亚洲经济发展的意义不可低估。如果“亚元”诞生，那么“亚元区”内国家将互相享有零关税优惠，有助于巩固区内经济；统一的货币可以使亚洲经济避免因美元、欧元大幅波动而受到影响；美元、欧元、“亚元”“三足鼎立”，有利于世界经济的稳定。近年来，亚洲金融合作的不断深入，使“亚元”诞生的希望越来越明朗。2000年5月，东盟各国和中、日、韩3国签署的《清迈倡议》达成了双边货币互换安排，有助于币值的稳定，这个协议使亚洲金融合作从构想变为现实。2003年6月，由亚洲11个国家和地区共同出资10亿美元设立的“亚洲债券基金”，为催生亚洲共同债券市场搭建了平台。2005年5月，二期亚洲债券基金开始发行，总量约20亿美元。

“亚元”前景是美好的，但单一货币毕竟是单一市场的最后演变结果，亚洲各国差异巨大的政治体制和经济发展水平，使“亚元”的诞生过程注定困难而漫长。考虑到东亚有自身的历史和现实特点，东亚国家多是发展中国家，多样性突出，发展水平差距明显，属于经济基础异质区域，所以东亚的合作应以发展为目标，尊重多样性，循序渐进。首要的是巩固和加强在“10+3”范围内已有的货币互换机制和成果，完善对话机制。

【能力训练】

2009年3月24日，中国人民银行行长周小川发表了题为《关于改革国际货币体系的思考》的文章，文中结合2007年以来美国金融危机的爆发，指出现行国际货币体系的内在缺陷，并提出了设立超主权储备货币的改进建议。结合本模块所学习的知识，谈谈你对当前国际货币制度的看法。

模块二　国际金融机构

【课前思考】

大家对我国国内的重要金融机构应该是很熟悉的，可你能说出哪些重要的国际金融机构的名称呢？

【能力目标】

1. 了解国际金融机构的类型；

2. 能够正确评价国际金融机构的作用。

国际金融机构，又称国际金融组织，是指从事国际金融管理和国际金融活动，协调国际金融关系，维持国际货币及信用体系正常运转的超国家性质的组织机构。国际金融机构的名称大多称做银行，也有的叫做基金组织、公司、协会等。

一、国际货币基金组织

（一）国际货币基金组织的建立及其宗旨

国际货币基金组织（International Monetary Fund，IMF）是根据1944 年7 月在美国布雷顿森林召开的联合国货币金融会议上通过的《国际货币基金协定》，于 1945 年 12 月正式成立的，总部设在美国首都华盛顿。它是联合国的一个专门机构。世界经济体系中，国际货币基金组织、世界银行与世界贸易组织（WTO）并列为“三大支柱”。截至2008 年底，该组织已发展成员国 185 个。

国际货币基金组织成立的宗旨是：

1. 建立一个永久性的国际货币机构，促进国际货币合作；

2. 促进国际贸易的扩大和平衡发展，借以在较高的水平上提高和维持就业与实际所得，并开发各会员国的生产资源；

3. 促进汇率的稳定，维持会员之间的正常汇兑关系，避免竞争性的货币贬值；

4. 协助会员国建立国际收支中经常业务的多边支付制度，消除阻碍国际贸易发展的外汇管制；

5. 在适当的保障下，由国际货币基金组织对会员国提供资金，树立其解决国际收支失调问题的信心，从而避免其采取有损国际贸易的措施；

6. 缩短会员国国际收支失衡的时间，并减轻其失衡的程度。

（二）国际货币基金组织的组织机构

国际货币基金组织的组织机构由理事会、执行董事会、总裁及业务机构组成。

1. 理事会。国际货币基金组织的最高权力机构为理事会，由各成员派正、副理事各1 名组成。理事和副理事任期 5 年，可以连任，其任免由会员国本国决定。理事一般由各国的财政部部长或中央银行行长担任，副理事大多是各国外汇管理机构负责人。

理事会的主要任务是：批准接纳新会员国；修改基金份额；分配特别提款权；决定会员国退出国际货币基金组织和其他有关国际货币体系等重大问题。除此之外的其他职责由理事会授权执行董事会实施。

理事会通常每年 9 月举行一次会议，即 IMF 年会，必要时可以举行特别会议。各理事会单独行使本国的投票权（各国投票权的大小由其所缴基金份额的多少决定）。当出席会议的理事投票权合计数占总投票权三分之二以上时，即达到法定人数。

2. 执行董事会。执行董事会负责日常工作，行使理事会委托的一切权力，由 24 名执行董事组成，其中 6 名由美国、英国、法国、德国、日本、沙特阿拉伯各指派 1 名，其余 16 名执行董事由其他成员分别组成 16 个选区选举产生；中国和俄罗斯为单独选区，亦各有一席。执行董事每两年选举一次，不得兼任理事。每名执行董事可指派 1 名副执行董事，在执行董事缺席时，可代行表决权。

执行董事会的主要职责是：定期处理各种行政和政策性事务；向理事会提出年度报告；对会员国的重大经济问题，特别是有关国际金融方面的重大问题进行全面研究。

执行董事会根据业务的需要经常召开会议，当出席会议的执行董事投票合计数不少于总投票数的二分之一时，即达到法定人数。

3. 总裁。总裁由执行董事会推选，负责总管国际货币基金组织的业务工作，为最高行政领导人，任期5年，可以连任。总裁兼任执行董事会主席，但平时无投票权，只有在执行董事会进行表决出现双方票数相等时，才可以投关键性的一票。总裁可以出席理事会，但同样没有表决权。

总裁历来由欧洲人担任，传统上副总裁只设1人，由美国人担任。1994年6月初，执行董事会批准了时任总裁提出的建议，将国际货币基金组织副总裁的数目由1名增加到3名。

4. 业务机构。国际货币基金组织目前设有5个地区部门和12个职能部门。5个地区部门分别是非洲部、亚洲部、欧洲部、中东部、西半球部；12个职能部门分别是行政管理、中央银行业务、汇兑和贸易关系、对外关系、财政事务、国际货币基金学院、法律事务、研究、秘书、司库、统计、语言服务局。

国际货币基金组织还有两个永久性的海外机构，即欧洲办事处（设在巴黎）和日内瓦办事处，并在纽约联合国总部派驻一位特别代表。

在理事会与执行董事会之间，还有两个机构，即“临时委员会”和“发展委员会”。其中，“临时委员会”是1974年10月设立的，由22个会员国部长级代表组成的国际货币基金组织附属机构。临时委员会每年举行2～4次会议。该委员会的主要职能是就一些重大问题向理事会作出报告或提出异议，如国际货币基金组织协定的修改内容、国际货币体系的管理方法和调整措施等。在大多数情况下，它所作出的决定就等于理事会的决定，因而临时委员会事实上已成为国际货币基金组织的常设决策机构。

（三）国际货币基金组织的资金来源

国际货币基金组织的资金来源，除会员国缴纳的份额以外，还有向会员国借入的款项和出售黄金所获得的收益。

1. 基金份额。份额是指成员国参加国际货币基金组织时所要认缴的一定数额的款项。国际货币基金组织相当于一个大型股份公司，成员国缴纳的份额犹如股份，一旦认缴就成为国际货币基金组织的财产。国际货币基金组织以份额作为其资金的基本来源，并用于对成员国的资金融通。份额按规定每5年左右进行一次调整与扩大，迄今已达10次。

份额是根据成员国的国民收入、黄金和外汇储备、进出口贸易及其他经济指标来决定的，具体是按一套较为复杂的方法计算出的。

份额的作用是多方面的，它既是国际货币基金组织的最大资金来源，也是决定成员国投票权、借款权的最主要因素。国际货币基金组织的一切活动都与成员国缴纳的份额相联系，重大问题要有80%以上的票数通过，甚至要求85%以上的票数。国际货币基金组织规定，每一成员国有250份基本票，这部分代表国家的主权。然后按成员国所认缴份额的量，每10万特别提款权折合一票，成员国认缴的份额越多，所获票数也就越多，表决权也就越大。从历史上看，发达国家认缴的份额最多，特别是美国，一度占据总份额的17.6%，拥有事实上的一票否决权。2010年11月6日，国际货币基金组织通过最新的份额改革方案，将实现向有活力的新兴市场和发展中国家转移份额达6个百分点，根据方案，发达国家份额整体将降至57.7%，发展中国家升至42.3%，中国的份额占比将增加2.398个百分点至6.394%，从并列第六跃居第三。但即便如此，发达国家仍然占据主导优势，因此，尽管包括美国在内的发达国家在国际货币基金组织扩资后所认缴的份额有所下降，但其影响力并未削弱，可以说，国际货币基金组织实际上为发达国家尤其是美国所控制。

【知识链接】

"解围之神"：特别提款权

罗伯特·亨特·韦德（Robert Hunter Wade）

乔治·索罗斯（George Soros）在其新著《索罗斯论全球化》一书中，提议对国家和国际公共政策进行结构性调整，以提高世界经济的效率和发展水平。在这项提议中，索罗斯将扩展目前国际货币基金组织（IMF）特别提款权（SDR）体系的计划放在重要位置，并建议改变特别提款权的使用方式。

特别提款权作为一种具有特定用途的货币形式，由国际货币基金组织（董事会）通过向其会员国特别提款权账户存入一定数量的特别提款权来建立（兑换率由一篮子主要货币确定），并严格按照各国配额比例进行分配。对此，罗伯特·特里芬在特别提款权被采用时评论说，对于按照配额自动分配特别提款权这种做法，"无论在经济上还是在道德上都是无可非议的"，但是按配额分配，就意味着两个最大的经济实体将得到全部特别提款权的三分之一，他批评特别提款权的设计者们造成了富人更加富有（1968年，《我们的国际货币体系：昨天、今天和明天》，纽约，兰登书屋，194页）。

特别提款权具有特定目的，不作为一种交易货币，只用来作为偿还国际货币基金组织和巴黎俱乐部的债务，并且通过放松硬通货管制来增加外汇储备，以使硬通货可被用于其他用途，避免被用来支付国际货币基金组织和巴黎俱乐部的债务，但是所有包括向私人代理商提供借贷服务的费用都必须用硬通货支付。

首创于1969年的特别提款权一直处于较小规模的应用范围，因为美国和其他富国对此并不热衷。虽然富国获得了多数的特别提款权，但是它们却不能花费。由于这些发达国家已经拥有大量硬通货，并不需要用特别提款权来增加外汇储备，所以既没有必要从国际货币基金组织借钱，也不会欠巴黎俱乐部的债务。

索罗斯提议将特别提款权变成用途稍加广泛的货币，但与硬通货相比，其使用将受到严格限制。索罗斯强调富国应该使用这种新创造的、用途较广泛的特别提款权来增加"全球公共货物"的供给，因为现在来自公众运动和选民的压力越来越大，目前的取消最穷国债务新世纪运动就是迫于公众运动和选民压力的结果，索罗斯认为通过发动运动可以支持新的用途较为广泛的特别提款权发行。

按照索罗斯的提议，发达国家可以将特别提款权捐献给一个信托基金，该信托基金由一个理事会或由杰出人物（非政府代表）组成的评审委员会来管理。理事会将列出一份体现较高全球公共利益的有价值工程项目清单（例如，非洲的消除肺结核病项目），捐献者们（富国政府）将从工程的项目清单中挑选它们各自愿意支持的项目。当特别提款权被分配到各个工程项目时，提供赞助的发达国家将（按照由一篮子主要货币决定的现行的特别提款权交换汇率）支付给收受国（或信托基金）美元或与各自等量的（硬）通货。因此，新的方案并不改变特别提款权的经济特性：一旦使用特别提款权，发达国家就必须用自己的货币支付（在这一点上，特别提款权成为国家预算中的一项费用）；这样对于富国来说，特别提款权就并非“免费午餐”了［笔者想知道特里芬抱怨特别提款权的背后实情（见起始段），表面上看起来，特别提款权被假定为对富国而言是免费的。也许早期的特别提款权倡导者曾假设在某些重要的国际交易类别中，特别提款权可以替代美元，并且还可以成为某些新生货物和服务的所有权。如果是这样，按照配额比例分配特别提款权的规则将果真等同于让富国获得新所有权的最大份额，但是特别提款权没有朝着此方向发展］。

该提案将公众的注意力集中在那些表面神秘的货币发行上，尽管这些货币发行还仅仅受到较小范围的公众关注，但是它对世界经济的发展效率和水平却有着巨大的影响。该提案的一个宗旨是要表明，世界货币体系的变化确实能对世界经济产生较好的效果，其提法适度，而且切实可行（在第一次发行中，只有相当于270亿美元的特别提款权）。索罗斯提案在货币/支付发行与全球公共货物供应之间建立起了有机联系。毋庸置疑，世界将拥有更为可靠的全球公共货物供应。此外，如果将其同现有安排放在一起时，索罗斯机制的意义在于，能使选择提供什么样的货物，该货物由谁提供，由谁资助等问题得到落实。

目前，世界银行是全球公共货物的一个主要提供者。它的议程大部分由发达国家的代表们确定（特别是由财长们组成的“国际发展委员会中的各位执委”），穷国很少有或者根本没有发言权。很少有实质性的分析来证实“国际发展委员会执委们”（IDA Deputies）的选择正确与否，例如，他们对世界银行最优先考虑的四项全球公共货物的选择“遏制传染病，改善环境，促进贸易，保持金融稳定”。事实上，西方七国集团、国际发展委员会中的各位执委和世界银行的高级管理层在考虑什么是全球公共货物的优先选择时有很大自行裁决权。令人忧虑的是，这样的自行裁决权往往会首先体现私人利益，即挪用国际组织的收入为自己提供狭隘的私人产品，同时，这样的自行裁决权也会导致出现对北方国家政府最具号召力的现象。索罗斯机制将有助于减轻世界银行机制的困难，还可提供一个能用于其他方面的国际性模型。

虽然索罗斯提案要求在规模上保持适度，但是在原则上它可以很快扩大其规模，从而为解决世界经济中长期存在的生产过剩即需求不足作出贡献。尤其是使用特别提款权的可能性一旦得到拓展，将有利于凭借欠发达国家的特别提款权分配来极大地提高不发达国家的消费能力。这种分配方式可以提高低收入国家对北方工业产品的需求，这与当初为提高欧洲在战争之后的需求而为美国工业产品营造市场的马歇尔计划(Marshall Plan) 十分类似。

然而，我们应该清楚地知道，即使充分实施这种特别提款权方式，也不可能改变一切，它只不过是“小人物”，因为它基本上是富国向穷国支付补助金的一种方式。其实，所有的夸夸其谈都围绕在这样一个非常熟悉的想法上，即人们认为诸如信托基金、独立评审委员会、为收受者采购项目以及向较贫困会员国储备金中增加特别提款权的设想，而且这些想法已经受到了广泛的关注。

索罗斯尚不清楚的一个关键问题：即为什么美国政府总是反对进一步扩大特别提款权的配给。几年来，尽管多数国际货币基金组织成员已经在扩展（常规的）特别提款权方面签字，但是美国国会一直拒绝签署。对于美国而言，富国给予穷国更多补贴的想法是否更加符合美国国会的意愿。如果美国国会不信任国际货币基金组织，那它为何会信任由“杰出人物”组成的理事会呢？美国大概可以使用特别提款权来从他国购回其政府债券，从而消除美国的一些外债。上述方案能否在公共竞选压力下获得国会的批准。眼下，在一种单边思维定式占优势的框架下，有什么方法能让美国政府从一些特别提款权中获得更直接的利益？

索罗斯很少谈及穷国应如何处理它们的特别提款权分配，即它们从中能获得什么样的利益（除全球公共货物项目利益之外），他们大概能获得的直接利益全部来自常规的特别提款权，不过在这方面索罗斯的建议没有包含任何新内容。对于不发达国家而言，它们可以将特别提款权用于如下领域：(1) 偿付国际货币基金组织债务；(2) 偿付巴黎俱乐部债务；(3) 帮助外汇危机中的国家从国际货币基金组织获得硬通货，即它们可以用其特别提款权从国际货币基金组织换回美元以及国际货币基金组织必须向它们提供美元；(4) 动用硬通货储备以供交易使用（进口，支付国外私人债务），目前由特别提款权组成的部分储备金需要被用来应付国际货币基金组织和巴黎俱乐部的债务以及应付可能出现的金融危机。

（黄海峰、李希强译）

2. 借款。国际货币基金组织的另一个资金来源是借款。国际货币基金组织借款通过与会员国协议，向会员国借入资金，作为对会员国提供资金融通的一个来源。

3. 信托基金。国际货币基金组织在 1976 年决定，将它持有的 1/6 的黄金分 4 年按市价出售，所得之利润（市价超过黄金官价 1 盎司 =35 美元的部分，共 46 亿美元）作为信托基金，向低收入会员国提供优惠贷款。

（四）国际货币基金组织的主要业务

国际货币基金组织的主要业务是：向会员国提供各种贷款；汇率监督与政策协调；为成员国提供培训、咨询等服务。

1. 向会员国提供各种贷款。发放贷款是国际货币基金组织最主要的业务活动。

(1) 国际货币基金组织的贷款特点。

①贷款对象。限于会员国政府。它只与会员国的财政部、中央银行、外汇平准基金

组织或其他类似的财政机构往来。

②贷款用途。贷款最初主要用于会员国进行国际收支的调整，但近年来也增设了支持会员国为解决国际收支困难而进行的经济结构调整与经济改革的贷款。

③贷款规模。同会员国向国际货币基金组织缴纳的份额成正比。

④贷款方式。会员国向国际货币基金组织借款和还款分别采用所谓“购买”（Purchase）和“购回”（Re－purchase）的方式。“购买”即借款国用相当于借款面额的本国货币来购买弥补国际收支逆差的外汇。这在技术上虽不同于一般的国际借款，但效果是一样的，而从国际货币基金组织角度看，会员国借款则改变了国际货币基金组织持有的货币结构。“购回”即借款国还款时，要用自己原来所借外汇购回本国货币。

（2）贷款种类。国际货币基金组织的贷款分三类：第一类为普通贷款（为会员国所缴份额的125%，期限为3～5年）、补偿与应急贷款、缓冲库存贷款和中期贷款，其贷款资金来自国际货币基金组织自身的资金，即会员国认缴的份额。除储备部分（为所缴份额的25%）贷款不收利息外，第一类其他各项贷款利率均为6%左右，另加0.5%的手续费。第二类为补充贷款和临时信用贷款，其贷款资金来源于国际货币基金组织的借款，贷款的利率为国际货币基金组织的借款成本，另加0.5%的手续费和0.2%～0.325%的加息率。第一、第二类贷款合称普通资金（账户）贷款，国际货币基金组织对非工业会员国提供的大部分贷款都属于这种贷款。第三类贷款是信托基金贷款、结构调整贷款和扩大的结构调整贷款、国际货币基金组织的优惠贷款。

2. 对会员国进行汇率监督与政策协调。在当前的浮动汇率制度下，会员国调整汇率不需征求国际货币基金组织的同意。但国际货币基金组织监督汇率的职能并没有因此而丧失，它主要通过下述办法来实行：（1）国际货币基金组织提出会员国需向它提供必要资料的要求，并同它就汇率政策问题进行磋商；（2）国际货币基金组织工作人员也为监督工作收集所需资料，以全面估价会员国的汇率政策。当国际货币基金组织认为某会员国汇兑措施的修改，或者汇率的执行情况对其他会员国可能具有或已经发生重大影响时，可提出同该会员国进行补充性监督讨论。

国际货币基金组织协调政策的职能，一般通过下述途径实现：（1）特别协商，这一途径同国际货币基金组织定期审查世界经济的形势与前景有关。（2）基金组织理事会从20世纪80年代以来，都把协调会员国经济政策作为会议的重要议题。

3. 为会员国提供培训、咨询等服务。为提高会员国有关专业人员的素质，国际货币基金组织采用组织人员编辑出版各种世界经济和国际金融领域的刊物和书籍、建立培训中心的形式等帮助提高会员国专业人员素质；同时，国际货币基金组织在各国都有派出人员，负责收集和整理世界各国的经济和金融信息，在此基础上，以委派代表团的形式，为会员国提供有关国际收支、财政、金融、外汇和外贸等方面的咨询服务和技术援助。

二、世界银行集团

世界银行集团包括世界银行、国际开发协会、国际金融公司和多边投资担保机构，前三者之间在业务上相互补充，在运营上相互独立。世界银行主要向发展中国家提供低于市场利率的中长期贷款；国际开发协会主要向低收入的国家提供长期无息贷款；国际金融公司则主要负责向发展中国家的私人企业提供贷款；多边投资担保机构主要通过自己的业务活动来推动成员国相互间进行以生产为目的的投资，特别是向发展中国家的投资。以下重点介绍世界银行、国际开发协会和国际金融公司。

（一）世界银行

1. 世界银行的建立及其宗旨。世界银行（World Bank），即国际复兴开发银行，是1944年7月布雷顿森林会议后与国际货币基金组织同时产生的另一个国际金融组织，于1945年12月成立，1946年6月开始营业，1947年11月成为联合国的一个专门机构。总部设在华盛顿，并在纽约、日内瓦、巴黎、东京等地设有办事处。根据世界银行协定，凡参加该行的国家必须首先是国际货币基金组织的会员国，但国际货币基金组织的会员国不一定是世界银行的成员国。

根据1944年7月布雷顿森林会议通过的《国际复兴开发银行协定》第一条规定，世界银行的宗旨是：

（1）为生产目的的投资提供便利，以协助会员国的复兴和开发，并鼓励不发达国家的生产和资源开发；

（2）通过保证或参与私人贷款和私人投资的方式，促进私人对外投资；

（3）用鼓励国际投资以开发会员国资源的方法，促进国际贸易的长期平衡发展，以维持国际收支的平衡；

（4）与国际其他方面的贷款相配合，提供贷款保证。

2. 世界银行的组织机构。

（1）理事会。世界银行的最高权力机构是理事会，由每一会员国选派理事和副理事各一人组成。理事任期5年，可以连任，副理事在理事缺席时才有投票权。

理事会的主要职权包括：批准接纳新会员国；增加或减少银行资本；停止会员国资格；决定银行净收入的分配，以及其他重大问题。理事会每年举行一次会议，一般与国际货币基金组织的理事会联合举行。

（2）执行董事会。世界银行负责组织日常业务的机构是执行董事会，行使由理事会授予的职权。按照世界银行章程规定，执行董事会由21名执行董事组成，其中5人由持有股金最多的美国、日本、英国、德国和法国委派。另外16人由其他会员国的理事按地区分组选举。我国和沙特阿拉伯由于拥有一定的投票权，均可自行单独选举一位执行董事。

（3）行长。世界银行行政管理机构由行长、若干副行长、局长、处长、工作人员组成。行长是银行行政管理机构的首脑，由执行董事会选举产生，任期5年。传统上，世界银行行长是最大股东国（美国）的国民。现任行长是罗伯特·佐利克先生。

行长在执行董事会的有关方针政策指导下，负责银行的日常行政管理工作，任免银行高级职员和工作人员，行长同时兼任执行董事会主席，但没有投票权。只有在执行董事会表决中双方的票数相等时，可以投关键性的一票。

3. 世界银行的资金来源。

（1）会员国缴纳的股金。世界银行按股份公司的原则建立，成立初期，世界银行法定资本 100 亿美元，全部资本为 10 万股，每股 10 万美元。凡是会员国均要认购银行的股份，认购额由申请国与世界银行协商并经世界银行董事会批准。一般来说，一国认购股份的多少根据该国的经济实力，同时参照该国在国际货币基金组织缴纳的份额大小而定。

会员国认购股份的缴纳有两种方法：会员国认购的股份先缴 20%，其中 2% 用黄金或美元缴纳，18% 用会员国本国的货币缴纳。其余 80% 的股份当世界银行催交时，用黄金、美元或世界银行需要的货币缴付。

（2）通过发行债券取得借款。在国际债券市场发行债券来借款，是世界银行资金的一个很重要的来源。

（3）业务净收益。世界银行除将一部分净收益以赠款形式划给国际开发协会外，其余均充做本身的储备金，成为发放贷款的资金来源。

（4）债权转让。自 20 世纪 80 年代以来，世界银行常把一部分贷出款项的债权，有偿地转让给商业银行等私人投资者，以提前收回资金，并转为贷款的资金来源。

4. 世界银行的主要业务。世界银行的主要业务活动是对发展中成员国政府提供长期贷款，为成员国政府或经政府担保的私人企业提供贷款和技术援助。

世界银行的贷款特点有：（1）贷款的期限长，一般为 15 ~ 20 年，最长可达 30 年，宽限期 4 年左右；（2）贷款实行浮动汇率，但一般低于市场利率；（3）贷款程序严密，审批时间长，一般需要一年到一年半的时间；（4）贷款必须专款专用，并受世界银行的监督；（5）对还款时间要求严格，到期归还，不得拖欠，不得改变还款日期。

世界银行的主要贷款种类有以下几种：

（1）项目贷款。即具体的投资贷款，这是世界银行业务的主要组成部分，这类贷款占世界银行提供贷款的一半以上。通常用于发展中国家经济和社会发展的基础设施，以及大型生产性投资。

（2）部门贷款，又称行业贷款。包括部门投资贷款、金融中介贷款和部门调整贷款三种。这三种贷款的使用重点各有侧重。①部门投资贷款的使用重点是改善部门政策和投资重点，以及增强借款国制定和执行投资计划的能力，如交通运输部门贷款、教育部门贷款、农业部门贷款等。在项目安排、资金使用等方面比较灵活，贷款金额较大，支付速度较快，一般用款周期为 3 ~ 5 年。②金融中介贷款的使用重点是面向开发金融公司和农业信贷机构的贷款，前提是双方必须就转贷对象的选择标准、转贷利率和加强组织机构的具体措施达成协议。③部门调整贷款的使用重点是专门为支持某一具体部门进行全面政策和体制改革的贷款，但比结构调整贷款涉及的范围要窄。与前两种贷款不同，部门调整贷款的主要目的是支持某一部门的政策改革，通常为特定部门的进口提供所需外汇，并预先确定受益人或按双方商定的标准选择受益人，一般用款周期为 1 ~ 4 年。

（3）结构调整贷款，又称纯政策性贷款。旨在支持和帮助借款国在宏观经济、部门经济和机构体制方面进行全面的调整和改革，以克服经济困难，特别是在国际收支不平衡时使用。这类贷款使用有严格、苛刻的条件，若借款国未能按预定的条件执行，第二批贷款就停止支付。这类贷款执行期短，一般为1~2年。

（4）技术援助贷款。这种贷款方式旨在支持借款国有关制定和执行政策、参与经济发展战略规划的机构，或为大型投资项目准备实施和管理的机构用于咨询服务、研究课题和人员培训。这类贷款占世界银行贷款的3%左右，一般用款周期为2~5年。

（5）紧急重点贷款。这类贷款的目的是帮助借款国应付自然灾害或其他灾难。贷款用于灾后的重建工作，以恢复生产、安定人民生活。

【知识链接】 **世界银行贷款项目的选择**

世界银行贷款项目的选定，或称世界银行贷款项目的鉴定，是世界银行项目周期的第一个阶段。在这一阶段，借款国需要确定符合世界银行投资原则、有助于借款国实现其发展计划并属于优先考虑的项目。世界银行将参与和协助借款国进行项目的选定、收集和了解项目的基础资料，确定初步的贷款意向。在我国，与这一阶段相对应的国内程序就是项目的立项阶段，它包括项目概念的最初提出与项目的预可行性研究，项目建议书的酝酿、提出与批准等。而作为世界银行项目，则需要把国内这一程序与世界银行对于项目选定的要求结合起来进行。

1. 项目选定的基本要求与内容。引进外资发展我国经济时，首先必须服从于国家发展国民经济的整个计划或目标，使外资的利用成为国民经济发展计划的一个组成部分，并尽量提高投资的质量与效果。而这种外资贷款利用的投资方向与投资项目的选择则是影响投资效果的一个关键性因素。因此，世界银行贷款项目选定阶段的最基本的要求或目的便是：通过初步的调查研究，确定借款国国民经济中需要优先考虑、符合世界银行贷款政策且世界银行和借款国政府都感兴趣的项目。

基于这样一种要求或目的，项目选定的基本工作就是进行基础数据的收集、整理与分析，在分析研究的基础上提出符合要求的项目清单。一般说来，在此过程中需要考虑如下内容：

（1）该项目在其所在部门中的地位（重要性）与优先程度，项目提出的必要性和依据；

（2）该部门在国民经济中的优先性与重要性；

（3）项目本身与部门或国民经济发展计划和目标的一致性；

（4）数据资料所初步显示出的项目可行性，包括资源情况、建设条件、地理位置、协作关系等方面的可行性；

（5）项目建设的初步方案、拟建规模和建设地点的初步设想；

（6）投资估算和筹资设想，包括利用世界银行贷款的可能前景等；

（7）项目的大致进度安排；

（8）经济效益与社会效益的初步估计。

项目选定阶段所收集的数据必须准确而完善，只有这样，才能使据此所选项目的可靠与可行程度得到提高。一般需要收集的数据资料主要包括项目所涉及范围的自然资源情况、人力资源数据、项目所在的部门经济数据（包括历史与目前情况）、有关的社会经济数据（如国民收入）、社会生产状况、市场以及社会行业背景等，以及所能收集到的项目所涉及的各种技术数据和基础资料。

2. 项目选定的过程与方法。项目选定一般由借款国根据其项目选定标准及方法来确定和提出贷款项目，提交世界银行初步调查确认后列入其贷款规划。在选定项目时，要收集、准备完整的材料，从技术上、经济上进行综合分析，并在认真比选的基础上，编制详细的项目文件。收集准确与完善的数据资料是进行项目选定的必要前提，既是项目计划工作的一个重要组成部分，也是项目选定的一个基本方法。当然，在借款国进行项目选定的过程中，世界银行发挥着非常重要的作用。不同的项目，在数据的收集方面，有其共同的地方，也有其不同的地方。一般来说，作为建设项目，不管是农业项目、工业项目、交通运输项目、环保项目还是文教卫生之类的社会发展项目，都需要收集这些部门所涉及的社会经济数据。除此之外，不同的项目均需要收集与本部门或本行业密切相关的专业性数据。由于世界银行参与借款国的项目选定，因此借款国在向世界银行提供项目清单的同时，也必须向其提供与项目有关的各种数据资料，以便其能对项目进行独立的调查与评价。不仅如此，借款国还需向世界银行提供有关的主要经济资料，如生产情况、市场情况、国民收入、外资情况、有关行业背景等。一般与项目有关的资料都是由该项目所涉及的项目单位或主管部门收集与提供的。在项目选定阶段进行准确而完善的数据收集，除为了满足世界银行在项目选定上的要求外，一个非常重要的作用还在于为贷款项目周期的下一个阶段——项目的准备做好铺垫工作。因为在下一个阶段，需要借助这些数据从技术上、经济上等各方面对项目的可行性进行全面的分析研究与论证。

此外，项目选定还必须考虑国家、地区和部门的发展政策（包括价格、税收和补贴政策等），必须在政策允许的范围内进行，也就是说，一个项目的确定，除考虑其本身的技术与经济的可行性之外，还必须考虑项目所赖以生存的条件之一的政策上的可行性，否则选定的这些项目很可能因为某些政策上的原因而变得不可行，最终被否决掉。

3. 世界银行在项目选定阶段的工作与作用。在项目选定阶段，世界银行要对借款国进行一定的宏观经济分析和部门分析，并通过这种分析，为评价该国的国家及部门的经济战略和经济政策奠定基础，同时对其经济状况乃至“偿债信誉”加以评定。世界银行进行分析判断后，与借款国就制定适当的战略以促进整个经济以及一些重要部门的发展进行对话。在此基础之上，帮助借款国或与借款国一起确定一些符合经济社会发展战略且能促使这种发展战略保持连贯性的、适合部门发展目标，且世界银行与借款国政府均认为合适的项目。这些符合发展战略、适合部门目标的项目还必须经过预可行性研究，并进行基本的成本效益分析。

在这一阶段，世界银行要派出项目鉴定团，帮助借款国进行项目的选定。在进行项目选定的过程中，世界银行一般要从事如下三项紧密相关的工作：

（1）确定某一项目设想与国家及部门的优先发展目标是否相符；

（2）若项目设想与国家优先发展目标及与世界银行的贷款政策和战略目标相符，则作出某一项目选择；

（3）将项目设想发展成一个具体的项目目标（项目概念报告），使其成为借款国以及世界银行进行详细的项目准备的依据。

一旦世界银行与借款国双方对所提出的项目达成一致意见，这些项目便被列入世界银行的贷款规划，成为拟议中的贷款项目而开始进行准备工作。同时，该贷款规划也是世界银行编制自身业务计划和预算以及在这个国家开展贷款工作的基础。

（二）国际开发协会

1. 国际开发协会的建立及其宗旨。国际开发协会（International Development Association）成立于1960年，是专门向低收入发展中国家提供优惠长期贷款的一个国际金融组织。按照规定，凡世界银行会员国均可加入协会，但世界银行的会员国不一定必须加入国际开发协会。

国际开发协会的宗旨是：对欠发达国家提供比世界银行条件宽、期限较长、负担较轻并可用部分当地货币偿还的贷款，以促进它们经济的发展和居民生活水平提高，从而补充世界银行的活动，促进世界银行目标的实现。

2. 国际开发协会的资金来源。

（1）会员国认缴的股本。国际开发协会的会员国分为两类：第一类是工业发达国家和南非、科威特，这些国家认缴的股本需以可兑换货币缴付，所缴股本全部供国际开发协会出借；第二类是亚、非、拉发展中国家，这些国家认缴股本的10%需以可兑换货币进行缴付，其余90%用本国货币缴付，而且这些货币在未征得货币所属国同意前，国际开发协会不得使用。

（2）会员国提供的补充资金。由于会员国认缴的股金不能满足信贷要求，而按照规定，协会又不能在国际金融市场发行债券来筹集资金，所以，协会要求有能力的会员国，主要是第一类国家，在一定时期内提供补充资金，以保证协会的资金来源。

（3）世界银行的拨款。世界银行从其净收入中拨给国际开发协会一部分款项，作为国际开发协会贷款的资金来源。

3. 国际开发协会的主要业务活动。国际开发协会只向低收入发展中国家政府与隶属于政府的实体提供贷款。

国际开发协会贷款的期限为35～40年，头10年为宽限期不必还本。偿还贷款时，可以全部或一部分用本国货币偿还。贷款只收0.5%的手续费。由于国际开发协会提供的贷款优惠而宽松，所以被称为软贷款，又叫开发信贷。

鉴于中国在过去20多年来取得的举世瞩目的发展成就，中国已于1999年7月1日从（向世界上最贫困的发展中国家提供无息贷款的）国际开发协会“毕业”，现在仅从世界银行贷款。

（三）国际金融公司

1. 国际金融公司的建立和宗旨。国际金融公司（International Finance Corporation，IFC）是世界银行集团的附属机构，成立于1956年。在工作中与世界银行和多边投资担保机构相互协调，但在法律和财务上保持独立。

国际金融公司的宗旨是：通过向发展中国家的私人企业提供无须政府担保的贷款与股本投资，鼓励国际私人资本流向发展中国家，支持当地资本市场的发展，来促进发展中国家的经济发展，从而补充世界银行的活动。

2. 国际金融公司的资金来源。国际金融公司资本金来自179个成员国，并由成员国共同决定其各项政策。除此之外，国际金融公司的资金来源还有：向世界银行和国际资金市场借入的资金，国际金融公司积累的利润，转售债权与股本的收入等。

3. 国际金融公司的主要业务。国际金融公司的主要业务是提供贷款和投资。

国际金融公司贷款的方式为：直接向私人生产性企业提供贷款；以入股方式向私人企业项目进行投资，但投资规模不超过项目成本的25%，也不承担管理责任，在适当时候还将持有的股份出售给私人投资者。国际金融公司在进行贷款与投资时，有时会联合资本共同进行，共担风险，按投资比例分享利润，这既弥补了它的资金不足，又促进了国际资本向发展中国家流动。国际金融公司贷款规模较小，一般每笔不超过200万~400万美元，期限一般为7~15年，还款时须用原借款货币偿还，贷款的利率一般高于世界银行，并尽可能和市场利率水平相一致，同时也考虑借入资金的成本。

国际金融公司是世界上为发展中国家提供股本金和贷款最多的多边金融机构，它提供长期的商业融资。国际金融公司与发起公司和融资伙伴共同承担风险，但不参与项目的管理。在项目投资总额中国际金融公司只承担部分融资。国际金融公司每投资1美元，便能带来其他投资者和债权人5美元的投资。国际金融公司的章程规定其按照商业原则运作，获取利润。自从成立之日起，公司每年都在盈利。国际金融公司投资不需要政府担保。

由国际金融公司参与的项目通常能增强各方——如外国投资者、当地合作伙伴、其他债权人和政府机构的信心，同时平衡各方的利益。

三、国际清算银行

（一）国际清算银行的建立和宗旨

国际清算银行（Bank for International Settlement）是英国、法国、德国、意大利、比利时、日本等国的中央银行与代表美国银行界利益的摩根银行、纽约和芝加哥的花旗银行组成的银团，是根据《海牙国际协定》于1930年5月共同组建的。行址设在瑞士的巴塞尔。刚建立时只有7个成员国，现成员国已发展至41个。

国际清算银行成立之初的宗旨是，处理第一次世界大战后德国赔款的支付和解决对德国的国际清算问题。国际清算银行成立的实质就是美国要利用这个机构作为掌握德国财政的手段，并将欧洲债务国偿还美国债务问题置于自己的监督之下。1944 年，根据布雷顿森林会议决议，该行应当关闭，但美国仍将它保留下来，作为国际货币基金组织和世界银行的附属机构。此后，该行的宗旨转变为，增进各国中央银行间的合作，为国际金融业务提供额外的方便，同时充当国际清算的代理人或受托人。国际清算银行不是政府间的金融决策机构，亦非发展援助机构，实际上是西方中央银行的银行。

（二）国际清算银行的组织机构

国际清算银行的最高权力机关为股东大会，股东大会每年 6 月份在巴塞尔召开一次，只有各成员国中央银行的代表参加表决。选票按有关银行认购的股份比例分配，而不管在选举的当时掌握多少股票。每年的股东大会通过年度决算、资产负债表和损益计算书、利润分配办法和接纳新成员国等重大事项的决议。在决定个性银行章程、增加或减少银行资本、解散银行等事项时，应召开特别股东大会。除各成员国中央银行行长或代表作为有表决权的股东参加股东大会外，所有与该行建立业务关系的中央银行代表均被邀请列席。

董事会是国际清算银行的经营管理机构，由 13 名董事组成。比利时、德国、法国、英国、意大利和美国的中央银行行长是董事会的当然董事，这 6 个国家可以各自任命 1 名本国工商和金融界的代表作董事，此外董事会可以 2/3 的多数通过选举出其他董事，但最多不超过 9 人。董事会设主席 1 名，副主席若干名，每月召开一次例会，审议银行日常业务工作，决议以简单多数票作出，票数相等时由主持会议的主席投决定票。董事会主席和银行行长由 1 人担任。董事会根据主席建议任命 1 名总经理和 1 名副总经理，就银行的业务经营向银行负责。

国际清算银行下设银行部、货币经济部、法律处、秘书处等办事机构。

（三）国际清算银行的资金来源

国际清算银行的资金来源主要是会员国缴纳的股金，另外，还有向会员国中央银行的借款以及客户的存款。

国际清算银行开创资本为 5 亿金法郎，分为 20 万股，每股 2 500 金法郎，由六国中央银行和美国银行集团七方平均认购。国际清算银行的宗旨发生改变后，其银行资本也相应地增至 15 亿金法郎，分为 60 万股，每股 2 500 金法郎。现在国际清算银行 4/5 的股份掌握在各成员国中央银行手中，1/5 的股份已经由各成员国的中央银行转让给了私人，由私人持有，但私人股股东无权参加股东大会。1996 年 9 月，国际清算银行决定接受中国、印度、韩国、新加坡、巴西、墨西哥、俄罗斯、沙特阿拉伯和中国香港等九个国家和地区的中央银行或行使中央银行职能的机构为成员。实际上，现在世界上绝大多数国家的中央银行都与其建立了业务关系。国际清算银行已经成为除国际货币基金组织和世界银行集团之外的最重要的国际金融机构。

【知识链接】　**金法郎**

金法郎（法文 Franc，英文 Gold Franc）是历史悠久的一种货币单位。法郎诞生于14世纪，1795 年法郎成为法兰西第一共和国货币。1803 年3 月28 日（法国共和11 年芽月7 日），法国制定金币法郎法律，因此又称“芽月法郎”，与黄金的比价关系是：1 法郎等于含金率为90%的10/31 克黄金，或者等于9/31 克纯金，即含金量为0. 29032258 克。1834 年法郎真正成为法国唯一的货币。

法郎在当时是一种稳定的货币，成为国际结算中常用的重要货币之一。许多国际组织和国际公约也采用法郎作为标准货币。1874 年 10 月 9 日万国邮政联盟成立时，在邮政公约中规定使用法郎制定统一的国际邮政资费，结算会员国之间邮政账务。

实行金本位制发行货币的国家，原可按照货币的含金量向银行兑换等值黄金。1914年第一次世界大战爆发后，参战国为了适应战争需要，禁止黄金输出，停止货币兑换黄金。第一次世界大战后世界经济格局发生变化，法国由债权国变成债务国，法郎名义上仍保持法定的黄金等值，但事实上早已贬值，原发行的金币法郎也不再在市场上流通。但仍有一些国际组织继续沿用1803 年“芽月法郎”的黄金重量和成色标准作为记账货币单位，用于国际结算，并特别称为“金法郎”，以区别于贬值流通的法国法郎。1924年第8 届万国邮政大会就在万国邮政公约中明确规定：万国邮联的标准货币是重10/31克、含金率为0. 900 的金法郎。1930 年5 月在瑞士巴塞尔创立的国际清算银行，也规定使用金法郎作为记账单位。

（四）国际清算银行的主要业务活动

1. 处理国际清算事务。第二次世界大战后，国际清算银行先后成为欧洲经济合作组织、欧洲支付同盟、欧洲煤钢联营、黄金总库、欧洲货币合作基金等国际机构的金融业务代理人，承担着大量的国际结算业务。

2. 办理或代理有关银行业务。第二次世界大战后，国际清算银行业务不断拓展，目前可从事的业务主要有：接受成员国中央银行的黄金或货币存款，买卖黄金和货币，买卖可供上市的证券，向成员国中央银行贷款或存款，也可与商业银行和国际机构进行类似业务，但不得向政府提供贷款或以其名义开设往来账户。目前，世界上很多中央银行在国际清算银行存有黄金和硬通货，并获取相应的利息。

3. 定期举办中央银行行长会议。国际清算银行于每月的第一个周末在巴塞尔举行西方主要国家中央银行的行长会议，商讨有关国际金融问题，协调有关国家的金融政策，促进各国中央银行的合作。

四、亚洲开发银行

（一）亚洲开发银行的建立和宗旨

亚洲开发银行（Asian Development Bank，ADB）是亚洲、太平洋地区的区域性金融机构。它不是联合国下属机构，但它是联合国亚洲及太平洋经济社会委员会（联合国亚太经社会）赞助建立的机构，同联合国及其区域和专门机构有密切的联系。1966 年 11 月亚洲开发银行在东京召开首届理事会，宣告该行正式成立。同年 12 月 19 日正式营业，总部设在马尼拉。

亚洲开发银行的宗旨是通过向亚太地区发展中国家（地区）提供项目贷款和技术援助，促进和加速本区域的经济合作。亚洲开发银行对发展中成员的援助主要采取四种形式：贷款、股本投资、技术援助、联合融资和担保。

（二）亚洲开发银行的组织机构

亚洲开发银行的组织机构主要有理事会和董事会。理事会是亚洲开发银行最高权力机构，负责接纳新成员、变动股本、选举董事和行长、修改章程等。行长是该行的合法代表，由理事会选举产生，任期 5 年，可连任。亚洲开发银行有来自亚洲和太平洋地区的区域成员，也有来自欧洲和北美洲的非区域成员。

亚洲开发银行每年 4 月至 5 月在总部或成员国轮流举行年会。主要议题是探讨亚太地区的经济金融形势、发展趋势和面临的挑战，推动该行作为地区性开发机构在促进本地区社会经济发展方面发挥作用。同时会议还将对亚洲开发银行年度业务进行审议，并通过亚洲开发银行年度报告、财务报告、外部审计报告、净收入分配报告、预算报告等。

（三）亚洲开发银行的资金来源

亚洲开发银行的资金来源为普通资金和特别基金两个部分。

1. 普通资金。普通资金用于亚洲开发银行的硬贷款业务，是亚洲开发银行进行业务活动的最主要资金来源。该资金来源于成员认缴的股本金、国际金融市场的筹资、普通储备金、特别储备金，以及银行的净收益和预交股本等。

（1）股本。亚洲开发银行建立时法定股本为 10 亿美元，分为 10 万股，每股面值 1 万美元，每个会员国或地区成员都须认购股本。新加入的会员国或地区成员的认缴股本由亚洲开发银行理事会确定。首批股本分为实缴股本和待缴股本，两者各占一半。实缴部分股本分五次缴纳，每次缴 20%。待缴部分只有当亚洲开发银行对外借款以增加其普通资本或为此类资本作担保而产生债务时才催缴。会员国或者地区成员支付催缴股本可选择黄金、可兑换货币或亚洲开发银行偿债时需要的货币支付。

日本和美国是亚洲开发银行最大的出资者，认缴股本分别占亚洲开发银行总股本的 15% 和 14.8%。我国占第三位，占总股本的 7.1%。

（2）借款。在亚洲开发银行成立之初，其自有资本是它向会员国或者地区成员提供贷款和援助的主要资金。从 1969 年开始，亚洲开发银行开始从国际金融市场借款。一般情况下，亚洲开发银行多在主要国际资本市场上以发行债券的方式借款，有时也同有关国家的政府、中央银行及其他金融机构直接安排债券销售，有时还直接从商业银行贷款。

（3）普通储备金。按照亚洲开发银行的有关规定，亚洲开发银行理事会把其净收益的一部分作为普通储备金。

（4）特别储备金。对 1984 年以前发放的贷款，亚洲开发银行除收取利息和承诺费以外，还收取一定数量的佣金以留做特别储备金。

（5）净收益。由提供贷款收取的利息与承诺费形成。

（6）预交股本。亚洲开发银行认缴的股本采取分期交纳的办法，在法定认缴日期之前认缴的股本即是预交股本。

2. 特别基金。这部分资金由成员国认缴股本以外的捐赠及认缴股本中提取10%的资金组成。主要用于向成员国提供贷款或无偿技术援助。目前该行设立了三项特别基金：亚洲开发基金，技术援助特别基金，日本特别基金。

（1）亚洲开发基金。亚洲开发银行基金创建于1974年6月，基金主要是来自亚洲开发银行发达会员国或地区成员的捐赠，用于向亚太地区贫困国家或地区发放优惠贷款。同时亚洲开发银行理事会还按有关规定从各会员国或地区成员缴纳的未核销实缴股本中拨出10%作为基金的一部分。此外，亚洲开发银行还从其他渠道取得部分赠款。

（2）技术援助特别基金。该项基金的资金来源为：①赠款；②根据亚洲开发银行理事会1986年10月1日会议决定，在为亚洲开发基金增资36亿美元时将其中的2%拨给技术援助特别基金。

（3）日本特别基金。亚洲开发银行理事会于1988年3月10日决定成立日本特别基金。主要用于：①以赠款的形式，资助在会员国或地区成员的公营、私营部门中进行的技术援助活动。②通过单独或联合的股本投资，支持私营部门的开发项目。③以单独或联合赠款的形式，对亚洲开发银行向公营部门开发项目进行贷款的技术援助部分予以资助。

（四）亚洲开发银行的主要业务

1. 贷款。亚洲开发银行的贷款分为硬贷款、软贷款和赠款三类。硬贷款的贷款利率为浮动利率，每半年调整一次，贷款期限为10～30年。软贷款，即优惠贷款，仅提供给人均收入较低且还债能力有限的亚洲开发银行成员，贷款期限为40年，不收利息，仅收1%的手续费。赠款用于技术援助，资金由技术援助特别基金提供，但赠款金额有限制。

2. 技术援助。是亚洲开发银行在项目有关的不同阶段如筹备、执行等阶段，向成员国提供的资助，目的是提高成员国开发和完成项目的能力。目前，亚洲开发银行的技术援助分为：项目准备技术援助、项目执行技术援助、咨询性技术援助、区域活动技术援助。技术援助大部分以贷款方式提供，有的则以赠款或联合融资方式提供。

3. 联合融资。是指世界银行与一个或以上的区外金融机构或国际机构，共同为成员国某一开发项目提供融资。该项业务始办于1970年，做法上与世界银行的联合贷款相似，目前主要有平行融资、共同融资、伞形或后备融资、窗口融资、参与性融资等类型。

4. 股本投资。是通过购买私人企业股票或私人开发金融机构股票等形式，对发展中国家私人企业融资。亚洲银行于1983年起开办此项投资新业务，目的是为私营企业利用国内外投资起促进和媒介作用。

【能力训练】

1997 年 IMF 对泰国提供 170 亿美元贷款的附加条件：

1. 实施紧缩的财政政策，进一步削减财政开支，提高税收，将增值税税率从 7% 提至 10%；

2. 全面改革金融体制，关闭 56 家金融机构，加强资本充足率管理；

3. 同意全额偿债；

4. 进行自由化改革，发展外向型经济，包括降低关税、私有化、去除外国投资障碍。

请结合 IMF 的上述贷款条件，讨论发展中国家取得 IMF 贷款是否可以真正解决国际收支面临的困境？

模块三　国际金融市场

【课前思考】

你能否顺畅地说出国际金融市场的主要类型？

【能力目标】

1. 了解国际金融市场的构成与类型；

2. 能够掌握国际金融市场的运行机制与规律。

一、国际金融市场概述

（一）国际金融市场的概念

金融市场是金融资产交易的场所。具有三大功能：一是为金融资产定价，二是增强金融资产的流动性；三是降低金融产品的交易成本（包括寻找成本和信息成本）。在金融全球化环境中，对于任何一个国家，其企业的投融资是多样化的，可以在国内金融市场，也可以跨越国界进入国际金融市场。

国际金融市场是居民与非居民之间，或者非居民与非居民之间的金融资产交易的场所。通常还把非居民之间金融资产交易的场所称为“离岸金融市场”（Offshore Financial Market）或“境外金融市场”，这是相对于国内金融市场（在岸——Onshore）而言的，其一般含义为在原货币发行国境外进行各种金融资产交易的场所，比如像欧洲美元市场或者欧洲货币市场。根据这样的理解，金融市场可以分为国内金融市场、国际金融市场和离岸金融市场三部分。

应该强调的是，国际金融市场主要是由电子技术和通信手段连接而成的无形的交易网络。这个无形的市场是由世界各国众多的从事金融资产交易的参与者，如银行、非银行金融机构、跨国公司、各国金融管理当局、家庭或个人等所构成，其金融活动范围非常广泛，包括长短期资金的借贷，外汇、证券、衍生金融工具及黄金的买卖，国际间债权债务的清偿，以及各种金融票据的贴现等。

（二）国际金融市场的形成与发展

第一次世界大战以前，英国的自由资本主义迅速发展并向海外积极扩张，使其经济实力跃居世界首位，英国伦敦在当时囊括了世界上大部分金融财富，英镑成为世界上主要国际储备货币和国际结算货币，伦敦以其政治稳定、经济繁荣和较完备的金融制度等优越条件率先成为世界上最大的国际金融市场。

第一次世界大战爆发至第二次世界大战结束后，美国利用第二次世界大战积累的巨额资本，成为世界上最大的资金供应者，控制着整个西方经济，美元成为各国的储备货币和国际结算货币，美国纽约金融市场迅速崛起，继伦敦之后并超过伦敦，成为世界上最大的国际金融市场。在同一时期，西欧的瑞士因免受战争灾难，并且具有良好的金融环境和瑞士法郎能够自由兑换的优势，使苏黎世金融市场的外汇交易和黄金交易非常活跃，金融市场规模也迅速扩大。在这一阶段，纽约、伦敦和苏黎世被公认为世界三大国际金融市场。

进入20世纪60年代以后，国际金融市场不再局限于少数国家，而是扩张到巴黎、法兰克福、阿姆斯特丹、卢森堡、东京、新加坡、中国香港等城市和地区，甚至一些鲜人未知的地方，如加勒比海地区的开曼群岛（Cayman Islands）和中东的巴林（Barain）等地，也相继形成重要的国际金融市场。

20世纪90年代以后，金融全球化的趋势日益明显，国际金融市场上的金融活动呈现出新的特征：

1. 金融衍生产品市场迅速拓展。由于衍生金融产品市场具有降低交易成本、增强流动性和风险再分配三大优点，因而其市场发展非常迅速。近十几年来，金融衍生产品交易规模急剧膨胀。

2. 私人资本成为国际金融市场资本流动的主体。20世纪90年代以前，国际金融市场上官方资本流动的规模较大，但是进入90年代以后，私人资本流动规模迅速增加，并大大超过了官方资本流动规模。据统计，1994—1998年，全球每年的官方发展援助总额在750亿美元左右，而同期以直接投资、发行债券、发行股票和银行贷款为主要内容的私人资本流动的规模大幅度增加，仅以七国集团为例，1997年的对外直接投资就超过了4 000亿美元，国际债券净发行额为5 959亿美元，全球跨国股票发行规模为1 175亿美元，国际商业银行贷款净额为5 000亿美元。

3. 机构投资者在国际金融市场的地位迅速上升。20世纪90年代以前，诸如养老基金和保险公司等这样的机构投资者所持有的金融资产几乎全部投资于国内金融市场，有些国家还有限制这些机构投资者投资于国际金融市场的法律法规。90年代中期以后，情况发生了很大的变化。据统计，1996美国的养老基金和保险公司等机构投资者持有的资产中外国股票和债券的比重分别为11%、7%和7%，英国的这一比例分别为28%、18%和15%。1995年，美国、日本、德国、法国、英国的机构投资者所管理的资产总额分别达到10.501万亿美元、3.035万亿美元、1.113万亿美元、1.159万亿美元和1.79万亿美元。意味着这些机构投资者持有和管理的资产总量都超过了所在国家GDP的规模。

4. 网络金融迅猛发展。网络金融是金融业的重大创新，1995年10月18日，世界第一家网络银行——“安全第一网络银行”（Security First Network Bank，SFNB）在美国诞生，并且从诞生之日起就具有“全球银行”的特色，在其后短短几年里，网络金融业务就在全球金融市场迅速扩张，网络银行已经遍及世界各地，能为客户提供超越时空的全天候、全功能和个性化的服务。

5. 国际金融危机频频爆发。金融全球化一方面使金融市场流动性和运行效率明显增强，另一方面又加剧了市场风险及其传染性，全球金融市场的动荡已成为一种常态，巨额国际资本流动负“外溢效应”导致国际金融危机频频爆发。

（三）国际金融市场的分类和作用

1. 国际金融市场的分类。随着金融全球化步伐的加快，国际金融市场与国内金融市场的界限已经越来越模糊，意味着若以“国际”和“国内”为标准将很难对具有不同特点的金融市场作出清晰的界定。因此，需要针对国内市场与国际市场日趋融合的现实，淡化国家间的物理边界，来对金融市场（包括了国内金融市场和国际金融市场）进行分类。

按照资金融通的期限长短划分，国际金融市场可以分为国际货币市场和国际资本市场。

国际货币市场即国际短期资金市场，它是指资金借贷期在一年及一年以下的、必须有非居民参与交易的国际金融市场；国际资本市场即国际长期资金市场，它是指资金借贷期在一年以上的、必须有非居民参加的中长期信贷或中长期证券发行和交易的市场。

按照经营业务的性质划分，国际金融市场可以分为外汇市场、国际证券市场、国际黄金市场和国际资金借贷市场。外汇市场是由各类外汇提供者和需求者组成的，进行外汇买卖、外汇资金清算等活动的场所；国际证券市场是指外国政府债券、外国公司债券、外国公司股票等有价证券发行和交易的市场；国际黄金市场是指有非居民参加的、专门从事黄金交易买卖的市场；国际资金借贷市场是指金融机构向非居民提供资金借贷的市场。

按照发展演变划分，国际金融市场可以分为传统的国际金融市场和新型的国际金融市场。传统的国际金融市场是指从事市场所在国货币的国际信贷和国际债券业务，交易主要发生在市场所在国的居民与非居民之间，并受市场所在国政府的金融法律法规管辖的市场；新型的国际金融市场是指其交易涉及所有可自由兑换的货币，大部分交易是在市场所在国的非居民之间进行，业务活动不受任何国家金融体系规章制度管辖的市场，这类市场以欧洲货币市场最为典型。

由于国际金融市场的具体形态多种多样，而对其的划分标准又各不相同，因此，很难用一种标准对其进行准确的划分和界定。本部分综合以上分类标准，对涉及的主要国际金融市场具体形态进行解释，主要介绍外汇市场、黄金市场、国际货币市场和国际资本市场、欧洲货币市场。

2. 国际金融市场的作用。第二次世界大战以来，世界经济和金融环境发生了巨大变化，随着技术进步和社会生产力的发展，以及各国持续推进贸易和金融的自由化，使生产的国际化有力地推动金融资本的国际化，国际金融市场发挥着越来越重要的作用。

（1）促进了生产和资本的全球化。国际金融市场通过世界各国的银行和非银行金融机构，广泛地组织和吸收世界各国（地区）以及国际社会的各种资金，把大量闲散资金积聚起来变为有效资本。国际金融市场的功能与效率的拓展和提高，为生产和资本的全球化创造了有利条件。

（2）改善国际收支状况。国际收支出现逆差的国家越来越多地到国际金融市场筹借资金以弥补逆差；同时，国际金融市场还可以通过汇率变动来影响国际收支状况，这是因为，国际金融市场上外汇供求的变化会导致外汇汇率的变动，而汇率的变动又可以影响国际经贸往来，进而可以调节国际收支的状况。

（3）支持世界各国的经济发展。国际金融市场积极发挥世界资本再分配的职能，为各国经济发展提供了资金，特别是许多发展中国家可以通过国际金融市场筹措资金以满足其经济发展的投资需求。国际金融市场提供的资金有力推动了各国经济乃至世界经济的发展。

（4）国际金融市场的迅速发展也产生了一些负作用。由于国际金融市场积聚了大量的跨国流动的资本，尤其是“国际游资”规模庞大，促使汇率和利率频繁大幅度波动，强化了国际金融市场的不确定性，这些都会削弱政府经济与金融政策的有效性，诱发金融危机，降低了全球范围内金融资源的配置效率。

二、国际外汇市场

国际外汇市场是国际金融市场的重要组成部分，是外汇供求关系的总和，是经营外汇买卖的交易场所、组织系统和交易网络系统。国际外汇市场包括有形的外汇买卖场所和无形的外汇交易网络或系统，它是由各种经营外汇业务的机构，以及有外汇支付、外汇投资需求的个人进行外汇买卖活动的集合。

（一）国际外汇市场的运行特点

作为国际金融市场的重要组成部分，国际外汇市场与其他国际金融市场关系密切。例如，国际货币市场的借贷业务、国际资本市场的投资活动及黄金市场上的各种交易都与外汇市场买卖紧密联系。20 世纪 70 年代以后，国际外汇市场发展速度不断加快，这与其自身特点是密不可分的。其主要特点主要表现在以下几个方面：

1. 外汇市场以由信息流和资金流组成的无形市场为主。国际外汇市场的交易主要是借助于电子通信网络完成的，外汇交易所的交易量比较小，无形交易市场的交易额比较大。特别是 20 世纪 70 年代以来，现代化通信设备和电子计算机大量应用于国际银行业，全球性的外汇市场发展迅速，各国外汇市场之间已经形成一个发达的通信网络，任何一地的外汇交易都可通过电话、电报、电传、计算机终端、通信线路等硬件设施形成的全球联通的网络来进行。

2. 国际外汇市场是高度一体化的市场。在外汇市场上，交易的标的物是货币，它具有同质性，没有质量上的差别，而且借助于发达的通信网络，人们可以随时随地获得货币汇率变动的信息，非常方便地进行货币买卖，这使外汇供给和需求，以及货币汇率在全球范围内趋向一致。此外，国际外汇市场高度一体化还表现在西方国家对外汇市场的联合干预加强。1985 年 9 月，西方五国财长会议达成了建立国际协调机制和联合干预外汇市场的协议，对外汇市场的联合干预越来越频繁。

3. 外汇市场昼夜不停地运转。分布于世界各地的外汇市场根据当地的时间营业，由于时差原因，外汇交易可以在全球范围的一天 24 小时内随时进行。例如，欧洲的外汇市场在当地时间上午 9 点开始营业，在欧洲时间下午 2 点时，纽约外汇市场开始营业；

而当纽约外汇市场在当地时间下午 4 点关闭时，正值旧金山时间下午 1 点；当旧金山外汇市场闭市后，交易又转到东京，之后依次是新加坡、中国香港、欧洲。这些外汇市场按照时差顺序如此周而复始，因此从全球意义上说，外汇市场从不关闭（见表 4－1）。

表 4－1　国际重要汇市交易时间

外汇市场	当地时间	北京时间
新西兰惠灵顿	09:00—17:00	04:00—12:00
澳大利亚悉尼	09:00—17:00	06:00—14:00
日本东京	09:00—15:30	08:00—14:30
新加坡	09:00—16:00	09:00—16:00
德国法兰克福	08:30—17:30	15:30—00:30
英国伦敦	08:30—17:30	15:30—00:30
美国纽约	09:00—16:00	21:00—04:00

4. 政府干预在外汇市场表现突出。各国政府都有经济管理职能，政府对经济管理和干预往往是通过对市场的干预而实现的，但与其他市场相比，政府对外汇市场的干预无论是规模还是频率都大得多。从理论上看，实行浮动汇率制后，各国中央银行不再负有维持汇率的义务，货币汇率应由供求关系来决定，但各国从自身经济发展利益出发，从未放弃对汇率的干预，有时是一国的金融管理当局介入，有时甚至是几国中央银行联合进行干预。

（二）国际外汇市场的构成

1. 市场交易工具。市场交易工具是外汇。外汇是指以外国货币表示的用于国际结算的支付手段和其他金融资产。可以兑换的外国货币、外币支付凭证、外币有价证券、特别提款权等都是外汇市场的交易工具。

2. 市场主体。外汇市场的主体主要由以下机构组成：（1）外汇指定银行。外汇指定银行是指由各国中央银行或货币当局指定或授权经营外汇业务的银行。外汇指定银行也称外汇银行，通常是商业性银行，它既可以是专门经营外汇的本国银行，也可以是兼营外汇业务的本国银行或在本国的外国银行分行。外汇银行是外汇市场上最重要的参与者，其外汇交易构成外汇市场活动的主要部分。（2）中央银行。中央银行通常通过设立外汇平准基金参与外汇市场交易。它通过抛售外汇或买进外汇以维持汇率稳定和调节国际储备量。从某种意义上看，中央银行是外汇市场的实际操纵者。（3）外汇经纪人。外汇经纪人是指那些在银行间或银行与客户间进行联系、接洽外汇买卖的商人。外汇经纪人一般分为两类，即一般经纪人和跑街经纪人。其联系着外汇买卖双方并促成交易，从中收取佣金。（4）外汇交易商。外汇交易商是指买卖外国汇票的交易公司或个人。外汇交易商多数是信托公司、银行等兼营机构，也有专门经营这种业务的公司和个人。（5）外汇投机者。他们是不断地大规模从事某种货币或某种类型的外汇业务，以致使该种货币或该种业务得以形成市场的外汇交易者。外汇投机者进行外汇买卖不是出于贸易和投资的需要，而是利用该种金融工具在汇率波动中进行贱买贵卖以赚取差价。（6）外汇实际供应者和时间需求者。他们是利用外汇市场完成国际贸易或国际投资收支的个人或公司，一般是进出口商、国际投资者、跨国公司和境外旅游者。

3. 市场组织方式。外汇市场的组织方式可分为两种：一种是柜台市场方式，也称英美体制。这种组织方式没有固定的开盘和收盘时间，没有具体的交易场所，交易双方只依赖电传、电报、电话等通信设备相互联系、协商并达成交易。这种方式是外汇市场的主要组织方式，英国、美国、加拿大、瑞士等国的外汇市场均采取该方式。另一种组织方式为交易所方式，也称大陆体制。这种组织方式有固定的交易场所、固定的营业日和固定的开盘、收盘时间，外汇交易者于规定的营业时间内集中在交易所进行交易。德国、法国、荷兰、意大利等国的外汇市场均采取该种方式。

（三）外汇市场的种类

按外汇市场组织形式划分，外汇市场可分为柜台市场和交易所市场。

按外汇交易的对象划分，外汇市场习惯上分为零售市场和批发市场。零售市场是指由外汇银行和公司与个人之间进行外汇交易的市场。批发市场是指由银行同业之间买卖外汇或调剂余缺所形成的市场。银行在经营外汇业务时难免会出现买进和卖出不平衡的情况，即出现敞口头寸。为了消除汇率变动风险，银行必须轧平头寸，即所谓抛长补短，将长头寸卖出去，把短头寸买进来，保持外汇买卖数额达到大致平衡。银行同业交易占外汇交易总额的90%以上，其外汇买卖价差一般小于零售市场的价差。

按买卖外汇交割期限的不同，外汇市场可分为即期外汇市场和远期外汇市场。即期外汇市场是从事现汇买卖活动的市场，即在成交后两个营业日内进行交割的外汇交易市场。远期外汇市场是从事期汇买卖的市场。它主要是通过经纪人居间办理接洽，其交易的参与者主要是在国际贸易和国际资本流动过程中的进出口商和投资者，其交易目的主要是为了避免汇率风险而进行外汇保值。

（四）世界主要的外汇市场

1. 美国纽约外汇市场。美国纽约外汇市场是美国规模最大的外汇交易市场，纽约外汇市场为了提高交易质量，建立了现代化的电子计算机系统，客户通过计算机系统利用电话、电传、互联网等现代通信手段进行交易。它的计算机电脑系统和监测系统已被纳入外汇交易和信贷的全部程序，客户通过此系统，可以随时随地地了解主要货币的即期、远期汇率及货币市场汇率的变化。并且可以随时与经纪人和经营外汇的银行取得联系，由于这种密切的联系组成了纽约银行间的外汇市场。

由于美元在国际贸易的货币体系中的特殊地位，美国政府对经营外汇业务的银行不加以限制，因此，有关外汇业务主要是通过商业银行来办理，所以，商业银行在外汇交易中有着重要的作用。在外汇监管方面，美国的有关职能部门对外汇市场的交易进行了改革，一是改变了过去银行间的外汇交易必须通过经纪人的做法，允许银行之间直接进行交易；二是美国从事外汇业务的经纪人，可以从事国际间的外汇经济活动，可以直接接受国外银行的外汇报价；三是改变了外汇报价的标价方法，由过去的直接标价法改为间接标价法，方便了汇率的换算。由此使纽约外汇市场的业务不断扩大，造成欧洲大陆的一些主要货币及加拿大元、日元、港元等在纽约外汇市场大量交易。这使纽约外汇市场在世界外汇市场中占有主导地位，同时也是世界贸易美元交易的清算中心，是当今世界上最为主要的外汇交易市场。

2. 英国伦敦外汇市场。伦敦外汇市场是有着悠久历史的国际外汇市场，拥有其非常现代化的电子通信网络，且交易量大，是当今世界上最大的外汇交易市场。

伦敦外汇市场是由英格兰银行指定的外汇交易银行和外汇经纪人组成，由外汇银行和外汇经纪人协同组成了行业自律组织，也就是伦敦外汇银行家委员会和外汇经纪人协会，伦敦是欧洲货币市场的中心，大批国外银行在伦敦设立分支机构，通过现代化的通信设备进行外汇交易，是欧洲外汇市场的交易中心。

3. 日本东京外汇市场。随着日本推行金融自由化及政策国际化，在取消外汇管制和制定“外汇修正法”的基础上，东京外汇市场从过去的区域性外汇交易，发展成为当今世界上仅次于伦敦和纽约的第三大外汇交易市场。东京外汇市场由银行间市场和顾客市场组成，银行间的市场是外汇市场的核心，成员是由外汇经营行、经纪行及地方银行和在日本的外国银行组成。

东京外汇市场的交易种类呈多样化，最大的交易是日元对美元的交易，因为日本的对外贸易大部分是以美元计算的，随着日本境外美元资产的增加，以及美国近年来在经济增长放缓的情况下，日元对美元的交易量也随之下降，从而导致日元对欧元的交易量增加。

4. 新加坡外汇市场。新加坡外汇市场是由国内及国外商业银行和货币经纪商参与经营的，市场交易主要以即期交易为主，同时远期和投机交易也非常活跃，由于时差原因，交易商利用现代化电子通信及网络设备，将该市场与世界其他主要外汇市场联系起来，使全世界外汇交易不间断。参与新加坡外汇市场的主要机构有；本国银行、外国银行及分支机构、外汇经纪商、新加坡金管局、政府机构、企业、公司和个人。

5. 瑞士苏黎世外汇市场。瑞士苏黎世外汇市场主要由瑞士银行、瑞士信贷银行、瑞士联合银行、瑞士国家银行、国外银行及分支机构、国际清算银行及国际金融业的各种银行组成。苏黎世外汇市场具有良好的组织和监管，苏黎世外汇市场的特别之处是，在进行外汇交易时，银行之间是通过电话和电传进行的，而不经过外汇经纪人或外汇中间商来进行。美元在瑞士苏黎世外汇市场是主要币种，外汇的交易价格不是以瑞士法郎而是以美元来标价的，以此造成客户买卖的不是瑞士法郎而是美元。美元已成为瑞士中央银行干预外汇市场的重要工具。

三、国际黄金市场

黄金市场（Gold Market）也是国际金融市场的一个重要组成部分，并与其他专业性金融市场有着密切的联系。世界黄金市场行情的变动和发展的态势，对整个国际金融市场以及各国的经济都会产生较大的影响。

黄金市场是世界各地黄金买卖交易的中心。目前世界上共有 40 多个黄金市场，这些市场虽然分布在世界各地，但由于时差的因素，正好使几个主要黄金市场（如伦敦、纽约、中国香港等）的营业时间相衔接，近年来，现代化的远程通信技术和互联网已经将这些市场连为一体，形成了全球性的黄金市场。

（一）国际黄金市场的参与主体与类型

世界黄金市场的参与者主要有：开采或销售黄金的企业、跨国集团公司；国际金商、大银行；各国中央银行；国际金融机构；以黄金用于工业的企业；以及为了保值或投机目的而参与黄金买卖的企业或个人。从世界黄金市场的供给状况上看，该市场的黄金来源主要有三条途径：一是来自各国金矿开采，据有关资料统计，20 世纪 80 年代世界黄金产量每年在 1 700 ~ 2 100 吨之间，而 20 世纪 90 年代中期每年在 2 000 吨左右，到 2002 年，黄金年产量达到其历史峰值 2 600 吨，至 2009 年世界黄金产量为 2 350 吨。二是国际金融机构，各国中央银行或私人出售黄金，如国际货币基金组织在 1976—1980 年间以拍卖的方式出售总计 778 吨的黄金。三是一些国家在黄金市场上出售金币或发行黄金证券，如南非在 1967—1980 年间出售了 2 900 万枚克鲁格兰特金币，总量达 902 吨。

对黄金的需求来自三个方面：（1）作为工业用途。主要用在高科技工业、首饰业、医疗机械业等。（2）作为官方储备资产。据统计，在 20 世纪 90 年代初期，国际货币基金组织、世界各国的中央银行等所拥有的黄金储备资产总计约为 3. 6 万吨，后由于美国和苏联及东欧国家冷战结束，主要工业国家的通货膨胀得到控制以及欧元区的形成等原因，许多国家的中央银行纷纷减少黄金储备，据国际货币基金组织统计，到 1997 年下半年，各国中央银行的黄金储备占世界黄金总量的比重已经从 1989 年的 35% 下降到 25% 以下。（3）作为私人贮藏。其目的或是为了保值，或是为了投机。

黄金市场的类型有三种划分方法：按其性质可以把黄金市场划分为起主导作用的市场和区域性市场；按其交易方式，可划分为现货交易市场和期货交易市场；按对其交易的管制程度的不同，可划分为自由交易市场和限制交易市场。

（二）黄金市场的交易方式

世界黄金市场的交易方式主要有两种，即现货交易和期货交易。

1. 现货交易。现货交易又分为定价交易和报价交易。（1）定价交易。定价交易只有单一价格，没有买卖差价，只在规定的时间内有效，成交后经纪人或金商只收取少量佣金。定价交易是伦敦黄金市场特有的一种交易形式，时间规定在每个营业日的上午 10:30 和下午 3:00，地点是英国最大的金商洛希尔父子公司的交易大厅内，该公司担任首席代表，其他金商委派代表参加；其交易时间短则 1 分钟，长则 1 个多小时，视市场客户的供求而定；交易结束时形成的价格即为黄金现货买卖的成交价格，同时所定价格又是世界黄金市场行市的“晴雨表”，世界各黄金市场均依次调整各自的金价。（2）报价交易。报价交易则有买卖差价之分，其价格由买卖双方自行达成，而且价格水平在很大程度上受定价交易制约；报价交易在定价交易时间外进行；一般报价交易成交的数量要多于定价交易。

2. 期货交易。期货交易是由交易双方先签订合同，交付押金，在预约的日期办理交割，一般为 3 个月、6 个月或 1 年；其交易价格一般以现货价格为依据，再加上期货期限的利息而定。套期保值是最常用的期货交易形式，套期保值的目的是为了避免金价波动带来的损失。购买选择权（期权）也是一种期货交易形式，从事这种交易的双方在签订合同之后，买方即取得在规定的期限内按合同规定的远期价格买进规定数量的黄金的权利，买方为取得这一权利要向卖方支付一定的保证金，到了规定的期限，买方可以根据当时的金价，决定是否要按合同购买黄金，买方认为价格不合适时可以不买，但预付的保证金归卖方所有。在期货市场上，投机交易十分盛行，这种交易是通过预测未来一段时间内金价的涨跌趋势，进行买空卖空以赚取投机利润。投机行为往往对黄金价格的升降起到推波助澜的作用，是导致世界黄金市场动荡不定的一个重要原因。

（三）世界主要黄金市场

世界上主要的黄金市场为英国的伦敦、瑞士的苏黎世、美国的纽约和芝加哥以及中国香港。即世界五大黄金市场。

1. 伦敦黄金市场。伦敦一直是著名的国际金融中心，也是历史最悠久的黄金市场。这个市场的黄金供应者，主要是世界上最大的产金国南非。由于伦敦具有国际金融中心的便利条件和充足的黄金供给，所以一直起着世界黄金产销、转运、调剂的枢纽作用，交易量曾经达到世界黄金交易总额的80%，是世界上最大的黄金市场。伦敦黄金市场的主要特点有：（1）以现货交易为主，直至1982年才有期货市场；（2）交易量大，主要是批发业务；（3）有独特的定价交易机制，其交易价格是世界各黄金市场调整金价的基础，伦敦金价是最具代表性的世界黄金行市；（4）其交易方式和交易系统均为世界各黄金市场所遵循和采用。

2. 苏黎世黄金市场。该市场是第二次世界大战后发展起来的，主要以瑞士两大银行为中心从事黄金交易。其主要特点是：（1）以现货交易为主，无定价制度；（2）在市场组织者对市场所起的作用上有别于伦敦黄金市场，其区别在于伦敦的大金商主要是在客户之间充当中间经纪人，而瑞士两大银行拥有大量黄金储备，其本身也从事黄金交易；（3）以零售业务为主，其中有绝大比重是进行金币、金条交易，是世界上最大的金币市场。20世纪60年代末期，苏黎世通过给予南非储备银行优惠的信贷融通以保证黄金的供给，以及20世纪70年代的苏联通过苏黎世市场大量出售黄金，使苏黎世成为南非黄金和当时苏联黄金的销售地，这些因素促使该市场迅速发展，现已成为仅次于伦敦的世界黄金市场。

3. 美国黄金市场。美国黄金市场是黄金期货交易的中心。纽约商品交易所（New York Commodity Exchange or COMEX）和芝加哥国际货币市场（International Monetary Market in Chicago or IMM）都是重要的世界黄金期货市场。COMEX是世界上最大的黄金期货市场。COMEX和IMM是在20世纪70年代中期才发展起来的，虽然历史较短，其市场的发展却相当迅速，并促使世界黄金市场的格局发生了重大变化。其特点首先表现在交易的数量和规模上，例如COMEX在开业初期，每月黄金期货的成交量仅为4万笔，但在短短的两年后，即1976年，每月期货成交量已经达到50万余笔，而到1981年攀升到1 040万笔，同年COMEX和IMM的黄金期货营业额有4万吨，而同期全世界黄金年产量也不过1 700吨。由此可见，这两个市场的发展速度和规模都是相当惊人的。其次美国黄金期货市场黄金交易量巨大，使伦敦黄金市场每日定价制（伦敦黄金现货价格）的权威性受到一定影响。美国市场的期货价格有时还比伦敦和苏黎世市场的定价更具实用性。最后投机交易充斥期货市场。尽管美国的黄金期货市场成交量大，但交易的水分也很大，诸如买空、卖空的投机活动十分盛行，实际上，黄金期货市场上的“对冲”买卖数量非常之大，到期真正交割的交易量仅占市场总交易量的极小比重（约2%）。

4. 香港黄金市场。香港黄金市场至今已有80多年的历史，其黄金大多来自欧洲等地，主要的买主则是东南亚国家。香港黄金市场由三部分组成：一是传统的香港金银贸易场；二是20世纪70年代中期才逐步形成的当地伦敦金市场（Local London Market）；三是20世纪80年代才开业的黄金期货市场。香港黄金市场的发展也十分迅速，其特点主要有：（1）香港是个自由港，有大量经验丰富的贸易商人，信誉可靠；（2）香港具有转运、贮藏、调拨黄金的便利，既可作现货交易，又可作期货交易，因此对客户很有吸引力；（3）在世界各大黄金市场中只有香港市场在星期六不停业，照常开市，这也是能够吸引从事黄金买卖的客户到香港来进行交易的一个重要原因；（4）香港市场一直与伦敦市场保持密切的联系，同时在20世纪80年代后又与美国黄金期货市场形成纽约（芝加哥）—香港黄金集团，地理位置、时差因素以及与伦敦、美国市场密切的业务合作，将有助于香港黄金市场得到更大的发展。

【知识链接】　中国黄金市场的形成与发展

2002年10月30日，上海黄金交易所正式开业运行，我国黄金市场开始向国人敞开长久禁锢的大门，同时宣告了长期以来我国黄金流通由中国人民银行“统购统配”的体制终结。在交易所开业当天开盘时，中国银行以83.68元/克的价格购入99.95黄金1公斤，成交了商业银行的第一笔国内黄金交易。上海黄金交易所首批会员有108家，其中商业银行13家。目前中国人民银行已经批准了四大国有商业银行8项黄金业务：黄金现货买卖、黄金交易清算、黄金收购、黄金租赁、黄金融资、黄金实物交割、仓储、黄金同业拆借和个人黄金投资业务。

“十一五”以来，中国拉开了从黄金大国向黄金强国进军的序幕。2007年中国黄金产量为270.491吨，第一次超过世界产金大国南非，成为全球第一大产金国。2009年中国黄金产量首次突破300吨，达到313.98吨，比2008年增长11.34%；2009年中国黄金行业实现工业总产值1 375.32亿元，比2008年增长18.56%。2010年中国黄金产量达到340.876吨，比2009年增长8.57%，再创历史新高，已连续4年保持全球第一产金大国的地位。

中国黄金市场发展空间巨大。目前世界黄金总存量约为16.3万吨，即全球每人平均拥有约30克（大约是1盎司），而中国黄金人均存量不足4克，远远低于世界平均水平。如果13亿人口每人消费2克黄金，那么消费总量大约是2 600吨，便是世界一年黄金总产量。如果按金融投资资产配置5%黄金计算，黄金市场潜力将十分惊人。另一方面，从投资角度看，黄金正成为中国投资者一个新的重要投资品种。2010年，中国金条和金币市场的需求量上升70%，达到179.9公吨，超过了美国和德国，成为仅次于印度的第二大黄金投资市场。今后一段时期，受外界经济环境的影响，黄金投资需求有望继续走高。

资料来源：中国投资咨询网，http：www. ocn. com. cn。

四、国际货币市场

国际货币市场是指有非居民参加的、资金借贷期在1年及1年以下的交易市场，也称为国际短期资金市场。它是国际金融市场的重要组成部分，其参与者众多，但商业银行是市场的重要参加者。此外，参加者还有政府、金融机构和规模较大的非金融机构。

国际货币市场应具备以下条件：(1) 完善的中央银行体系。中央银行必须有能力且愿意充当最终贷款人。在发生金融危机时，中央银行可以向商业银行提供必要的贷款，以保持市场稳定。(2) 短期金融工具品种多、交易活跃。市场上能够提供足够的不同期限、不同收益、不同风险、不同流动性的短期金融工具，以满足不同投资者的需要；交易活跃是指有足够多的经纪人、中间商等金融机构作为市场组织者，以促成货币市场交易。(3) 国际货币市场所在国有关的法律法规健全。完备的法律体系能为国际货币市场正常运行提供制度保障。

国际货币市场由银行短期信贷市场、短期证券市场和贴现市场组成。

(一) 银行短期信贷市场

银行短期信贷市场是国际银行同业间的拆放市场和银行对外国工商业提供信贷的市场。市场交易目的是解决外国工商业临时性或季节性短期流动资金短缺和银行间进行头寸调剂。银行同业拆放占短期信贷市场主导地位。为调整交易头寸和准备金头寸，银行经常与同业进行资金借贷。这种借贷期限最短一天，称为隔夜拆借；最长一年，多为一周、3个月和6个月。其利率以伦敦银行同业拆放利率（London Interbank Offered Rate，LIBOR）为基准；交易额少则几十万美元，多则几百万美元；交易简便，无须贷款协议，无须提供担保，完全凭借款人的信用通过电话进行拆放。

(二) 短期证券市场

短期证券市场是国际进行证券发行和交易的市场。在这个市场上，交易品种多、规模大，交易活跃。交易品种主要有国库券、商业票据、银行承兑汇票、大额可转让定期存单及回购协议等。

1. 国库券市场。国库券是指国家为解决财政先支后收形成的财政收支不平衡而发行的短期政府债券。它具有期限短、流动性强、风险低、免缴个人所得税等优点，是较好的投资品种。在美国，国库券的发行是为满足季节性财政需要，3个月和6个月的国库券每周发行，9个月和12个月的国库券每月发行。美国国库券在证券市场上信誉最好，流动性最强，交易量最大。它对于美国居民和外国政府、金融机构等都有很大的吸引力，是国际货币市场上最主要的金融商品。此外，英国政府的“金边”债券和德国政府发行的“堤岸”债券也是国际货币市场上比较有影响力的金融商品。

2. 商业票据市场。商业票据是信用等级较高的公司所发行的无担保的融资性短期债券。商业票据的期限很短，平均期限只有20~45天，最长不超过270天。在美国，商业票据的发行者主要是金融公司或银行控股公司。该票据不附票面利率，采用贴现发行，到期按面值还本；利率低于商业银行的优惠贷款利率，但高于国库券、银行承兑票据及大额可转让定期存单利率。

3. 银行承兑汇票市场。银行承兑汇票主要是出口商签发的，经银行承兑，由银行保证到期付款的汇票。银行承兑汇票信用风险比较低，低级市场非常发达。银行承兑汇票的期限一般为 30 ~ 180 天，以 90 天为最多；面值无限制；利率与同期国库券利率大体相等。

4. 大额可转让定期存单市场。大额可转让到期存单是商业银行和金融公司吸收大额定期存款而出售给存款者的凭证。银行出售定期存款单可以获得稳定的定期资金来源。这种存款单不记名、期限短、面额固定、可以进行转让，所以流动性强。投资于存款单既可以获得定期存款利息，又可以随时将其转让变现，很受投资者欢迎。1961 年推出的存款单均系大额，面值最少为 10 万美元，最多达 100 万美元。为吸引更多资金，从 20 世纪 60 年代末开始，银行也发行面值为以十位数、百位数为计价单位的存款单，存款单的利率也由原来的固定利率发展为调整的浮动利率。定期存款单的期限一般在 1 ~ 12 个月之间，其中 3 ~ 6 个月为最多。1966 年，花旗银行伦敦分行首次推出欧洲美元大额可转让定期存单，成为跨国公司和金融机构短期投资的重要对象。在美国，大额可转让定期存单市场是仅次于国库券市场的第二大短期证券市场。

5. 回购协议市场。回购协议市场是在货币市场上出售证券以取得资金的同时，出售证券的一方同意在约定的时间按原价或约定价格买回该笔证券。如果双方协议按相同的价格出售与回购证券，回购时融资方要另外向出资方支付约定的利息额；如果回购价格高于出售价格，其差价就是回购协议融资方支付的利息。回购协议市场的参与者多是跨国公司、商业银行、非银行金融机构和中央银行等。

（三）贴现市场

贴现市场是经营贴现业务的短期资金市场。贴现是银行及其他金融机构购买未到期票据，并扣取自贴现日起至票据到期日止的利息的业务。贴现市场的参与者主要是商业银行、中央银行和非银行金融机构。贴现的主要票据有商业票据、国库券和其他短期债券。

五、国际资本市场

国际资本市场是期限在一年以上的金融资产交易的市场。它是在国内资本市场的基础上逐步拓展延伸的，其快速发展是金融全球化的一个重要特征。国际资本市场可细分为国际信贷市场、国际债券市场、国际股票市场和国际衍生产品市场。

（一）国际信贷市场

国际信贷市场是国际资金借贷活动的场所。这个市场起源于欧洲货币市场，所以也可称为欧洲信贷市场。20 世纪 70 年代以来，欧洲货币市场规模迅速扩大，为国际信贷市场提供了充足而广泛的资金来源。国际信贷市场的主要参与者是各国政府的借款者，国际组织和机构、跨国公司和跨国银行等，其信贷活动的特点类似于欧洲货币市场，从而使这个市场保持着充裕的资金来源和畅通的资金投放渠道。国际信贷的形式有国际金融机构贷款、政府贷款、国际银行贷款等，其中国际银行贷款尤其是国际辛迪加贷款占国际信贷市场绝大比重，因此备受市场的关注。

1. 国际银行贷款（International Bank Loan）也称欧洲银行贷款，指在国际金融市场上，一国银行向另一国借款人提供资金融通的业务。国际银行贷款的主要特点有：

（1）资金来源广泛，全球金融市场上众多跨国银行的资金都可作为借款人的资金来源。（2）有较强的选择性和灵活性，因为可以借到各种自由兑换的外汇，且无附加条件，手续简便，资金的用途一般不受贷方的限制，还本付息的方法较多。（3）成本相对高。即以市场利率提供贷款，根据客户的资信状况，在基础利率（比如 LIBOR）上附加一个加息率提供贷款，多采用浮动利率；与政府贷款或国际金融机构（国际货币基金组织或世界银行等）贷款相比，具有利率高、期限短的区别。（4）风险大，由于利率水平相对高且普遍采用浮动利率计息，利率和汇率的频繁变动将增大借款人的利率风险和汇率风险。

在国际信贷市场上，国际银行提供的贷款主要分为有期限的贷款（Term Credits）和循环贷款（Revolving Credits）。

有期限的贷款是指有放款期限的贷款，借款人必须在一定期间内全额借取款项，并在期限届满时一次还款，定期支付利息，利率可以是固定利率，也可以采用展期定价法或滚动定价法（Rollover Pricing）定期调整利率。展期定价法是指由一串不同的利率（短期利率）定期滚动，以其相对应的短期贷款即可组合成的一笔事实上的长期贷款。进一步说，其贷款的利率在每个确定的短时期（一般为 6 个月）内是固定的，然后每 6 个月根据市场利率的变化而调整一次，这个市场利率主要参考国际信贷市场银行同业利率（LIBOR 等）。

循环贷款则是银行给予客户一个信用额度（Maximum Line of Credit），在此限额内根据客户对资金的需求情况，随时动用所需资金；只需对已动用的部分支付利息，而未动用的部分仅需支付少量的承诺费（Commitment Fee）。比如，交易双方约定在一定的年限内（3～10 年）由银行连续提供期限为 6 个月的贷款，新旧贷款首尾相接，当旧的贷款到期并偿还后，银行自动提供新的贷款，利率以当期市场的浮动利率为准，借款人有权不提取新的贷款，但对未提取的部分每年支付大约 0.5% 的手续费。

2. 辛迪加贷款。国际银行业的中长期贷款主要采用辛迪加贷款（Syndicated Loans），也称“银团贷款”。辛迪加贷款是由几家或更多的银行联合起来为一个借款者筹措巨额资金的一种贷款。

辛迪加贷款方式给借贷双方都带来了独特的好处，主要体现在以下几个方面：

一是这种贷款既增加了国际银行的信贷收益，又可以避免同业竞争，并能有效地分散贷款风险，减少或阻止借款人违约行为的发生，尤其是有利于减少国家债务人利用“主权豁免”的特权给银行利益造成的损害。

二是提供辛迪加贷款的主办银行都是国际信贷市场上著名的资金实力雄厚的大银行，通过主办银行牵头组织对该项目贷款感兴趣的几十家甚至上百家银行一起参与提供贷款，使不同规模的银行都能在相同条件下发挥各自的比较优势，开展信贷业务。

三是需要巨额资金支持的项目往往是一家银行难以承受的，辛迪加贷款为这类项目的借款人提供了良好的融资方式，辛迪加贷款属于中长期贷款，贷款期限一般在 3 年到 15 年之间，在 20 世纪 90 年代初期，贷款期限平均在 6 年左右，到了 2000 年，其贷款期限降至为 3 年左右。同时，由于辛迪加贷款的单笔交易额的增加，交易越来越多地以搭桥贷款和备用贷款的形式出现。

四是由于辛迪加贷款多采用浮动利率、对借款人附有契约约束、贷款风险由辛迪加银行共同分担等特点，因而对辛迪加银行有利；同时，对借款人来说，进入辛迪加市场无须信用评级，市场准入门槛较低，也便利了借款人。

（二）国际债券市场

国际债券是指长期资金的筹措者在国外发行上市的、以外国货币定值并销售的债券。从事国际债券交易而形成的市场称为国际债券市场，其参与者由借款人、投资人（包括参与者所在国政府、金融机构、企业或个人）以及中介人所构成，借款人即国际债券的发行人，投资人是国际债券市场债券的购买者，而中介人是承销国际债券的金融机构。

国际债券市场由在岸债券市场（包括国内债券市场和外国债券市场）和离岸债券市场（欧洲债券市场）组成。

外国债券（Foreign Bonds）是外国借款人到某一国家的债券市场上发行的债券。债券面值货币是市场所在国的货币，债券由市场所在国组织的辛迪加承销，债券的经营受到所在国政府有关法律的管辖。

欧洲债券（Euro Bonds）是借款人到债券面值货币发行国以外国家的债券市场上发行的债券。欧洲债券与外国债券的区别在于：欧洲债券是以欧洲货币（Euro Currencies）表示，并同时在数个国家的资本市场上发行，由国际辛迪加承销，而且全部或绝大部分在该货币国以外市场销售的债券。

全球债券（Global Bonds）是在全世界各主要资本市场上同时大量发行，并且可以在这些市场内部和市场之间自由交易的国际债券。全球债券具有三个特征：（1）全球发行。外国债券仅局限在某个国家发行，欧洲债券在几个主要资本市场发行，而全球债券强调在全球发行，其发行范围往往能覆盖全球的主要资本市场。（2）是能在全球交易的高流动性债券。（3）发行全球债券的借款人信用级别很高，一般多为政府机构或在全球金融市场资信很高且声誉卓著的金融机构。

目前国际上较大的国际债券市场有美国的扬基债券市场、英国的猛犬债券市场和日本的武士债券市场等。

【知识链接】 扬基债券与武士债券

扬基债券（Yankee Bonds）。“扬基”一词英文为“Yankee”，意为“美国佬”。由于在美国发行和交易的外国债券都是同“美国佬”打交道，故名扬基债券。扬基债券期限长，通常为5~7年，一些信誉好的大机构发行的扬基债券期限甚至可达20~25年；扬基债券的发行数额也较大，近年来，平均每次都在7 500万美元到1亿美元之间，也有高达十几亿美元的大额发行；投资者主要以人寿保险公司、储蓄银行等为主。

武士债券（Samurai Bonds）。武士债券是在日本债券市场上发行的外国债券。“武士”是日本古时的一种很受尊敬的职业，后来人们习惯将一些带有日本特性的事物同“武士”一词连用，“武士债券”也因此得名。武士债券均为无担保发行，典型期限为3~10年，一般在东京证券交易所交易。武士债券市场于20世纪70年代形成。

（三）国际股票市场

早在17世纪，欧洲证券交易所就已经存在，而另一个著名的纽约证券交易所是1792年建立的。但在国际资本市场的发展进程中，从全球整体上看，在较长的时间内，占有较大比重的是国际信贷市场、外国债券市场和欧洲债券市场，国际股票市场的发展一直比较滞后。20世纪70年代以来，发达国家的投资者纷纷向海外渗透，进行股票投资，越来越多的机构投资者，如美国的互助基金、养老保险及套利基金等相继介入国际股票市场，跨国公司为持续海外扩张需要谋求稳定和长期的巨额资本来源，也积极利用国际股票市场融资，这些因素促使国际股票市场开始加速发展。

在国际股票市场中，近年来规模位居前三位的是纽约证券交易所（NYSE）、东京证券交易所和纳斯达克股票市场，其中规模最大和最有影响的交易所是纽约证券交易所（NYSE）。

除美国、日本、英国以外，其他国家（地区）的股票市场在20世纪90年代也有长足的发展。值得一提的是泛欧证券交易所（Euronext），它是由巴黎、阿姆斯特丹和布鲁塞尔三个证券交易所于1998年合并后组成的，2004年的股市市值达到2.44万亿美元，一跃成为仅次于伦敦的全球第五大股票市场。

国际股票市场的建议品种主要有股票现货、股票期货、股票指数期货、股票期权及存托凭证。

（四）国际衍生产品市场

金融衍生产品市场的兴起是近20年多来国际金融市场出现的最为突出的变化之一。金融衍生产品的迅速扩散和广泛应用，一方面大大提高了国际金融市场的流动性和市场效率，增强了风险分配和风险管理的能力；另一方面又放大了国际金融市场的风险，危及金融安全。因此，研究衍生产品，发展和管理国际衍生产品市场，具有非常重大的现实意义。

国际衍生金融产品名目繁多，达两万余种。如将这些产品进行归类，大体上可分为四种基本类型，即金融远期、金融期货、金融期权和金融互换。衍生金融产品具有降低交易成本、增强流动性和风险再分配的三大功能。

1. 金融远期。衍生金融产品是由一些基础金融资产价值、金融指数或利率衍生出来的合约。金融远期是一种远期合约（Forward Contracts），是指双方约定在未来的某一确定时间，按确定的价格买卖一定数量的某种金融资产的合约。远期合约主要有远期利率合约和远期外汇合约。

远期利率合约（Forward Rate Agreements，FRA）是买卖双方同意从未来某一商定的时间开始在某一特定时期内按协议利率借贷一笔数额确定、以具体货币表示的名义本金协议。合约的买方是名义借款人，购买合约的目的或是为了规避利率上升引致的风险，或是为了牟取投机利润；合约的卖方是名义贷款人，出售合约的目的或是为了规避利率下降引致的风险，或是为了牟取投机利润。

远期外汇合约（Forward Exchange Contracts）是指双方约定在将来某一时间按约定的远期汇率买卖一定金额的某种外汇的合约。合约买卖双方在签订合约时需要确定好将来进行交割的远期汇率，这意味着在交割时无论汇率如何变化，都必须按合约确定的汇率交割，而且交割时不是交割名义本金，而是交割合约中规定的远期汇率与交割期汇率之间的差额。远期外汇合约买卖双方的主要目的或是规避汇率风险，或是牟取投机利润。

2. 金融期货。金融期货即金融期货合约（Financial Futures Contracts），是指协议双方同意在约定的将来某个日期按约定的价格、交割方式和交割地点等条件买入或卖出一定标准数量的某种金融工具的标准化协议。金融期货的主要功能是转移价格风险功能和价格发现功能。价格发现功能体现在期货交易所通过电脑撮合公开竞价出来的价格即为此瞬间市场对未来某一特定时间现货价格的平均看法。市场参与者可以利用期货市场的价格发现功能所提供的信息作出相关决策。

金融期货主要有利率期货、外汇期货和股指期货等。利率期货的标的物是利率，是指标的资产价格依赖于利率水平的期货合约。市场上常见的利率期货有长期和短期国债期货以及欧洲美元利率期货等。外汇期货的标的物是外汇，比如美元、欧元、日元、瑞士法郎等。而股指期货的标的物是股价指数，由于股价指数是一种特殊商品并没有具体的实物形式，因而在交易时需要把股价指数的点数换算成货币单位进行结算，例如，芝加哥商品交易所 S&P500 指数期货的每份合约价格规定为指数点数乘以 500 美元。这种没有实物交割的特点是与其他标的物期货的最大区别。

3. 金融期权。期权（Option）亦称选择权，金融期权是指赋予其购买者在规定期限内按双方规定的价格购买或出售一定数量某种基础金融资产的权利的合约。

按期权的买者执行期权的时限划分，有美式期权和欧式期权之分。美式期权允许买者在期权到期前的任何时间里执行期权，而欧式期权的买者只能在期权到期日才能执行期权。如按期权买者的权利来划分，期权又可分为“看涨期权”（也叫择购期权）和“看跌期权”（或叫择售期权），凡赋予期权买者购买标的基础金融资产权利的合约就是看涨期权，凡赋予期权购买者出售基础金融资产权利的合约就是看跌期权。若按期权合约的标的基础金融资产来划分，金融期权又可以分为货币期权（外汇期权）、利率期权、股票期权、股票指数期权、金融期货期权等。

4. 金融互换。金融互换简称互换（Swap），主要有利率互换（Interest Rate Swaps）和货币互换（Currency Swaps）两种基本类型。利率互换是指两个独立的借款人各自借取一笔资金，其币种、金额和贷款期限均相同，但计息方法不同；双方达成协议，各自按对方的利率水平替对方还息，在整个交易过程中都不交换实际的本金。货币互换指两个独立的借款人各以固定利率筹资，借取一笔到期日相同，计息方法相同，但币种不同的贷款，然后双方直接或通过中介机构（银行）签订货币互换合约，按期用对方借进的货币偿还本金和利息。

六、离岸金融市场

离岸金融市场的迅速发展是 20 世纪以来国际金融市场的重大创新之一。考察离岸金融市场有助于全面认识和理解国际金融市场在不同的发展阶段所呈现的特征。通常把非居民之间金融资产交易的场所称为“离岸金融市场”（Offshore Financial Market）或“境外金融市场”，这是相对于国内金融市场（在岸——Onshore）而言的，其一般含义为在原货币发行国境外进行各种金融资产交易的场所，比如像欧洲美元市场或者欧洲货币市场。

欧洲货币市场（Eurocurrency Market）是离岸金融市场的核心组成部分。欧洲货币市场起源于20世纪50年代末期的英国伦敦，其主要交易货币是欧洲美元（Eurodollars），因而也叫欧洲美元市场，后来这个市场逐渐扩大，其主要的交易货币不仅有欧洲美元，还有其他国家的货币，如英镑、德国马克、法国法郎、瑞士法郎和日元等，这些货币的交易形成范围广泛的欧洲货币市场。

（一）欧洲美元及欧洲美元市场的形成

根据国际清算银行（Bank of International Settlements，BIS）的定义，欧洲美元指由美国本土以外的银行取得，直接用以或经过货币转换后，贷放给非银行大众的美元。而一般最常见的定义为：欧洲美元是存放于美国境外的外国银行及美国银行的海外分行的美元存款；或是存储在美国以外银行以美元为面值并以美元支付的存款。显而易见，凡是在美国境外的美元存款，不论银行属于哪一个国家，均将此存款视为欧洲美元。此种美元之所以被冠上"欧洲"两字，是因为大量境外美元存款诞生于欧洲的缘故。由此，"欧洲"并非指地理上的欧洲，而是泛指"境外"的意思。

欧洲美元市场的最初形成出现在20世纪50年代中期，欧洲美元快速成长的原因主要有：第一，美国政府实施马歇尔计划（Marshall Plan），使巨额美元资金流向欧洲。第二，在20世纪60年代至70年代期间，美国银行和其他存款机构的存款利率一直受到美国联邦储备局Q项条款（Regulation Q）和存款准备金制度的限制，而欧洲美元存款不受存款准备金制度的限制，可以提供相对多的贷款和投资，从而激励美国银行把美元存款转移到没有规章限制的欧洲美元市场。据有关资料显示，在20世纪60年代末期，欧洲美元存款利率与美国美元存款利率的差额高达5%，这导致美元大量流向欧洲。第三，20世纪60年代初因越南战争的庞大军费支出和同期对外贸易的巨额逆差，使美国国际收支呈现大幅度逆差，美元大量流向欧洲美元市场。第四，20世纪70年代初中东战争导致石油危机，石油输出国组织（OPEC）因提高石油价格而取得巨额石油美元，并将其存放在欧洲银行，进一步推进了欧洲美元市场的成长。

（二）欧洲货币市场的分类

根据业务对象、资金来源、贷放重点及营运特点的不同，欧洲货币市场一般有四种类型。

1. 功能中心。是指从事全面的国际金融业务，是存放款、投融资等业务的汇集地。这种金融中心又可分为集中性中心和分离性中心。集中性中心是指金融业务对居民和非居民开放，内外业务混合在一起的市场。伦敦、香港离岸金融市场属此类型。分离性中心是指内外市场分离，欧洲货币市场只对非居民开放而不允许居民参加。纽约、新加坡的国际银行业务设施属于此种类型。

2. 名义中心。是指金融机构在此中心并不经营投融资具体业务，而只从事借贷投资业务的转账或注册等事务的汇集地。这类金融中心通常管制极为松散或无管制，如可以免交外币存款准备金、可以免税及对银行业的管理也极为松散。所以，它是理想的避税地和资金避难所。其典型代表为地中海沿岸的开曼、拿骚等地。

3. 基金中心。其主要业务是吸收国际游资贷放给本地区的资金需求者，为本地区的资金需求者提供融资服务。新加坡亚洲美元市场和巴拿马国际金融中心属于这种类型。

4. 收放中心。其主要业务是吸收本地区的过剩资金并贷放给世界各地的资金需求者，以解决本地区资金过剩问题。中东的巴林国际金融中心和阿联酋国际金融中心属于此类型。

（三）欧洲货币市场的特征与评价

欧洲货币市场之所以能够快速成长，是因为该市场具有以下几个独到的特点：

1. 欧洲货币市场是一个短期资金市场，融资期限一般都在1年以内；同时它又是一个批发市场，每笔交易额一般都在10万美元以上，多则几亿甚至几十亿美元。同时，欧洲货币市场借贷业务中使用的货币种类较多，除欧洲美元外，还有欧洲英镑、欧洲瑞士法郎、欧洲日元等。

2. 欧洲货币市场主要是银行间的市场，银行间同业拆借为欧洲货币市场的主要交易，据估计，银行间的欧洲货币存款约占欧洲货币总负债规模的80%以上。

3. 欧洲货币市场是一个自由的市场，没有中央管理机构，不受存款利率最高限和法定准备金等制度的限制，这意味着经营欧洲货币有相对低的成本和相对高的利润；欧洲货币市场有独特的利率结构，银行可以在欧洲货币市场以较高的存款利率吸收存款，并以较低的贷款利率发放贷款，同时又可以扩张贷款数额；在经营灵活自由的环境下，欧洲货币市场竞争激烈，市场效率很高。

4. 欧洲货币市场为经营欧洲货币业务的银行建立了良好的交易网络。若无欧洲货币市场的存在，某一有闲置资金的A银行难以与需要资金的另一国家的B银行取得联系。欧洲货币市场在各国经营欧洲货币业务的银行之间建立的连锁关系，能使这些原本相互陌生的A银行和B银行，通过连锁关系中彼此认识的其他经营欧洲货币业务的银行为媒介，很快就能进行融资交易，从而提高了融资效率。

5. 欧洲货币市场经营灵活，调拨资金自由方便，已成为各国有闲置资金的企业、政府或个人理想的存放与投资的场所，对各国银行来说，也是一个低成本的资金来源；投融资者可以自由选择多样化的金融产品和交易方式，这是改善资产流动性的有效途径。

欧洲货币市场对国际金融市场发展的贡献是非常显著的，但是也存在明显的缺陷：一方面，欧洲货币市场没有中央银行机构，这意味着该市场没有最后融资的支持者（Lender of Last Resort），若经营欧洲货币业务的银行发生问题引起倒闭或发生清偿困难时，将没有中央银行出面支持；同时，欧洲货币市场没有设立存款保险制度，这使存款的安全性缺乏保障，因而一旦这个市场潜在风险外化，所形成的外部负效应会更大。另一方面，欧洲货币市场充斥着庞大的国际游资，极易造成市场的频繁动荡，危及各国金融市场的稳定。20世纪90年代以来国际金融危机频频爆发，充分验证了这个市场的缺陷。

【能力训练】

在衍生产品市场上，金融期货与金融期权交易具有很多共同点，例如都涉及未来的交易、都具有回避风险的功能等，那么这两种交易方式的区别是什么呢？

模块四　外汇管制

【课前思考】

如果有需要，你能否方便地兑换到所需的外汇？这和外汇管制有什么联系呢？

【能力目标】

1. 理解外汇管制的概念及重要性；
2. 掌握外汇管制的原理与方法。

一、外汇管制概述

（一）外汇管制的概念

外汇管制（Foreign Exchange Control）是指一国政府为平衡国际收支和维持本国货币汇率而对外汇进出实行的限制性措施。在中国又称外汇管理。是一国政府通过法令对国际结算和外汇买卖进行限制的一种限制进口的国际贸易政策。外汇管制分为数量管制和成本管制。前者是指国家外汇管理机构对外汇买卖的数量直接进行限制和分配，通过控制外汇总量达到限制出口的目的；后者是指国家外汇管理机构对外汇买卖实行复汇率制，利用外汇买卖成本的差异，调节进口商品结构。外汇管制有狭义与广义之分。狭义的外汇管制指一国政府对居民在经常项目下的外汇买卖和国际结算进行限制。广义的外汇管制指一国政府对居民和非居民的涉及外汇流入和流出的活动进行限制性管理。外汇管制依照该国法律、政府颁布的方针政策和各种规定和条例进行。

外汇管制的执行者是政府授权的中央银行、财政部或另设的其他专门机构，如外汇管理局。外汇管制所针对的自然人和法人通常划分为居民和非居民。各国的外汇管制法规通常对居民管制较严，对非居民管制较松。外汇管制所针对的物包括外国钞票和铸币、外币支付凭证、外币有价证券和黄金；有的国家还涉及白银、白金和钻石。外汇管制法规生效的范围一般以本国领土为界限。在设立特区的国家中，某些外汇管制法规可能不适用于特区。一个国家对不同国家货币的外汇管制宽严程度也可能有所不同。

外汇管制针对的活动涉及外汇收付、外汇买卖、国际借贷、外汇转移和使用，本国货币汇率的决定，本国货币的可兑换性，以及本币和黄金、白银的跨国界流动。外汇管制的手段是多种多样的，大体上分为价格管制和数量管制两种类型：前者指对本币汇率作出的各种限制，后者指外汇配给控制和外汇结汇控制。

（二）外汇管制的产生

外汇管制始于第一次世界大战期间。当时国际货币制度陷入崩溃，美国、法国、德国、意大利等参战国都发生了巨额的国际收支逆差，本币对外汇率剧烈波动，大量资本外逃。为集中外汇资财进行战争，减缓汇率波动及防止本国资本外流，各参战国在战时都取消了外汇的自由买卖，禁止黄金输出，实行了外汇管制。1929—1933 年世界经济危机时期，很多在战后取消外汇管制的国家又重新实行外汇管制，一些实行金块和金汇兑本位制的国家也纷纷实行外汇管制。1930 年土耳其首先实行外汇管制，1932 年，德国、意大利、奥地利、丹麦、阿根廷等 20 多个国家也相继实行了外汇管制。第二次世界大战爆发后，参战国立即实行全面严格的外汇管制。1940 年，在 100 个国家和地区中，只有 11 个国家没有正式实行外汇管制，外汇管制范围也比以前更为广泛。第二次世界大战后初期，西欧各国基于普遍存在的“美元荒”等原因，继续实行外汇管制。50 年代后期，西欧各国经济有所恢复，国际收支状况有所改善，从 1958 年开始，各国不同程度地恢复了货币自由兑换，并对国际贸易收支解除外汇管制，但对其他项目的外汇管制仍维持不变。1961 年，大部分国际货币基金组织的会员国表示承担《国际货币基金协定》第 8 条所规定的义务，即避免外汇限制而实行货币自由兑换。但时至 90 年代，绝大多数国家仍在不同程度上实行外汇管制，即使名义上完全取消了外汇管制的国家，仍时常对居民的非贸易收支或非居民的资本和金融项目收支实行间接的限制。

（三）外汇管制的机构、对象与范围

外汇管制的机构一般由政府授权财政部、中央银行或另外成立专门机构作为执行外汇管制的机构。如 1939 年英国实施外汇管制后指定英国财政部为决定外汇政策的权力机构，英格兰银行代表财政部执行外汇管制的具体措施，日本由大藏省负责外汇管制工作；意大利设立了外汇管制的专门机构——外汇管制局。除官方机构外，有些国家还由其中央银行指定一些大商业银行作为经营外汇业务的指定银行，并按外汇管制法令集中办理一切外汇业务。

外汇管制的对象分为对人和对物两种。对人包括对法人和自然人。根据法人和自然人在外汇管制国家内外的不同划分为居民和非居民。对居民和非居民的外汇管制待遇不同。由于居民的外汇支出涉及居住国的国际收支问题，故管制较严；对非居民的管制则较宽。对物的管制主要涉及国际支付手段如货币、铸币、黄金、有价证券和票据等。

外汇管制的范围一般为对贸易外汇的收支、非贸易外汇的收支、资本输出入、银行账户存款和汇率采取一定的管制。外汇管制的地区一般以本国为限，但在相当长一段历史时期内，一些宗主国外汇管制的地区是以其所组织的货币区如英镑区、法郎区等为限，在货币区内办理外汇收支和国际结算基本自由，对货币区外则进行外汇管制。

二、外汇管制的基本方式

（一）对出口外汇收入的管制

在出口外汇管制中，最严格的规定是出口商必须把全部外汇收入按官方汇率结售给指定银行。出口商在申请出口许可证时，要填明出口商品的价格、数量、结算货币、支付方式和支付期限，并交验信用证。

（二）对进口外汇的管制

对进口外汇的管制通常表现为进口商只有得到管汇当局的批准，才能在指定银行购买一定数量的外汇。管汇当局根据进口许可证决定是否批准进口商的买汇申请。有些国家将进口批汇手续与进口许可证的颁发同时办理。

（三）对非贸易外汇的管制

非贸易外汇涉及除贸易收支与资本输出入以外的各种外汇收支。对非贸易外汇收入的管制类似于对出口外汇收入的管制，即规定有关单位或个人必须把全部或部分外汇收支按官方汇率结售给指定银行。为了鼓励人们获取非贸易外汇收入，各国政府可能实行一些其他措施，如实行外汇留成制度，允许居民将个人劳务收入和携入款项在外汇指定银行开设外汇账户，并免征利息所得税。

（四）对资本输入的外汇管制

发达国家采取限制资本输入的措施通常是为了稳定金融市场和稳定汇率，避免资本流入造成国际储备过多和通货膨胀。它们所采取的措施包括：对银行吸收非居民存款规定较高的存款准备金；对非居民存款不付利息或倒扣利息；限制非居民购买本国有价证券等。

（五）对资本输出的外汇管制

发达国家一般采取鼓励资本输出的政策，但是它们在特定时期，如面临国际收支严重逆差之时，也采取一些限制资本输出的政策，其中主要措施包括：规定银行对外贷款的最高额度；限制企业对外投资的国别和部门；对居民境外投资征收利息平衡税等。

（六）对黄金、现钞输出入的管制

实行外汇管制的国家一般禁止个人和企业携带、托带或邮寄黄金、白金或白银出境，或限制其出境的数量。对于本国现钞的输入，实行外汇管制的国家往往实行登记制度，规定输入的限额并要求用于指定用途。对于本国现钞的输出则由外汇管制机构进行审批，规定相应的限额。不允许货币自由兑换的国家禁止本国现钞输出。

（七）复汇率制

对外汇进行价格管制必然形成事实上的各种各样的复汇率制。复汇率制指一国规章制度和政府行为导致该国货币与其他国家的货币存在两种或两种以上的汇率。

三、外汇管制的利弊分析

外汇管制所产生的影响呈现双刃剑效应，其有利影响与负面效应同时并存，需认真分析。

（一）外汇管制的积极影响

实施外汇管制的有利方面在于，政府能通过一定的管制措施来实现本国国际收支平衡、汇率稳定、奖出限入和稳定国内物价等政策目标。

1. 促进国际收支平衡或改善国际收支状况。长期的国际收支逆差会给一国经济带来显著的消极影响，维持国际收支平衡是政府的基本目标之一。政府可以用多种方法来调节国际收支，但是对于发展中国家来说，其他调节措施可能意味着较大代价。例如，政府实行紧缩性财政政策或货币政策可能改善国际收支，但它会影响经济发展速度，并使失业状况恶化。

2. 稳定本币汇率，减少涉外经济活动中的外汇风险。汇率频繁地大幅度波动所造成的外汇风险会严重阻碍一国对外贸易和国际借贷活动的进行。拥有大量外汇储备的国家或有很强的借款能力的国家可以通过动用或借入储备来稳定汇率。对于缺乏外汇储备的发展中国家来说，外汇管制是稳定本币对外币汇率的重要手段。

3. 防止资本外逃或大规模的投机性资本流动，维护本国金融市场的稳定。经济实力较弱的国家存在着非常多的可供投机资本利用的缺陷。例如，在经济高速发展时商品价格、股票价格、房地产价格往往上升得高于其内在价值。在没有外汇管制的情况下，这会吸引投机性资本流入，后者会显著加剧价格信号的扭曲。一旦泡沫破灭，投机性资本外逃，又会引发一系列连锁反应，造成经济局势迅速恶化。外汇管制是这些国家维护本国金融市场稳定运行的有效手段。

4. 增加本国的国际储备。任何国家都需要持有一定数量的国际储备资产，国际储备不足的国家可以通过多种途径来增加国际储备，但是其中多数措施需要长期施行才能取得明显成效。外汇管制有助于政府实现增加国际储备的目的。

5. 有效利用外汇资金，推动重点产业优先发展。外汇管制使政府拥有更大的对外汇运用的支配权。政府可以利用它限制某些商品进口，来保护本国的相应幼稚产业；或者向某些产业提供外汇，以扶植重点产业优先发展。

6. 增强本国产品的国际竞争能力。在本国企业不足以保证产品的国际竞争能力的条件下，政府可以借助于外汇管制为企业开拓国外市场。例如，规定官方汇率是外汇管制的重要手段之一，当政府直接调低本币汇率时，或限制短期资本流入时，都有助于本国增加出口。

7. 增强金融安全。金融安全指一国在金融国际化条件下具有抗拒内外金融风险和外部冲击的能力。开放程度越高，一国维护金融安全的责任和压力越大。影响金融安全的因素包括国内不良贷款、金融体制改革和监管等内部因素，也涉及外债规模和使用效益、国际游资冲击等涉外因素。发展中国家经济发展水平较低，经济结构有种种缺陷，特别需要把外汇管制作为增强本国金融安全的手段。其弊端在于，市场机制的作用不能充分发挥，由于人为地规定汇率或设置其他障碍，不仅造成国内价格扭曲和资源配置的低效率，而且妨碍国际经济的正常往来。一般情况是，发展中国家为振兴民族经济，多主张采取外汇管制，而发达国家则更趋向于完全取消外汇管制。

（二）外汇管制的负面效应

1. 汇率扭曲，不利于资源合理配置。无论是政府规定官方汇率，还是政府限制外汇买卖，都会使汇率偏离市场均衡汇率。对发展中国家来说，汇率扭曲主要表现在本币汇率过高。这可能是由于政府为本币规定了偏高的官方牌价，也可能是由于政府对外汇供求施加限制的结果。这种扭曲的汇率对资源配置有不利影响。首先，它会打击发展中国家的农业。在发达国家普遍对农产品出口提供巨额补贴的情况下，世界农产品市场价格已经偏低；高估本币汇率进一步降低了进口农产品的本币价格，使发展中国家本国农产品价格随之下降，这是许多发展中国家农业发展缓慢、城乡差别较大的重要原因。其次，高估本币汇率会普遍性地打击该国的出口产业和进口替代产业，因为它抬高了本国出口商品的外币价格并压低了进口商品的本币价格。最后，从世界范围来看，汇率是指引国际资本流动的价格信号之一，汇率的扭曲使人们难以作出正确的投资决策。对发展中国家来说，本币汇率过高不利于吸引外资，它使外资只能支配较少数量的该国实际资源；从长远来看，这不利于该国的经济发展、技术进步和国际竞争能力的提高。

2. 在一定程度上影响国际贸易的发展和对外开放的进程。从世界范围来看，外汇管制阻碍着自由多边结算体系的形成，自然阻碍了国际贸易和国际资本流动的正常进行。

对发展中国家来说，高估本币汇率和限制外汇自由交易会打击出口企业的创汇积极性，而外汇短缺也影响该国进口贸易的发展。限制资本外流和限制投资收益回流的做法也会打击外商对该国投资的积极性。许多国家的经验证明，要打破国际收支逆差、外汇储备不足、外汇管制、对外开放程度低、经济发展速度慢之间的恶性循环，需要在逐步取消外汇管制上寻找突破口。

3. 出现外汇黑市，而且外汇官价和黑市并存可能带来权钱交易。当外汇牌价被显著压低之时，就很难避免外汇黑市的出现。当外汇黑市规模较大时，政府甚至不得不开放外汇调剂市场，使该国出现合法的双轨制汇率。为了以较低的官价购买外汇，某些个人和企业可能向掌握外汇配给权的官员行贿，助长社会的腐败风气。

对于世界经济的长远发展来说，各国逐步放宽和最终取消外汇管制是一种历史趋势，但是这将是一个十分漫长的过程。特别是发展中国家需要实施一定程度的外汇管制，因为它们的经济发展水平较低，经济结构中存在不少缺陷，政府缺乏足够的经济实力运用经济手段调节经济运行。在当代游资充斥的国际金融市场上，市场机制本身也存在重大缺陷，完全听任市场自发调节并非是各国最优的选择。外汇管制是一把双刃剑，它既能产生积极作用，又能带来消极影响。发展中国家面临的问题是在何种情况下实施何种外汇管制，在什么条件下取消某种外汇管制，以及如何尽可能地利用外汇管制的积极作用，避免或减少其可能带来的消极影响。

四、中国的外汇管理体制与人民币可兑换

新中国成立60多年来，中国经济和金融形势发生了翻天覆地的变化。与此相适应，中国外汇体制从计划经济体制下的统收统支逐步走向市场经济体制下的市场调节占主导的历史新阶段。

在此过程中，我国的外汇市场从无到有，从小到大，至2010年4月我国外汇市场日均外汇交易额达198亿美元，占全球日均外汇交易额的0.4%。外汇储备则从新中国成立之初的1.57亿美元猛增到2010年末的28 473亿美元，增长了18 135倍。随着我国与世界经济接轨，社会发展与经济体制改革的内在要求不断提升，要求外汇管理体制进一步加快改革，以适应社会与经济发展的需要。

（一）中国外汇管理体制改革的路径

总的来说，中国外汇体制改革的过程可分为四个阶段，计划经济体制下统收统支、高度集中的外汇管理阶段（1953—1978年）；改革开放后经济转型时期的外汇管理阶段（1979—1993年）；社会主义市场经济体制初步建立时期的外汇管理阶段（1994—2001年）；社会主义市场经济调节机制进一步完善时期的外汇管理阶段（2002年以来）。

1. 计划经济体制下统收统支、高度集中的外汇管理阶段。从新中国成立到改革开放之前，我国与所有发展中的社会主义国家一样，面临“双缺口”的资金困境，即储蓄缺口和外汇缺口大。在这种背景下，为保证有限外汇资金的重点使用，我国实行高度集中的计划经济外汇管理体制，对外汇的收支进行集中管理、统一经营。国务院授权中国人民银行行使外汇管理职责，中国银行是国家唯一的外贸外汇专业银行。同时，限制对外借款和外商来华直接投资。所以，在一段时间内，我国既无外债也无内债。国家每年制

订外汇收支计划，“以收定支，以出定进”，以指令性计划和行政手段维护外汇收支平衡，并且实行固定汇率制，严格盯住汇率安排。

2. 改革开放后经济转型时期的外汇管理阶段。从 1978 年改革开放到 1993 年，对于中国的社会与经济发展来说是一个非常重要的阶段。为配合改革开放，作为市场经济体制改革的有机组成部分，我国逐步在外汇分配领域引入市场机制，实行计划分配与市场调节并存的双轨制原则，在保留原有的计划收支制度的基础上，引入市场分配机制。

为统一管理外汇，做好外汇收支的计划管理和检查监督，1979 年 3 月，国务院批转中国人民银行《关于改革中国银行体制的请示报告》，决定成立国家外汇管理总局。在汇率上，国家实行官方汇率和外汇调剂市场汇率并存的双重汇率制度，为调剂汇率逐步发挥作用提供了基础条件。同时，为鼓励企业出口创汇，国家实行外汇留成制度，即外汇由国家集中管理、统一平衡，同时留给创汇企业一定比例的外汇，以解决进口物资所需的资金。在此基础上，国家开始建立有形的外汇调剂市场。如果企业留成的外汇有多余，可通过这个市场卖给需要用汇的企业。至此，市场机制开始被引入外汇分配领域。

至 1993 年底，全国共陆续成立了 121 个外汇调剂中心，其中 18 个为公开调剂市场。当时，全国进出口收付汇中的 80% 已采用外汇调剂市场价格结算。可见，外汇调剂市场已在外汇供求中发挥重要作用，反映出当时中国外汇制度改革及时地适应了经济改革开放的需要。

总体而言，为克服长期存在的外汇短缺问题，这一时期国家制定的整体策略包括四个方面。

第一，在进出口方面实行“奖出限入”政策，制定一系列奖励出口的政策，比如，企业出口创汇 1 美元，政府给予奖励 1 分钱人民币的政策。另外，对出口采取补贴、外汇留成和退税政策等；同时对进口用汇实行一定的限制，确保外汇用于国家重点扶持的行业和项目。

第二，在资本项下实行“宽进严出”政策。积极利用外资，通过举借外债、引进外商直接投资来弥补境内外汇不足的缺口，对外直接投资则限制较严。

第三，在外汇收支方面实行“增收节支”政策。

第四，在产业政策方面实行“填平补齐”政策，鼓励国内企业通过消化吸收国外先进技术，生产相应的机器设备以替代进口，从而减少外汇支出。

3. 社会主义市场经济体制初步建立时期的外汇管理阶段。1993 年 11 月，中国共产党第十四届三中全会通过了《关于建立社会主义市场经济体制若干问题的决定》，该决定中明确要求：“改革外汇管理体制，建立以市场供求为基础的、有管理的浮动汇率制度和统一规范的外汇市场，逐步使人民币成为可兑换货币。”

按照这个要求，中国人民银行于 1994 年进行了一系列外汇管理体制改革。取消外汇上缴和留成，实行银行结售汇制度；汇率并轨，实行以市场供求为基础的、单一的、有管理的浮动汇率；建立全国统一规范的银行间外汇市场；放宽人民币经常项目的限制，为实行人民币经常项目有条件可兑换创造条件；继续重申禁止境内外币计价、结算和流通，停止发行外汇兑换券并逐步退出流通。1996 年，我国宣布接受《国际货币基金协定》第八条款的规定，实现人民币在经常项目下的可兑换。这一系列的改革使中国的外汇管理体制进入了一个新的历史阶段。

4. 社会主义市场经济调节机制进一步完善时期的外汇管理阶段。进入21世纪之后，亚洲金融危机的阴影逐渐淡去，2001年我国加入世界贸易组织，贸易顺差急剧扩大，外资大量流入，国际收支大额顺差，国际收支不平衡的矛盾日益突出。特别是2002年之后，我国外汇储备大幅增加，对央行发行货币造成较大压力。另外，我国经济发展状况良好，经济实力增强，国际影响扩大。这既为外汇管理体制改革创造了良好的环境，也产生了新的问题。这一时期我国无论在经常项目还是资本和金融项目都进行了深入的外汇管理体制改革。

这一时期的经常项目外汇管理体制改革的核心是促进贸易与居民个人结汇的便利化。在经常项目外汇账户管理方面，2001年11月12日，国家外汇管理局发布了《关于调整出口收汇核销和外汇账户管理政策的通知》，其中放宽了中资企业外汇结算账户开立标准，扩大开户范围，取消企业收汇前到国家外汇管理局的交单环节，允许企业按月、集中办理出口收汇核销，实行差额核销制度。2002年9月9日，外汇管理局发布了《关于进一步调整经常项目外汇账户管理政策有关问题的通知》，进一步放宽中资企业的开户标准，统一中外资企业经常项目外汇账户开户条件，将现行的经常项目外汇结算账户和外汇专用账户合并为经常项目外汇账户，实行统一的限额管理。2005年2月4日，国家外汇管理局发布了《关于调整经常项目外汇账户限额管理办法的通知》，将限额结汇期限由现行的10个工作日延长至90日，并扩大按实际外汇收入的100%核定经常项目外汇账户限额的企业范围。2007年8月13日，外汇管理局发布了《关于境内机构自行保留经常项目外汇收入的通知》，宣布境内机构可根据经营需要自行保留其经常项目外汇收入，银行在为境内机构开立外汇账户和办理外汇收支业务时不再实行限额管理。在贸易外汇管理方面，2001年国家外汇管理局与海关总署开发了“中国电子口岸出口收汇系统”，实现了管理部门间电子信息的共享。2002年，国家外汇管理局开发了“出口收汇核报系统”，并于2003年3月在天津、河北、广东等5个分局进行了试点，其后推广到全国。2004年7月30日，国家外汇管理局发布了《货到汇款项下贸易进口付汇自动核销管理规定》，同年12月3日又发布了《进口付汇差额核销管理办法》，对进口付汇核销报审业务实行差额核销管理，以解决因客观原因造成进口单位对外付汇金额与实际到货金额之间存在差额而不能办理进口付汇核销报审手续的问题。在个人外汇管理方面，2001年11月21日，中国人民银行发布了《关于外币现钞管理有关问题的通知》，放宽了境内居民个人本人外币账户资金划转的限制。2002年7月11日，外汇管理局发布了《境内居民个人购汇管理实施细则》，在全国推广“境内居民个人购汇管理信息系统”，打破了由一家银行独自经营个人售汇业务的限制，简化部分购汇项目的审核凭证，放开异地购汇，在方便个人购汇的同时也为银行业的公平竞争创造了良好的环境。2003年9月1日和2005年8月3日，国家外汇管理局又发布通知对境内居民个人经常项目下因私购汇政策进行调整，提高购汇指导性限额，进一步简化购汇凭证。2006年12月25日，中国人民银行发布《个人外汇管理办法》，对个人结汇和境内个人购汇实行年度总额管理。年度总额为每人每年等值5万美元。国家外汇管理局可根据国际收支状况，对年度总额进行调整。年度总额内的，凭本人有效身份证件在银行办理；超过年度总额的，经常项目下凭本人有效身份证件和有交易额的相关证明等材料在银行办理。这些改革措施进一步便利了居民持有和使用外汇。

2001年开始，我国的资本和金融项目外汇管理体制改革进入了一个新的阶段。有关部门发布了一系列法规，其范围涉及外国直接投资、证券投资、境外直接投资、外债等各领域，全方位地推进了资本和金融项目的开放。

在外国直接投资方面，2002年11月1日，国务院发布了《国务院关于取消第一批行政审批项目的决定》，取消了789项行政审批项目，其中14个项目涉及资本和金融项目，主要是放松资本管制与开放市场。此后，国务院又分别于2003年2月27日、2004年5月19日、2007年10月9日公布了取消的第二、第三、第四批行政审批项目。2003年3月7日，对外贸易经济合作部、国家税务总局、国家工商行政管理总局、国家外汇管理局联合发布了《外国投资者并购境内企业暂行规定》，2006年8月8日，中国商务部、国务院国有资产监督管理委员会、国家税务总局、国家工商行政管理总局、中国证券监督管理委员会、国家外汇管理局六部委发布了修订后的《关于外国投资者并购境内企业的规定》，允许外资在国内进行股权和资产并购。

在证券投资方面，最引人注目的举措则是合格境外机构投资者（QFII）的引入和合格境内机构投资者（QDII）制度的建立。2002年11月5日，中国证监会与中国人民银行联合发布《合格境外机构投资者境内证券投资管理暂行办法》，提出经中国证监会批准投资于中国证券市场，并取得国家外汇管理局额度批准的中国境外基金管理机构、保险公司、证券公司以及其他资产管理机构可以委托境内商业银行作为托管人托管资产，委托境内证券公司办理在境内的证券交易活动。合格投资者在经批准的投资额度内，可以投资于在证券交易所挂牌交易的除境内上市外资股以外的股票、在证券交易所挂牌交易的国债、在证券交易所挂牌交易的可转换债券和企业债券以及中国证监会批准的其他金融工具。单个合格投资者对单个上市公司的持股比例不超过该上市公司股份总数的10%，所有合格投资者对单个上市公司的持股比例总和不超过该上市公司股份总数的20%。2002年11月28日，国家外汇管理局发布了《合格境外机构投资者境内证券投资外汇管理暂行规定》，要求单个合格投资者申请的投资额度不得低于等值5 000万美元的人民币，不得高于等值8亿美元的人民币，同时合格投资者之间可以相互转让投资。2005年12月31日，中国证监会、国家税务总局、国家工商行政管理总局、国家外汇管理局共同发布《外国投资者对上市公司战略投资管理办法》，允许外国投资者通过中长期战略性并购投资，取得股改的上市公司和股改后新上市公司A股股份。2006年8月24日，中国证监会、国家外汇管理局、中国人民银行发布了《合格境外机构投资者境内证券投资管理办法》，对QFII的投资监管进行细化完善，同时大幅降低了QFII的准入门槛。截至2008年6月，获得QFII资格的境外投资者已经达到58个。

作为“走出去”战略的一部分，国家加大了在境外直接投资方面的支持力度。2003年3月19日，国家外汇管理局发布了《关于简化境外投资外汇资金来源审查有关问题的通知》，简化了境外投资外汇资金来源审查手续。2005 年 2 月 1 日，国家外汇管理局发布了《关于境外上市外汇管理有关问题的通知》，延长了境外上市外资股公司和中资控股上市公司的境内股权持有单位调回资金的时间和境外专用外汇账户的期限，扩大了其存放境外的外汇资金的支配权。2006 年 6 月 6 日，国家外汇管理局发布了《关于调整部分境外投资外汇管理政策的通知》，取消对各分局（外汇管理部）核定的境外投资购汇额度，进一步便利了境内投资者的用汇。经过多年的改革，目前我国的资本和金融项目开放已经取得了相当的成果。在按照国际货币基金组织划分的资本和金融项目 7 大类 43 项中，我国可兑换的为 8 项，占 18.6%；有较少限制的 11 项，占 25.6%；有较多限制的 18 项，占 41.9%；有严格限制的 6 项，占 13.9%（见表 4－2）。从改革的路径来看，总体上我国资本和金融项目开放是按照“先流入、后流出；先长期、后短期；先金融机构、后居民”的顺序推进。

表 4－2　　　　　　中国资本和金融项目可兑换现状简表

具体工具	可兑换	有较少限制	有较多限制	严格限制
一、资本和货币市场工具				
1. 资本市场证券交易				
A. 买卖股票或参股性质的其他证券				
非居民在境内购买			√	
非居民在境内出售或发行			√	
居民在境外购买			√	
居民在境外出售或发行			√	
B. 债券和其他债务性证券				
非居民在境内购买			√	
非居民在境内出售或发行			√	
居民在境外购买			√	
居民在境外出售或发行			√	
2. 货币市场工具				
非居民在境内购买				√
非居民在境内出售或发行				√
居民在境外购买		√		
居民在境外出售或发行		√		
3. 集体投资类证券				
非居民在境内购买			√	
非居民在境内出售或发行			√	
居民在境外购买			√	
居民在境外出售或发行			√	
二、对衍生工具和其他工具的管制				

续表

具体工具	可兑换	有较少限制	有较多限制	严格限制
非居民在境内购买				√
非居民在境内出售或发行				√
居民在境外购买			√	
居民在境外出售或发行			√	
三、对信贷业务的管制				
1. 商业信贷				
居民向非居民提供	√			
非居民向居民提供	√			
2. 金融信贷				
居民向非居民提供		√		
非居民向居民提供		√		
3. 担保、保证和备用融资便利				
居民向非居民提供		√		
非居民向居民提供		√		
四、对直接投资的管制				
1. 对外直接投资				
A. 创建或拓展完全由自己拥有的企业、子公司或全额收购现有企业		√		
B. 对新建或现有企业的入股		√		
2. 对内直接投资				
A. 创建或拓展完全由自己拥有的企业、子公司或全额收购现有企业	√			
B. 对新建或现有企业的入股	√			
五、对直接投资清盘的管制	√			
六、对不动产交易的管制				
居民在境外购买			√	
非居民在境内购买		√		
非居民在境内出售		√		
七、对个人资本流动的管制				
1. 贷款				
居民向非居民提供				√
非居民向居民提供				√
2. 礼品、捐赠、遗赠和遗产				
居民向非居民提供			√	

续表

具体工具	可兑换	有较少限制	有较多限制	严格限制
非居民向居民提供	√			
3. 外国移民在境外的债务结算			√	
4. 资产的转移				
移民向国外的转移			√	
移民向国内的转移	√			
5. 博彩和中奖收入的转移		√		
6. 非居民员工的储蓄	√			
合计项数	8	11	18	6
比重（%）	18.6	25.6	41.9	13.9

资料来源：国家外汇管理局。

2005 年 7 月 21 日，我国再次宣布进行人民币汇率形成机制改革，从单一盯住美元改为实行以市场供求为基础、参考一篮子货币进行调节、有管理的浮动汇率制度；货币兑换起始水平从 8.2765 元人民币/美元调整为 8.11 元人民币/美元。同时，实施一系列配套外汇管理政策，包括提高经常项目外汇账户限额；提高个人因私购汇指导性限额和简化手续凭证；扩大银行为客户办理远期结售汇业务和开办人民币与外币掉期交易；调整银行挂牌汇率管理；并加强外汇政策的宣传和培训；等等。这些举措为改革开放后新时期的企业、银行逐步适应市场汇率波动的变化创造了条件。

2005 年以来，在人民币汇率改革的背景下，我国国际收支形势发生了根本性变化，由外汇短缺转为外汇储备增长过快，中国经济国际化趋势日益明显，国际资金流动加快，这对跨境资金监管提出了新挑战，同时受美国金融危机影响，国际热钱向中国转移的现象开始出现，这些都需要对外汇管理制度进行新的调整，以应对经济形势的新变化。2008 年 8 月 5 日，国务院重新修订并颁布了《中华人民共和国外汇管理条例》，新条例遵循以下原则对原条例进行了全面修订。一是坚持改革开放的方向，吸收近年来经常项目、资本项目、外汇市场和人民币汇率形成机制等方面的改革成果，并为下一步改革预留政策空间。二是围绕宏观调控的重点，以促进国际收支平衡为目标，对外汇资金流入流出实施均衡、规范管理。三是创造公平竞争的环境，取消内资企业与外资企业之间、国有企业与民营企业之间、机构与个人之间的差别待遇，按交易性质进行监管。四是按照行政管理体制改革和依法行政的要求，进一步完善外汇管理的内容、方式等规定，推进贸易投资便利化，加强对行政权力的监督和约束。

新条例关于外汇管理改革主要体现在以下方面：

第一，取消强制结汇规定。与原条例中“境内机构的经常项目外汇收入必须调回境内”，境内机构的经常项目外汇收入应当“卖给外汇指定银行，或者经批准在外汇指定银行开立外汇账户”不同，新条例则取消了对境内机构的这些强制性规定，指出“境内机构、境内个人的外汇收入可以调回境内或者存放境外”，“经常项目外汇收入，可以按照国家有关规定保留或者卖给经营结汇、售汇业务的金融机构”。

第二，加强跨境资金流动监管。在中国经济日益国际化，国际资金流动加快的背景下，跨境资本特别是国际热钱有如过江之鲫，想尽种种办法涌入中国。这就需要进一步完善跨境资金流动监管，建立健全国际收支应急保障制度，有效防范风险，提高开放型经济水平。

新条例加强了这方面的规定。条例要求办理外汇业务的金融机构应当对交易单证的真实性及其与外汇收支的一致性进行合理审查，同时规定外汇管理机关有权对此进行监督检查，以保证经常项目外汇收支具有真实、合法的交易基础。条例还加强了流入资本的用途管理，要求资本项目外汇及结汇后人民币资金应当按照有关主管部门及外汇管理机关批准的用途使用。

条例还加强了对跨境资金流动的监测。如条例要求金融机构通过外汇账户办理外汇业务，并依法向外汇管理机关报送客户的外汇收支及账户变动情况。条例规定外汇管理机关可以全方位对跨境资金流动进行监测。

第三，拓宽资本流出渠道。条例简化了对境外直接投资外汇管理的行政审批。原条例规定，中国境内机构向境外投资，在向审批主管部门申请前，由外汇管理机关审查其外汇资金来源；经批准后，按照中国国务院关于境外投资外汇管理的规定办理有关资金汇出手续。新条例明显简化了这一规定。

此外，新条例为拓宽资本流出渠道预留政策空间。条例增设了中国境内主体对境外证券投资和衍生产品交易、境内主体对外提供商业贷款等交易项目的管理原则。

从过去的情况看，中国需要积累一定外汇以发展经济，但目前中国企业的创汇能力已经很强，外汇储备也跃居世界第一。新条例简化对境外直接投资外汇管理，可进一步支持企业更好地“走出去”，同时通过藏汇于民、藏汇于企，也能有助于促进国际收支的基本平衡。

【知识链接】 中国现阶段外汇管理体制特征

一是人民币经常项目实现可兑换，资本和金融项目部分实现可兑换。企业可以将经常项目下交易所取得的外汇卖给银行，也可以开立外汇账户，自主支配。同时，我国在服务用汇、个人用汇方面的限制也基本放开了。考虑到现阶段的国情和金融安全的需要，目前在资本和金融项下还实行一定的限制，按照国际货币基金组织最新的定义划分，资本和金融项目 7 大类 43 项中，我国可兑换的为 8 项，占 18.6%；有较少限制的 11 项，占 25.6%；有较多限制的 18 项，占 41.9%；有严格限制的 6 项，占 13.9%。近几年来，我们加大了在资本和金融项目开放的力度，尤其是证券项目的开放力度较大。过去，我国居民是不可以到境外证券市场进行投资的，境外的资金也不可以在中国证券市场进行投资。2002 年以来，随着 QDII 和 QFII 制度的实施，为国外证券资本“走进来”、国内证券资本“走出去”建立了渠道。同时，在对外直接投资方面，步伐也明显加快，一些国内企业已成为国际市场的重要参与力量。最近，中石油、中铝、中国投资公司等企业在海外的投资不断扩大。这种局面都与近年来国家逐步放开资本和金融项目外汇管制政策有关。

二是人民币汇率实行以市场供求为基础、参考一篮子货币进行调节、有管理的浮动汇率制度。我国在人民币汇率的安排上，始终坚持“主动性、可控性、渐进性”的原则，力求保持国家经济、金融的平稳发展。我国汇率改革的目的是让人民币汇率形成的基础越来越坚实，逐步提高汇率弹性，让更多的市场主体参与汇率形成，使汇率不断贴近市场合理均衡水平。

三是实行统一规范的全国银行间外汇市场。目前，中国外汇市场的网络交易平台日趋发达，产品工具日益增多，交易机制和交易方式不断创新，市场参与主体大幅度增加并更加多元化。几年前，我们的交易方式只有一种，即竞价交易。从2006年开始，我们引入了询价交易方式等制度，并逐步增加交易的品种，开展远期、掉期产品的交易，使市场价格发现的功能增强。

四是实行与国际接轨的国际收支统计申报制度。国际货币基金组织一直重视国际收支相关数据报表的编制质量和公布频率。我国国际收支相关数据报表从无到有、从少到多，报表质量不断提高，公布频率加大。

五是实行金融机构外汇业务监管。对于外汇业务，我国仍然采取市场准入的监管制度。国家外汇管理局与相关金融监管机构对所有金融机构的外汇业务实行监管。此外，国家外汇管理局通过各种制度和电子技术手段，对金融机构及企事业单位的跨境收付行为实行监测。

六是外汇管理法规体系不断完善。近年来，我国修订完善并发布了《中华人民共和国外汇管理条例》、《境内机构境外直接投资外汇管理规定》、《银行执行外汇管理规定情况考核办法》等一系列法律、法规，外汇管理框架和法规进一步健全。

（二）人民币可兑换问题

货币兑换分三个层次：一是不可兑换，二是国际收支经常项目下可兑换，三是完全可兑换，即在经常项目与资本和金融项目下均可以自由兑换。国际货币基金组织（IMF）对货币可兑换进行了界定，将经常项目下可兑换确定为最低层次的可兑换。在《国际货币基金协定》第八条款中规定了经常项目下可兑换的具体要求，归纳起来是：第一，各成员国（地区）未经国际货币基金组织同意，不可对国际经常往来的付款和资金转移施加限定；第二，不准实行歧视性货币措施和多种汇率措施；第三，任何一个成员均有义务赎回其他成员国持有的经常项目下本国货币的结存，即兑换外国持有的本国货币。资本和金融项目下的可兑换要求取消对短期金融资本、直接投资和证券投资引起的外汇收支的各种兑换限制，使资本能够自由出入境。在具体实践中，某些国际储备货币发行国在其货币国际化进程中依然对资本和金融项目下的兑换实施一些必要的限制。国际货币基金组织对资本和金融项目下可兑换没有给予严格界定。

我国外汇体制改革的最终目标是实现人民币自由兑换。1996年人民币已实现了国际收支经常项目下的可兑换，然而我国的国际贸易、投资规模迅速增长，我国金融市场的发展，我国加入世界贸易组织及加强区域经济合作等，都从客观上要求人民币早日实现资本和金融项目下可兑换。

但必须注意到，实行人民币自由兑换需要很高的先决条件，如国内经济实力雄厚、合理的汇率机制和健全的宏观经济政策、完善的金融体系和金融市场、良好的国际收支状况、成熟的金融监管体系等。从目前情况来看，人民币已实现了资本和金融项目下的部分兑换，但完全自由兑换的时机和条件尚不具备。从国际经验和中国的实际情况看，中国推进人民币资本和金融项目可兑换须注意以下几个方面问题。

第一，逐步实现资本和金融项目可兑换，这是中国经济融入全球经济，在更广阔的舞台上发展的一个需要，也是中国进一步扩大全方位对外开放的需要。在这个过程中，需要不断地对不适应这一发展的体制、机制进行改革。

第二，在中国推进资本和金融项目的可兑换需立足于国情，要走符合中国特色的一条可兑换的道路。应该说，中国现在实行可兑换的过程中所面临的环境、形势，都和以往相比有很大不同。特别是中国的经济社会的发展具有独特的社会主义初级阶段的特征，而现在国际金融市场、国际资本流动，这种规模和它的多样化、复杂性，相比以前都有巨大发展。

尽管在全球范围内，很多国家都实现了资本和金融项目可兑换，其中有很多值得我们借鉴和学习。但因为中国的特殊性，我们不可能也不应该去照搬外国的做法，而且也没有一个模式可以套用。因此。推进可兑换必须立足于我们的国情。

第三，逐步实现资本和金融项目可兑换过程，是个统筹规划、有序推进的过程。在次序上大体按照先长期、后短期；先机构、后个人的安排。在方式上，主要采取先试点后推开的做法。在节奏和速度上，主要是根据需要，根据我们的条件、能力及形势的发展等几个主要因素进行把握、审时度势，既积极稳妥，又要抓住机遇，取得突破。

第四，人民币资本和金融项目可兑换的实现必须综合配套、协调推进。这主要考虑到可兑换的实用性的工程，要大力发展金融市场、完善金融监管、加快金融改革，加强和改进宏观调控。这使得资本和金融项目可兑换与整个国家经济和金融的各个领域改革环节相衔接。

第五，在资本和金融项目可兑换的过程中，必须要改善监管，要防范风险。在经济全球化和金融市场一体化的影响下，资本的流动性风险有极强的突发性，国际资本的流动也是复杂多变的。因此，在资本和金融项目可兑换的过程中需要把防范风险放在突出的位置。

【能力训练】

我们经常可以在期刊报纸等媒体上看到人民币国际化与人民币自由兑换的提法，人民币国际化是指使人民币成为重要的国际储备货币，人民币自由兑换则是指实现人民币在经常项目与资本和金融项目下的自由兑换。那么你认为这两者之间有关系吗？

综合练习四

一、判断题

1. 外汇管制就是限制外汇流出。(　　)

2. 只有实现了资本和金融项目下的货币兑换，该国货币才能被称为可兑换货币。(　　)

3. 国际收支有巨额顺差的发达国家对资本输出入无限制。(　　)

4. 扬基债券和武士债券是美国发行的两种外国债券。(　　)

5. 广义的国际股票市场不仅包括交易市场所在地非居民公司股票所形成的市场，还包括国际化的各国股票市场。(　　)

6. 离岸金融市场借贷货币是境外货币，其借贷利率的制定以东道国银行同业拆借利率为标准。(　　)

7. 基金组织的贷款有短期贷款，也有中长期贷款。(　　)

8. 黄金非货币化是指黄金既不是各国货币平价的基础，也不能用于官方之间的国际清算。(　　)

9. 份额决定国际货币基金组织会员国分得的 SDR 的多少。(　　)

10. 国际货币基金组织的最高权力机构是执行董事会。(　　)

二、单项选择题

1. 外汇管理最核心的内容是（　　）。

A. 外汇资金收入和运用的管理　　B. 货币兑换管理
C. 汇率管理　　D. 额度留成制

2. 我国实行经常项目下人民币可自由兑换，符合国际货币基金组织（　　）。

A. 第五会员国规定　　B. 第十四会员国规定
C. 第八会员国规定　　D. 第十二会员国规定

3. 目前人民币自由兑换的含义是：(　　)。

A. 经常项目下的交易中实现人民币的自由兑换
B. 资本和金融项目下的交易中实现人民币的自由兑换
C. 国内公民个人实现人民币自由兑换
D. 外国居民个人实现人民币自由兑换

4. 国际外汇市场的最核心主体是（　　）。

A. 外汇经纪商　　B. 外汇银行　　C. 外汇交易商　　D. 中央银行

5.（　　）是国际外汇市场上最重要的汇率，是所有外汇交易汇率的计算基础。

A. 期权汇率　　B. 期货汇率　　C. 远期汇率　　D. 即期汇率

6. 在国际信贷市场上，(　　）是制定国际贷款和发行债券的基准利率。

A. SIBOR　　B. HIBOR　　C. LIBOR　　D. FIBOR

7. 布雷顿森林体系是采纳了（　　）的结果。

A. 怀特计划　　B. 凯恩斯计划　　C. 布雷迪计划　　D. 贝克计划

8. 历史上第一个国际货币体系是：(　　)。

A. 国际金块本位制　　B. 国际金本位制　　C. 布雷顿森林体系　　D. 银本位制

9. 下列（　　）不属于世界银行的资金来源。

A. 会员国缴纳的股金　　B. 发行债券取得的借款

C. 参与外汇市场操作所得收益　　D. 债权出让

10. 1978 年以后基金份额的 25% 部分以（　　）缴纳。

A. 黄金　B. 本国货币　C. 外国货币　D. 特别提款权和可自由兑换的外汇

三、思考题

1. 解释货币自由兑换的含义。
2. 欧洲货币市场的作用和影响是什么？
3. 国际金融市场的作用有哪些？
4. 什么是“特里芬难题”？
5. 国际货币基金组织的宗旨是什么？

下篇

国际金融活动

项目五

外汇交易实务

WAIHUI JIAOYI SHIWU

国家、企业、团体及个人，每天都在做着各种各样的外汇交易，或是为了贸易结算，或是为了对外借贷，或是为了对外投资，或是为了宏观调控与干预，或是为了保值避险、投机牟利，等等。可见，多形式的外汇交易满足了不同主体不同目的的需求，已经成为现代国际经济生活中不可缺少的一部分，日益渗透在一国的经济脉络中，发挥着重要的作用。外汇交易把我们的经济活动与世界联系在一起，把我们的收益或风险与世界联系在一起，本项目将与大家探讨如何善用这些外汇交易工具，如何带给自己最大的收益。

模块一　即期外汇交易操作实务

【课前思考】

你计划去香港旅游，需要少量港元现金，去银行用人民币兑换可以立刻拿到港元吗?

【能力目标】

1. 运用即期外汇投机获利；
2. 利用即期外汇交易进行对冲投资，实现套期保值；
3. 快速判断套汇机会，设计套汇方案；
4. 对多笔即期外汇交易做盈亏核算。

小张是一家大型跨国贸易公司的财务部经理，每天为公司业务忙得焦头烂额。一天下午，小张正在看上月的会计报表，突然桌上的电话铃响了，原来是财务经办李小姐：“张经理，进口欧洲的那批设备下个月到港，后天就要给外商支付首付款560万欧元，但现在咱们账户上只有120万欧元，倒是有3 000万美元的富余，怎么办?”小张不假思索地说："这好办啊，找中国银行做即期外汇交易不就得了？"

按照小张的指点，李小姐找到中国银行资金全球金融市场部客户业务处交易员高明，以当天市场价格欧元/美元 = 1.0735 的价格买到了需要的欧元，顺利完成了对外支付。高明还向李小姐介绍说："除了满足临时性的付款需求和调整头寸外，即期外汇买卖还可以用来进行外汇投机，不过风险比较大，建议企业谨慎操作。"

一、什么是即期外汇交易

即期外汇买卖又称即期外汇交易或现汇交易（Spot Exchange Transaction），是指买卖外汇的双方按当天外汇市场上的汇率成交后，在当天或两个营业日内办理交割的一种外汇交易。交割即"钱汇两清"，例如，A 用美元向 B 买进日元，A 向 B 支付美元收进日元而 B 收进美元付出日元，A 与 B 之间的这种行为就是交割。在真实的国际外汇交易中，绝大多数并无实际资产的运送，而是由银行通过账户互相转账完成结算。

买卖双方办理交割的日子称为交割日（Delivery Date）或起息日（Value Date）。进行即期外汇交易，并不意味着双方必须立即办理交割，交割可以在当天或两个营业日内，但并非由交易双方自行选择，而是不同外汇市场对交割日有不同规定。例如，欧美外汇市场采用标准交割日（成交后第二个营业日）；东京外汇市场习惯成交后第一个营业日交割；一般居民和旅客的小额外币现钞、旅行支票及其他小额外汇交易是当日成交、当日交割。

还有一点要特别注意的是交割日必须是营业日（Business Day），营业日是指实际交割的两种货币所在国的银行都营业的日子。大多数西方国家实行每周五天工作制，因此买卖成交后若遇上周六、周日以及其他公共假日。则交割日要顺延到下一个营业日。

交割日的确定非常重要。在西方国家盛行"价值补偿"原则，其强调一项外汇合同的双方，都须在同一时间进行交割。以免任何一方因交割不同时而蒙受损失。

二、即期外汇买卖的汇率

进行即期外汇买卖的双方交割时所使用的汇率就是即期汇率（Spot Exchange Rate）。它是买卖双方成交当天确定下来的市场汇率而不是交割日那天的市场汇率。外汇银行作为外汇交易的一方（买方或卖方），每天都要对外报价。按国际惯例，任何一家外汇银行对外报价后，只要有询价者（客户）愿意按此报价进行交易，该银行必须承担按其报价买进或卖出一定数额外汇的义务，而不管做这笔交易对银行自己是否有利。因此，即期汇率实际上就是被客户确认了的某外汇银行的报价。银行在报价时必须十分谨慎，考虑到多方面因素，否则一旦报错价格，又必须履行交易，会给银行带来损失。

三、即期汇率的报价

在外汇市场上。某外汇银行在确定开盘汇率时，一般是根据前一时区的外汇市场的收盘情况，国内外政治经济情况的最新发展以及自己外汇头寸情况等来确定的。开盘进行交易后，外汇银行将根据其外汇头寸的变化不断调整其报价。外汇银行在报价时主要考虑以下因素：

1. 本行的外汇头寸。如果某种货币多头寸，则银行可调低报价，一方面较低的卖价促进客户买入该货币，另一方面较低的买价无法吸引客户向该行卖出该货币；如果某种货币缺头寸，银行应调高报价，既可以用较高的买价吸引客户向银行出售该货币，同时较高的卖价会抑制客户的购买需求。例如，在东京外汇市场上，某银行在开盘买卖后出现美元现汇头寸不足。为了及时补进美元现汇，该银行的报价（买价和卖价）必须调高，使其高于市场汇率。高的买入价可刺激客户向该银行出售美元，同时高的卖出价可抑制客户向银行购买美元，原来不足的美元现汇头寸很快可以补足。

2. 询价者的交易意图。外汇银行对外报价采用“双报价”原则，买价卖价一起报出，就是因为客户与银行彼此都不愿意透露买卖意图。不过有经验的询价者可以通过对比银行报价与市场行情推测银行的交易意图，同样有经验的报价员也可以试探询价者的交易意图。

3. 收益率与竞争力。询价者可以向多家银行询价，选择价格最优的进行交易。银行在报价时需要考虑竞争对手的报价情况。例如，若银行急需买入美元，当遇到美元询价时，就应该调高价格，希望询价者能被该价格吸引出售美元（如果询价者是要卖出美元的话），但若询价者是想买入美元，遇到高报价一般不会成交，此时一定要注意调高价格的程度。因为价格越高，买入美元意味着银行的收益越低，银行需要综合考虑收益率与竞争力，最好是能以尽可能微弱的价格优势吸引客户。

4. 市场行情。某种货币的市场行情如何，预期走势如何，也在一定程度上影响了银行的报价。当一种货币汇率持续走高时，外汇银行将相应调高价格，刺激持有该货币头寸的询价者卖出；反之，银行将调低价格。

5. 国际政治、经济及军事最新动态。一些重大事件的发生往往会第一时间传导到外汇市场，对汇率形成直接的影响。例如，某国国内发生重大自然灾害，该国货币很有可能在短期内急挫，报价银行在收到这一消息后将会立刻调低该货币报价，希望能尽快出手，防止汇率下跌的风险。

【知识链接】 **即期外汇交易报价规则**

1. 双报价原则，买入价与卖出价一起报，买入价在前，卖出价在后。

2. 点数报价法，只报变化了的数字。以 USD/CHF = 1.7（3）（63）/（75）为例，（3）为大数（Big Figure），交易商通常不会报出这部分，只在必须确认交易时或市场价格波动剧烈时才报出。在美国，大数也叫把手（Handle）。（63）为点数（Tips），它是价格变动的最低值，即价格的最后两个数字。买价与卖价之间的差值（以上报价差值为12个点）大小通常与市场流动性有关。在国际外汇交易中，一些主要货币的报价通常有个约定俗成的称谓，如英镑/美元叫 Cable，美元/瑞士法郎叫 Dollar – Swissy。

3. 对报价速度要求高。要求外汇交易员的报价速度（常交易货币）在10秒之内，大银行要求在5秒之内。

4. 当报价方给出报价后，询价方接受价格愿意交易，则报价方必须成交，不得对所报价格反悔。

四、即期外汇交易报价实例

在外汇市场上，外汇交易都根据基本规则、惯例和程序进行。下面列举一些实例说明即期外汇交易。一般而言，交易金额以被报价货币的金额为表示基础，除非有特殊声明。

例 5-1：

A：Hi, BANK OF CHINA SHANGHAI, Calling For Spot JPY For USD PLS.

B：MP, 124.20/30.

A：Taking USD 10.

B：OK. Done, I Sell USD 10 Mio Against JPY At 124.30 Value July 20, JPY PLS To ABC BANK TOKYO For A/C No. 123456.

A：OK. All Agree USD To XYZ BANK N.Y. For Our A/C 654321 CHIPS UID 09458, TKS.

A：您好，中国银行上海分行。请问即期美元兑日元报什么价？

B：等一等。1 美元兑 124.20/30 日元。

A：买进 1 000 万美元。

B：好的，成交。我卖给你 1 000 万美元买进日元，汇率为 124.30，起息日为 7 月 20 日，我们的日元请付至东京 ABC 银行，账号为 123456。

A：好的。我们的美元请付至纽约 XYZ 银行，账号为 654321，CHIPS UID 09458，谢谢您的交易，再见。

例 5-2：

A：GBP 6 Mio.

B：1.7948/53.

A：My Risk.

A：Now PLS.

B：1.7950 Choice.

A：Sell GBP 6 My VSD To ABC N.Y..

B：OK. Done at 1.7950 We Buy GBP 6 Mio AG USD Val July 20 GBP To My LONDON TKS for Deal, BIBI.

A：金额为 600 万英镑兑美元（询价）。

B：GBP1 = USD1.7948/53。

A：不满意报价（A 不满意 B 的报价，即在目前价格下不做交易，B 所报价格不再有效；A 在数秒钟之内可再次向 B 询价）。

A：现在再次询价。

B：1.7950 选择价，你可选择买或卖（一般而言，当报价银行报出选择价时一定要做交易。询价者不可以价格不好为借口不做交易）。

A：卖出 600 万英镑兑美元，美元请付至我在纽约 ABC 银行的账户。

B：好的，成交。在 1.7950 我们买进 600 万英镑兑美元，起息日为 7 月 20 日，我的英镑请付至我在伦敦的英镑账户，谢谢，再见。

例5-3：

A：CHF/JPY 7 CHF.

B：CHF/JPY88.22/26.

B：UR Risk Off Price.

A：Now PLS 5 CHF PLS.

B：88.23/25.

A：Sell CHF 5 My JPY To My Tokyo.

B：Done at 88.23 We Buy CHF 5 Mio AG JPY Val July 20 CHF To My Frankfurt.

A：瑞士法郎兑日元的交叉汇率，金额为700万瑞士法郎。

B：CHF1 = JPY 88.22/26。

B：你方迟疑，取消报价（由于询价者A作出决定略显迟疑，报价者B取消所报价格，可以重新询价）。

A：再次询价，金额改为500万瑞士法郎。

B：CHF1 = JPY88.23/25。

A：卖出500万瑞士法郎兑日元，日元请付至我在东京的账户。

B：交易成交，价位88.23，我们买进500万瑞士法郎兑日元。7月20日起息，瑞士法郎汇入我在法兰克福的瑞士法郎账户。

五、即期外汇交易的运用

1. 即期外汇投机交易。在准确判断即期汇率走势的前提下，低买高卖可以实现投机获利，举例如下。

例5-4：某日即期外汇市场上，USD/CNY = 8.2720/68，某投机者预期3个月后美元将贬值，其手中有10 000美元和80 000元人民币，此人该如何进行投机操作？如果3个月后汇率为USD/CNY = 8.1120/36，请分析该投机者亏损或收益多少？

分析：预期美元贬值（人民币升值），当期决策为卖美元，买人民币。80 000元人民币继续持有，卖出10 000美元（买人民币）。

得到人民币10 000 × 8.2720 = 82 720（元）

该投机者预期正确，3个月后美元确实贬值了，82 720元人民币可以兑换到82 720 ÷ 8.1136 = 10 195.23（美元）。

收益10 195.23 - 10 000 = 195.23（美元）

在这个例子中，由于投机者准确预期了汇率走势，运用即期外汇交易投机获利。如果预期错了，则是亏损。

例5-5：某日即期外汇市场上，USD/CNY = 8.2720/68，某投机者预期3个月后人民币将贬值，其手中有10 000美元和80 000元人民币，此人该如何进行投机操作？如果3个月后汇率为USD/CNY = 8.1120/36，请分析该投机者亏损或收益多少？

分析：预期人民币贬值（美元升值），那么当期的决策为卖人民币，买美元。10 000美元继续持有，卖出80 000元人民币（买美元）。

得到 80 000 ÷8. 2768 =9 665. 57（美元）

该投机者的预期错误，3 个月后美元没有升值反而贬值了 USD/CNY =8. 1120/36。为了核算该投机者亏损了多少，我们考虑9 665. 57 美元按照3 个月后的汇率可以换回多少人民币：

9 665. 57 美元只能兑换到人民币 9 665. 57 ×8. 1120 =78 407. 1（元）

亏损 80 000 -78 407. 1 =1 592. 9（元）

可见，如果预期错误，不但不能获利，反而会亏损。在本模块开头，中国银行资金全球金融市场部客户业务处交易员高明，即向贸易公司财务部的李小姐明示了外汇交易的风险。

2. 即期外汇交易盈亏核算。同一个交易者在同一天中对同一种货币往往有不同金额的买进、卖出，每次的成交价格也不尽相同，在结束一天交易后需要对当天的交易进行盈亏核算。

例 5 -6：假设某日一客户做了如下几笔美元兑人民币的交易：

买入美元　200 万　汇率为 7. 0000

买入美元　100 万　汇率为 7. 2000

卖出美元　300 万　汇率为 6. 9990

买入美元　100 万　汇率为 7. 1000

收盘汇率为 7. 0200/20，请分析该客户的当日损益。

分析：将以上四笔交易用下表列出。

美元（万美元）		汇率	人民币（万元）	
买入	卖出		买入	卖出
200		7. 0000		1 400
100		7. 2000		720
	300	6. 9990	2 099. 7	
100		7. 1000		710
400	300		2 099. 7	2 830

观察最后一行合计情况，美元多头寸为 100 万美元［400 -300 =100（万美元）］；人民币缺头寸为 730. 3 万元［2 099. 7 -2 830 = -730. 3（万元）］。

美元计算的亏损为 100 -730. 3 ÷7. 0220 = -4（万美元）

以人民币计算的亏损为 100 ×7. 0200 -730. 3 = -28. 3（万元）

3. 对冲投资。对冲投资是以某种货币为中介，同时买卖另外两种货币，通过买卖的损益互相对冲，达到避险保值的作用。这是利用即期外汇交易进行套期保值的方法。

例 5 -7：2 月 10 日外汇行情如下：

即期汇率USD/AUD =1. 6510/20

USD/CHF =1. 3459/69

为了对美元进行保值，做一笔以美元为中介，买入 AUD，卖出 CHF 的对冲投资交易。

2 月 20 日平仓，外汇行情如下：

即期汇率USD/AUD = 1. 6580/90

USD/CHF = 1. 3548/58

交易过程：10 日以 1. 6510 卖出 USD，买入 AUD

以 1. 3469 卖出 CHF，买入 USD

20 日以 1. 6590 卖出 AUD，买入 USD

以 1. 3548 卖出 USD，买入 CHF

损益情况：

在 AUD 上，1 美元获利 = 1. 6510 - 1. 6590 = -0. 008（澳大利亚元）

在 CHF 上，1 美元获利 = 1. 3548 - 1. 3469 = +0. 0079（瑞士法郎）

以上这种套期保值的方式并非唯一，必须满足一个前提：该投资者手中持有 CHF 的头寸，否则无法在当期卖出即期 CHF。若该投资者手中没有 CHF 的头寸，持有的是 AUD 的头寸，那么对冲的方向将会改变如下：

为了对美元进行保值，做一笔以美元为中介，卖出 AUD，买入 CHF 的对冲投资交易。

2 月 20 日平仓，外汇行情如下：

即期汇率USD/AUD = 1. 6580/90

USD/CHF = 1. 3548/58

交易过程：10 日以 1. 6520 卖出 AUD，买入 USD

以 1. 3459 卖出 USD，买入 CHF

20 日以 1. 6580 卖出 USD，买入 AUD

以 1. 3558 卖出 CHF，买入 USD

损益情况：

在 AUD 上，1 美元获利 = 1. 6580 - 1. 6520 = +0. 006（澳大利亚元）

在 CHF 上，1 美元获利 = 1. 3459 - 1. 3558 = -0. 0099（瑞士法郎）

4. 套汇（Exchange Arbitrage Transaction）是指交易者利用两个或两个以上外汇市场上某些货币的汇率，在同一时间存在的差异进行外汇买卖，在低价市场上买进而同时又在高价市场上卖出，从中赚取差价利润的一种外汇交易。

由于现代化通信设备的普遍使用，世界各主要外汇市场上某种货币（例如美元）的汇率水平通常是非常接近的。但有时在很短暂的时间内也会出现一定的差异，当这种差异大到足以补偿进行外汇买卖而调动资金所发生的全部费用（例如通信费、手续费等）时，套汇将会发生。由于汇率差异存在的短暂性，这就要求套汇者必须及时准确地把握市场信息和迅速采取买卖行动，因此套汇者通常都是那些大的国际商业银行，它们在世界各大外汇市场都有分支机构和代理行，信息灵通，头寸调拨便捷，资金力量雄厚。尽管短暂时间内存在的汇率差异很小，但套汇者投入的资金往往很大，因此套汇成功后的收益还是相当可观的。

需要强调一点，套汇者利用的是某一时点不同外汇市场上存在的汇率差异，因此“贱买贵卖”必须同时进行，否则这短暂的机会将会失去。

一般来说，要进行套汇必须具备以下三个条件：（1）存在不同外汇市场的汇率差异；（2）套汇者必须拥有一定数量的资金，且在主要外汇市场拥有分支机构或代理行；（3）套汇者必须具备一定的技术和经验，能够判断各外汇市场的汇率变动及其趋势，并根据预测采取行动。否则，要进行较为复杂的套汇将事倍功半。

套汇主要有以下两种方式：

（1）两角套汇（Two Point Arbitrage）。两角套汇也叫直接套汇（Direct Arbitrage），是指利用两个不同地点的外汇市场上某些货币之间的汇率差异，在两个市场上同时买卖同一货币，即将资金由一个市场调往另一个市场，从中牟利的行为。其交易准则是：在汇率较低的市场买进，同时在汇率较高的市场卖出，亦称“贱买贵卖”。

想一想 假设在同一时间内，出现下列情况，套汇者有利可图吗，该如何操作？

伦敦外汇市场上：GBP1 = USD1. 6215/25

纽约外汇市场上：GBP1 = USD1. 6245/55

显然，英镑在伦敦外汇市场上的价格比在纽约外汇市场上的价格低，根据贱买贵卖的原则，套汇者在伦敦外汇市场按 GBP1 = USD1. 6225 的汇率，用 162. 25 万美元买进 100 万英镑，同时在纽约外汇市场以 1. 6245 的汇率卖出 100 万英镑，收入 162. 45 万美元。这样，套汇者通过上述两笔外汇买卖，可以获得 0. 2 万美元的收益。

再如 1991 年 7 月 2 日，纽约与伦敦两个外汇市场的汇率分别为：伦敦外汇市场美元卖出汇率 GBP1 = USD1. 75（USD1 = GBP0. 57）；纽约市场英镑卖出汇率 GBP1 = USD1. 72。显然两个外汇市场的英镑卖出汇率相差 0. 03 美分，在扣除必需的套汇成本支出后如果余额为正值，则有利润可赚。于是某外汇银行在伦敦外汇市场按美元卖出价以英镑买入美元。并随即将美元电汇到纽约，在纽约外汇市场按英镑卖出价买入英镑外汇，结果每英镑交易可赚取毛利 0. 03 美分。

需要注意的是，两角套汇得以成功的利差必须足够大，如果一个外汇市场某种货币的买入价（卖出价）高于另一个外汇市场这种货币的买入价（卖出价），并不能保证一定存在套汇空间，只有当一个外汇市场某种货币的卖出价高于另一个外汇市场这种货币的买入价，且差额足够弥补交易费用，这时才能保证套汇的成功。现实中出现两角套汇机会的可能性极低，大部分套汇者需要在三个甚至三个以上外汇市场间穿梭才能捕捉套汇机会。

（2）三角套汇（Three Point Arbitrage）。三角套汇又叫间接套汇（Indirect Arbitrage）和多角套汇（Multiple Point Arbitrage），是指利用三个或三个以上不同地点的外汇市场中三种或多种不同货币之间汇率的差异，赚取外汇差额的一种套汇交易。由于外汇市场瞬息万变，情况复杂，套汇困难，因此多角套汇一般是在三者之间进行的。

①判断套汇机会。与两角套汇相比，三角套汇的难度在于不容易直接看出是否存在

套汇机会。

想一想　同一时间三个外汇市场汇率如下，投机者如何判断此时是否存在套汇机会？

纽约外汇市场 USD1 = SEK6. 1870/95

瑞典外汇市场 GBP1 = SEK7. 8254/74

伦敦外汇市场 GBP1 = USD1. 6715/35

方法一：两角套汇时我们很容易判断是否存在套汇机会，因为两个汇率的对比要容易得多。按这一思路，只要我们把三个汇率的比较转化为两个汇率的比较，就容易多了。我们可以考虑把其中任意两个外汇市场的汇率进行套算，用套算出的汇率与第三个外汇市场做比较。

例 5-8：同一时间三个外汇市场汇率如下，投机者如何判断此时是否存在套汇机会？

纽约外汇市场 USD1 = SEK6. 1870/95

瑞典外汇市场 GBP1 = SEK7. 8254/74

伦敦外汇市场 GBP1 = USD1. 6715/35

分析：首先把纽约外汇市场和伦敦外汇市场的汇率进行套算，得到汇率如下：

GBP/SEK = 10. 342/58

用这一汇率与瑞典外汇市场汇率比较，发现汇差非常大，此时存在套汇机会。

方法二：先将三地的汇率换算成同一标价法下的汇率，然后将三个汇率的买价（或卖价）连乘起来，若乘积等于 1，不存在汇率差异；若乘积不等于 1，则存在汇率差异。这时要看与 1 的差距大不大，如果差距很微弱，那么套汇获利空间很小，可能还不足以弥补套汇成本；与 1 的差距越大，表示套汇空间越大。

例 5-9：同一时间三个外汇市场汇率如下，投机者如何判断此时是否存在套汇机会？

纽约外汇市场 USD1 = SEK6. 1870/95

瑞典外汇市场 GBP1 = SEK7. 8254/74

伦敦外汇市场 GBP1 = USD1. 6715/35

分析：首先判断三个汇率各属于哪种标价方法。

纽约外汇市场为间接标价法，瑞典外汇市场为直接标价法，伦敦外汇市场为间接标价法，所以最简便的是将瑞典外汇市场的汇率换算成间接标价法如下。

$$\text{SEK1} = \text{GBP}\,\frac{1}{7.8274}\Big/\frac{1}{7.8254} = 0.12776/0.12779$$

三个汇率的买价相乘 $6.1870 \times 0.12776 \times 1.6715 = 1.3212 \neq 1$

或三个汇率的卖价相乘 $6.1895 \times 0.12779 \times 1.6735 = 1.3237 \neq 1$

可以判断三个外汇市场存在套汇机会，且套汇空间较大。

②设计套汇路径。

例 5－10：某日某时，三个外汇市场的相关汇率如下，若你手中现有 1 000 万美元，该如何套汇？纽约外汇市场 USD1 = SEK6. 1870/95；瑞典外汇市场 GBP1 = SEK7. 8254/74；伦敦外汇市场 GBP1 = USD1. 6715/35。

分析：套汇者手中持有 1 000 万美元，所以他的投资方案只能从卖出美元开始。三个相关汇率中，纽约和伦敦市场的汇率都是与美元相关的，所以套汇者可以选择先在纽约或伦敦卖出美元。第一步决策确定，后面的决策也就跟着确定了。两种方案的具体套汇路径如下：

方案 1. 在纽约卖美元，买瑞典克朗
在瑞典卖瑞典克朗，买英镑
在伦敦卖英镑，买美元

方案 2. 在伦敦卖美元，买英镑
在瑞典卖英镑，买瑞典克朗
在纽约卖瑞典克朗，买美元

两个方案的交易方向是完全相反的，其中一个是“贱买贵卖”，另一个一定是“贵买贱卖”。我们要选择其中可以获利的那个方案。将两个方案的盈亏情况表示如下：

方案 1

外汇市场	操作	汇率	结果
纽约	卖美元，买瑞典克朗	USD1 = SEK6. 1870	SEK6. 1870
瑞典	卖瑞典克朗，买英镑	GBP1 = SEK7. 8274	GBP0. 7904
伦敦	卖英镑，买美元	GBP1 = USD1. 6715	USD1. 3212

通过套汇最终可获利 1 000 ×（1. 3212 － 1）= 321. 2（万美元）

方案 2

外汇市场	操作	汇率	结果
伦敦	卖美元，买英镑	GBP1 = USD1. 6735	GBP0. 5976
瑞典	卖英镑，买瑞典克朗	GBP1 = SEK7. 8254	SEK4. 6765
纽约	卖瑞典克朗，买美元	USD1 = SEK6. 1895	USD0. 7556

套汇不当最终损失 1 000 ×（1 － 0. 7556）= 244. 4（万美元）

综上可见，方案 1 是可行的，套汇者应先将 1 000 万美元拿到纽约市场卖出，依次完成整个套汇。

想一想 两个方案的盈亏计算稍显复杂，有什么办法可以让我们通过观察判断出套汇路径？

经过探索，我们可以把确定套汇路径的方法总结为：

原则一，若同一标价法下买价或卖价的连乘积 > 1，以套汇者手中拥有的货币为准，从汇率等式的左边开始找，持有什么货币就从有这种货币的市场做起。

原则二，若同一标价法下买价或卖价的连乘积 <1，以套汇者手中拥有的货币为准，从汇率等式的右边开始找，持有什么货币就从有这种货币的市场做起。

③核算套汇收益。计算套汇收益的方法可以总结如下：

在直接标价法下

a. 当连乘积 >1 时，收益 = 手中拥有的货币数额 ×（买入汇率连乘积 -1）

b. 当连乘积 <1 时，收益 = 手中拥有的货币数额 ×（卖出汇率倒数连乘积 -1）

在间接标价法下

a. 当连乘积 >1 时，收益 = 手中拥有的货币数额 ×（卖出汇率倒数连乘积 -1）

b. 当连乘积 <1 时，收益 = 手中拥有的货币数额 ×（买入汇率连乘积 -1）

例 5-11：某一时间三个外汇市场的汇率如下，请判断是否存在套汇机会，若你手中有 USD100 万，设计套汇路径，并核算套汇收益。

香港汇市：USD1 = HKD 7.7804/14

纽约汇市：GBP1 = USD 1.5205/15

伦敦汇市：GBP1 = HKD 11.0723/33

分析一：第一步，统一为直接标价法，且用外汇的卖出汇率。

香港汇市：USD1 = HKD 7.7814

纽约汇市：GBP1 = USD 1.5215

伦敦汇市：HKD1 = GBP（1/11.0723）

第二步，计算连乘积。

7.7814 ×1.5215 ×（1/11.0723） = 1.06928 ≠1，所以存在套汇机会，且连乘积大于1（从第一步的汇率等式左边找）。

第三步，手中有 USD100 万，从左边找，从香港汇市抛出美元。

第四步，计算收益。

利润 = 100 ×（外汇买入汇率连乘积 -1）
= 100 ×［7.7804 ×1.5205 ×（1/ 11.0733） -1］
= 6.8344（万美元）

分析二：第一步，统一为间接标价法，且用外汇的卖出汇率。

香港汇市：HKD1 = USD（1/ 7.7814）

纽约汇市：USD1 = GBP（1/ 1.5215）

伦敦汇市：GBP1 = HKD 11.0723

第二步，计算连乘积。

（1/ 7.7814） ×（1/ 1.5215） ×11.0723 = 0.93512 ≠1，所以存在套汇机会，且连乘积小于1（从第一步的汇率等式右边找）。

第三步，手中有 USD100 万，从右边找，从香港汇市抛出。

第四步，计算收益。

$$\begin{aligned}\text{利润} &= 100 \times (\text{外汇买入汇率连乘积} - 1)\\ &= 100 \times [7.7804 \times 1.5205 \times (1/11.0733) - 1]\\ &= 6.8344\ (\text{万美元})\end{aligned}$$

美国、英国、法国、德国、日本、中国香港等国家和地区的外汇市场有着密切的联系。在一般情况下，由于电信发达，信息传递迅速，资金调拨通畅，因此各外汇市场的汇率是非常接近的。虽然偶尔会在很短暂的时间内出现相对较大的汇差，但这种汇差会很快消失。因为会被套汇者抓住机会，随着套汇者进行买卖的行为，外汇的供求关系随之变化，从而使各地汇率趋于相同。

例如，若纽约外汇市场的美元便宜，伦敦外汇市场的美元贵，套汇者从纽约市场购买美元，增加美元需求，美元汇率升高；在伦敦市场卖出美元，增加美元的供给，美元的汇率下降。套汇行为将一直进行到纽约与伦敦美元的汇率接近相等。套汇业务都利用电汇，因为汇率的较大差异是很短暂的，所以必须用电汇进行。

【能力训练】

1. 某交易员上午 10 点整以 1.6302 的汇率用美元买入 500 万英镑；上午 10 点 30 分英镑汇率下跌，以 1.6265 的汇率继续用美元买入 500 万英镑；中午 12 点整英镑上涨，以 1.6300 的汇率卖出 500 万英镑。请为该交易员核算当日的账面盈亏。

2. 某日即期外汇市场上，USD/HKD = 7.6720/68，某投机者预期 3 个月后美元将贬值，其手中有 10 000 美元和 80 000 港元，此人该如何进行投机操作？如果 3 个月后汇率为 USD/HKD = 7.6560/23，请分析该投机者亏损或收益多少？

3. 2 月 10 日外汇行情如下：即期汇率 USD/CNY = 7.7510/20；USD/JPY = 120.69/79。2 月 20 日平仓：即期汇率 USD/CNY = 7.7480/90；USD/JPY = 120.48/58。为了对美元进行保值，该如何进行对冲投资交易？

4. 假设外汇市场行情如下，存在套汇机会吗？如果存在，请设计套汇方案：

纽约市场：即期汇率 GBP/USD = 1.5232/16

伦敦市场：即期汇率 GBP/HKD = 10.480/10

香港市场：即期汇率 USD/HKD = 7.5603/32

模块二　远期外汇交易操作实务

【课前思考】

2007 年海南香蕉遭遇滑铁卢，价格从每公斤 3 元跌至 0.2 元，仍无人问津，蕉农们面对如此残酷的市场价格，只能血本无归。有小部分蕉农却丝毫没有受到市场价格的影响，原来他们早在种植初期就与收购方达成了协议，约定了收购价格。你如何看待这小部分蕉农的行为？如果当年香蕉价格暴涨呢？

【能力目标】

1. 运用远期外汇交易保值避险；

2. 运用远期外汇交易投机获利。

公司业务蒸蒸日上，营业额和利润不断增长，小张作为财务部经理也喜上眉梢。但是，由于公司主要出口对象在日本和拉美，收到的货币以日元、瑞士法郎和巴西雷亚尔为主，而近期，这些货币的价格波动剧烈，给公司造成很大风险。别的不说，资产负债表、货币汇兑损益调整科目余额的大起大落也让小张心跳不已。为了解决这个问题，小张又找到了高明，高明建议小张叙做远期外汇交易进行保值，锁定风险。

按照高明的建议，小张将预计3个月后收到的一笔14.5亿日元按照目前远期市场行情115.85美元卖出，卖得12 516 185美元，从此高枕无忧，不再为市场汇率波动烦心。

一、什么是远期外汇交易

远期外汇买卖又称远期外汇交易（Forward Exchange Transaction）是指买卖双方先签订外汇买卖合同，在合同中规定好买卖的货币、数量、汇率及将来交割的期限，交割日到来时买卖双方再按合同的规定办理交割的一种外汇交易。

上述某公司财务部经理小张，为了防止日元汇率下跌给3个月后即将收到的14.5亿日元造成损失，与外汇银行约定115.85的成交价（做3个月的卖出日元的远期外汇交易），只要经过核算115.85的成交价能够保证该公司的盈利，小张这样做就可以锁定外汇风险，不管未来3个月日元汇率如何变化，都不会给小张的公司带来任何的损失。

在远期外汇交易中，双方成交后要签订合同，合同一经签订，任何一方都须如期履约。外汇银行为了防止客户到期不履约而造成损失，通常要求那些资信不够了解或资信不够好的客户支付一定比例的保证金（约为交易额的10%）。

远期外汇业务就是预约购买与预约出卖的外汇业务，亦即买卖双方先行签订合同，规定买卖外汇的币种、数额、汇率和将来交割的时间，到规定的交割日期，再按合同规定，卖方交汇，买方付款的外汇业务。

在外汇市场上，购买远期外汇的除有远期外汇支出的进口商外，还有负有短期外币债务的债务人、输入短期资本的牟利者，以及对于远期汇率看涨的投机商等。卖出远期外汇的除有远期外汇收入的出口商以外，还有持有不久到期的外币债权的债权人，输出短期资本的牟利者，以及对于远期汇率看跌的投机商等。

在国际贸易业务中，出口商以短期信贷方式出卖商品，进口商以延期付款方式买进商品的情况下，从成交到结算这一期间对他们来讲都存在着一定的外汇风险。因汇率的波动，出口商的本币收入可能比预期的数额减少。进口商的本币支付可能比预期的数额要增加。商人们为了减少外汇风险，有远期外汇收入的出口商可以与银行订立出卖远期外汇的合同，一定时期以后按签约时规定的价格将其外汇收入出卖给银行，从而防止汇率下跌而在经济上遭受损失。有远期外汇支出的进口商也可与银行签订购买远期外汇合同，一定时期以后，按签约时规定的价格向银行购买规定数额的外汇，从而防止汇率上涨而增加成本负担。此外，由于远期外汇买卖的存在，也便于有远期外汇收支的进出口商核算其进出口商品的成本，确定销售价格，事先计算利润盈亏。

二、远期外汇交易的起息日和交割日

与即期外汇交易不同，远期外汇交易的交割日是在买卖成交后两个营业日之后的某一天。期限最短为3天，最长为5年，但1年期以上的很少。最常见的期限为1个、2

个、3 个、6 个月期及 1 年期。远期外汇交易的交割日是按日历月来确定的，即交易成交后整月或整月的倍数，而不管各月的实际天数的差异。

远期外汇交易的起息日为成交后的第二个营业日，即即期交割日；交割日的确定可按照外汇交易通用惯例来确定，概括为“日对日”、“月对月”、“节假日对节假日”、“不跨月”。

1. “日对日”是指远期交易的起息日与即期交易的交割日相对应。也就是说交割期限是从起息日开始计算，而不是从成交日开始计算。例如，在 3 月 25 日达成一笔 3 个月期的远期外汇交易，则其起息日为 3 月 27 日，交割日为 6 月 27 日。

2. “月对月”也称为“月底日对月底日规则”。月底日是指每个月的最后一个营业日，而不是指每个月的最后一天。按照外汇市场交易惯例，如果即期日为月底日，那么远期交易的起息日也应该为月底日。例如，某月的月底日为 28 日，29 日、30 日为周末，31 日为法定节假日，如果即期日就是该月的 28 日，那么 1 个月期远期交易的起息日为下一个月的 30 日或 31 日，而不是下一个月的 28 日，因为下一月的月底日最后一个交易日为 30 日或 31 日。简单地说，假定即期交割日为当月的最后一个营业日，则远期交割日也是当月的最后一个营业日。

3. “节假日顺延”是指远期交易的起息日为周末或公共假日时，则起息日顺延到下一个营业日。不过，需要注意的是，当起息日向后顺延时，一定不能跨越其所在的月份，这就是“不跨月”。那么在这种情况下远期外汇交易的起息日是哪一天呢？应该返回到该月的最后一天作为起息日。

三、远期外汇交易的种类

做完交易，小张突然想起一个问题：“高明，3 个月后是 12 月 6 日，万一出点意外那天外方款付不到怎么办？”高明微笑着说：“正是考虑到这种情况，我们银行提供择期交易，择期最长 3 个月，就是说企业可以在 12 月 6 日到明年 3 月 6 日期间内任意一天都可以按照 115.85 的价格来交割日元。”小张想：这主意还不错。

远期外汇交易，根据交割日的不同可分为固定交割日远期交易和择期交易两种类型。

1. 固定交割日远期交易（Fixed Maturity Date Forward Exchange Transaction）。固定交割日远期交易是指交割日期固定的远期外汇买卖活动。这种交易的特点在于交割日一旦确定，双方的任何一方都不能随意变动。我们通常所说的远期外汇交易指的就是这种固定交割日远期交易。

2. 择期交易（Option Date Forward Exchange Transaction）。择期交易，是指在做远期交易时，不规定具体的交割日期，只规定交割的期限范围。在规定的交割期限范围内，客户可以按规定的汇率和金额自由选择日期进行交割。

客户在签订贸易合同后经常不能把未来收付款的具体日期确定下来，只能预期将来的某一段时间内将收、付一定外汇款项，为了防止收付款时汇率的变化产生损失，客户可以通过银行为其叙做择期外汇买卖，这样，在约定的时期内，客户可以自由选择交割的日期。客户在做择期外汇买卖时，应尽可能地缩短未来不确定时间，以便获得更有利的远期汇率。

例如：某公司2003年4月3日向中国银行提出用美元购买欧元，预计对外付款日为7月7日至8月5日，但目前无法确定准确交割日期。公司与中国银行叙做择期外汇买卖，交割日为7月7日至8月5日中的任何一个银行工作日，远期汇率为1.0728。无论汇率如何变化，公司都可选择7月7日至8月5日中的一个银行工作日按汇率1.0728从中国银行买入欧元。

四、远期汇率的决定

项目一模块三中对远期汇水与远期汇率做了介绍，我们知道了怎样根据即期汇率和远期汇水快速计算远期汇率。远期汇率是由什么决定的呢？远期汇率与利率的关系极为紧密，在其他条件不变的情况下，一种货币对另一种货币是升水还是贴水，升水或贴水的具体数字以及升水或贴水的年率（Annual Rate）受两种货币之间的利息率水平与即期汇率的直接影响。

1. 远期汇率与利率的关系。在其他条件不变的情况下，利率低的国家的货币远期汇率会升水，利率高的国家的货币远期汇率会贴水。其原因是：在存在利率差的情况下，资金将从低利率货币转换为高利率货币以套利获利，但套利者为规避汇率变动风险，在套利的同时往往叙做相反方向的远期交易，以获取无风险的利差，这就是抛补套利。由于供求关系，大量抛补套利的结果使利率低的货币现汇汇率下浮，远期汇率上浮，利率高的货币现汇汇率上浮，远期汇率下浮，直到两种货币的收益率完全相等为止，此时抛补套利停止，远期差价正好等于两种货币的利率差。上述原理就是著名的利率平价理论。

例5-12：假定3个月的美元和英镑利率分别是1.4%和3.5%，英镑对美元即期汇率是1.6572。假定某一客户要存入10 000美元，则3个月后该客户将获得本息10 000×(1+1.4/100×90/365)=10 034.52（美元）。

若客户将10 000美元换成英镑存入，则3个月后他将获得本息10 000/1.6572×(1+3.5/100×90/365)=6 086.35（英镑）。如果即期汇率与远期汇率相等，3个月后该客户可将英镑换回6 086.35×1.6572=10 086.30（美元），比存3个月美元多赚了51.78美元。

用美元本息除以英镑本息就得到了远期汇率：10 034.52/6 086.35=1.6487，这就是无套利远期汇率。远期汇率与即期汇率之差为1.6487-1.6572=-0.0085，远期点就是-85点，即英镑贴水85点。

银行经营外汇业务必须遵守的一条原则，就是买卖平衡原则，即银行卖出多少外汇，同时要补进相同数额的外汇。假设英国某银行卖出远期美元外汇较多，买进远期美元外汇较少，二者之间不能平衡。该银行必须拿出一定的英镑现汇，购买相当上述差额的美元外汇，将其存放于美国有关银行，以备已卖出的美元远期外汇到期时，办理交割。这样，英国某银行就要把它的一部分英镑资金兑成美元，存放在纽约。如果纽约的利率低于伦敦，则英国某银行将在利息上受到损失。因此，该银行要把由于经营该项远期外汇业务所引起的利息损失，转嫁给远期外汇的购买者，即客户买进远期美元的汇率应高于即期美元的汇率，从而发生升水。

例5－13：假设英国伦敦市场的利息率（年利）为9.5%，美国纽约市场的利息率（年利）为7%，伦敦市场的利息率比纽约市场高2.5%，伦敦市场的美元即期汇率为1英镑＝1.96美元。英国银行卖出即期美元外汇19 600美元，向顾客索要10 000英镑。如果它出卖3个月期的美元远期外汇19 600美元，由于该行未能同时补进3个月期的美元远期外汇。则它不能只向顾客索要10 000英镑，而要10 062.5英镑。因为该行未能补进3个月远期美元外汇，它必须动用自己的资金10 000英镑，按1英镑兑1.96美元的比价购买19 600美元即期外汇，存放在美国纽约的银行，以备3个月后向顾客交割。这样，英国某银行要有一定的利息损失，因为英镑资金存在英国有9.5%的利息收入，而存在美国只有7%的利息收入，利差损失2.5%。存款期限3个月的具体利息损失金额是

10 000×［（9.5－7）/100］×3/12＝62.5（英镑）

这时，该银行理所当然地要将62.5英镑的利息损失转嫁给购买3个月远期美元外汇的顾客，即顾客要支付10 062.5英镑才能买到3个月远期19 600美元，而不像购买即期外汇那样只支付10 000英镑即可购买即期19 600美元。那么，英国某银行向顾客出卖3个月远期美元的具体价格是多少呢？每1英镑能买到3个月远期美元的具体数字应是

10 062.5英镑:19 600美元＝1英镑:x美元

x＝1.947826

所以，在英国伦敦市场美元即期汇率1英镑＝1.96美元，伦敦市场利息率为9.5%，纽约市场利息率为7%时，在伦敦市场3个月美元远期汇率应为1.9478美元，即比即期汇率升水1.2美分。

由此可见，远期汇率、即期汇率和利率三者之间的关系是：

（1）其他条件不变，两种货币之间利率水平较低的货币，其远期汇率为升水，利率较高的货币为贴水；

（2）远期汇率和即期汇率的差异，取决于两种货币的利率差异，并大致和利率的差异保持平衡。

2. 根据即期汇率与利率差推算远期汇水。远期汇率、即期汇率与利率存在着内在的联系，上面根据英镑与美元的利率、即期汇率，可以推算出英镑对美元的远期汇率，如果将其进一步推导，可以从即期汇率、两种货币的利率差异中，计算出一种货币对另一种货币升水与贴水的具体数字。其公式为

升水（或贴水）的具体数字＝即期汇率×两地利率差×月数

如例5－13，英国某银行3个月美元远期外汇升水的具体数字应为

1.9600×［（9.5－7）/100］×3/12＝1.2（美分）

伦敦市场3个月远期美元外汇的实际价格应为

1英镑 ＝ 1.9600美元－0.012美元＝1.9480（美元）

3. 根据即期汇率和远期汇水推算升水（贴水）年率。一种货币对另一种货币升水（或贴水）的具体数字不便于比较，不能直接指明其高于或低于即期汇率的幅度，折成

年率就便于比较了。升水（或贴水）具体数字折年率的公式是这样推导的：

升水（或贴水）的具体数字折年率 = [升水（或贴水）的具体数字/即期汇率] /（月数/12）

如例 5 - 13，3 个月远期美元外汇升水为 1.2 美分，代入公式则升水具体数字折年率为

$$0.012 \times 12 / (1.96 \times 3) = 2.4\%$$

如果由于贸易和投资的关系，市场上对英镑远期外汇的需求增加，英镑远期汇率上升，也就是美元对英镑远期外汇的升水减少。如例 5 - 13 中 3 个月美元远期外汇减为升水 1 美分，其升水数字折年率为 2%。如果美元远期外汇升水仅合年率 2%，而伦敦、纽约两地利率差为年率 2.4%，国际资金的投机者会在即期外汇市场以美元买英镑，将英镑存放英国，以求获得较高的利息收入。与此同时，为防止英镑存款到期后的外汇风险，他们在购买英镑现汇进行存款的同时，在远期外汇市场上，再出卖远期英镑，购买期限相同、与英镑金额等值的远期美元。因此，引起美元远期外汇需求增加，从而使美元远期汇率上升，对英镑升水增大，最后即期汇率和远期汇率的差异会自动地与两地的利率差接近平衡。可见，在其他条件不变的情况下，升水、贴水率，即升水、贴水的年率与两地的利率差总是趋向一致的。

必须指出，利率较高的货币其远期汇率表现为贴水；利率较低的货币其远期汇率表现为升水，这只是一般的情况。在固定汇率制度下，有时某些国家实行货币法定贬值、升值政策；在浮动汇率制度下，国际外汇市场对某种货币上浮、下浮的预期而引起范围较大、力量较强的投机活动；某些重大的政治事件及国际形势的突发变化也对远期汇率的起伏产生较大的影响。不过这些因素的影响，无法以数字计算。因为这些影响造成的远期汇率的贴水、升水数字往往很大，远期汇率与即期汇率的差异完全超过两地利率水平的差异，与利率差异没有直接联系。

五、远期外汇交易实例

例 5 - 14：

A：GBP 0.5 Mio.

B：1.8480/86.

A：Mine，PLS adjust to 1 Month.

B：Ok. Done. Spot/1 Month 93/89 at 1.8397，we sell GBP 0.5 Mio ValJune/20/2010. USD to My N. Y..

A：Ok，All agreed，My GBP to My London Tks，BI.

B：Ok，BI and Tks.

A：询问 GBP/USD 的即期汇率，金额为 50 万英镑。

B：GBP/USD 的即期汇率为 1.8480/86。

A：买入英镑，并调整为一个月后的交割日期。

B：好的，成交。即期到一个月的远期汇水为 93/89。50 万英镑的一个月远期汇率为 1.8397，交割日为 2010 年 6 月 20 日。美元请汇至我纽约的账户。

A：好的，同意，英镑请汇入我伦敦的账户。

B：好的，同意你所说的。

例5－15：

A：CHF 6 USD Tom PLS.

B：T/N 1.8/2.3 CHF 1.6010/15.

A：10 Yours，My CHF to My Zurich.

B：OK. Done at 1.60082. We buy USD 6 Mio against CHF Val July 26 USD to My N. Y. Tks and BI.

A：OK，All agreed，Tks，BI.

A：询问 USD/CHF 次一营业日交割的价位，金额为600万美元。

B：T/N 远期汇水 1.8/2.3，USD/CHF 即期汇率为 1.6010/15。

A：卖出美元，价位 1.6010. 所兑瑞士法郎汇入我苏黎世的账户。

B：好的。成交在 1.60082（1.6010－0.00018）。买入600万美元兑瑞士法郎，7月26日交割（假设7月25日为 Spot Date），美元请汇至我纽约的账户。

A：好的，同意你所说的。

六、远期外汇交易的运用

进行远期外汇交易的最初目的，是为了使进出口商、货币借贷者以及投资者借助外汇交易来消除汇率变动的风险。但是，随着金融自由化和国际金融市场一体化，远期外汇交易已同时被广泛地作为国际间的外汇投机和套利的工具，因而其功能也不断扩大。具体来说，表现在以下两个方面：

1. 保值避险。通过远期外汇买卖，能够事先将贸易和金融上外汇的成本或收益固定下来，有利于经济核算，避免和防范外汇上的风险。例如，在国际贸易中，经常会碰到合同中的货币与进口商手中持有的货币不一致，而合同中的支付一般在将来的一定时期。为了避免在支付时外汇汇率的变化，进口商可以事先进行远期外汇买卖，固定成本，避免在将来支付时因汇率变化带来的外汇风险。在国际借贷中，也会经常碰到借款货币与实际经营收益（通常即还款的资金来源）的货币不一致，而借款人的偿还一般又是在远期。为了避免在还款时外汇汇率的变化，借款人可以事先进行远期外汇买卖，固定还款金额，避免将来在还款时因汇率变化带来外汇风险。此外，国际借贷行为所遭遇的汇率风险也可以利用远期外汇交易来化解。

例5－16：假定日本某出口商向美国进口商出口价值10万美元的商品，3个月后付款，双方签约时的汇率为 USD/JPY＝130。按此汇率计算出口商可换得1 300万日元。但3个月后，美元汇价跌至 USD/JPY＝120。出口商只能换得1 200万日元。比按签约时的汇率计算少收100万日元。

为了避免外汇风险，出口商可以利用远期外汇交易避险。日本出口商在订立贸易合同时，立即与银行签订卖出10万美元的远期外汇合同，若远期汇率为 USD/JPY＝125。3个月后，无论汇率如何变化，日本出口商可从银行得到1 250万日元，减少50万日元的损失。

例5－17：香港某金融机构为国外某大型项目贷款1亿美元，期限为1年，当时的汇率为 USD1 = HKD7.8310，1 亿美元相当于 7.831 亿港元。1 年后该金融机构将收回 1 亿美元，但是不能确定 1 年后美元对港元的汇率，所以不能确定收回贷款后的收益。如果 1 年后美元贬值，那么该金融机构会有损失的风险（若 1 年后汇率变为 USD1 = HKD7.6253，那么该金融机构收回的 1 亿美元实际就只相当于 7.6253 亿港元，较贷出时的 7.831 亿港元有较大缩水）。那么，该金融机构应该如何规避风险呢?

分析：该金融机构在贷款的同时，进行一笔远期外汇交易，卖出 1 年期的美元期汇（远期外汇），数量为 1 亿美元。也就是说 1 年后该机构收回 1 亿美元贷款的同时将这 1 亿美元交割给其他人，交割的价格是事先确定的远期汇率。假设当时的远期汇率为 USD1 = HKD7.8110，那么 1 年后该机构收回的 1 亿美元可获得 7.811 亿港元，这是确定的收益，从而规避了损失更多的风险。

例 5－17 中我们只简单考虑了汇率变化的情况，没有把利率考虑在内做具体核算，通过下面的例子我们将更清楚在国际借贷中如何锁定收益。

例 5－18：香港某金融机构为日本某大型项目贷款 1 亿美元，期限为 1 年，利率为 7%，当时的汇率为 USD1 = HKD7.8340/53，1 年期远期汇水为 30/22，请为该金融机构核算这笔贷款能否发放，如果发放贷款，收益或亏损是多少?

分析：该金融机构贷出的 1 亿美元相当于 7.8353 亿港元。

根据即期汇率和远期汇水计算出 1 年期远期汇率为 USD1 = HKD7.8310/31

1 年后收回的美元本息可以兑换 1 ×（1 + 7%）× 7.8310 = 8.37917（亿港元）

这笔贷款可以发放，如果发放且通过做远期规避风险，可以有收益：

8.37917 − 7.8353 = 0.54387（亿港元）

如果该金融机构没有做远期化解外汇风险，1 年后美元汇率跌至 USD1 = HKD7.2340/53，则 1 年后收回的美元本息可以兑换 1 ×（1 + 7%）× 7.2340 = 7.74038（亿港元），不但没有获利，反而亏损 7.8353 − 7.74038 = 0.09492（亿港元）。

2. 投机以赚取利润。远期外汇市场为外汇投机者提供了简单易行的投机场所。投机者根据自己的专业知识和掌握的各方面信息进行判断，若预计某种货币汇率（如美元汇率）将要下降，便可以预先卖出该种远期货币（远期美元），等今后该种货币（美元）汇率下降，再买进（美元）以抵补，从中赚取差价。这种先卖后买的投机行为称为“空头”、“卖空”。

反之，若投机者预计某种货币汇率（同样如美元）将上升，就预先大量买进该种远期货币（远期美元），待今后交割时，如果该货币（美元）汇率上升，则卖出（美元）以抵补，从中获利。这种先买后卖的投机行为称为“多头”、“买空”。

例 5－19：5 月 9 日某金融市场 3 个月期的期汇汇率为 GBP1 = USD1.7117/27，英国一位投机者预期美元将会贬值，他想进行金额为 50 万美元的交易，但是他手头又没有资金，他该如何操作（假设 8 月 9 日现汇汇率 GBP1 = USD1.7347/60）?

分析：首先，该投机者在外汇市场上卖出 3 个月期的 50 万美元期汇，交割时可获得 50/1.7127 = 29.19367 万英镑；

3 个月后，在期汇交易的交割日，此人在现汇市场买入 50 万美元的现汇用于交割，买 50 万美元共需支付 50/1.7347 = 28.82343 万英镑；

此人最后获利 29.19367 - 28.82343 = 0.37024（万英镑）。

例 5-20：5 月 9 日某金融市场 3 个月期的期汇汇率为 GBP1 = USD1.7117/27，英国一位投机者预期美元将会升值，他想进行金额为 50 万美元的交易，但是他手头又没有资金，他该如何操作（假设 8 月 9 日现汇汇率 GBP1 = USD1.6828/12）？

分析：首先，该投机者在外汇市场上买入 3 个月期的 50 万美元期汇，交割时需要支付 50/1.7117 = 29.21073 万英镑；

3 个月后，在期汇交易的交割日，此人在现汇市场卖出 50 万美元的现汇，可得到 50/1.6912 = 29.56481 万英镑；

此人最后获利 29.56481 - 29.21073 = 0.35408（万英镑）。

投机交易与保值避险交易的区别在于：第一，投机交易没有实际的商业或金融业务为基础，其交易的目的不是为了这些商业或金融业务，而单纯是为了赚钱；第二，投机交易属于买空卖空，实际没有真实的资金；第三，投机交易在远期外汇市场上起着一种微妙的平衡作用，如前介绍远期汇率的决定中提到的，它能使得市场最终趋于均衡。

一天，小张郁闷地打电话给高明："高明啊，还记得上次 115.85 卖的那笔日元吗？现在市场价格到了 115.30，业务部门向公司老总告状，说当时还不如不做保值，看现在亏了吧。"高明说："嘿，真是事后诸葛亮。正是因为咱们公司不是专业研究汇率波动的，按项目成本估算在 117.00 就可以保本，在 115.85 锁定利润并没有错啊。利润锁定的同时也就意味着放弃了赚取更大利润的可能，但也可以确保不再承担市场波动风险啦！"

【知识链接】 **远期结售汇业务**

远期结售汇业务是指客户与银行签订远期结售汇协议，约定未来结汇或售汇的外汇币种、金额、期限及汇率，到期时按照该协议订明的币种、金额、汇率办理的结售汇业务。中国银行远期结售汇业务币种包括美元、港元、欧元、日元、英镑、瑞士法郎、澳大利亚元、加拿大元；期限有 7 天、20 天、1 个月、2 个月、3 个月至 12 个月，共 14 个期限档次。交易可以是固定期限交易，也可以是择期交易。

该业务适用对象包括在中华人民共和国境内设立的企事业单位、国家机关、社会团体、部队等，包括外商投资企业。

客户如有下列外汇收支可向中国银行申请办理远期结售汇业务：

1. 贸易项下的收支；
2. 非贸易项下的收支；
3. 偿还银行自身的境内外汇贷款；
4. 偿还经国家外汇管理局登记的境外借款；
5. 经国家外汇管理局批准的其他外汇收支。

远期结售汇必须依据远期合同中订明的外汇收入来源或外汇支出用途办理，客户不得以其他外汇收支进行冲抵。

【案例分析】　远期外汇买卖的操作

日本某贸易事业公司，每月外币交易量为 2 000 万美元左右。在远期外汇交易中，公司规定买方持有或卖方持有只能为 200 万美元。而未结算外汇余额（相反，交易完毕部分除外）买卖各为 1 000 万美元。银行买卖手续费 0.1 日元。交易期间是从 7 月到 11 月，共 5 个月。不考虑实际需要的预约保证金部分。这个公司进行了以下几次远期外汇买卖交易：

1. 7 月 3 日，订立美元期货买进预约（买进持有 200 万美元）。合约内容：200 万美元，1 个月期货（8 月 6 日交付），远期汇率 1 美元 =238.60 日元。买进远期美元的理由是：美日利率差距甚大，所以判断目前美元将持续坚挺，依据对强势货币以期货折价买进的原则。

2. 7 月 24 日，订立美元期货卖出预约 400 万美元（卖出持有 200 万美元）。合约内容：(1) 采取 7 月 3 日买进外汇期货预约的相反交易，即卖出远期外汇 200 万美元，8 月 6 日交割，远期汇率为 1 美元 =245.50 日元。这两个买卖合约 8 月 6 日到期结算时可获得利益 (245.50 - 238.60) ×200 = 1 380（万日元）。(2) 新卖出外汇期货 200 万美元，期限 3 个月，10 月 26 日交割，远期汇率为 242.40。卖出远期美元的理由是：1 美元兑换 247 日元为 1983 年 9 月 2 日以来的最高价格。首先予以谋利，并具有支援其后的买进操作之意而重新卖出。

3. 8 月 30 日，买进远期外汇预约 200 万美元（买卖持有为 0），期限为 1 个月，10 月 3 日交割，远期汇率 1 美元 =239.70 日元。买进理由是：8 月上旬美元行情虽为 243 日元，但当时未决定，所以已经来不及，以后再未突破 240 日元。由于从日本流出资本颇巨，因此，月底出现 240 日元时就把握此机会。

4. 9 月 4 日，买进 1 个月期远期外汇预约 200 万美元（买进持有 200 万美元），远期汇率 1 美元 =241.90 日元。买进理由是：7 月发表了从日本流出的长期资本净额为 71.4 亿美元，以致国际基本收支、综合收支均有大量的逆差。由于认为美元仍将趋坚，乃考虑预约增加买进。

5. 9 月 18 日，卖出远期美元预约 400 万美元（卖出持有 200 万美元）。合约内容：(1) 采取第 3 笔预约买进部分的相反交易。即卖出远期外汇 200 万美元，10 月 3 日交割，远期汇率 1 美元 =247.30 日元，到期结算时，可获得利益为 (247.30 - 239.70) ×200 =1 520（万日元）。(2) 新卖出远期外汇合约 200 万美元，期限 2 个月，11 月 20 日交割，远期汇率 1 美元 =246.00 日元。卖出理由是：显示 248 日元的美元高价，预约买进的部分已获利，乃决定重新卖出。

6. 9 月 25 日，买进远期外汇预约 400 万美元（买进持有 200 万美元），其中 200 万美元为 1 个月期远期外汇，10 月 29 日交割，远期汇率 1 美元 = 243.70 日元；200 万美元为 2 个月期远期外汇，11 月 27 日交割，远期汇率 1 美元 =242.80 日元。买进理由是：从 9 月 18 日的高价下跌近 4 日元所致。

7. 10 月 1 日，卖出远期外汇预约 200 万美元，此为预约买进部分的相反交易（持有为 0）。因为第 4 笔的远期外汇预约买进部分获利，所以预约卖出约 200 万美元，10 月 8 日交割，远期汇率 1 美元 = 246.50 日元，到期结算可获得收益为（246.50 - 241.90）×200 = 920（万日元）。

8. 10 月 18 日，卖出远期外汇预约 200 万美元（预约买进部分套利，卖出持有 200 万美元）。由于 10 月 17 日汇率到达 250 日元大关后，认为目前美元价位已达顶点，而且 9 月 25 日第 6 笔预约买进部分已获利，于是卖出远期外汇 200 万美元，10 月 29 日交割，远期汇率 1 美元 = 249.00 日元。

9. 10 月 24 日，从即期市场买进现货外汇预约 200 万美元（持有为 0）。第二笔定的卖出预约 10 月 26 日到期，必须在到期前 2 日以现货买回 200 万美元，2 个营业日后即 10 月 26 日交割，即期汇率 1 美元 = 244.20 日元，结算时损失为（244.20 - 242.40）×200 = 360（万日元）。

10. 11 月 8 日，买进远期外汇预约（卖出预约部分的买回）200 万美元（买进持有 200 万美元）。此为 9 月 18 日第 5 笔预约卖出部分的买回相反交易，11 月 20 日交割，远期汇率 1 美元 = 240.70 日元，到期结算时可获得收益为（246.00 - 240.70）×200 = 1 060（万日元）。买进理由是：现货 240 日元显示日元偏高，已获收益。

11. 11 月 26 日，预约卖出（预约买进部分的结算）远期外汇 200 万美元（持有为 0）。此为第 6 笔预约买进的余额部分的相反交易，11 月 27 日交割，汇率为 1 美元 = 245.70 日元，结算时可获利益（245.70 - 242.80）×200 = 580（万日元）。

从以上多次外汇远期交易的总体上看，先买进后卖出的操作共 1 000 万美元，而先卖后买的操作仅 400 万美元，综合结果获利 6 160 万日元。先预约卖出远期美元。是为了防止万一美元下跌时所造成的损失。而从上例的美元、日元行情分析，以事先预约买进远期美元的期汇操作，则可获得上述程度的操作收益。

资料来源：蔡玉龙、胡穗华：《国际金融实务》，北京，中国商业出版社，1996。

【能力训练】

1. A、B 双方于 2008 年 3 月 7 日签订一份 2 个月的固定交割日的远期外汇交易合约，那么双方应该于哪一天交割？

2. A、B 双方于 2008 年 3 月 6 日签订一份 3 个月期的择期远期外汇交易合约，那么：

（1）双方可以于什么时间交割？

（2）双方可以在 3 月 9 日办理交割吗？

（3）若 A 方提出在 3 月 7 日或者 6 月 8 日交割呢？

3. 某公司因为与美国一家贸易公司进行一笔出口交易，双方约定 3 个月后支付货款 60 万美元。此时的市场汇率为 USD/CNY = 7.6985/7.7293。

（1）考虑到美元近期走势疲软，该公司为了避免由于美元贬值带来的风险，应该如何操作？

（2）如果3个月期美元远期的远期汇水为56/36，假设3个月后的市场汇率为USD/CNY＝7.6826/7.7033，以上操作可以为该公司减少多少损失？

4. 请在中国银行网站查询最新七天期限的远期外汇牌价，选择一种货币，收集资料，判断该货币汇率走势，并据此设计投机方案。七天后根据现汇市场汇率核算该投机方案的损益。

模块三　外汇期权交易操作实务

【课前思考】

海南的蕉农希望当香蕉价格下跌时，收购方按约定价格收购；如果香蕉价格上涨，签订的收购协议可以无效，重新从市场上去寻找买家，这看似异想天开的愿望，可能实现吗？

【能力目标】

1. 判断一份期权合约是应该行权还是应该放弃；
2. 运用期权交易进行保值；
3. 运用期权交易投机获利。

在得知远期外汇交易在锁定风险的同时也放弃了更高收益的可能时，小张又提出："那有没有当时锁定利润，但市场价格上涨后又能按市场价格卖日元的方法呢？"高明回答说："当然有，那就是期权，不过需要花钱买。"

买入期权后，公司有权利在3个月后按照115.85的价格卖出14.5亿日元，但如果到期时市场价格更好，公司可以放弃这个权利。由于这个权利使得公司在市场价格下跌和上升时都得利，所以公司需要付出12万美元的期权费来购买这个权利。高明又说，公司如果有付款需要，也可以从中国银行买进一份5个月后以118.50买入日元的期权，不过因为比市场价格好，期权费更贵一些，要23万美元。小张说："想不到咱们这里好用的东西还真多！"

一、什么是期权

期权交易（Option）是一种权利的买卖。权利的买卖双方签约，权利的买方向卖方支付一定费用作为代价而从权利的卖方那里获得在规定期限内按规定的价格买进或卖出一定数量的某种金融资产的权利。对于期权的买方来说，合约赋予他的是一种权利而不是义务，即他可以执行合约，也可以放弃合约而不执行。

简言之，外汇期权交易（Foreign Currency Option Transaction）就是拥有履行或不履行远期外汇合约选择权的一种外汇业务。其交易过程与远期外汇交易类似，不同的是远期外汇交易在规定到期日要进行交割，但外汇期权可以交割，也可以放弃交割，有选择的权利。不过购买者不是白白获得这种权利，需要付出一定的代价，作为购买期权的费用，称为期权费，也称为保险费（Premium）。对期权的卖方来说当买方要执行合约时，他则有义务执行合约。

想一想 如果期权的买方最后选择放弃行权，他可以要求期权卖方退回期权费吗?

例如某人买入一份美元期权，当美元的市场价格上升时，他可以按买入时约定的价格交割；当美元的市场价格下降时，此人可以放弃交割的权利，从降价后的现货市场直接购买美元现汇，但是他要损失一定的期权费。

举个更具体的例子：某公司向日本出口农产品，收入为日元。据估计，日元对美元为118.00时企业即可保本。公司预计3个月后有一笔日元收入，企业希望锁定利润，但若日元升值，又可以按照市场价格卖日元。根据银行业务人员建议，企业买入了日元换美元远期外汇期权。买入期权后，公司有权利在3个月后按照116.90的价格卖出14.5亿日元，但如果到期时市场价格更好，公司可以放弃这个权利。由于这个权利使得公司在市场价格下跌和上升时都得利，所以，公司需要付出13万美元的期权费来购买这个权利。可见要获得这种“选择权”是需要付出不菲的代价的。

【知识链接】 **关于外汇期权交易**

在外汇期权交易中，出售期权合约的一方称为合同签署人（Writer），一般是外汇银行；购买期权合约的一方称为合同持有人（Holder），一般是企业或银行（以下统称为客户）。在这种交易中，买卖双方签约，客户向外汇银行支付一定的期权费，外汇银行则允许其在规定的有效期内任选交割日或在合约规定的到期日按合约规定的汇率（称为协定价格，即 Exercise Price 或 Striking Price）买进或卖出一定数量的某种外汇，而客户有选择执行合约或放弃舍约让其逾期作废的权利。

按照行使期权的时间可分为美式期权和欧式期权：

1. 美式期权，期权的购买者可在期权到期日行使权利或放弃权利，也可在到期日之前的任何一个营业日行使权利或放弃权利。

2. 欧式期权，期权的购买者只能在期权的到期日当天向对方宣布执行或放弃权利。

二、外汇期权交易的特点

1. 期权交易下的期权费不能收回。

2. 具有执行合约与不执行合约的选择权，灵活性强。

3. 期权费的费率不固定，下列因素对期权费费率均有影响：

（1）市场价格与协议价格的差额。市场价格与协议价格差额越大，期权费率就越高，因为这表明出售者承担了更大的汇率风险。市场价格与协议价格越接近，期权费率越低。

（2）期权的有效期。期权合同的有效期越长，期权费率越高；反之，期权费率越低。因为期权合同的有效期代表期权出售者向购买者开出承诺的保障期，整个期间出售者都将承担全部的汇率风险，期限越长，风险越大，期权费率自然越高。

（3）预期波幅。一般来说，汇率波动大的外汇期权比汇率稳定的外汇期权的期权费要高。同样是因为汇率波动大的外汇会使出售者承担更大的外汇风险。

三、外汇期权的基本形式

想一想 期权可以是买入的权利也可以是卖出的权利，当预计一种货币汇率即将下跌，你会购买这种货币期权的买权还是卖权？

（一）看涨期权（Call Option）

看涨期权又称买进期权，即买权，是指期权持有者有权在合同规定的期限内按协定价格买进一定数额某种外币或到期不执行买进合同。期权持有者通常是在预测某种外币的汇率看涨时利用这种期权。若在期权有效期内外币汇率真的上涨了，他可执行合约买进该外币，然后再将它在市场上按上涨了的市场汇率卖掉，从中可赚取差价利润。可见，看涨期权牟利的条件是期权合同规定的协定汇率要比市场现汇汇率低。

例如，当美元汇率看涨时，A 在 1 个月后即将收到 10 万美元，此时他不会再花钱去购买期权，因为按照他的预期，1 个月后收到美元是升值后的美元，自然等待就可以了；B 在 1 个月后需要对外支付 10 万美元，他担心美元升值让他要花费更多本币才能购买到 10 万美元，所以会选择购买美元期权，确定购买价格，万一到时美元没有升值，他可以放弃行权。可见，当某种货币汇率看涨时，有购买这种货币需求的人才会去购买期权，故看涨期权又叫买权。

看涨期权的购买者何时会执行合约而何时不会执行合约呢？下面通过例子来说明。

例 5－21：某客户向外汇银行购买了 3 个月期的 100 万美元的买进期权（欧洲式），协定汇率为 USD1 = CHF1.6210，期权费为每美元 0.0030 瑞士法郎。在期权的有效期内，客户可能会遇到以下几种情况：

1. 现汇汇率等于协定汇率。这时客户执行或不执行合约没有差别，都将损失期权费 3 000（即 100 万 ×0.003）瑞士法郎。

2. 协定汇率 < 现汇汇率 <（协定汇率 + 期权费）。这时执行合约的获利小于期权费总额，损失小于期权费总额，而不执行合约则损失保险费总额，其损失大于执行合约造成的损失，因此这时应执行合约以减少损失。在例 5－20 中，现汇汇率为 1∶1.6220，执行合约的损失为（1.6210 + 0.003 － 1.6220）×100 万 = 2 000（瑞士法郎），或者说，执行合约后可获利 1 000 瑞士法郎，但期权费要付 3 000 瑞士法郎，因此净损失为 2 000 瑞士法郎，损失小于期权费总额。不执行合约的损失为 3 000 瑞士法郎，显然执行合约较为有利。

3. 现汇汇率 =（协定汇率 + 期权费）。这时执行合约将不亏不盈，也就是说执行合约所赚得的利差刚好支付了期权费，不执行合约则损失期权费，因此这时应执行合约。

4. 现汇汇率 >（协定汇率 + 期权费）。购买者执行合约将获利，所赚得的利差除了期权费之外，还有剩余，因此应执行合约。

5. 现汇汇率 < 协定汇率。执行合约的损失将大于期权费总额，这时应放弃其权利而不执行合约。因为这时如果执行合约除要支付期权费外，还要承担因协定汇率高于现汇汇率而带来的亏损。

（二）看跌期权（Put Option）

看跌期权又称卖出期权，即卖权，是指期权持有者有权在合同规定的期限内，按协定价格卖出一定数额某种外币或到期不执行卖出合同。期权持有者通常是在预测某种外币的汇率看跌时利用这种期权，若在期权有效期内外币汇率真的下跌了，他可执行合约卖出该外币，其实价要比市场上的即期卖价高，从中赚取差价利润。可见，看跌期权牟利的条件是期权合同规定的汇率要比市场现汇汇率高。

例如，当美元汇率看跌时，A 在 1 个月后即将收到 10 万美元，他担心收到美元时已经是贬值后的美元，不能兑换如数的本币，他可以购买卖出美元的期权，约定交易价格，如果美元真的贬值，他可以按照期权约定的价格卖出美元；B 在 1 个月后需要对外支付 10 万美元，按照预期美元会贬值，这种预期正符合他的利益，所以他不会再花钱购买期权，只需坐等贬值。可见，当某种货币汇率看跌时，有卖出这种货币需求的人才会去购买期权，故看跌期权又叫卖权。

看跌期权的购买者何时会执行合约而何时不会执行合约呢？也可通过例子来说明。

例 5－22：某客户向外汇银行购买了 3 个月期的 100 万美元的卖出期权（欧洲式），协定汇率为 USD1＝CHF1.6210，期权费为每美元 0.0030 瑞士法郎。在期权的有效期内，客户可能会遇到以下几种情况：

1. 现汇汇率等于协定汇率。这时客户执行或不执行合约没有差别，均损失期权费。

2. （协定汇率－期权费）＜现汇汇率＜协定汇率。这时不执行合约的损失为期权费总额，执行合约的损失则小于期权费总额，因此应选择执行合约。例如，若现汇汇率为 1:1.6200，执行合约的损失为（1.6210－1.6200－0.003）×100 万＝2 000（瑞士法郎）。或者说，执行合约可赚得差价利润 1 000 瑞士法郎，但需付 3 000 瑞士法郎期权费，因此净损失为2 000瑞士法郎。而不执行合约的损失为 3 000 瑞士法郎，显然执行合约合算，损失可减少 1 000 瑞士法郎。

3. 现汇汇率＝（协定汇率－期权费）。这时执行合约将不亏不盈，而不执行合约的损失为期权费总额，因此应选择执行合约。因为执行合约所赚得的差价利润等于期权费总额，而不执行合约则需净付期权费（例 5－22 中为 3 000 瑞士法郎）。

4. 现汇汇率＜（协定汇率－期权费）。执行合约可获纯利，而且现汇汇率越低获利就越多，因此应执行合约。因为执行合约所赚得的价差利润扣除了支付的期权费外，还有剩余。

5. 现汇汇率＞协定汇率。执行合约的损失将大于期权费，而不执行合约的损失仅为期权费总额，因此应放弃其权利而不执行合约。因为执行合约已造成亏损，再加上期权费则损失更大，而不执行合约则只损失期权费。

四、期权的收益与风险分析

期权的买方在付出一定的期权费后，可以完全规避汇率变动的风险，同时又不放弃有利的汇率变动可能带来的更高收益。远期外汇交易在锁定风险的同时也锁定了收益，而外汇期权交易却可以既锁定风险，又不限制收益。可以说期权的交易规则是对买方完全有利的。

想一想　有人说：期权的购买者收益可能无限而风险却有限；期权的出售者收益有限（期权费）而风险却无限。你如何看待这一现象？

1. 看跌期权的收益与风险分析。

例 5－23：某客户向银行购买 1 个月期 10 万美元的看跌期权，协定汇率为 USD1＝CNY6，期权费为 0.5 万元。为了分析市场汇率变化后该客户的收益与风险变动情况，现在假设市场汇率变为 USD1＝CNY4、USD1＝CNY5、USD1＝CNY7、USD1＝CNY8 等（理论上是可能出现的），用下表列出各种市场汇率下该客户的收益与损失情况：

市场汇率 USD/CNY	可能无限接近于零	4	5	6	7	8	9	可能无限大
是否行权	行权	行权	行权	行权或不行权	不行权	不行权	不行权	不行权
获利/损失	收益无限接近（6－0）×10－0.5＝59.5（万元）	收益(6－4)×10－0.5＝19.5（万元）	收益(6－5)×10－0.5＝9.5（万元）	损失 0.5 万元	损失 0.5 万元	损失 0.5 万元	损失 0.5 万元	损失 0.5 万元

可见，对期权的购买者来说，当市场汇率大于等于协定汇率（USD1＝CNY6）时，选择不行权，承受的损失仅仅是期权费，不可能有更大的损失；当市场汇率小于协定汇率时，随着二者差距的增大，期权购买者选择行权后的收益也越来越大，因为期权购买者可以按照市场价格购买美元现汇，再按协定价格将美元卖给期权出售者从而获利。理论上说，美元的市场汇率可能无限下跌，甚至接近于零，客户购买期权的数额也可能无限大，所以购买者的收益可能无限大。总之，看跌期权购买者的收益从理论上说可能无限大，损失则是有限的，最多就是期权费。

期权购买者的收益（损失）就是期权出售者的损失（收益），所以，看跌期权出售者的收益是有限的，最多是期权费，而损失理论上是无限的。

2. 看涨期权的收益与风险分析。

例 5－24：某客户向银行购买一个月期 10 万美元的看涨期权，协定汇率为 USD1＝CNY6，期权费为 0.5 万元。为了分析市场汇率变化后该客户的收益与风险变动情况，现在假设市场汇率变为 USD1＝CNY4、USD1＝CNY5、USD1＝CNY7、USD1＝CNY8 等（理论上是可能出现的），用下表列出各种市场汇率下该客户的收益与损失情况：

市场汇率 USD/CNY	可能无限接近于零	4	5	6	7	8	9	可能无限大
是否行权	不行权	不行权	不行权	行权或不行权	行权	行权	行权	行权
获利/损失	损失 0.5 万元	损失 0.5 万元	损失 0.5 万元	损失 0.5 万元	收益(7－6)×10－0.5＝9.5（万元）	收益(8－6)×10－0.5＝19.5（万元）	收益(9－6)×10－0.5＝29.5（万元）	收益可能无限大

可见，对期权的购买者来说，当市场汇率小于等于协定汇率（USD1 = CNY6）时，选择不行权，承受的损失仅仅是期权费，不可能有更大的损失；当市场汇率大于协定汇率时，随着二者差距的增大，期权购买者选择行权后的收益也越来越大。因为期权购买者可以按照协定价格向期权出售者购买美元，再到现汇市场按市场汇率出售获利，市场汇率越高，获利越大。理论上说，美元的市场汇率可能无限上涨，客户购买期权的数额也可能无限大，所以购买者的收益可能无限大。总之，看涨期权购买者的收益从理论上说可能无限大，损失则是有限的，最多就是期权费。

期权购买者的收益（损失）就是期权出售者的损失（收益），所以，看涨期权出售者的收益是有限的，最多是期权费，而损失理论上是无限的。

想一想 既然期权对出售者如此不利，为什么还会有出售者存在呢？

五、外汇期权交易的作用

1. 利用外汇期权交易可防范外汇风险。对于未来一段时间内（通常在1年以下）有要收回外币债权者或要支付外汇债务者（如进出口商、短期借贷者和投标者等），均可利用外汇期权交易来防范外汇风险，而且比利用远期外汇交易来防范外汇风险更具有灵活性。进口商为防范支付货币汇率上升的风险，短期借贷者为防范到期还款对借款货币汇率上升的风险，可购买看涨期权。若到期时外币汇率确实上涨了，他们可执行合约买进对外支付或还贷所需的外币。而出口商为防范日后收回的外币贷款汇率下跌的风险，可购买看跌期权，到期时若外币汇率下跌了，他可执行合约卖出收回的外币。参加国际投标的企业，中标后将会有一笔外汇收入，这样将面临外汇风险。现在不能确定是否能中标，为防范风险，该企业可利用远期外汇交易，但如果不中标，而企业又必须执行合同，这将会使企业很被动。若利用外汇期权交易（购买看跌期权），如果不中标，企业可不执行合约，其最大的损失仅为期权费。因此，外汇期权交易对那些未确定是否将有外币债权或债务者防范外汇风险更显其优越性。

例5－25：美国公司从德国进口一批货物，3个月后需支付1 250万瑞士法郎，按USD1 = CHF2.5的协定价格购买期权（买权），期权费5万美元。假如市场汇率变成USD1 = CHF2.3该公司会不会行权，收益或损失为多少？市场汇率变为USD1 = CHF2.6呢？

分析：若现汇汇率是瑞士法郎升值，USD1 = CHF2.3，需要支付543万美元（1 250 ÷ 2.3）。进口商执行合约，因为按合约购买只需支付500万美元（1 250 ÷ 2.5），可以节省支出38万美元（543 － 500 － 5）。

若现汇汇率是瑞士法郎贬值，USD1 = CHF2.6，按市场汇率购买只需支付480美元（1 250 ÷ 2.6），进口商选择不执行合约，按市场汇率购买瑞士法郎，可少支付15万美元（500 － 480 － 5）。

2. 利用外汇期权交易可进行投机。投机者通过预测汇率，可以利用外汇期权交易来进行投机。若预测某外币的汇率看涨，投机者就购买看涨期权，当汇率真的上升了，他就执行合约买进外币。然后再把买进的这些外币按上涨了的市场汇率卖出，从中可赚取汇率差价利润。反之，若预测某外币的汇率看跌，投机者就购买看跌期权，当汇率真的下跌了，他可在市场上以低价买进外币用于执行期权合约（卖出外币），从中可赚取汇率差价利润。假如投机者预测汇率走势错误，他将会受到损失，要向外汇银行支付期权费。

例 5－26：某投机商预期两个月后，瑞士法郎对美元汇率将上升，于是按协定价格 USD1 = CHF1.7 购买一份美式瑞士法郎买权（12.5 万瑞士法郎），期权费为每 0.01USD/CHF，投机商共需支付期权费 1 250 美元。若两个月后市场汇率为 USD1 = CHF1.6，投机商会行权还是不行权，收益或亏损是多少？如果两个月后瑞士法郎现汇汇率下跌呢？

分析：若瑞士法郎的汇率与投机商的预测一致，上升到 USD1 = CHF1.6，投机商即执行合约，以 USD1 = CHF1.7 的协定价格购买 12.5 万瑞士法郎，支付 7.3529 万美元（12.5 ÷ 1.7），然后再按现汇市场的价格卖出瑞士法郎，收入 7.8125 万美元（12.5 ÷ 1.6），可获利 0.3346 万美元（7.8125 − 7.3529 − 0.1250）。

若两个月后瑞士法郎汇率反而下跌，投机商则放弃执行合约，损失期权费 1 250 美元。

【知识链接】　　中国银行的两得宝与期权宝

一、两得宝（个人外汇期权业务——卖出期权）

产品介绍：两得宝是指客户在存入一笔定期存款的同时，根据自己的判断向银行卖出一个外汇期权，客户除收入定期存款利息（扣除利息税）外，还可得到一笔期权费。期权到期时，如果汇率变动对银行不利，则银行不行使期权，客户可获得高于定期存款利息的收益；如果汇率变动对银行有利，则银行行使期权，将客户的定期存款本金按协定汇率折成相对应的挂钩货币。

交易时间：为每个营业日北京时间 10:00 至 16:30，国际金融市场休市期间停办。期权交易不可自动续期，不可提前平盘。

交易币种：可选的存款货币、挂钩货币及期限，目前可选的货币为美元、欧元、日元、英镑、澳大利亚元、瑞士法郎和加拿大元，现钞与现汇均可交易。

期权面值根据情况设置一定的起点金额。

外汇期权交易的标的汇价为欧元兑美元、美元兑日元、澳大利亚元兑美元、英镑兑美元、美元兑加拿大元、美元兑瑞士法郎。

大额客户还可以选择非美货币之间的交叉汇价作为标的汇价。

期限：最长期限为六个月，最短为一天，具体期限由中国银行当日公布的期权报价中的到期日决定。

适用对象：凡在中国银行开立外币账户、具有完全民事行为能力的自然人均可申请叙做个人外汇期权业务。

办理流程：开立中国银行外币账户（活期、定期均可）；亲至中国银行理财中心与银行签订外汇期权交易协议书；交易日和到期日银行视期权是否执行交割资金。

向银行卖出期权。须选择：

1. 挂钩货币，即到期日须交割的另一种货币；

2. 期权面值，即在期权到期日行使外汇买卖的金额；

3. 期权到期日，即协议书中指明的期权到期日。

银行会与客户预定协定汇率（双方在外汇期权交易协议书中约定期权买方在期权到期日行使外汇买卖所采用的汇率），同时银行向客户支付一定金额的期权费。

期权到期时，银行将根据外汇市场走势选择到期时以存款货币，或者客户预先选择的挂钩货币以协定汇率兑换后支付。到期日如为非银行工作日或相关国际市场假期，则根据有关国际市场惯例调整到期日。

二、期权宝（个人外汇期权业务——买入期权）

产品介绍：期权宝是中国银行个人外汇期权产品之一。是指客户根据自己对外汇汇率未来变动方向的判断，向银行支付一定金额的期权费后买入相应面值、期限和执行价格的期权（看涨期权或看跌期权），期权到期时如果汇率变动对客户有利，则客户通过执行期权可获得较高收益；如果汇率变动对客户不利，则客户可选择不执行期权。

交易时间：为每个营业日北京时间10:00至16:30，国际金融市场休市期间停办。

交易币种：美元、欧元、日元、英镑、澳大利亚元、瑞士法郎和加拿大元的直盘及主要交叉盘，现钞或现汇均可。

期权面值根据情况设置一定的起点金额。

外汇期权交易的标的汇价为欧元兑美元、美元兑日元、澳大利亚元兑美元、英镑兑美元、美元兑瑞士法郎、美元兑加拿大元。

大额客户还可以选择非美货币之间的交叉汇价作为标的汇价。

交易期限：最长期限为六个月，最短为一天，具体期限由中国银行当日公布的期权报价中的到期日决定。

适用对象：凡在中国银行开立外币账户、具有完全民事行为能力的自然人均可申请叙做个人外汇期权业务。

办理流程：开立中国银行外币账户（活期）；亲至中国银行理财中心与银行签订外汇期权交易协议书；银行扣划客户期权费用；到期日银行视期权是否执行交割资金。

向银行买入期权。客户可根据自己对外汇汇率未来变动方向的判断，选择：

1. 挂钩货币，即到期日客户有权选择交割的另一种货币；

2. 期权面值，即在期权到期日行使外汇买卖的金额；

3. 期权到期日，即协议书中指明的期权到期日。

银行会与客户预定协定汇率（双方在外汇期权交易协议书中约定期权买方在期权到期日行使外汇买卖所采用的汇率），同时客户向银行支付一定金额的期权费。

期权到期时如果汇率变动对客户有利，银行将代客户执行期权；如果汇率变动对客户不利，则客户可选择不执行期权，损失仅限为期权费。到期日如为非银行工作日或相关国际市场假期，则根据有关国际市场惯例调整到期日。

资料来源：中国银行网站。

【能力训练】

1. 我国商业银行面向国内开展期权业务，以中国银行为例，请查阅资料了解详情，解决以下疑问：

（1）中国银行的外汇期权业务是美式期权还是欧式期权？

（2）中国银行的外汇期权业务是买权还是卖权？

（3）除了以外汇作为期权标的，还有什么？

2. 某人3个月后要支付1 000万美元，现购买美元看涨期权，价格是USD1 = CNY7.3456，期权费5万元：

（1）若3个月后市场价格为USD1 = CNY7.4456，此人是否行权？收益或损失是多少？

（2）若3个月后市场价格为USD1 = CNY7.2456，此人是否行权？收益或损失是多少？

3. 如果你是某跨国贸易公司财务部负责人，面对一个月后的100万美元收入，要想规避外汇风险，你是选择做远期还是期权，为什么（提示：请结合现实情况，综合考虑并决策）？

模块四　外汇掉期交易操作实务

【课前思考】

你手中有100万美元头寸可以闲置3个月，希望投资英国3个月期的国库券，3个月后你将收回这笔资金（美元），考虑到可操作性和风险问题，你将如何运作？

【能力目标】

1. 设计掉期方案实现保值避险；

2. 核算掉期损益。

做外汇业务的银行每天都会对交易币种进行频繁的买进和卖出，有即期也有远期，这样的目的并非单纯为了交易获利，往往是一种规避汇率风险的需要，这样频繁的买进、卖出其实是在做掉期交易。

一、什么是掉期外汇交易

掉期外汇交易（Swap Exchange Transaction）又称时间套汇、套期交易等，是指交易者在外汇市场上将交割日期不同的同种货币进行等额（或数额相当）的、买卖方向相反的一种外汇交易。也就是说，掉期交易实质上是将交割日期不同而币种相同、数额相同或相当的两笔交易结合起来进行，但两者的买卖方向相反。

二、掉期外汇交易的种类

根据相结合的两笔交易交割期限的不同，掉期交易主要有即期对即期、即期对远期和短远期对长远期三类。例如，买进即期美元（第一个营业日交割）的同时卖出即期美元（第二个营业日交割）；买进即期美元的同时卖出远期美元；卖出即期美元的同时买进远期美元；买进1个月的远期美元的同时卖出3个月的远期美元；卖出1个月的远期美元的同时买进6个月的远期美元。其中，以即期对远期的掉期最常见。

【知识链接】 掉期率

在掉期交易中，有一个经常使用的重要概念叫做“掉期率”（Swap Rate），也就是远期汇水。它并不是一种汇率，而是一种汇率差价，是买进和卖出两种不同期限的外汇所使用的汇率差价。对于“即期对远期”的掉期交易，其掉期率实际上就是我们在前面讲过的升水和贴水。由于在掉期交易中交易者在买进即期外汇的同时又卖出远期外汇，或在卖出即期外汇的同时又买进远期外汇，因此，他们并不太关注即期汇率的水平，而更关心的是掉期率水平，它对掉期交易者的盈亏有直接影响。

（一）即期对即期的掉期

掉期交易的特点可以总结为：买进和卖出的货币数量相同、币种相同，买进和卖出的交易行为同时发生，交易方向相反，交割期限不同。所以即使是即期对即期（Spot against Spot）的掉期，其交割期限也必须是不同的，否则不称其为掉期交易。即期外汇交易的交割日可以是交易当天（一般是小额、零星外汇需求的交易）、交易日后第一个营业日、交易日后第二个营业日。掉期交易中金额和币种相同、同一天交易、买卖方向相反的两笔即期外汇交易的交割日一定是不同的。例如，买入的即期外汇交易在第一个营业日交割，卖出的一笔在第二个营业日交割。

（二）即期对远期的掉期

即期对远期（Spot against Forward）指买进或卖出一笔即期外汇的同时，卖出或买入一笔远期外汇。远期外汇的交割期限可以是1周、1个月、2个月、3个月、6个月等，这是掉期交易中最常见的形式。例如，花旗银行在3个月内需要英镑。它可与另一家银行签订一个掉期协议，买入即期英镑的同时卖出3个月远期英镑，这样，既满足了对英镑的需求，又避免了持有外汇的风险。

（三）远期对远期

远期对远期（Forward to Forward）指同时买卖币种和金额相同，但交割期限不同的远期外汇。这种掉期的原理与即期对远期相同，但不常使用。例如，一家美国银行1个月后将有100 000英镑的支出，而3个月后又将有100 000英镑的收入。为此，银行做一笔1个月对3个月的掉期，即买入1个月的远期100 000英镑。同时卖出3个月的远期100 000英镑。

远期对远期的掉期外汇交易又分为“买短卖长”和“卖短买长”两类：前者指买入方向的交割期限较短，卖出方向的交割期限较长，如买3个月远期，卖6个月远期；后者指卖出方向的交割期限较短，买入方向的交割期限较长，如卖3个月远期，买1年期远期。

【知识链接】　　**纯粹掉期交易与组合掉期交易**

根据掉期交易中的两笔交易是否在同一对手之间进行来划分，掉期交易有纯粹掉期交易（Pure Swap Transaction）和组合掉期交易（Engineered Swap Transaction）之分。前者是指掉期交易中的两笔交易均在相同的两个交易者之间进行的，例如，A 客户向 B 银行卖出一笔即期美元的同时，又向 B 银行买进一笔等额的远期美元。后者是指掉期交易者的两笔交易是分别与两个不同的交易者进行的，例如，A 客户向 B 银行买进一笔即期美元的同时，又向 C 银行卖出一笔等额的远期美元。在实际业务中，以纯粹掉期交易居多。

本项目模块二中介绍的远期外汇交易，没有涉及即期交易，仅是单独进行的，我们称为单独的远期外汇交易（Outright Forward Exchange Transaction）。但在银行间的外汇交易中，将远期外汇交易与即期外汇交易结合起来进行要远比单独进行的远期外汇交易多。因此，在国际外汇市场的几大类交易中，即期交易所占的比重最大，其次是掉期交易，单独的远期外汇交易居第三。

三、掉期外汇交易的运用

（一）规避风险

例 5－27：花旗银行在 3 个月内需要英镑，它与另一家银行签订一个掉期协议，买入即期英镑的同时卖出 3 个月远期英镑，即期汇率是 GBP1 = USD2. 00，3 个月期汇率是 GBP1 = USD2. 10，那么 3 个月的掉期率是 0. 10，将它折算为年率，即

$$0.10/2.00 \times 12/3 \times 100\% = 20\%$$

这意味着这笔掉期业务每年可获得 20% 的收益，这可与银行提供的其他盈利机会相比较。

（二）轧平头寸

例 5－28：一家公司从某银行买入 6 个月期的远期 100 000 英镑，银行因出售远期英镑而有了空头英镑，为了轧平头寸风险，银行需买进远期 100 000 英镑。如果这笔远期交易是在银行同业市场上做，那么一般都要采用掉期。

具体做法如下：卖出即期 100 000 英镑，同时买入 6 个月远期 100 000 英镑。掉期后，远期英镑头寸轧平，但又有了即期英镑空头，所以它又需在即期市场上买入100 000 英镑，轧平即期头寸。

（三）为外汇合约展期

掉期除了可以为银行轧平外汇头寸提供方便以外，还可作为外汇合约展期的方法，即当原来的购买外汇合约定的期限较短，可将这笔外汇卖出，同时买入新的期限的外汇；同样，若是原来出售外汇的合约定的期限较短，也可通过买入近期卖出远期的方法以延展外汇合约的期限。

例 5－29：某公司与国外订立出口合同，约定的收款时间在 1 个月后，为了规避外

汇风险，该公司购买了一个月期限卖出美元的远期合约。之后出现了一些问题，导致该公司交货延迟，收款时间也跟着延迟了1个月，该公司可以在即将到期时卖出之前的美元远期合约，再购买另一份1个月期的美元远期。通过一笔远期对远期的掉期，可以顺利延长外汇合约期限。

（四）套利

套利（Interest Arbitrage）是指投资者利用两个不同金融市场上短期资金利率存在的差异，并权衡远期汇率的升贴水情况，将资金从利率较低的市场调往利率较高的市场以赚取利率差异好处的一种外汇买卖。

在资金安全和通货膨胀水平等情况相同的条件下，资金总是从利率低的市场流向利率高的市场。

例5－30：某个时期，假设美国金融市场的3个月期短期资金利率折为年率是12%，英国金融市场的3个月期短期资金利率折为年率是10%。现在一个英国投资者手中有100万英镑，这时伦敦外汇市场上英镑兑美元的汇率为GBP1＝USD1.5840。假如他要进行3个月的短期投资，在一般情况下，他会将这笔英镑资金兑换成美元调往美国进行投资。若3个月后英镑与美元之间的汇率仍保持不变，这个投资者在美国投资要比在英国投资多获利2%（年率）。但3个月后英镑与美元之间的汇率很难保持不变，假如美元发生贬值，则该投资者到期收回美元兑换成英镑的数额将会变少，当美元贬值达到一定程度，将会使该投资者在美国投资所得的本利之和兑换成英镑的数额比在英国投资所得的英镑本利之和还要少，这样，套利反而因美元贬值遭受损失。

为了防范套利过程中存在的汇率风险，套利者可利用掉期交易，即在当初将英镑卖掉而买进美元的同时，卖出远期美元（期限为3个月，数额为在美国投资所得的本利和）。我们将这种与掉期外汇交易结合起来进行的套利称为抵补套利（Cover Interest Arbitrage）。通过掉期交易，3个月后投资期满时该投资者可将其在美国投资所得的美元本利和按规定好的汇率卖掉而换回英镑。因为卖出远期美元的汇率现在即可知道，该投资者进行套利是否有利可图可立即判断出来。只要卖出远期美元的贴水年率小于两个金融市场上的利率差（年率）2%，套利都将有利可图（尚未考虑交易费用）。若卖出远期美元的贴水年率等于或大于两个金融市场上的利率差（年率）。则套利交易中高利率带来的好处将被汇率贬值带来的损失所抵消甚至侵蚀，因此套利将无利可图甚至出现亏损。若不考虑交易费用，抵补套利的成本就是远期外汇的升水或贴水数。为了便于比较，这个套利成本通常以年率形式表示。升（贴）水年率的计算公式是

$$\text{升(贴)水年率} = [\text{升(贴)水数}/\text{即期汇率}] \times [12\text{个月}/\text{远期合同的月数}] \times 100\%$$

在本例中，卖出远期美元的贴水数不能大于1.5840×2%×3/12＝0.0079（美元），即卖出远期美元时的远期汇率不能低于GBP1＝USD1.5919（1.5840＋0.0079＝1.5919）这个水平（汇率等式右边的美元数不能大于1.5919）。

【案例分析】　　一则掉期交易的示例

英国某银行在6个月后向外支付55万美元，同时在一年后又将收到另一笔500万美元的收入。此时。若市场上汇率较为有利，它就可以进行一笔远期对远期的掉期交易。假定此时市场上英镑兑美元的汇率是：

即期汇率：1英镑=1.8980~1.8990美元

1月期：20~10

2月期：30~20

3月期：40~30

6月期：40~30

12月期：30~20

从上述内容可以看出，英镑对美元是贴水。之所以如此，其原因在于英国的利率高于美国。但预计，英、美两国的利率在6个月后将发生变化，届时英国的利率可能反过来低于美国，因此英镑会变为对美元升水。所以，可以做"6个月对12个月"的远期调换交易，即按1英镑=1.8940美元的比价，卖出英镑购买500万6月期远期美元，需支付2 639 915.5英镑。同时再按1.8970美元的比价卖出500万12个月期远期美元，由此可得到2 635 740.6英镑，整个交易使其贴出4 174.9英镑。

可是，当第6个月（即距第一次交易180天）到期时，假定市场汇率果然因利率变化而发生了变动，此时我们有：

即期汇率：1英镑=1.7500~1.7510美元

6个月期：100~200

于是，我们按1.7510美元比价，将第一次交易时卖出的2 639 915.5英镑在即期市场上买回（注意，当时是将它远期6个月卖出，此时正好到期），为此必须花费4 622 492美元。同时再将这笔英镑按6个月的远期出售（当时在第一次交易时，曾买入一笔为期12个月的远期英镑，此时正好相抵）。该笔英镑售出时，汇价为1.7600美元。因而可得到4 646 251.3美元。

这样一买一卖之间，就可获利23 759.3美元，这按当时即期汇率可折合为13 569英镑。如果除去第一次掉期交易时贴出的4 174.9英镑，共计可获利9 394.1英镑。这样一笔数目，当然是十分可观的。

资料来源：杜敏：《国际金融》，北京，对外经济贸易大学出版社，2002。

【能力训练】

1. 纽约一家银行有一笔54万美元的资金暂时闲置3个月。因国内投资收益率低，决定投向收益率较高的伦敦市场。这家银行该如何操作？

2. 某个时期，假设美国金融市场的3个月短期资金利率折为年率是8%，英国金融市场的3个月短期资金利率折为年率是10%。现在一个美国投资者手中有100万美元，这时伦敦外汇市场上英镑兑美元的汇率为GBP1 = USD1.5840。假如他要进行3个月的短期投资，请为他设计一个投资方案，要求既保证获利又规避风险。

3. 某跨国贸易公司购买了一个月期限的远期 100 万美元，准备在到期时用于支付进口货款，由于贸易出现问题，导致付款时间延迟了一个月，该公司可以怎么做？

模块五　外汇期货交易操作实务

【课前思考】

怎样可以在半年内以 4 万元启动资金实现“千万富翁”的美梦？

【能力目标】

1. 核算期货保证金；
2. 运用外汇期货交易保值避险；
3. 运用外汇期货交易投机获利。

【知识链接】　**女子炒期货 4 万做到 1 450 万后又变回 5 万**

对于武汉女子万群（化名）而言，2008 年 3 月 11 日是她人生中永难忘怀的一天。作为“武昌女期民半年内从 4 万做到 1 450 万”这一期市神话的主角，万群所持有的最后 300 手豆油合约因保证金不足于当日上午被强行平仓，其账户里最终剩下的资金不到 5 万元，一场千万富翁的“美梦”在持续了近半个月后，终告结束。

半年炒成千万富翁

据相关期货公司知情人士介绍，万群大约 50 岁年纪，退休之前的职业可能是教师。2005 年 7 月，万群拿着 6 万元开始涉足期货市场，此前，她已有 10 年的炒股经历。步入期市的头两年，万群的战绩并不出众，其保证金从最初的 6 万元缩水至 4 万元；直到 2007 年下半年，她的交易账户才逐渐引起了期货公司的注意。

从 2007 年 8 月下旬起，万群开始重仓介入豆油期货合约，此后两三个月，豆油主力合约 0805 从 7 800 元/吨起步，一路上扬至 9 700 元/吨，截至当年 11 月中旬，万群已有 10 倍获利。进入 2008 年，豆油上涨速度越来越快，2 月底，豆油 0805 已然逼近 1.4 万元/吨，也就是在那时，万群的账面保证金突破了 1 000 万元，成为了名副其实的“千万富翁”。

采用股票手法炒期货

“她采取的是全仓操作的股票手法。”知情人士透露说，万群利用期货交易浮动盈利可以开新仓的特点，全线扑入豆油期货，越涨越买。这种操作方式最大程度地利用了杠杆，可以将利润放至最大；但与此同时，风险也被放大到了顶点，一旦行情有所调整，满仓交易的万群将面临灭顶之灾。

据悉，期货公司曾不止一次劝她降低仓位，但万群根本听不进去。事实上，万群之所以能够在半年内成为千万富翁，所仰仗的正是这种满仓交易，因此对她而言，这样做没有什么不对的地方。

风云突变却拒绝减仓

万群缔造的期市神话很快引起了媒体关注，“武昌女子半年内从4万做到1 450万”的新闻频频见诸报端，并在网上广为转载。

“她的资金真正突破千万是在2月28日、29日。”知情人士告诉记者，当时正值豆油连续涨停阶段，万群账户的浮动权益在3月4日达到顶峰，最高时竟达2 000多万元。不过，当天的行情出现剧烈震荡，油价在1个小时内从涨停快速滑落至跌停。

在豆油从涨停到跌停的过程中，万群的账户因为保证金不足，已经被强行平去了一部分合约，但这并没有引起她的重视。

“期货公司的人找她谈过，但她拒绝主动减仓。”不愿意透露姓名的相关人士表示，因为此前一些媒体已经报道了万群期货交易半年发迹的事情，很多人已经知道她，在这样的情况下，万群碍于面子，不愿意主动平仓，因为她知道，只要一卖，自己就不再是千万富翁了。“实际上，3月6日，她的账上至少还有几百万元，要平仓还是有机会的。”

被强行平仓回到起点

出于种种考虑，万群错过了最佳的减仓时机。3月7日和10日两天，豆油无量跌停，万群就是想平仓也平不了了，由于仓位过重，其巨大的账面盈利瞬间化为乌有。

……

3月11日上午，连续两个交易日无量跌停的豆油期货终于再打开跌停板。大连商品交易所豆油主力合约0805、0809盘中双双翻红，收盘分别下跌0.83%和0.36%，但由于没有能力追加保证金，万群所持有的最后300手合约被强行平仓，最终，她的账户保证金只剩下了不到5万元。

资料来源：《南方都市报》，2008-03-13。

一、走近外汇期货交易

期货（Futures）是交易双方不必在买卖发生的初期就交收实货，而是共同约定在未来的某一时候交收实货的一种金融交易工具。期货有商品期货和金融期货两大类。商品期货有农产品期货、金属期货（包括基础金属与贵金属期货）、能源期货等，主要包括以农产品、经济作物、畜产品、有色金属和能源等大宗初级产品为标的的期货，目前我国境内上市的商品期货有大豆、豆粕、豆油、玉米、小麦、白糖、棉花、铜、铝、锌、PTA、燃料油、天胶等。金融期货主要包括外汇期货、利率期货（包括中长期债券期货和短期利率期货）和股指期货等，分别以外汇、利率、股票指数作为标的。

外汇期货是在有形的交易市场，通过结算所的下属成员清算公司（Clearing Firm）

或经纪人，根据成交单位、交割时间标准化的原则，按固定价格购买与出卖远期外汇的一种业务。

外汇期货合同到期时，外汇购买者（或卖出者）可以根据合同要求进行交割，也可作出一个与合同方向相反的合同来冲销（Offset）原合同的权利和义务。签订外汇期货合同，顾客要向清算公司或经纪人交付定额保证金。在外汇期货合同有效期内，随着买卖外币期货汇价的每天涨落，与原定汇价相比，顾客可能发生盈亏，如有盈余，顾客可从清算公司提走，如有亏损，要弥补，以保持保证金的约定金额。

二、外汇期货交易市场

外汇期货市场是个有形的市场，所有的外汇期货交易都必须在规定的交易场所进行。外汇期货交易所实行会员制。会员资格是通过向有关部门申请，并经其批准取得的。会员每年必须交纳会费，在交易所内，会员可以进行两类交易：一是代客买卖，充当经纪人，收取佣金；二是作为交易商，进行自营，赚取利润。会员的角色细分可以有以下6种：

1. 出市经纪人。他们接受银行、专业公司等客户的委托，按客户的指令进行买卖，收取手续费。

2. 日交易商。是指在一个交易日内既买期货合约又卖期货合同，当天轧平头寸的商号。此类交易者一般是当日合同当日结清。

3. “抢帽子”交易商。他们在场内眼观六路，耳听八方，寻找机遇，及时买进和卖出，尽管利润微薄，但由于一进一出数量很大，最终的利润也很可观。

4. 头寸交易商。这类商人热衷于长期行情的预测和投资，专做长线买卖，对于短期如几分钟、几小时的行情变化和买卖不感兴趣，通常购进头寸后至少持仓几天，多为几个星期乃至几个月。

5. 跨市交易商。是指在不同市场买卖某种货币期货，利用不同市场之间的价格差异赚取利润的商号。其交易的前提是市场出现异常情况，在一个市场买进，在另一个市场卖出。

6. 小投机商。这种商人主要是根据对行情的预测自己进行买卖，他们还常雇用日交易商、“抢帽子”交易商、头寸交易商或跨市交易商在场内交易。

外汇期货交易所的中心是交易厅，交易厅的周围一圈设有众多的交易亭，会员代表在这里通过电话电传等先进的通信工具时刻与总部或客户保持联系：传递信息、接受指令或报告执行情况。交易所的经纪人和场内交易员在交易场内通过喊价和固定的手势进行交易。

外汇期货交易所的主要功能是为交易提供场所和各种交易设施；收集和传播最新的市场行情与影响市场行情的重要信息；制定并监督执行有关的交易规则；仲裁交易活动中所发生的争执和纠纷。

场内交易市场和场外交易市场的区别如表5－1所示。

表 5－1　　场内交易市场和场外交易市场的区别

金融衍生产品交易的要素	场内市场	场外市场
交易伙伴	交易所	交易所之外的买卖双方
主要交易品种	期货、期权等	远期、互换、期权及结构性衍生产品
交易规则	交易所统一制定规则	由买卖双方自定（按合约）
保证金	有	由买卖双方自定（通常没有）
交易的基础产品	只限于某些上市的证券和通行的货币	由买卖双方自定
定价方法	公开竞价	由买卖双方议价决定
合同文件	按照当地法律要求和交易所规定的统一格式合同	参照有关国际性条例，由双方自行商定

资料来源：卓骏：《国际金融原理与实务》，北京，清华大学出版社，2008。

三、外汇期货交易制度

外汇期货交易的规章制度中最重要的有以下几个方面：

1. 标准化合约。期货合约是期货交易的买卖对象或标的物，是由期货交易所统一制定的，规定了某一特定的时间和地点交割一定数量和质量商品的标准化合约，期货价格则是通过公开竞价而达成的。

所谓标准化合约，意思是同一种标的的期货合约中，交易品种、交易数量和单位、最小变动价位（报价须是最小变动价位的整倍数）、每日价格最大波动限制（涨跌停板）、合约月份、交易时间、最后交易日、交割时间、交割标准和等级、交割地点、保证金、交易手续费等全部是固定的、一致的，每份合约都完全一致，唯一不同的就是合约的成交价格。

表 5－2　　上海期货交易所阴极铜标准合约

交易品种	阴极铜
交易单位	5 吨/手
报价单位	元（人民币）/吨
最小变动价位	10 元/吨
每日价格最大波动限制	不超过上一交易日结算价 ±3%
合约交割月份	1～12 月
交易时间	上午 9:00～11:30　下午 1:30～3:00
最后交易日	合约交割月份的 15 日（遇法定假日顺延）
交割日期	最后交易日后连续五个工作日
交割品级	标准品：标准阴极铜，符合国标 GB/T467－1997 标准阴极铜规定，其中主成分铜加银含量不小于 99.95% 替代品：高纯阴极铜，符合国标 GB/T467－1997 高纯阴极铜规定；或符合 BS EN 1978：1998 高纯阴极铜规定
交割地点	交易所指定交割仓库

续表

最低交易保证金	合约价值的5%
交易手续费	不高于成交金额的万分之二（含风险准备金）
交割方式	实物交割
交易代码	CU
上市交易所	上海期货交易所

资料来源：上海期货交易所网站。

外汇期货交易既是一种期货交易，也是一种外汇交易，它是在有形的交易场所内进行的，双方买卖的只是合同（标准化合同），多数情况下不真正移交外汇，交易的数量由合同的数量表示，最少为一个合同，不同货币对每份合同的具体数额的规定也不相同，如每份英镑、日元的期货合同分别为25 000英镑、12 500 000日元。外汇期货交易的标准化合约主要体现在以下几点：

（1）交易单位固定。例如，在芝加哥国际货币市场上，各种货币的合同金额规定如下：1个英镑合同金额GBP25 000；1个日元合同金额JPY12 500 000；1个瑞士法郎合同金额CHF125 000；1个荷兰盾合同金额NLG125 000；1个墨西哥比索合同金额MP1 000 000。

（2）交割月份固定。一般外汇期货交易的交割日期是交割月份第三个星期中的星期三；交割月份一般为3月、6月、9月、12月，其他月份只能交易，不能交割；商品期货有所不同。

（3）最后交易日。多数期货交易者并不等到交割日，而是提前对冲；若在最后交易日仍未对冲，则进行实物交割。

总之，期货合约对商品质量、规格、交货的时间、地点等都做了统一的规定，唯一的变量是商品的价格。

2. 保证金制度。在期货市场上，交易者只需按期货合约价格的一定比率交纳少量资金作为履行期货合约的财力担保，便可参与期货合约的买卖，这种资金就是期货保证金（Margin）。

外汇期货交易是一项风险投资，交纳保证金是为了保证合同的履行。非会员客户必须向经纪公司——会员交付保证金，即开立保证金账户；会员必须向交易所的清算机构——期货清算所交纳保证金。保证金的高低一般取决于外汇行市的变动情况，我国现行的最低保证金比率为交易金额的5%，国际上一般在3% ~8%之间。

保证金制度使得期货交易成为一种以小博大的杠杆交易，只需要少量的资金，就可以购买价值十几倍甚至几十倍的账面资产，成倍地放大了交易的收益，同时，也成倍地放大了交易的损失。这使得期货成为一种高风险、高收益的投资工具。

保证金除了起防止交易各方违约的作用外，还是清算所结算制度的基础。只要不是为了平仓，任何交易所会员包括其客户在买卖外汇期货合同时，都必须向清算所交纳合同保证金，直至合同到期或期货头寸平仓为止。例如，商品A的期货，保证金比例是1:10，交易价格是每份合约10 000元。那你只需付出1 000元就可以买一份A商品期货合约。如果某日 A 商品的价格涨了 10%，你的保证金 1 000 元就变成了 2 000 元，当日结算收益。如果 A 商品的价格跌了 10%，你就赔光了，此刻要是平仓你的 1 000 元就变成了 0 元，要想继续持仓，就必须追加保证金。

例 5－31：大连商品期货交易所的大豆期货保证金比率为 5%，如果某客户以 2 700 元/吨的价格买入 5 张大豆期货合约（每张 10 吨），那么：

（1）他必须向交易所支付多少保证金？

（2）若大豆期货价格跌至 2 600 元/吨，该客户需要追加多少保证金才能继续持有？

（3）若大豆期货价格涨为 2 800 元/吨，该客户在继续持有的前提下可以从保证金账户提取多少盈利？

分析：（1）需要交纳保证金 2 700 ×50 ×5% =6 750（元），这是初始保证金。

（2）若大豆期货下跌至 2 600 元/吨，由于价格下跌，客户的浮动亏损为 5 000 [即（2 700 －2 600） ×50] 元，客户保证金账户余额为 1 750（即 6 750 －5 000）元，客户需将保证金补足至 2 600 ×50 ×5% =6 500（元），需补充的保证金 6 500 －1 750 =4 750（元），就是追加保证金。

（3）当大豆期货结算价上涨至 2 800 元/吨时，由于价格上涨，客户的账面盈利为 5 000 [即（2 800 － 2 700） ×50] 元，客户保证金账户余额为 11 750（即 6 750 + 5 000）元，此时需要保留的保证金为 2 800 ×50 ×5% =7 000（元），该客户可以提取的收益为 11 750 －7 000 =4 750（元）。

3. 结算制度。负责外汇期货交易结算的是交易所的期货清算所。清算所的结算每天进行一次，结算遵循“无负债”的原则。首先根据每种期货在交易日的收盘价（Settlement Price）作为结算价。然后将结算价和交易所会员进行的每笔交易的价格进行比较，计算会员们当日交易中的损益，并将损益实际记入交易者的保证金账户，这部分保证金的变动额就叫追市保证金（Variation Margin）。盈利者可以取出账面利润；亏损者将接到清算所令其立即补充保证金的通知，即保证金叫单（Margin Call）。亏损者必须在规定的期限内向清算所交纳保证金的追缴额，否则交易所有权对其强行平仓，损失由保证金余额支付。此时，该交易者期货头寸的成本价被调至与收盘价相等。

正是由于期货交易每日结算，每天的价格变化都会对期货合约持有者带来影响，加上保证金制度成倍放大了购买者所能负担的资产，期货的风险非常大。连续几天价格向不利的方向变动，就需要持有者不断追加保证金，否则会被强行平仓，之前的投入将血本无归；如果价格相对长期地向不利的方向变化，不断追加保证金会给持有者带来滚雪球般的损失。

此外，由于清算所的存在，给合约的履约提供了强有力的保障。期货交易达成后，必须通过期货交易所结算部门结算、确认，买卖双方都向交易所交纳保证金，由交易所承担中间担保履约责任，买卖双方都无须担心交易履约问题。

4. 限价交易。各外汇期货交易市场对每一外汇期货价格都规定了每日的最低波幅和最高波幅。一旦价格波动超过最大幅度，交易自动停止。这样，交易者就不至于因价格的暴涨暴跌而蒙受巨大损失。每日结算的制度使得期货交易的风险非常大，限价交易从一定程度上缓解了这种巨大风险。如果没有限价交易的制度，当一个利空消息传来，某种外汇期货价格很可能一泻千里，在短短一天之内就可能让无数投资者血本无归，所以这一制度从控制风险的角度来说是非常必要的。

5. 特殊措施。在非常情况下，外汇期货交易所有权采取一些特殊措施以保障交易的顺利进行。例如，交易所可以要求会员减少其持有的头寸，或公布其顾客身份等。

四、外汇期货交易与交割

（一）交易

期货交易主要采用的方式是公开喊价，又称公开竞价、双向拍卖（Double Auction），即买卖双方同时报价。

喊价的手势用于早期没有计算机系统的时候，因为交易场所内人声嘈杂，因此用手势报价便于交易。我国国内期货交易初期，在苏州交易所也采用过喊价交易的方式，其气氛确实比现在的计算机交易要活跃得多。因此国际上有些交易所还在采用这种报价方式，目的就是寻求一种交易的气氛。

想一想 如果在公开喊价交易中，有一方在事后否认自己做过某个交易的手势怎么办?

喊价的手势可分为两种：表示买入、卖出、开仓、平仓（方向）和合约月份、报价（数字）。因为是用手势报价，所以过去的期货交易，不同的品种都在不同的交易池中进行，因为要用手势表示不同的品种来回切换以及报价太麻烦，不像现在用计算机交易什么都能做。

1. 买入、卖出的手势是：

五指张开，当掌心向外时表示卖出，向内时表示买入。

另一手握拳伸出拇指向下表示开仓、向上表示平仓（也有用其他手势表示的）。

2. 报数字是：

伸出食指表示“1”；

伸出食指和中指表示“2”；

伸出中指、无名指、小指表示“3”；

伸出除拇指外的四指表示“4”；

五指全部伸出表示“5”；

握拳伸出拇指表示“6”（竖大拇指，即我们表示赞扬的手势）；

握拳伸出拇指和食指表示“7”（我们表示八的手势）；

握拳伸出拇指、食指、中指表示“8”；

食指和拇指捏在一起，其余三指捏拳表示“9”；

所有指尖捏在一起表示“10”。

还有一些常用意思的手势表达如图5－1至图5－4所示。当然，不同交易所对手势的约定可能略有不同。

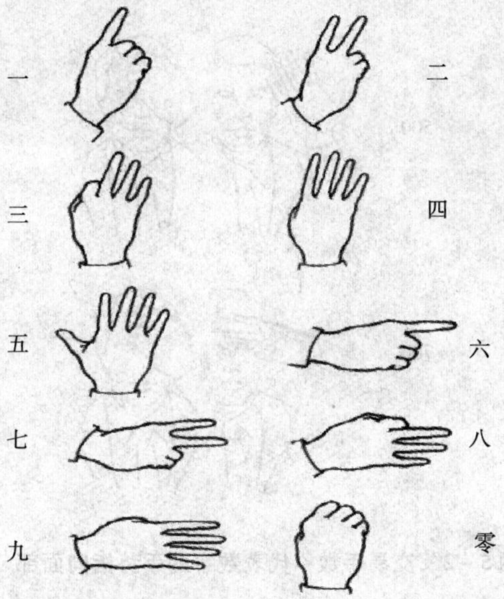

图 5－1　成交价格：只用手势表示出最后一位数

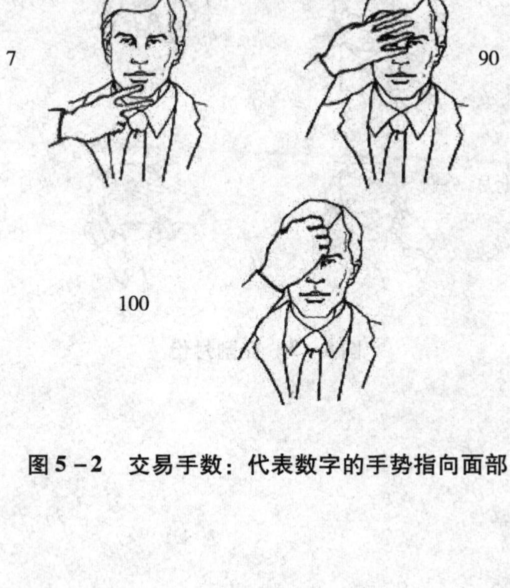

图 5－2　交易手数：代表数字的手势指向面部

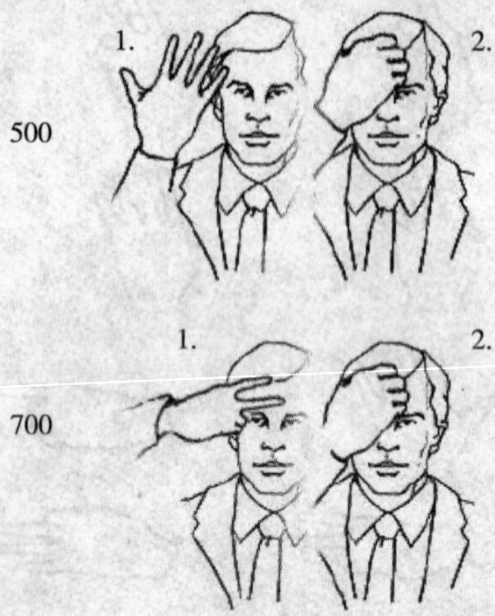

图 5-2　交易手数：代表数字的手势指向面部（续）

图 5-3　交割月份

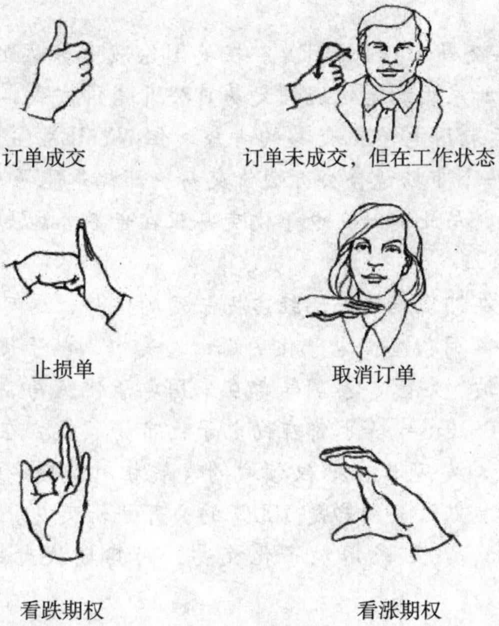

图 5－4　其他常用意思手势图

【知识链接】　公开喊价交易方式的现状与未来

一、公开喊价交易方式的现状

公开喊价的交易方式魅力犹存，并没有完全退出这个市场，甚至在某些主流品种当中占据着主要地位。荷兰银行资深副总裁 Nicholas 介绍说，Eurex 这个巨大的欧洲期货期权市场，交易着 2 350 万份期货期权合约，电子化在其中扮演了重要角色。但这只是表象，任何熟悉 Eurex 市场的人都知道，期权价格和交易量都是双方通过电话进行协商的，只有这些交易细节在电话中达成一致时，双方才敲入电子交易平台。在这里，Eurex 系统仅是负责清算，因此，把其期权市场称为不完全的电子化市场更为贴切。“这当中也存在一个既得利益集团的问题。”一德期货公司总经理王化栋说。在他看来，公开喊价的交易员们无疑是反对电子化市场最急切的群体，电子化会使这些几百年来师徒式传承的相对封闭的群落集体失业，而纽约商品交易所或许正是利用这些不满情绪来为其打基础。抛开这些利益争夺因素，电子化也并不是什么灵丹妙药。在“9·11”事件当中损失惨重的知名金融公司——Cantor Fitzgerald，每天有超过 750 个重要机构在其平台上进行大量的外汇期货和期权交易，但它在期权方面，仍坚持公开喊价为主，电子交易为辅。像 Cantor Fitzgerald 这样的公司在纽约也绝非一家。黄杰夫认为，公开喊价自有其独到的优势。交易池中的交易员在这个市场中相识多年，彼此都是朋友，况且场内交易具有丰富的肢体语言，交易员的一举一动，彼此都能感到背后的波澜，对于更好地掌握风向有很好的指导意义。公开喊价仍将长期持续下去，毕竟机器取代不了人的感情。

2005年，纽约商品交易所（NYMEX）在英国伦敦商务区的原油交易所正式开业，值得注意的是，该交易所采用的是传统的交易员公开喊价方式，这可能是该交易所出于对伦敦国际石油交易所采用电子化交易的考虑。但NYMEX主席Mitchell Steinhaus说，"如果这个世界上只有一个市场适合公开喊价交易，那就是能源市场"。可见，传统的公开喊价方式仍不可取代。与此同时，电子化交易正在世界各地如火如荼地进行着，并不断地占领着传统市场。

如今，电子化交易在期货市场中已经占据一定的优势，这可能也是伦敦国际石油交易所（IPE）在2010年4月份全面电子化的缘由。其中，电子化交易表现最为活跃的是新兴的亚洲市场，新加坡、印度、泰国等都在采用电子化交易。就连那些老牌发达资本主义市场，CME、CBOT、Eurex等也都在向电子化市场靠拢。在欢呼电子化交易在期货市场取得成功的同时，却发现其在期权领域的发展相对缓慢。CBOT的美国国债期货，全部采用电子化交易，其期权合约却是100%的公开喊价交易。同样，CME市场交投最为活跃的欧洲美元合约，70%采用电子化交易，而其期权大部分是以公开喊价方式进行。

无疑，期权比期货市场要复杂、深刻许多。难道期权给电子化交易的发展设置了什么障碍。"现在所有技术性难题都得到了很好解决。"曾经在美国华尔街工作多年，有丰富衍生产品交易经验且精通金融IT业的黄杰夫说，"在电子信息飞速发展的今天，即使未来出现一些比较棘手的问题，也必定能够克服"。他还补充道，作为全球最具有创新意识的CME，在期权市场上对电子化的重视已达到空前的地步；作为推动期权市场前进、增强市场流动性的EOS（Enhanced Options System）系统，自运行以来也得到市场的热烈追捧，对期权做市商来说，这使得交易更加高效便捷。

二、实行人工喊价的交易所

芝加哥商业交易所（CME）、芝加哥交易所（CBOT）、纽约商品交易所（COMEX）、伦敦金属交易所（LME）、澳大利亚悉尼期货交易所、伦敦股票交易所和纽约证券交易所（NYSE）、纳斯达克证券交易所（NASDAQ）和美国证券交易所（AMEX）等。

三、人工喊价的未来

虽然人工喊价已经落伍了，每天制造一堆纸屑，喊价机制也可以轻易地通过电脑来代工，但是买卖双方围成一圈的交易方式自有它浓厚的历史意义。它就像中央公园的马车，或是旧金山的缆车，在今天汽车、地铁四通八达的时代仍然在我们的社区有一席之地，因为它们都是活的历史。

伦敦国际石油交易所（IPE）长达25年的喧哗交易历史将成为过去，交易所星期四（2009年4月7日）将全面采用电子系统。据说此举旨在更好地满足客户需要，提高效率。许多交易者对此变动感到不满。这些交易人员在工作时身穿五颜六色的外衣，公开喊价，并且使用手势。他们将转往设在都柏林的一个竞争对手设立的交易所，那里由纽约商品交易所的分部NYMEX管理。纽约商品交易所表示，如果有足够多的要求，他们会努力将公开喊价的交易方式带回伦敦。纽约商品交易所等待金融服务监管当局的批准，据说这需要长达6个月的时间。尽管伦敦国际石油交易所有喧闹的形象，但是支持者说该交易所的交易方式非常有效，并且还指出那里的交易额每年在增长。

国际石油交易所及其业主洲际交易所（ICE）没有对此作出评论，因为它们正计划出售股份，而且正处于一个所谓的“安静时期”。当初洲际交易所对国际石油交易所取得控制权时，其条件之一就是要让该交易所实现全面电子化。但是对一些人来说，国际石油交易所取消开放交易一事再次说明，伦敦金融市场正逐渐丧失个性，小角色的活动空间受到大公司的挤压。但是对于另外一些人来说，一个时代的结束不过是进步带来不可避免的结果，最终市场会变得越来越高级和复杂。

资料来源：期货龙听网。

交易双方按交易所营业时间进场以后，就开展了一场短兵相接的价格竞争。买方总是报出比较低的价格，卖方总是报出比较高的价格。如果双方谈不拢，就要互相退让，买方喊价调高，卖方喊价调低，直至有人愿意接受为止。当然买卖双方并不是对等退让，而是根据双方力量强弱对比而定。买方市场时，卖方喊让的幅度要大一些；卖方市场时，买方报价提高的幅度要大一些。由于在交易大厅内人头攒动，喧哗嘈杂，面对面说话都难听清楚，必须借助手势来报价谈交易。于是，每个进场交易员必须熟练掌握和运用约定俗成的交易手势。

在完成客户的指令后，交易员将成交细节填入指令单内，然后由辅助人员将指令执行情况通知客户。如果是为本公司或个人进行交易，则不需填写指令单，但必须将交易细节记在个人交易卡上。

外汇期货成交后，辅助人员根据细节通知开始准备清算单，内容包括买卖方向、成交对方、合同月份、交易金额和价格等。所有会员将清算单交给收集中心，交易所工作人员将所有交易细节输入电脑对账系统，电脑对账系统自动核对买卖双方输入的细节并将未能配对的交易随时打印出来，工作人员将通知有关人员解决误差。已配对的交易单则将送入电脑清算系统进行记录并定时打印出来，送有关交易会员。

【知识链接】　　计算机撮合交易方式

期货交易除公开竞价交易方式外，还有计算机撮合交易方式。计算机撮合交易是根据口头公开叫价方式的原理设计而成的一种交易方式。这种交易方式相对口头公开叫价来说具有准确、连续的特点。目前，我国的期货交易都使用计算机撮合交易系统。

计算机撮合交易流程有以下几个步骤：

1. 指令下达方式包括当面委托方式、书面委托方式和电话委托方式。

2. 受令人有权利和义务审核客户的指令，包括保证金水平是否足够、指令是否超过有效期和指令内容是否齐全，从而确定指令的有效与无效。

3. 经纪公司的交易指令中心在接到交易单后，在单上打上时间戳记并检查交易单有无疏漏后，以电话方式迅速传给经纪公司在交易所的出市代表。

4. 经纪公司的出市代表收到指令后以最快的速度将指令输入计算机内。

5. 指令中心将反馈回来的成交结果记录在交易单上并打上时间戳记按原程序反馈给客户。

6. 原则上说，客户每一笔交易的最终确认是根据结算公司或交易所的结算部门的最终确认为准。

7. 客户每一笔交易都由经纪公司记录存档，且保存期限一般低于5年。

8. 客户每成交一手合约（买或卖），经纪公司都要收取一定的佣金。

（二）交割

外汇期货合约绝大多数已事先通过对冲交易进行了结，也有极少数客户持仓到最后进行交割。买卖双方在规定的时间内，通过代表各自的票据交换会员将交割委托书递交给票据交易所，同时买方必须将交割款项存入交易所的账户，交易所将双方委托书配对后带到交易所开户银行，该银行用电报打字机指示卖方银行的地点。卖方银行接到电报打字机的指示之后，根据这个指示完成交割，并通知交易所开户银行，交易所开户银行则完成款项的划拨。在交割时所发生的一切成本均由卖方承担。

期货交易客户订单处理流程如图5－5所示。

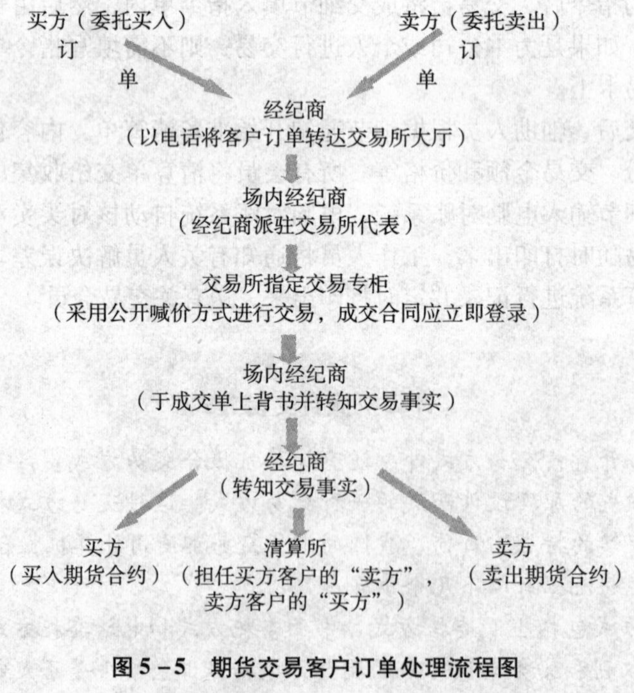

图5－5 期货交易客户订单处理流程图

五、外汇期货与远期外汇交易

外汇期货与远期外汇业务极其相似，它们相同的地方是：首先，都是通过合同的形式，把购买或出售外汇的汇率固定下来；其次，都是一定时期以后交割，而不是即期交割；再次，目的都是为了保值（防范和转移外汇风险）或投机。但外汇期货交易与远期外汇交易毕竟是两种不同的外汇交易方式，在诸多方面存在很大差异。

1. 合约是否标准。外汇期货市场上的交易对象是外汇期货合约，而远期外汇市场上的交易对象是远期外汇合同；前者除价格以外所有合约条款都由交易所规定统一标准。合约的单位数量、币种、交易时间、交割地点等都不需要买卖双方商定。如IMM国际货币期货合约规定：英镑期货合约的标准合约单位为每张合约25 000英镑，合约月份为3月、6月、9月、12月，交割日期为到期月份第三个星期的星期三，交割地点为结算所指定的货币发行国银行（英国的银行）。而远期外汇合约是事先约定的现货交易。

远期合约对交易的币种、金额、交割时间和地点等无固定标准，均由买卖双方自行商定。另外，同交割月份的外汇期货合约可以相互对冲，而远期外汇合同之间通常不能直接冲销，只能用交割现汇方式来结束。

2. 交易方式不同。外汇期货市场是一个完全按拍卖方式组织的市场，有固定的交易场所，是一种有组织、有场所、有规则的有形市场；市场实行会员制，只有交易所会员才能进场交易，非会员就需要请经纪商（会员）做代理；采取公开竞价的方式进行，交易商在交易栏杆旁用公开叫喊来确定价格和数量。外汇期货市场的参与者（可以是银行、非银行金融机构、实业公司、政府部门甚至自然人）不必考虑交易对方的信用是否可靠。

远期外汇交易没有固定交易场所，基本上是一种抽象的无形市场，其交易通常是银行同业之间、银行与经纪人之间以及银行与客户之间通过电信往来或电话方式报出买入价和卖出价的方式进行的。远期外汇没有资格限制，客户可以随时与银行进行交易。交易双方既可直接进行交易，也可以通过经纪人进行，以协商方式确定价格和数量。远期外汇是以“一对一”方式进行的。每笔交易的参与者都必须考虑对方的信用程度，一般个人难以参与。

3. 交易规则不同。外汇期货市场的交易者无须交付期货合约规定的面额，而只是交纳一定比例（通常为面额的5%~10%）的保证金即可进行外汇期货合约的买卖。如果是委托经纪人做期货交易，还需要向经纪人支付佣金。远期外汇交易一般不需交纳保证金和佣金，交易双方只在到期交割时才进行结算。

外汇期货合约的交易价格由交易所公布，一般是在规定的时间一方只报出一种价格，即买方只报买入价，卖方只报卖出价。而远期外汇合约的买卖价格由交易双方各自报出两种价格，也就是既报买入价，又报卖出价。

外汇期货交易都有自己的结算机构，有一套完整的结算制度，买卖双方无须知道对手是谁及其资信情况，且交易盈亏每天由结算所清算，获利可提出，亏损超过最低保证金标准时则应予以补足。而远期外汇交易的盈亏只有到合约期满之日才能结算。

外汇期货交易的交割可以有两种方式，到期日交割或者在到期日之前随时做一笔相反方向、相同数量和交割月的期货交易，叫做“结清”（绝大部分都是采用这种方式），并且外汇期货交易的交割都是通过清算所统一进行。远期外汇交易一般是等到到期日再进行交割，并且是客户与银行之间直接清算交割。

4. 价格的波动对收益的影响不同。外汇期货交易中，交易所规定每一种期货合同的最低价格变动额，即最小价格波动幅度，如英镑的最小价格波动幅度是0.0005美元；日元是0.0000001美元；加拿大元、荷兰盾、瑞士法郎是0.0001美元。在交易场内，经纪人所做的出价或叫价只能是最小波动幅度的倍数，交易所还规定了每日涨跌停板额，一份期货合约在一天之内比前一交易日的结算价格高出或低于的最大波动幅度，则停止交易。如日元期货的涨跌停板额是1 250美元，瑞士法郎是1 875美元，荷兰盾是1 250美元。

成交后，在没有交割或结清之前，交易所每日都要根据当天价格的变化对客户的账户计算盈亏：有盈利，交易所第二天就会付给客户；有亏损，交易所也会在第二天要求客户支付（追加保证金）或平仓。如此，每天都有损益的收付，一直到结清或交割为止，因此期货交易所实行每天清算的制度。

远期外汇交易的损益只在到期日发生，没有到期之前，市场价格的变化对其没有影响。锁定了成交价格的远期外汇合约，再也不受市场价格波动所左右。

5. 交易效果不同。外汇期货市场具有两大功能：保值和投机。加之合约本身的对冲性，因而外汇期货交易的结果基本上是在合约到期前做反向操作，买卖冲销，极少实际交割现汇。而远期外汇交易则一方面被用来预购外汇，另一方面被用来保值和投机，而且绝大多数远期外汇交易的结算总是在指定交割日交割现汇，买方买进外汇，卖方卖出外汇。

六、外汇期货交易的运用

（一）套期保值

1. 空头（卖出）套期保值。空头套期保值是指交易者在外汇期货市场先卖出再买入外汇期货合约，以达到对现货保值的目的。空头套期保值是建立在现汇多头基础之上的。在国际经济交往中的应收款、给国外附属机构的贷款、货币市场存款以及金融市场贷款等，若需以现汇支付，均可通过空头套期保值交易方式来回避或减少汇率变动可能带来的损失。

例5－32：美国的某跨国公司设在英国的分支机构急需625万英镑现汇支付当期的费用，此时美国的这家跨国公司正好有一部分闲置资金，于是3月12日向分支机构汇去了625万英镑，当日的现汇汇率为GBP/USD＝1.5790/1.5806。为了避免将来收回贷款时（设3个月后偿还）因汇率波动（英镑汇率下跌）带来的风险，美国这家跨国公司便在外汇期货市场上做英镑的套期保值业务（买进）。假设每份英镑期货合同的金额为62 500英镑，用下表表示套期保值的过程和结果：

现汇市场	期货市场
3月12日，按当日汇率GBP1＝USD1.5806买进625万英镑，价值987.875万美元。	3月12日，卖出100份于6月到期的英镑期货合约，每份62 500英镑，汇率为GBP1＝USD1.5800，价值987.5万美元。

续表

现汇市场	期货市场
6 月 12 日，按当日汇率 GBP1 = USD1.5746 卖出 625 万英镑，价值 984.125 万美元。	6 月 12 日，按汇率 GBP1 = USD1.5733 买进 100 份于 6 月到期的英镑期货合约，价值 983.3125 万美元。
盈亏：984.125 − 987.875 = −3.75（万美元）。	盈亏：987.5 − 983.3125 = 4.1875（万美元）。
净盈亏：4.1875 − 3.75 = 0.4375（万美元）。	

资料来源：刘用明、罗建：《国际金融实务》，成都，四川大学出版社，1995。

由此可见，美国的这家跨国公司在现汇市场上买进的 625 万英镑，3 个月后兑换成美元时，由于英镑贬值，汇率下跌，使该公司在现汇市场上亏损 37 500 美元。但由于该公司在外汇期货市场上对现汇（625 万英镑）做了空头套期保值，卖出 100 份英镑期货合约，3 个月后收回贷款时又补进 100 份英镑期货合约对冲，在期货市场上获利 41 875 美元。盈亏相抵，获额外利润 4 375 美元。可见，该公司通过在外汇期货市场做空头套期保值交易，降低了现汇市场的风险（若该公司不进行空头套期保值，将损失 37 500 美元），外汇期货达到了对现汇保值的目的。

2. 多头（买入）套期保值。

例 5－33：一名美国商人从瑞士进口汽车，约定 3 个月后支付 250 万瑞士法郎，为了防止瑞士法郎升值带来的不利影响，他通过期货买卖进行套期保值。用下表表示套期保值的过程和结果：

现汇市场	期货市场
3 月 1 日，按汇率 USD1 = CHF1.5917，购买 250 万瑞士法郎，理论上需支付 1 570 647.74 美元（实际并未进行此项交易）。	3 月 1 日，买入 20 份于 6 月到期的瑞士法郎期货合约（125 000 瑞士法郎/份），汇率为 USD1 = CHF1.5896，支付 1 572 722.70 美元。
6 月 1 日，汇率为 USD1 = CHF1.5023，购买 250 万瑞士法郎实际支付 1 664 115.02 美元。	6 月 1 日，卖出 20 份于 6 月到期的瑞士法郎期货合约，汇率为 USD1 = CHF1.4987，收入 1 668 112.36 美元。
理论上多付：1 664 115.02 − 1 570 647.74 = 93 467.28（美元）。	盈利：1 668 112.36 − 1 572 722.70 = 95 389.66（美元）。

可见，美国商人如果没有做套期保值，等到 3 个月后需要支付瑞士法郎时才购买，按照 6 月 1 日现汇市场的汇率成交需要支付 1 664 115.02 美元，对比在 3 月 1 日就直接从现汇市场购买 250 万瑞士法郎所需的 1 570 647.74 美元，就需要多付 1 664 115.02 − 1 570 647.74 = 93 467.28（美元）。如果美国商人做了套期保值，先买入 20 份于 6 月到期的瑞士法郎期货合约，再在 3 个月后卖出 20 份于 6 月到期的瑞士法郎期货合约，在期货市场的收益有 1 668 112.36 − 1 572 722.70 = 95 389.66（美元），虽然在现汇市场购买瑞士法郎需要付出更多美元，但期货市场的收益可以弥补。

想一想 如果不通过期货交易进行保值，该美国商人还可以通过什么方法规避风险呢？

（二）投机

1. 多头投机。当投机者预测某种外汇汇率将上升时，在期货市场上“先买后卖”，首先建立“多头地位”。

例 5－34：某投机商预计瑞士法郎兑美元的汇率将提高，于 3 月 1 日在芝加哥国际期货市场购进 1 份 6 月交割的瑞士法郎期货合约（一份为 125 000 瑞士法郎），当天汇率为 CHF1 = USD0.6003，合约值为 75 037.5（0.6003 ×125 000）美元，支付佣金 1 500 美元。4 月 25 日，6 月份交割时的期货汇率为 CHF1 = USD0.6214，卖出合约，合约值为 77 675（0.6214 ×125 000）美元，盈利 2 637.5（77 675 －75 037.5）美元，扣除佣金，净盈利 1 137.5（2 637.5 －1 500）美元。

2. 空头投机。当投机者预测某种外汇汇率将下跌时，在期货市场上“先卖后买”，首先建立“空头地位”。

例 5－35：某投机者预计瑞士法郎将贬值，于 4 月 1 日卖出 1 份 6 月到期的瑞士法郎期货合约（一份为 125 000 瑞士法郎），汇率为 CHF1 = USD0.6282，合约值为 78 525（0.6282 ×125 000）美元，支付佣金 1 800 美元，5 月 1 日，汇率为 CHF1 = USD0.6098，预计瑞士法郎不会再贬值，买进 1 份 6 月到期的合约，合约值为 76 225（0.6098 × 125 000）美元，了结先前的空头地位，盈利 2 300（78 525 －76 225）美元，扣除佣金，净盈利 500（2 300 －1 800）美元。

【知识链接】 **别了，Pit 喊价场！**

——美国四大期货交易所访问印象

一、芝加哥：芝加哥交易所（CBOT）和芝加哥商业交易所（CME）

历史和发展

CBOT 的公开喊价市场 Pit，也称 Out Cry，是世界上最古老，也是现存最大的人工报价期货市场。根据下面的事件，我们可以一窥 CBOT 及 CME 的电子化进程：

2004 年 9 月，我第一次访问这里时，农产品市场还只有 ACE 夜盘为电子撮合成交，白天时间全部为人工喊价撮合。当时夜盘的成交量一般在全场成交的 5%之内。

2006 年 8 月，为了迎合电子交易的世界潮流，CBOT 终于推出了 Side by Side 并行交易平台，让公开喊价和电子撮合在白天常规交易时间内同时进行。

一年之后的 2007 年 8 月，CBOT 期货方面的电子撮合成交占到了 70% 的份额。但当时的电子期权成交还不到 1% 的份额。

据工作人员介绍，在 CME 集团合并 CBOT 之后，电子化的进程进一步加大。

从 2005 年制作的 15 分钟的 CBOT 中文短片中，我们了解到当时手势喊价的效率。一般市场条件中，几秒钟之内就能完成一笔买卖成交及确认（实际上据我们了解，当时“快市”中确认回报的过程甚至可能在几十分钟以上）。现在的电子撮合平台完成这个流程的过程缩短到了 0.01 秒，即 10 毫秒。跟四年前相比，几个农产品期货交易池 Pit 内冷清了很多，只有零星几个人，仍然热闹的是期权的交易池，因为期货产品的期权交易仍然主要在场内喊价成交。

有人对用几个手势就确认完成交易感到疑问，如果有人事后不认账怎么办？工作人员解释说，在这里，诚信非常重要。大家在场内都待了很多年，互相熟悉，如果有人做了交易之后说没有做那个手势，就不会再有人愿意跟他做交易了，他只好卷铺盖走人。

会员费及每笔交易的交易所费

我们对美国期货交易所的席位资格及费用也充满了好奇。有席位的好处是可以选择在场内交易（也可以在场外），掌握速度和信息优势，还可以节省每笔交易费用以及便于分红和投票。在 CBOT 被 CME 集团并购之后，CBOT 的席位只剩下了交易权限 Trading Authority。席位的总量保持稳定，席位可以自由买卖交易。当前全交易权限（Full）的会员费为 50 万美元上下，而只有部分产品交易权限 Associate 的会员费目前市场交易价为 17 万美元上下。买方和卖方愿意出价及成交记录都在 CME 网上公开。

交易美国的期货品种，每笔佣金里除了给经纪商的费用外，还会包含要交给交易所的交易费用及 1 美分的 NFA 监管估算费。交易所费用方面，会员与非会员的成本有较大差异。还需要提一下的是监管估算费。在美国和中国香港，行业协会的运作费用从交易者的交易中直接扣除。美国 NFA 在过去 9 年中连续 8 次降低每笔交易的 NFA 评估费用，现在每笔交易只收取 1 美分。香港大恒生指数期货的监管费用为 0.8 港元。行业协会的费用从投资者的交易费用中自动扣除，这就为行业的独立运行发展奠定了良好的运营模式。

CBOT 及 CME 集团为了开拓亚洲及全球的新兴市场，从 2006 年起还特意制定了全球推广计划，对符合资格的亚洲等新兴市场国家或地区的自营企业提供豁免交易所费的优惠计划。

数据收费的发展

交易所数据收费也是我们一行人所关心的一个问题。数年前，在电子化刚刚起步的时候，在报价终端市场报价是人工撮合成交之后再录入计算机系统发布到全世界的，这种报价一般只有最后成交价，看不到买卖盘口及买卖量，也看不到市场深度及成交量，大概延迟几秒钟。交易所一般对这样的场内报价收取每月 55 美元的费用。这一两年随着电子化的发展，ECBOT 及 CME 的 GLOBEX 平台的报价服务质量大幅提升。投资者不光能在几百毫秒以内看到以上所说的及时的附加信息，其费用也大大降低。以往想看全各个交易所的各种报价需要每月花费数百美元，现在 10 美元即可看到美国全部期货交易所及股票市场的实时报价。尽管如此，交易所仍然没有像国内的行业惯例一样，还不能让数据中间商不设密码地给终端客户观看和使用报价。

外汇期货

结束场地参观之后，CME 的负责人在会议室里向我们专门介绍了该交易所的外汇期货业务的情况。在除去外汇掉期互换等柜台式交易之外的全球外汇业务中，CME 的外汇期货的交易份额占到其中的10%。由于交易所及结算公司作为投资者的交易平台，为避免对手违约提供了保证，因而受到了投资者的喜爱。CME 的外汇期货一天的交易时间为 23 小时，其农产品则是约 14 小时，交易时段为：并行时间，芝加哥时间早 9 点半到下午 1:15，延长时段晚 6 点到早 6 点。

二、纽约：纽约商业交易所（NYMEX）和纽约期货交易所（NYBOT）

从 1993 年开始，NYMEX 就在曼哈顿岛的南端西岸修建了交易所大楼。东面不远就是世贸大楼遗址，工地看上去很繁忙。河上有来往的船只，远远地还能看到绿色的自由女神像伫立在一个小岛上。

交易所的保安非常严格，不光提前调查了每个人的护照及身份背景，而且进去的时候按照飞机场的安检标准进行检查，之后每个人都要签字留影，发给临时的带照片的通行证，参观完之后统一收回。

我们首先参观的是能源交易场地。这里的交易池 Pit 也有十几个，不过面积上要比 CBOT 及 CME 的小很多，人数上也有些少。由于大部分能源期货的成交量已经由 GLOBEX 平台来执行，我们看到的喧闹的 Pit 主要还是能源的期权池。交易池内许多交易员手里都抱着一个像是笔记本似的显示屏。工作人员解释说，他们可以用这个东西来进行喊价市场和电子市场的短线价差套利。手势喊价成交一旦与电子平台有差价，他们可以第一时间捕捉，利用低廉的交易成本和速度优势，获取稳定利润。离开楼上的看台时，我们还看到了一个小的电视台的摄影棚。原来，我们在电视上看到的喧闹的纽约原油期货交易画面都是由这个摄影机播放出去的，猜测其他的电视台都向这个摄影机所属的公司购买了画面转播权。这让人想到了以前曾很流行的电视真人秀。

COMEX 在 1994 年并入了 NYMEX，其场地被安排在另一个楼层，与洲际交易所（ICE）的 NYBOT 纽约期货交易所同在一个大厅，分别占据左右各半的场地。NYBOT 租用 NYMEX 的场地来交易和办公。NYBOT 上交易的品种有大家所熟悉的软商品系列糖、棉花、可可、咖啡、橙汁以及罗素指数、路透 CRB 指数还有美元期货指数。NYMEX 的平台上也提供咖啡、可可及糖等的交易，但相比而言流动性较低。几乎每个品种都有一个交易池，有的是几个品种合用一个。交易池 NYBOT 被 ICE 并购之后，也加快了电子化的发展，许多成交量都已经转移到了网上，因此场地上看到的只是稀稀拉拉的没多少人。曾经在2008 年上半年的 CME 的 GLOBEX 平台上日均成交 20 多万手的小罗素 2000 指数期货，由于罗素公司的发展计划改变而停止交易，目前已经全部转到了 NYBOT 的电子平台上，这使得罗素 1000 及 3000 家族的交易都集中在了 NYBOT 的电子平台上。

那么这种喊价传统到底还能维持多久？对于我们这个疑问，NYMEX 的工作人员 Tom 解释说，CME 集团并购 NYMEX 时，答应将交易所的交易池保留到 2012 年底，到那个时候如果还有运转并盈利的可能，也可以在纽约的某个地方继续租用场地维持。到 2009 年 9 月时，能源池和 COMEX 金属池将合并在一起，压缩场地，为 2012 年作准备。

根据NYMEX网站的资料，具有交易权的NYMEX的会员费目前在20万美元左右，COMEX的全会员费为4.4万美元，如果只交易COMEX的期权，则会员费只有几千美元。

在即将结束访问的时候，我们从NYMEX的发展历史了解到了发展创新和与时俱进的美国精神。NYMEX从130多年前的黄油奶酪交易所到土豆期货，以及20世纪七八十年代引入能源产品，现在已经成为全球的能源交易定价中心，以开放的态度接受着来自全世界各地的投资者的交易指令。只是我们心中有个疑问，不知下次再来的时候，是否还能看得到热闹的喊价买卖场呢？交易所方面的人说，期权的Pit也许还会继续维持很长时间，只要运转能继续盈利，就会保留下去这个传统。

资料来源：王伟建，《期货日报》，2009-02-27。

【能力训练】

1. 某商品期货交易所的豆油期货保证金比率为3%，如果某客户以3 200元/吨的价格买入2张大豆期货合约（每张10吨），那么，他必须向交易所支付多少保证金？若该价格下跌为3 000元/吨，该客户不想平仓，他需要追加多少保证金？

2. 美国的某公司A有部分闲置资金，打算借给英国某企业B，于是3月16日向B汇去了625万英镑，当日的现汇汇率为GBP/USD = 1.5790/1.5806。为了避免将来收回贷款时（设3个月后偿还）因汇率波动（英镑汇率下跌）带来的风险，A打算通过外汇期货交易来套期保值，假设每份英镑期货合同的金额为62 500英镑，3月16日的期货市场汇率为GBP1 = USD1.5796，3个月后现货市场汇率为GBP/USD = 1.5732/63，期货市场汇率为GBP1 = USD1.5722，请分析A公司套期保值的效果。

3. 某投机商预计日元兑美元的汇率将提高，3月1日芝加哥国际期货市场上日元期货的价格为USD1 = JPY100.62，一份日元期货合约为12 500 000日元，佣金为500美元，4月25日，6月份交割的期货汇价为USD1 = JPY100.02，请问该投机商应该如何操作？

综合练习五

一、单项选择题

1. 目前国际外汇市场上交易量最大的一种外汇交易是（　　）。

A. 即期外汇交易　B. 套汇交易　C. 远期外汇交易　D. 套利交易

2. 远期汇率与利息率的关系亦即远期汇率决定的理论是（　　）。

A. 购买力平价理论　B. 最优货币区理论　C. 新贸易理论　D. 利率平价理论

3. 在一软一硬两种货币的进出口报价中，（　　）是确定接受软货币（贴水货币）加价幅度的根据。

A. 即期汇率　B. 利息率　C. 现汇汇率　D. 远期汇率

二、多项选择题

1. 外汇市场的参与者也包括（　　）。

A. 外汇银行　　B. 外汇经纪人　　C. 客户　　D. 中央银行

2. 影响远期汇率升水、贴水的因素主要有（　　）。

A. 投机因素　　B. 供求因素　　C. 预期因素　　D. 利率因素

3. 掉期交易的特点是（　　）。

A. 买和卖的交易同时进行　　B. 买卖货币的种类、数额相同

C. 买卖货币的交割日相同　　D. 买卖货币的交割日不同

三、计算题

1. 若 USD/RMB = 7.7810/7.7910，USD/JPY = 116.20/116.30，请问：

（1）日元对人民币的汇率？

（2）我国某企业出口创汇 2 000 万日元，根据上述汇率，该企业通过银行结汇可获得多少人民币资金？

2. 某日，伦敦外汇市场上英镑兑美元的即期汇率为 GBP/USD = 1.9540/1.9555，6 个月后，美元发生升水，升水幅度为 180/175，通用公司卖出 6 个月期远期 100 万美元。问：

（1）6 个月远期汇率是多少？

（2）通用公司卖出 6 个月期美元可获得英镑多少？

3. 已知某日外汇市场行情为：即期汇率 EUR/USD = 1.2825，3 个月欧元升水 20 点。假定一美国进口商从德国进口价值 100 万欧元的机器设备，3 个月后支付。若 3 个月后市场汇率变为 EUR/USD = 1.3050。问：

（1）若美国进口商现在购买 100 万欧元现汇，需要支付多少美元？

（2）若美国进口商 3 个月后购买 100 万欧元现汇，需要支付多少美元？

（3）若美国进口商现在购买 3 个月期远期 100 万欧元，需要支付多少美元？相比（2）节约了多少美元？

4. 已知：纽约市场汇价为 USD/HKD = 7.7201/7.7355，香港市场汇价为 USD/HKD = 7.6857/7.7011，有投资者以 9 000 万港元进行套汇，问（1）如何进行套汇？（2）能获利多少？

5. 已知纽约外汇市场即期汇率为 USD/CHF = 1.5340，3 个月远期瑞士法郎贴水 30 点。又知 1 年期美元利率为 5.1%，1 年期瑞士法郎利率为 6.5%。某美国商人从国内银行借得本金 100 万美元。不考虑套利费用，问：

（1）如果此人进行抵补套利，是否会获利？

（2）若有利可图，可获利多少？

四、论述题

试述在运用汇率的买入价与卖出价时应遵循的原则。

项目六 外汇风险管理

WAIHUI FENGXIAN GUANLI

与国内经济活动相比，国际经济活动需要承受更大的不确定性，因为涉及外汇收付就必然要面临外汇风险。外汇风险存在于涉及国外经济的一切经济活动中，从事涉外贸易、对外投资、国际借贷等跨国经济活动的主体，必然会在国际范围内收付大量外汇，或拥有以外币计值的债权、债务。当外汇汇率发生变化时，这种涉外经济活动的当事人的利益必然受到影响，可能会得益，也可能遭受损失，这种不确定性便称为风险。在当前的浮动汇率制度下，汇率风险的存在和影响是经常而普遍的，可以说无处不在、无时不在。因此，如何防范并化解外汇风险，是一个非常重要的课题。

模块一　认识外汇风险

【课前思考】

A 公司出口商品，双方约定采用美元结算，距离收款时间还有 3 个月，A 公司是否面临外汇风险？

【能力目标】

1. 能判断外汇风险的存在；
2. 能计量外汇风险的大小。

一、什么是外汇风险（Foreign Exchange Risk）

在远古时期，以打鱼捕捞为生的渔民们，每次出海前都要祈祷，祈求神灵保佑自己能够平安归来，其中主要的祈祷内容就是让神灵保佑自己在出海时能够风平浪静、满载而归；他们在长期的捕捞实践中，深深地体会到“风”给他们带来的无法预测无法确定的危险，他们认识到，在出海捕捞打鱼的生活中，“风”即意味着“险”，因此有了“风险”一词的由来。

想一想 风险是否一定意味着损失？

关于“风险”的界定，有很多不同的说法。大部分学者认为：风险就是结果的不确定性。这个不确定性所带来的结果，有可能是损失，也有可能是收益。

外汇风险，也称汇率风险（Exchange Rate Risk），是指一定时期的国际经济交易当中，以外币计价的资产（或债权）与负债（或债务），由于汇率的波动而引起其价值涨跌的可能性。风险的承担者包括政府、企业、银行、个人及其他部门，也就是说，经济社会中的所有经济个体，只要有以外币记值的资产和负债，都有可能会面临外汇风险。

想一想 A 客户买入 100 万 1 个月远期美元，同时卖出 80 万 1 个月远期美元。B 客户买入 80 万 1 个月远期美元，同时卖出 100 万 1 个月远期美元。这两个客户所拥有的美元头寸中，有多少会面临外汇风险？

在以上想一想中，A 客户买入 100 万 1 个月远期美元，只卖出 80 万 1 个月远期美元，多买入的 20 万被称为“敞口头寸”；B 客户买入 80 万 1 个月远期美元，同时卖出 100 万 1 个月远期美元，多卖出的 20 万美元叫做“期限缺口”。“敞口头寸”和“期限缺口”统称为有“外汇暴露”。经济个体只有存在外汇暴露，才有可能会承担外汇风险；反之，如果外汇暴露为零，那么该经济个体不会承担外汇风险。

想一想 某企业有一笔预期 3 个月后收回的货款 100 万美元，同时还有一笔 3 个月后待付的货款 100 万美元。该企业需要防范外汇风险吗？

外汇暴露是外汇风险的构成要素之一。

想一想 H 公司 1 个月后将收回持有 10 万美元货款，当前汇率为 USD1 = CNY7.3333，1 个月后汇率为 USD1 = CNY7.2222，这个公司有亏损吗？

以上想一想中提出的问题不能简单作答，我们首先需要弄清楚，H 公司是哪个国家的企业。如果 H 公司是中国的企业，它是用人民币作为核算货币的，美元对其来说是外汇，收到美元后需要兑换回人民币，很明显由于汇率变动，该公司会有损失 $10 \times (7.3333 - 7.2222) = 1.111$（万元）。如果该公司是美国的企业，美元是其核算货币，那么该企业并不存在外汇风险。

当经济个体以本币作为结算货币（交易货币）时，不存在外汇风险；以外币结算时，才可能存在外汇风险。核算货币与结算货币（交易货币）不一致，是外汇风险的构成要素之二。

此外，从外币交易到最终结算，是否有时间的跨度，是外汇风险的构成要素之三。没有时间跨度（在同一时间）是不存在外汇风险的；有时间跨度，就会有外汇风险，且时间跨度越长，汇率波动的风险越大。

【知识链接】　**外汇风险知多少**

截至2011年4月11日，沪、深两市共有1 418家公司披露了2010年年报，983家公司累计发生汇兑收益81.19亿元。其中，710家公司产生汇兑损失57.18亿元，273家公司合计获得汇兑收益138.38亿元。983家公司中，有可比数据的670家公司2009年汇兑收益仅为11.72亿元，2010年汇兑收益的同比增长幅度高达592.74%。

在已发布年报的上市公司中，汇兑损失最大的为中国石油，2010年汇兑净损失为11.72亿元。其次为中国神华，汇兑净损失为4.65亿元。另有美的电器、中集集团、中兴通讯、中国中冶、中煤能源、重庆水务等公司的汇兑损失超过1亿元。

而2010年获得汇兑收益最大的是兖州煤业，去年投资澳大利亚公司获取汇兑收益26.65亿元。同时，四大航空公司去年获得较大幅度的汇兑收益引人注目，中国国航、南方航空、东方航空、海南航空分别实现汇兑收益18.91亿元、17.25亿元、10.78亿元、3.7亿元。此外，宝钢股份、中国石化、中国中铁等众多权重公司汇兑收益超过1亿元。

虽然整体来看，上市公司2010年汇兑收益大幅超过2009年，但是有可比数据的上市公司的汇兑损失并未明显减少。《大众证券报》统计显示，710家产生汇兑损失的公司中，有446家公司有可比数据，这些公司2009年汇兑损失4.82亿元，但到了2010年却进一步扩大到了49.49亿元。说明在2010年人民币大幅升值的背景下，这些公司的汇兑损失大幅增加。

与损失更多相对应的是，2010年汇兑收益公司的收益也在进一步扩大。273家获得汇兑收益的公司中，179家公司有可比数据，这些公司2009年汇兑收益为18.62亿元，而2010年汇兑收益为130.70亿元，同比增幅高达601.93%。

对此，业内人士认为，人民币升值对国内经济的复杂影响在汇兑损益上得到了体现，明显加剧了上市公司的业绩波动。部分受益于升值的行业，其汇兑收益出现了大幅增长。如四大航空公司2009年汇兑收益仅有3.02亿元，但是2010年的汇兑收益却高达50.16亿元。不过，也有一些公司的汇兑损失在扩大，如中国石油2009年汇兑损失7.83亿元，但是2010年汇兑损失进一步扩到了11.72亿元。

资料来源：《大众证券报》，2011－04－12。

二、外汇风险的类型

（一）国家外汇储备风险

国家外汇储备风险指的是国家主体所承受的汇率变动的风险，主要是一国所有的外汇储备因储备货币贬值而带来的风险，包括国家外汇库存风险和国家外汇储备投资风险。

自1973年国际社会实行浮动汇率制以来，世界各国外汇储备都面临同样的一种运营环境，即储备货币多元化，储备货币以美元为主，包括美元在内的储备货币汇率波动很大。这样，就使各国的外汇储备面临极大的风险。由于外汇储备是国际清偿力的最主要构成，是一国国力大小的一个重要象征，因此外汇储备面临的风险一旦变为现实，其产生的后果是十分严重的。

由于国家外汇储备来源和用途的特殊性，存在一些特殊风险。其特点是：

1. 除了面临金融风险外，还面临一定的非金融风险。

2. 首期风险主要由国家承担，一旦风险暴露就会呈梯次推进，进而影响到整个经济体系的发展。

3. 风险高度集中，一旦风险变成现实，则将面临巨大的经济损失，甚至打乱金融秩序，带来社会动荡。

4. 风险程度受多种因素影响，且容易因外部冲击而加剧。

5. 受损国和地区会采取紧急救治措施，但这些措施可能会影响到其他国家和地区金融乃至经济局势的稳定。

【知识链接】 **邱林：谁会为中国外汇储备缩水而揪心？**

中国的外汇储备已经达到2.45万亿美元之巨。它是中国的巨大财富，也是巨大压力，因为汇改五年来的绝大部分时间，它都走在贬值的路上。因美元贬值导致的外汇储备财富损失，每一次账面计算都触目惊心。外汇储备保值增值的压力促使有关部门和机构主动出击，通过主权财富基金、股权基金、外汇储备贷款等方式提高外汇储备的使用效率。(《第一财经日报》，2010－07－22)

尽管外汇管理部门并未透露其外汇储备的详细情况，但表示已开始对所持外汇储备多元化。部分经济学家则预计，中国外汇储备中美元资产所占比例为65%至70%。截至2010年3月底，中国外汇储备总规模高达2.447084万亿美元，其中60%至70%为美元资产，日元和欧元资产大约占30%，欧元资产占比10%至20%。如果按照65%估算，中国持有美元资产约为1.59万亿美元，如果按15%估算，则持有欧元资产约为3 600亿美元。

人们注意到，在过去半年时间里，由于欧元贬值，导致中国购买的欧元资产也随之贬值。2010年以来，受欧洲债务危机拖累，欧元汇率由1.5144下跌至最低位1.2150附近，贬值幅度高到20%，这意味着，中国外汇储备里的欧元资产以美元计价的话，已经缩水了20%左右，进而导致外汇储备整体缩水2%至3%。

对外汇储备缩水一事，外汇管理部门的解释是，人民币升值造成的外汇储备账面损失远远小于中国金融资产的账面盈余。按2010年3月末汇率折算，人民币资产的账面收益大体相当于外汇储备资产账面损失的5.1倍。不过，上述损失或收益均是账面计值变动，只要不发生实际兑换，就不会成为现实。

对此，一些业界人士却持不同看法。中国社保基金理事长戴相龙在《中国金融》杂志上表示，美元、欧元等主要货币贬值增加了中国外汇储备贬值的风险。中国已将大部分外汇储备用于购买美国和其他发达国家的国债，但收益率仅为3%或者更少。2002年4月到2009年底，按美元指数衡量，美元已经贬值41%，中国外汇储备大幅上升，必然增加资产缩水的风险。

戴相龙的分析有一定道理。中国外汇储备资产的管理运营应引入更多国家的战略思维。如果我们对2000年以来，美国对人民币升值施加压力的全部过程进行分析，就会发现美国政府自身对人民币的态度取决于美国与贸易逆差及美元汇率之间的关系。美国国际经济研究所的研究认为，为使美国逆差达到可持续的水平，美元至少需要贬值25%。2002年至2004年，美元对欧元贬值了32%，对日元贬值了14%。

这就不难理解，以美国为主的西方国家为何不断给中国施加压力，要求人民币升值。美国智库的上述分析就可见一斑。在中国经济实力上升时，如果人民币被人为地推动升值，其效果等同于提高其竞争成本，进而削弱中国的竞争力，同时也消耗或减缓了中国财富积累的速度和能力，最终的后果是国家整体实力的停滞。

资料来源：光明网，2010－07－23。

（二）银行外汇风险

1. 外汇买卖风险，又称金融性风险，产生于本币和外币之间的反复兑换。这种风险是因买进或卖出外汇而存在的。外汇银行承担的汇率风险主要就是这种外汇买卖风险。银行以外的企业所承担的外汇买卖风险存在于以外币进行借贷或伴随外币借贷而进行的外贸交易情况之中。

银行从事外汇交易有自营买卖和代客买卖两种。前者是银行交易人员在自己权限内，基于对汇率走势的判断而作出的外汇买卖，并在汇率对自己有利时平仓以赚取汇差的行为。银行的自营买卖和普通投机者的投机行为没有本质区别，都是人为地制造外汇多头或空头并试图通过低买高卖而获利，其成败完全取决于交易员对汇率走势判断的准确性。

代客买卖是指银行接到客户询价后，根据国际外汇市场行情报出买入价和卖出价，待与客户成交后及时在外汇市场上补回，其经营目的不是投机获利，而是赚取买卖之间的价差。以此为目的的外汇交易，理论上并不会给银行造成多头或空头，所以银行不承担汇率风险。而实际上，成交与补回不可能在同一时间完成，或多或少都会有一定的时间差，瞬间变换的汇率同样有可能使银行遭受损失，所以汇率风险仍然是存在的，只是相对较小。

例6－1：一家日本银行在买进1 000万美元后，卖出800万美元，还剩下200万美元。通常将这200万美元称为多头，这种多头将来在卖出时会因汇率水平变化而发生盈亏。如果当日收盘价为1美元合150日元，该银行卖出200万美元应收回3亿日元。如果第二天外汇市场美元对日元比价跌至1美元合120日元，那么该行只能收回2.4亿日元，损失6 000万日元。

例6－2：中国某金融机构在日本筹集一笔总额为100亿日元的资金，以此向国内某企业发放10年期美元固定利率贷款。按当时日元对美元汇率，1美元合200日元计算，该机构将100亿日元折成5 000万美元。但10年后日元对美元汇率变成1美元合110日元，仅100亿日元的本金，就需要9 090.9万美元。而该金融机构到期收回本金5 000万美元与利息（按14%计）700万美元，总计5 700万美元，连借款的本金都难以弥补，这就是该金融机构因所借外币汇率上浮蒙受的风险。

2. 外汇信用风险，也称交收风险、结算风险，是因交易对方不履行或不按期履行外汇交易合约而给银行造成损失的可能性。在外汇交易中，即使是即期外汇交易，买卖双方一般也不会在交易完成后立即将交易货币支付给对方，通常是在两个工作日内完成交割过程。而远期外汇交易从成交到交割的时间跨度更长。在交易日到约定交割日之间，交易的一方有可能因为汇率变动而不愿履行原来的交易合约，也有可能银行破产倒闭而无法履约，这都有可能给交易的对方带来损失。例如，某企业向某银行购买了1个月期的买入美元的远期外汇合约，而1个月后美元贬值，现汇市场的美元价格大大低于远期合约中约定的成交价格，该企业认为从市场直接购买美元现汇比履行远期合约更划算，于是毁约，在合约到期后不履行交割义务，此时交易的银行所承受的就是外汇信用风险。

3. 国家风险是指由于政权更迭或政府政策变化而使其领土范围内的银行或其他经济主体无法履行或无法如期履行其职责，从而令交易双方造成损失的可能性。例如，政府突然出台的外汇管制政策可能使国外银行无法收回其贷放给该国企业或银行的贷款本息，限制外汇交易的政策会导致已经达成的外汇交易无法交割，新政权拒绝承担旧政府的外债也会使拥有债权的银行受损等。

想一想 2011年3月19日，美军实施“奥德赛黎明”行动，位于地中海的导弹驱逐舰巴里号向利比亚发射战斧式巡航导弹。美军在这次行动中共发射了110多枚战斧导弹。一场由利比亚本国人民引发的利比亚骚乱，经过一个多月的演变，自北京时间2011年3月20日0:45，演变成了法、英、美主导的多国部队与利比亚的战争。请分析这场战争有可能给哪些经济主体带来哪些风险？

4. 人为风险指由于银行的外汇交易员、后线结算人员等相关业务人员的营私舞弊、弄虚作假行为给银行造成损失的可能性。交易员的作弊行为一般有营私作弊和瞒错作弊。营私作弊指交易员为了获取一己私利而进行的作弊违规行为，例如，串通客户将盈利的交易盘送给客户，将亏损的交易盘留给银行，从中渔利。瞒错作弊往往是源于自营交易员的行情判断错误，或是隐瞒不报，甚至越权加倍交易，试图补回损失，但却造成了更大的缺口。这类作弊通常并非为了给自己谋取直接的经济利益，而是为了隐瞒过失、弥补过失。

【知识链接】　我如何弄垮巴林银行　揭秘破产倒闭之谜

1995年，巴林银行，这家全球最古老的银行之一破产了，曾经是英国贵族最为信赖的金融机构，200多年优异的经营历史，没能逃过破产的结局，事件震惊世界。为了揭开这一事件之谜，中央电视台《经济半小时》特别节目《资本市场》几经周折，终于采访到了当年显赫气派的巴林投资银行首席执行官彼得·诺里斯。

伦敦市郊，在一家仅能容纳150人左右的小电影院里，我们见到了当年的巴林投资银行首席执行官彼得·诺里斯。彼得·诺里斯引咎辞职之后，如今变成了这家小电影院的老板。彼得·诺里斯说："巴林集团拥有很多家不同的银行，当巴林集团倒闭时，我正好担任投资银行的首席执行官。正是在我领导的投资银行里发生了里森的罪行。是里森毁掉了巴林银行吗？当然是。正是由于他的罪行，导致了巴林银行的崩溃。他长期以来进行欺诈，对电脑会计系统做了手脚，许多员工都被卷了进去，最终导致了巴林银行的倒闭。"

令人震惊的是，使巴林银行陷入惨痛结局的，是一个普通的证券交易员尼克·里森。尼克·里森于1989年加盟巴林银行，1992年被派往新加坡，成为巴林银行新加坡期货公司总经理。而尼克·里森搞垮巴林银行的事发地也正是在新加坡。

期货交易员难免会在交易中出现一些错误的情况。因此，他们一般都会开设一个特殊账户，用于暂时存放那些错误的交易，等待适合的行情出现时再挽回损失。但是，错误账户在尼克·里森的手中改变了用途，他把自己失败的交易记入其中，用以掩盖损失。结果，为了赚回赔掉的钱，尼克·里森的赌局越开越大，以至于到了无法收拾的境地。

1995年2月23日傍晚，已经赔光了整个巴林银行的尼克·里森踏上了逃亡的旅程。但是，惊弓之鸟般的逃亡生涯仅仅持续了4天，1995年2月27日，在德国法兰克福机场，刚刚走下飞机悬梯的尼克·里森被捕了。

1995年11月22日，尼克·里森再次变成了全球的新闻焦点，他从德国被引渡回新加坡，而仅仅一周之后，被送上了审判台。根据新加坡《证券交易法》，尼克·里森因欺诈罪被判有期徒刑6年半，从而变成了新加坡塔那梅拉监狱中的阶下囚。

尼克·里森利用欺骗的手段使巴林银行蒙受了8亿6千万英镑的巨额亏损，从而把巴林银行推上了死亡之路。尼克·里森事件并非偶然。在资本市场发展的历史中，大投资者侵犯小投资者利益，中介机构损害客户利益，上市公司欺骗股东的事情时有发生。因此，市场需要一系列严明的法律约束，同时需要一个强大的监管体系。作为尼克·里森的顶头上司，彼得·诺里斯引咎辞职后的心情人们可想而知。在巴林银行破产以后相当长的一段时间里，彼得·诺里斯痛苦不堪，他仇恨尼克·里森。但毕竟5年过去了，如今他面对来访者似乎已经平静了许多。

1999年7月，尼克·里森因患癌症被保外就医，他回到了伦敦。此前，他在狱中撰写了《我如何弄垮巴林银行》一书。在书中，尼克·里森描述了整个事件的真实经过。当然，里森自有里森的感受，但是，比尼克·里森感受更为深刻的，恐怕就是这位彼得·诺里斯了。彼得·诺里斯说："我认为可以从中吸取很多教训，最基本的一条就是不要想当然认为所有的员工都是正直、诚实的，这就是人类本性的可悲之处。多年来，巴林银行一直认为雇用的员工都是值得信赖的，都信奉巴林银行的企业文化，都将公司的利益时刻放在心中。而在里森的事件中，我们发现他在巴林银行服务期间一直是不诚实的。所有金融机构的管理层都应该从里森事件中吸取教训，意识到用人的风险所在。

巴林银行存在着内部管理机制的诸多不足，一直没有及时发现里森的犯罪行为，而当发现时却为时已晚。所以，我认为教训是，应该随时保持极高的警惕性。”

尽管新加坡和英国法院的联合调查表明，巴林事件完全是尼克·里森个人所为，巴林银行的管理层没有法律责任。但是，彼得·诺里斯依然认为，巴林银行的破产与其内部管理的混乱有着密切的关系。

尼克·里森在狱中完成的《我如何弄垮巴林银行》一书，很快被拍成了电影。1999年底的一天，这部电影在彼得·诺里斯经营的小电影院首次放映，在放映时放映员来告诉彼得，一个长得很像尼克·里森的人就坐在电影院里。电影散场的时候，彼得·诺里斯先生看得清清楚楚，那个人就是尼克·里森本人。

一位是原巴林投资银行的首席执行官，另一位是弄垮这家银行的肇事者。在巴林银行倒闭之后，两个人第一次在这家不知上演了多少幕人生的悲剧和喜剧的电影院里见面了。

彼得·诺里斯毕竟还能从电影院的收入中获取自己的收益。但是，尼克·里森却大不一样了。本应属于尼克·里森的一切版权收入，都将用来偿还巴林银行债权人的债务。

资料来源：新浪网，2001－08－06。

（三）企业外汇风险

1. 交易风险（Transaction Exposure）是指在以外币计价的交易中，由于外币和本币之间以及外币与外币之间汇率的波动，使交易者蒙受损失的可能性。又称商业性汇率风险，以外币计价进行贸易及非贸易业务的一般企业所承担的汇率风险，是伴随商品及劳务买卖的外汇交易而发生的，主要由进出口商承担。

例6－3：德国出口商输出价值10万美元的商品，在签订出口合同时，美元与欧元的汇价为1美元兑0.9524欧元，出口10万美元的商品，可换回9.524万欧元，但当货物装船时，美元汇价下跌，欧元上升，汇价变为1美元兑0.9500欧元。这样，德国出口商结汇时的10万美元只能兑换9.5万欧元。于是由于汇率波动使出口商损失了240欧元，结果他不能获得预期利润或只能获得较少的利润。在这里，签订合同时的10万美元金额便是该德国出口商的受险部分。同样，进口商从签订合同到结算为止也要承担汇率风险，原理与出口商相同，只是汇率变动与出口商刚好相反。如果进口商在签订合同时，不采用交易双方国家的货币结算，而是采用第三国货币进行结算，第三国货币汇率的变动也同样使进口商承担交易结算风险。

例6－4：英国某进口商从德国进口机器零件，双方商定以美元计价结算。每个零件价格1 000美元。签订合同时汇价为1英镑兑2美元，英国进口商应支付500英镑方能兑换到1 000美元，如果进口商将零件的国内销售价定为550英镑，那么每个零件可获50英镑利润。但是合同到期结算时，英镑的汇价下跌，变为1英镑兑1.9美元，则1 000美元的零件就要支付526.3英镑，如果按原定销售价在国内销售，英国进口商只能获得

23.7 英镑的利润，结果其预期利润由于汇价变动而减少。这里，1 000 美元一个零件便是英国进口商承担汇率风险的受险部分。

2. 会计风险（Accounting Exposure）也称为换算风险（Translation Exposure），是指跨国企业为了编制统一的财务报表，将以外币表示的财务报表用母公司的货币进行折算或合并时，由于汇率变动而产生的账面上的损益差异。虽然会计风险与交易风险不同，它仅仅是一种账面上的损益，但它却会影响到企业向股东和公众公布财务报表的数值，可能会招致股价和利润率的下跌，从而给企业带来融资能力等方面的障碍。外汇会计风险来源于会计制度的规定，并受不同国家会计制度的制约。由于汇率的变化，引起公司的资产负债表中某些外币项目金额上的变动。公司在计算报表时，为了把原来用外币计量的资产、负债、收入和费用合并到本国货币账户内，必须把这些用外币计量项目发生额用本国货币重新表述。这种称做折算的重新表述，要按照公司所在国政府、会计协会和公司确定的有关规定进行。

例 6－5：某跨国公司准备编制合并财务报表，要按汇率将以下用美元编制的报表数据折算为人民币。

币种：美元；单位：元

资产	金额	负债和所有者权益	金额
现金	40 000	负债	100 000
应收账款	60 000	所有者权益	160 000
厂房及设备	120 000		
存货	40 000		
总计	260 000		260 000

假定 12 月 31 日汇率为 USD1 = CNY8.2765，那么折算后的资产负债表如下。

币种：人民币；单位：元

资产	金额	负债和所有者权益	金额
现金	331 060	负债	827 650
应收账款	496 590	所有者权益	1 324 240
厂房及设备	993 180		
存货	331 060		
总计	2 151 890		2 151 890

假定 1 月 1 日汇率为 USD1 = CNY8.2756，那么折算后的资产负债表如下。

币种：人民币；单位：元

资产	金额	负债和所有者权益	金额
现金	331 024	负债	827 560
应收账款	496 536	所有者权益	1 324 096

续表

资产	金额	负债和所有者权益	金额
厂房及设备	993 072		
存货	331 024		
总计	2 151 656		2 151 656

比较合计金额，发现采用12月31日的汇率和1月1日的汇率折算，一天之差，就少了234（即2 151 890 - 2 151 656）元，这就是会计风险。

例6-6：美国某公司在英国的子公司的往来账户余额为100万英镑。年初时GBP1 = USD1.6 000，美国某公司在英国的子公司账户余额是160万美元。年末时美元升值，英镑贬值，GBP1 = USD1.5 000，那么年末时，英国子公司账户余额折算只有150万美元，英镑余额价值降低了10万美元。根据美国的会计制度规定，这笔损失可计在母公司收益的损失上，或通过一个备抵账户直接冲销股东收益。

会计风险表现的方式较多，主要有以下三类：

第一，存量会计风险。指企业在海外持有和销售的库存，在汇率变化时，其相应价值和成本折算成母公司所在地货币时发生变化的可能性。

第二，固定资产会计风险。指企业购置、折旧和更新资产时，由于汇率变化而产生的风险。

第三，长期债务会计风险。包括各种应偿还而未偿还的长期借款，如公司债、长期票据、长期借款由于汇率变化而产生汇率风险。

3. 经济风险（Economic Risk）又称经营风险，是指由于外汇汇率变动使企业在将来特定时期的收益发生变化的可能性，即企业未来现金流量现值的损失程度。收益变动幅度的大小，主要取决于汇率变动对企业产品数量及价格成本可能产生影响的程度。例如，当一国货币贬值时，出口商一方面因出口货物的外币价格下降有可能刺激出口使其出口额增加而获益；另一方面如果出口商在生产中所使用的主要原材料为进口品，因本国货币贬值会提高本币表示的进口品的价格，出口品的生产成本就会增加。结果该出口商在将来的纯收入可能增加，也可能减少，该出口商的市场竞争能力及市场份额也将发生相应的变化，进而影响到该出口商的生存与发展潜力，此种风险就属于经济风险。

这种风险有两个需要注意的方面。第一，它所针对的是意料之外的汇率变动，意料之中的汇率变动不会给企业带来经济风险。第二，它所针对的是计划收益，由于意料之中的汇率变动对企业收益的影响已经在计算计划收益的过程中加以考虑，所以经济风险并未包括汇率变动对企业收益的全部影响。

例6-7：我国某来料加工公司：1990年生产200万单位产品，内销外销各占一半，单位售价6元（折合为USD1.25），单位成本3元，其中进口原材料2.4元（折合为USD0.5），工资成本0.6元，共耗原材料200万单位。另外，每年折旧30万元，企业年所得税税率为50%，在以上条件下，1990年该企业的年现金流量如表6-1所示。

表 6-1　　　　1990 年公司现金流量表　　　　单位：万元

项目	金额
销售收入 国内 6 元×100 国外 6 元×100	1 200 600 600
生产成本 原材料 2.4×200 工资 0.6×200	600 480 120
营业费用	60
折旧	30
税前利润	510
税后利润	255
年现金流量	285

如果汇率不发生变化，1991 年的现金流量与 1990 年相同。但是，1991 年，人民币对美元发生贬值，由 USD1 = CNY4.8 降为 USD1 = CNY5.2，这使该公司的生产和销售都发生变化。第一，由于美元升值，进口原材料涨价，0.5 美元的原材料现在价值 2.6 元人民币，生产成本增加到每单位 3.2 元；第二，该公司会面临更为激烈的进口竞争，美元升值，进口的同类商品价格上升，该公司的单位产品价格也有所上涨，假设涨到 6.3 元；第三，在 6.3 元的价格基础上，该产品的美元价格仍有所下降，由原来的 1.25 美元下降至 1.21 美元，这使外销数量有所增加，假设增加到 110 万单位。该公司 1991 年的现金流量如表 6-2 所示。

表 6-2　　　　1991 年公司现金流量表　　　　单位：万元

项目	金额
销售收入 国内 6.3 元×90 国外 6.3 元×110	1 260 567 693
生产成本 原材料 2.6×200 工资 0.6×200	640 520 120
营业费用	60
折旧	30
税前利润	530
税后利润	265
年现金流量	295

从表 6-2 中可以看出，由于人民币贬值，该公司在生产成本、销售价格、销售产

量等多个方面都发生了变化，最终使公司的税后利润、现金流量都发生了变化。

虽然交易风险、经济风险与会计风险都是由于未预期的汇率变动引起企业或个人的外汇资产或负债在价值上的变动，但侧重点各有不同。

（1）从损益结果的计量上看，交易风险可以从会计程序中体现，是用一个明确的具体数字表示的，可以从单笔独立的交易，也可以从子公司或母公司经营的角度来测量其损益结果，具有静态性和客观性的特点。而经济风险的测量不是来源于会计程序，而是来源于经济分析，侧重于企业的全局，从企业整体经济上预测、规划和分析，它涉及企业财务、生产、价格、市场等各方面，因而带有一定的动态性和主观性的特点。

（2）从测量时间来看，交易风险与会计风险的损益结果，只突出了企业过去已经发生的交易在某一时点的汇率风险的受险程度；而经济风险则要测量将来某一时间段出现的汇率风险。不同的时间段的汇率波动，对各期的现金流量、经济风险受险程度以及企业资产价值的变动将产生不同的影响。

因此，经济风险的避免与否很大程度上取决于企业的预测能力。预测的准确程度将直接影响该企业在生产、销售和融资等方面的战略决策。因此，它对企业的影响比交易风险和会计风险大，不但影响公司在国内的经济行为与效益，还直接影响到公司的涉外经营效益或投资效益。在各种汇率风险中，交易风险和经济风险是企业最主要的汇率风险。

三、企业外汇风险的测量

（一）交易风险测量

外汇交易风险是企业或个人未了的债权、债务在汇率变动后进行外汇交割清算时所出现的风险。这些债权、债务在汇率变动前已经发生，但在汇率变动后才清算。涉外企业和跨国公司日常经营中有大量的应收应付款，构成企业未来的现金流入量或现金流出量。由于这些现金流量往往由多种货币组成，在未来进行实际的交割或收付时，不同货币的汇率波动就会造成现金流入量或流出量的货币价值发生波动，有可能会增加，也可能会减少。因为汇率具有高度易变性，交易风险是企业最常见的汇率风险，因此也是汇率风险管理的重点。

一般地，计量交易风险需要两个步骤：（1）确定各外币预计的流入量或流出量净额；（2）确定这些货币的总体风险。

在计算交易风险时，计算交易风险的对象是某一时点的净现金流量。因为同一种货币的应收款和应付款方向相反，汇率波动对应收款有利时，必然以同样的幅度不利于应付款，反之亦然。只有二者相互抵消后的净额，才是企业真正受到汇率波动影响的部分。

1. 跨国公司的净现金流量。

$$净现金流量 = 现金流入量 - 现金流出量$$

正值代表净流入，负值代表净流出。

以跨国公司作为研究对象，跨国公司一般更关注短期（如1年）的交易风险，因为只有在短期内，货币的现金流量才能够被合理地、准确地预测。计算净现金流量的要求是：

（1）跨国公司的每一个子公司要对其业务中涉及的每一种外币分别计算净现金流量。因为几乎没有两种货币的波动方向、波动幅度完全相同，因此，每一种货币的净现金流量都有不同的交易风险。

（2）将各子公司净现金流量进行汇总，编制合并的现金流量表，得到跨国公司总的净现金流量。为什么要编制合并的现金流量表呢？假设跨国公司的子公司 X 的净现金流入量为 500 000 英镑，而子公司 Y 的净现金流出量为 600 000 英镑，合并的净现金流量为 100 000 英镑的净流出。如果在单个现金流量发生前英镑贬值，便会对子公司 X 产生不利影响。理由是当英镑兑换成相应的核算货币时，其价值量减少了。但是，英镑贬值会对子公司 Y 产生有利影响，因为它支付以英镑标价的款项时无须那么多核算货币了。不过，从跨国公司的角度看，英镑贬值对跨国公司总体的影响比较小，因为子公司 X 和 Y 的净现金流量中的绝大部分可以相互抵消，真正承担英镑贬值风险的头寸只有 100 000 英镑。当然，编制合并的现金流量表只能冲减一部分风险头寸，因为各子公司通常是自主选择货币进行经营活动的，如果大多数子公司都有未来英镑流入，那么英镑贬值就可能给跨国公司造成巨大的损失。

总之，在评估跨国公司的交易风险时，估计合并的现金流入量净额是非常有价值的第一步，因为它有助于确定跨国公司在每种货币中的总头寸。

2. 计算交易风险的具体方法。下面以 1 个具体的例子，介绍运用净现金流量计算交易风险的步骤、技巧。

例 6-8：我国一家跨国公司 A 在年初的时候，根据其两家子公司 M 和 N 的经营计划，估计它们在年末的现金流量如表 6-3、表 6-4 所示。

表 6-3　子公司 M 的预期现金流量

货币名称	流入量	流出量	净流量
加拿大元（CAD）	3 000 000	5 000 000	-2 000 000
欧元（EUR）	14 000 000	6 000 000	8 000 000
瑞士法郎（CHF）	1 000 000	7 000 000	-6 000 000

表 6-4　子公司 N 的预期现金流量

货币名称	流入量	流出量	净流量
加拿大元（CAD）	1 000 000	3 000 000	-2 000 000
欧元（EUR）	6 000 000	10 000 000	-4 000 000

为了把握公司总的货币头寸，跨国公司 A 将两个子公司的预期现金流量进行了合并，得到关于各种货币的总的净现金头寸。该公司对年末各相关货币的汇率进行了预测，给出了相应的预期汇率。这样，跨国公司 A 就可能比较容易地估计出年末以人民币表示的现金流量了（见表 6-5）。其中，涉及加拿大元的业务要支出 2 640 万元人民币，涉及欧元的业务要收入 3 080 万元人民币，涉及瑞士法郎的业务要支出 3 000 万元人民币。年末跨国公司 A 需要净流出 2 560 万元人民币。

表 6－5　　跨国公司 A 以人民币表示的合并净现金流量

货币名称	总流入量	总流出量	净流量	预期汇率	净流量 CNY
加拿大元（CAD）	4 000 000	8 000 000	－4 000 000	CNY6.6	－26 400 000
欧元（EUR）	20 000 000	16 000 000	4 000 000	CNY7.7	30 800 000
瑞士法郎（CHF）	1 000 000	7 000 000	－6 000 000	CNY5.0	－30 000 000
总计					－25 600 000

以上结论是跨国公司 A 在特定的汇率预测值下得到的。不同的预测汇率，就会得到不同的现金流量。在预期汇率 2 的情况下，跨国公司 A 在加拿大元上的支出将增加 1 200 000元人民币，在欧元上的收入将减少 800 000 元人民币，在瑞士法郎上的支出将减少 600 000 元人民币，与预期汇率 1 相比，结果净现金支出增加了 1 400 000 元人民币（见表6－6）。

表 6－6　　预期汇率变动时跨国公司 A 以人民币表示的合并净现金流量

货币名称	净流量	预期汇率 1	预期汇率 2	净流量 1CNY	净流量 2CNY
加拿大元（CAD）	－4 000 000	CNY6.6	CNY6.9	－26 400 000	－27 600 000
欧元（EUR）	4 000 000	CNY7.7	CNY7.5	30 800 000	30 000 000
瑞士法郎（CHF）	－6 000 000	CNY5.0	CNY4.9	－30 000 000	－29 400 000
总计				－25 600 000	－27 000 000

实际上，任何汇率预测都存在一定的偏差，仅用一个确定的预期汇率来计算年末的现金流量是不太科学的。预期汇率通常不是一个点，而是一个带，或者是一个狭小的范围。这样，跨国公司 A 年末预期的人民币净现金流量就被确定在一个相应的范围内。这个范围越大，表明年末净现金流量的不确定性越大；这一范围越小，表明年末净现金流量不确定的风险越小。当然，企业预期的净现金流量的波动范围是由汇率波动的范围决定的。一种简单的办法是，只考虑极值，即最小净现金流量和最大净现金流量。方法是，用汇率的可能范围乘以每种货币的净现金流量，从而得到以人民币表示的各有关外币的流入量及流出量的可能范围。表 6－7 就是说明这种更为现实的预测跨国公司净现金流量的方法。

表 6－7　　估计跨国公司 A 的净现金流量范围及交易风险　　币种：人民币

货币名称	净流量	期末汇率的可能范围	净流量的可能范围	不确定的现金流
加拿大元（CAD）	－4 000 000	6.5～6.7	－26 000 000～－26 800 000	－800 000
欧元（EUR）	4 000 000	7.6～7.8	30 400 000～31 200 000	800 000
瑞士法郎（CHF）	－6 000 000	4.7～5.3	－28 200 000～－31 800 000	－3 600 000

表6－7 的第一行，加拿大元的预期净流出量为 4 000 000 加拿大元，年末预期汇率可能出现的范围是 1 加拿大元＝6.5～6.7 元人民币，因此，预期的净现金流出量最低为 26 000 000元人民币（CAD4 000 000×6.5），最高为 26 800 000 元人民币（CAD4 000 000×6.7），不确定性金额也即交易风险为 800 000 元人民币。

表6－7还表明，不同的货币汇率波动范围有差异，例如，表中最后一行显示，瑞士法郎波动范围明显大于加拿大元，因此，在满足对瑞士法郎的现金支出上，跨国公司A的不确定性金额为3 600 000元人民币，远远高于在加拿大元上面的人民币支出的不确定性。通过这样的简单比较，我们可以得出结论：任何外币的交易风险不仅取决于该货币的未抵消头寸（净现金流量）的数量，也取决于该货币预期的汇率范围大小。

在例6－8中，为了重点说明汇率波动对企业交易风险的影响，我们假设每种外币的净流入量或流出量是已知的金额，只有期末汇率是不确定的。而在现实中，每种外币的净流入量或流出量往往也是不确定的，因而，跨国公司A应该预测每种外币的可能净流入或流出范围，而不是进行单点预测。若是这样，表6－7的第二列将会是一个数值范围，此时各外币交易风险的计量会变得更为复杂。不过，根据已知的各币种可能的净流量范围及汇率，还可以用其他的方法，比如，敏感性分析或模拟法，来得出每种外汇交易风险的可能范围。

值得注意的是，在例6－8中只估计了跨国公司A未来一个期间的净现金流量状况。此期间可以是一个月、一个季度或一年，我们选择的期间是一年。如果跨国公司A希望预测未来几个期间的交易风险，那么可以用同样的方法去估算各个期间的外币交易风险。不过，跨国公司A计量的外币交易风险期间越长，其准确性就越低。这是由于每种外币的净流量、未来汇率都会随时间的延长具有更大的不确定性。因此，大多数跨国公司更重视一年以内的外汇交易风险计量和管理。

（二）会计风险测量

会计风险是跨国公司合并财务报表时所面临的汇率波动风险。如果跨国公司的子公司的资产或负债在编制合并报表时不按照历史汇率折算，跨国公司的资产负债表将会因货币价值波动而受到影响。另外，子公司的收益在折算为报告货币，并入损益表时也要受汇率变化的影响。

1. 会计风险的重要性。因编制合并报表而对子公司的财务报表进行货币折算，即使出现价值的波动，也只是账面上的变化，并不会影响跨国公司的现金流量。正是由于这个原因，一些分析人士认为会计风险对跨国公司的正常经营没有什么影响，与其经营活动不相关。确实，一些跨国公司也认为子公司的利润实际上没必要兑换为母公司的货币，因为在子公司所在国的货币贬值的情况下，子公司完全可以保留利润，不必兑换后交给母公司。如果遇到投资良机，可将利润再投资于子公司所在国。在子公司保留利润、控股公司实际上没有发生现金流量增加的情况下，将子公司的利润折算成已经升值的母国货币，必然会扭曲子公司的真实业绩，而且还会减少跨国公司的账面利润。如果财务分析人士认识到这一扭曲仅仅是来自于账面，而非真实的现金流量的损失，他们就不会机械地给跨国公司作出较低的业绩评价。

然向，拥有国外子公司的跨国公司的合并利润的确受到会计风险的影响。由于利润直接影响股价，它是股东和投资者评价企业经营状况的核心指标，因此会计风险能间接地影响企业的价值。跨国公司，特别是上市的跨国公司都不得不高度重视会计风险。例如，1996年6月，美国IBM公司的财务主管宣布，由于来自国外子公司的利润在折算成美元时受到美元升值的不利影响，IBM公司合并报表的总利润下降，第二季度的每股收益会减少0.25美元。按理，IBM公司的利润下降仅仅是财务报表上的数字变化，其实际现金流量并没有发生多大的变化，投资者不应该对此发布的信息作出反应。不幸的是，投资者的确作出了反应，大量抛售所持的IBM的股票，造成IBM的股价下跌。

2. 决定会计风险的因素。通常，跨国公司会计风险的大小取决于三个因素，即在国外经营的程度、国外子公司所在地和所使用的会计方法。

（1）在国外经营的程度。跨国公司的国外子公司在业务总收入中所占比重越大，其财务报表项目的会计风险也就越大。例如，一些跨国公司主要以出口的形式涉外经营，国外子公司开展的业务所占比重很小，合并报表将不会因汇率波动而受到较大的影响。这些企业很可能出现较高的交易和经济风险，但是没有什么会计风险。

（2）国外子公司所在地。由于每个主权国家都要求在其境内的企业使用该国的法定货币进行财务核算，因此跨国公司的子公司需要使用所在地本国的货币编制财务报表。在前面的交易风险分析中已经看到，不同货币在不同历史阶段呈现出迥然不同的波动性，因此，子公司的所在地会影响会计风险的程度，例如，一家中国的跨国公司在德国设有子公司，位于德国的子公司的资产、负债、利润等以欧元计量，而该跨国公司按照我国会计准则的要求，必须编制季度合并报表，把子公司的财务状况折算成人民币加以反映。2003年上半年欧元对人民币升值幅度高达两位数，该公司的合并报表出现了较大的会计风险。相反，另一家在加拿大设有子公司的跨国公司，由于加拿大元对人民币相对稳定，就没有多少会计风险。

（3）所使用的会计方法。在合并财务报表数据时，折算所使用的会计制度、会计方法会极大地影响跨国公司的会计风险。例如，美国的跨国公司需要根据1981年12月采纳的《财务会计准则公告第52号》（FASB - 52）编制它们的合并报表。FASB - 52中的一些规定成为跨国公司会计风险的重要来源：

①国外子公司适用的功能货币是其经营所在地的本国货币；

②按照报告日的市场汇率把国外子公司的资产和负债从功能货币折算为报告货币；

③运用加权平均汇率把国外子公司的收入、费用、利得和损失从功能货币折算为报告货币；

④因外币价值变动形成的折算利得或损失不在本期净收入中计列，而报告为股东权益的第二要素，位于高通货膨胀国家的国外子公司不适用本条；

⑤因外汇交易而实现的利得或损失，计入本期净收益，也有例外情况。

依据FASB -52，美国的跨国公司的合并利润对国外子公司的功能货币的加权平均汇率会非常敏感。

例6 -9：美国的一家跨国公司在英国的子公司第一年赚得10 000 000英镑，第二年赚得10 000 000英镑。当这些利润和其他子公司的利润一起合并时，它们要按当年的加权平均汇率折算。假设第一年的加权平均汇率为1.9美元，第二年为1.5美元。表6 -8反映了该跨国公司前后两个报告期折算为美元的收益：

表 6－8 跨国公司的会计风险

报告期	英国子公司的当地收益	报告期英镑的加权平均汇率	折算后英国子公司的美元收益
第一年	GBP 10 000 000	USD1.90	USD19 000 000
第二年	GBP 10 000 000	USD1.50	USD15 000 000

尽管在英国的子公司第一年和第二年的英镑利润额相同，但是第二年英国子公司折算的合并利润还是减少了400万美元。造成该跨国公司会计风险的原因在于，第二年英镑加权平均汇率下跌了21%。财务分析人士、投资者有可能因为第二年子公司的美元利润减少而给予该跨国公司较低评价。然而，利润下降并不是英国子公司经营方面出了问题，而是走弱的英镑使得第二年的利润在账面上用美元计量时变小了。

如果该跨国公司的其他子公司都设在欧洲，由于这些子公司的功能货币相关性较高，一旦遇到美元坚挺，这些子公司的功能货币全部都对美元以几乎相同的幅度贬值，跨国公司合并后的报告利润将会产生较大损失。相反，如果跨国公司的子公司在世界各地比较分散，它们的功能货币相关性较低，报表的合并利润可能对汇率变动敏感度较低，因为这些功能货币对美元的波动方向可能相反，相互之间有一定的抵消效应。

3. 会计风险举例。布莱克德克（ Black&Decker）公司、可口可乐（Coca cola）公司等公司1/3以上的资产和销售收入在海外，它们的合并利润对汇率非常敏感。当其他货币对美元贬值时，它们得自国外的美元利润会减少。

许多美国跨国公司的利润会因为美元走弱而增加，导致利润增长的主要原因是它们的海外子公司的利润以较高的汇率折算成美元。

1989年，一些货币对美元贬值，使得许多美国跨国公司的报告中销售与利润减少。例如，国际CPC公司宣称因1989年外币疲软，其财务报告中非美元销售收入减少了5 000万美元。在20世纪80年代，许多货币遭遇多变期，美国跨国公司折算的合并利润也因此剧烈动荡。会计风险对合并利润的影响可查看跨国公司的年度报告。

当跨国公司的国外子公司在当地有许多增长机会时，它们倾向于将大部分或全部利润再投资于那个国家。在此种情况下，较少在乎会计风险，因为其利润不必兑换成母国货币。然而，子公司在当地没有增长机会时，利润要被兑换成母国货币，会计风险较为重要，此时还会伴随经济风险。

（三）经济风险测量

汇率带来的经济风险是指汇率波动对企业未来现金流量现值的影响程度。跨国公司的业务种类不同，有些业务的现金流量有较大的经济风险，而有些业务的现金流量几乎没有什么经济风险，因此首先需要界定哪些业务可能会出现经济风险。

1. 本币升值的经济风险。

（1）本币升值对跨国公司现金流入量的经济风险。

①预期本国销售收入（在公司所在国内）会因本国货币升值而减少。这归因于来自外国的竞争加剧，根据购买力平价理论，一旦本币升值，本国货币对外国商品的购买力将高于对本国商品的购买力，因此，国内消费者将用他们走强的货币更便宜地购买外国的替代产品。本国销售收入的减少程度取决于在本国市场上外国商品竞争的强弱程度。

来自外国商品的竞争力越强，本国销售收入的经济风险越大，反之则相反。

②以本币计价的出口的现金流入量可能会因本国货币升值而减少。理由是外国进口商将需要支出更多的本国货币购买这些产品，致使他们减少或者推迟进口。跨国公司以本币计价的出口收入的减少程度取决于外国进口商的进口需求弹性，该弹性越大，以本币计价的出口收入的经济风险就越大。

③以外币计价的出口也有可能因本国货币升值而出现现金流入量减少。与以本币计价的出口相比，经济风险方向相同，但原因有所不同。外国进口商对该跨国公司产品的需求不会改变，他们可以直接用本国的货币进行购买，不会受到跨国公司本币升值的影响。然而，当跨国公司收到外币出口货款时，本国货币已经升值，外币流入额只能兑换较少的本国货币。

④对外投资的利息或股利因本币走强而兑换较少的本币，造成现金流量减少的经济风险。

（2）本币升值对跨国公司现金流出量的经济风险。本币升值给跨国公司的现金流出类业务带来的经济风险，基于同样的原因分析，正好与现金流入类业务相反，这里不再赘述。需要注意的是，跨国公司以本币标价的进口，其成本将不会受到汇率变动的直接影响。然而，如果本国货币升值，公司以外币标价的进口品的成本就会减少，这有利于刺激进口。此外，在本国货币升值的情况下，按本国货币计算的应付外债利息将减少。

总之，本币升值会同时导致跨国公司现金流入量和流出量的减少，因此，很难判断其未来的净现金流量究竟是增加还是减少，评估本币升值对跨国公司净现金流量的经济风险时，关键在于弄清楚现金流入类业务受到的影响大，还是现金流出类业务受到的影响大。在本币升值时，那些以出口业务为主，而且原材料和资金都来自本国的跨国公司，其现金流入量减少的程度要比现金流出量减少的程度大得多，因此该类公司的净现金流量很可能减少。相反，那些重点在本国进行销售，市场上没有外国竞争对手，而且从海外取得原材料和资金的跨国公司其现金流入量不会大幅减少，但是其现金流出量会大幅减少，因此，该类跨国公司的净现金流量会因为本国货币升值而改善。

2. 本币贬值的经济风险。

（1）本币贬值对现金流入类业务的影响。

①由于本币贬值，本币对外国商品的购买力比较低，国内消费者将减少对外国进口品的购买，跨国公司在本国市场上的竞争力增强，销售会上升，现金流量将增加。

②跨国公司以本币计价的出口现金流量将增加。因为本币贬值后，出口品对外国进口商而言相对便宜，有利于增加其进口。

③以外币计价的出口也会增加现金流量。因为来自出口的外币收入将兑换较多的本币。

④对外投资的利息和股利也将兑换成较多的本币，其现金流量将增加。

（2）本币贬值对现金流出类业务的影响。以本币计价的进口的现金流量不会直接受到汇率变动的影响。然而，以外币计价的进口成本会增加，因为需要较多的本国货币来兑换必要的外币，这会减少进口。另外，本币贬值后，以本币表示的外币融资的利息支出也会增加。

总体而言，本币贬值导致现金流入量和流出量同时增加。由于二者之间存在部分的抵消效应，由本国货币贬值来推断跨国公司的净现金流量是增加还是减少是困难的。最终结果取决于现金流入量是否比流出量受到的影响更大。当然，那些以出口作为主业，而且从本国取得原材料和资金的跨国公司，会更多地受益于本币贬值。例如，卡特彼勒（Caterpillar）、克莱斯勒（Chrysler）、福特（Ford）和通用汽车（General Motors）等公司在美元对大多数主要货币贬值期间，曾经取得过非常骄人的业绩。相反，那些以本国销售为主，很少有外国竞争，而且从国外取得原材料和资金的跨国公司，很容易受到本币贬值的伤害。

3. 间接经济风险。本币对外价值波动往往对一些业务的现金流量并不产生直接的影响，但是它会通过一些渠道对跨国公司的现金流入类和流出类业务产生间接的影响，导致这些业务的现金流量偏离预期水平。例如，美国一家企业从加拿大进口木材，假设进口的木材以美元计价，如果美元贬值，该美国企业的进口货款不会增加，因为该企业用美元付款，不涉及用美元兑换加拿大元的问题。然而，加拿大出口商在收到美元货款后，需要将其兑换成加拿大元，以实现利润。由于美元已贬值，加拿大出口商以加拿大元表示的出口收入将减少。为了抵消美元贬值给其收入带来的风险，加拿大出口商很可能会提高木材的销售价格，从而增加美国企业的进口成本，增加以美元计价的进口的现金流量。在这里，本币贬值的影响，通过外国交易对手的提价行为，间接地影响了跨国公司进口所支付的现金流量。

4. 国内企业的经济风险。跨国公司的经济风险是讨论和评价的核心，然而，不能忽略这样一个事实，即纯粹的国内企业也会受到本币波动带来的经济风险的影响。例如，我国一家钢铁制造商，其生产的组织与销售全部在国内，该企业在国内购买所有的原材料，从银行获得流动资金和技术改造基金，在国内市场销售所生产的产品。表面上看，这家企业的所有业务活动仅以本国货币进行交易，人民币对外升值或贬值对它的现金流量没有什么直接的影响，不存在直接的经济风险。然而，我国市场上有大量的进口钢材，还有中外合资的钢铁制造商，一旦人民币升值，该企业原来的购买者就可能因价格优势而转向购买进口钢铁产品或者以外国原材料为主的合资钢铁企业的产品，结果，纯国内企业的钢铁销量可能下降，净现金流入量减少。此例也说明了这样一个问题：为什么有的企业没有外汇交易风险却有经济风险。

5. 经济风险的计量。尽管经济风险往往对一个跨国公司是有利的，没有必要进行管理。但是，跨国公司必须对经济风险的不利影响进行估计，以此为依据制定风险管理策略。许多跨国公司的子公司遍布世界各地，不仅面临多种货币计价的现金流入、流出，而且还有跨国公司内部现金流量的互相影响，要估计某一种货币的波动对所有子公司现金流量的综合影响是相当复杂的。

计量跨国公司经济风险的一个方法是将现金流量体现为不同的损益表项目。首先确定一个基准汇率预测值，并主观地确定与此汇率对应的损益表中每个项目的数值，然后，考虑汇率发生波动的情况，确定几个可能的汇率值，按照这些变化了的汇率值修正损益表中各项目的预测值。通过观察先前由基准汇率确定的利润额如何随汇率波动而改变，跨国公司就可以确定某种货币币值变动对其利润及现金流量的影响。如果跨国公司损益表中的成本项目和收入项目随汇率波动调整的数值大致相同，就可以认定该跨国公司基本上规避了经济风险。

例 6-10：一家中国的跨国公司 D，在本国和加拿大同时开展业务。该公司在中国的销售收入以人民币计价，而在加拿大的销售收入则以加拿大元计价。该公司的财务部对下一年度的利润进行了预测，预测的损益表如表 6-9 所示，损益表中各项目的数值是在 1 加拿大元 =5.7 元人民币的预测汇率基础上得到的。表 6-9 还反映了中国和加拿大两部分业务的损益情况。

表 6-9　　跨国公司 D 预测收入与费用　　单位：百万

	中国业务（CNY）	加拿大业务（CAD）
销售收入	3 040	4
销售成本	500	200
毛利	2 540	-196
营业费用	—	—
固定费用	300	—
变动费用	307.2	—
合计	607.2	—
息税前利润	1 932.8	-196
利息费用	30	10
税前利润	1 902.8	-206

种种迹象表明，人民币汇率的波动幅度将扩大，因此，跨国公司 D 希望得知，在 CAD1 = CNY5.2 以及 CAD1 = CNY6.2 时其利润会发生怎样变化？损益表中的各项目数值会发生何种改变？

首先，跨国公司 D 需要判断其在中国的销售收入和成本是否要受人民币汇率变动的影响？一个简单的做法是，假定这部分业务不受影响，那么不管人民币对加拿大元升值还是贬值，其国内业务的收入和成本都不变，损益表中的各个数值都与表 6-9 中一致。然而，由于存在来自国外的竞争，根据前面的理论分析，在人民币汇率波动时，该公司在国内的销售收入也会受到间接的影响。当加拿大元走弱时，公司在中国的销售收入减少4 000万元人民币［300 000 - 304 000 = -4 000（万元）］；当加拿大元走强时，公司在中国的销售收入预计增加 3 000 万元人民币［307 000 - 304 000 = -3 000（万元）］。由于该公司国内业务的销售收入受汇率变化的影响程度取决于相关外币的竞争力，一般可以通过历史数据分析来确定以往国内销售收入受汇率影响的程度，进而预测未来其国内人民币销售收入受汇率影响的数值。表 6-10 反映了人民币汇率变化情况下对国内销售收入影响程度的预测：

表 6－10　　　　汇率波动对跨国公司 D 国内销售收入的影响

加拿大元的可能汇率	预计在中国的收入（百万元人民币）
RMB ¥5.2	3 000
RMB ¥5.7	3 040
RMB ¥6.2	3 070

其次，跨国公司 D 要估计损益表中加拿大业务的变化，这部分业务由于使用加拿大元核算，因此损益表中的每一个项目都受到人民币汇率变动的直接影响。表 6－11 反映了 D 预期的利润对汇率变化的敏感度：

表 6－11　　　　汇率波动对跨国公司 D 利润的可能影响　　　　单位：百万

	CAD1 = CNY5.2	CAD1 = CNY5.7	CAD1 = CNY6.2
销售收入			
中国（1）	RMB ¥3 000	RMB ¥3 040	RMB ¥3 070
加拿大（2）	C $4 = RMB ¥20.8	C $4 = RMB ¥22.8	C $4 = RMB ¥24.8
合计（3）	RMB ¥3 020.8	RMB ¥3 062.8	RMB ¥3 094.8
销售成本			
中国（4）	RMB ¥500	RMB ¥500	RMB ¥500
加拿大（5）	C $200 = RMB ¥1 040	C $200 = RMB ¥1 140	C $200 = RMB ¥1 240
合计（6）	RMB ¥1 540	RMB ¥1 640	RMB ¥1 740
毛利（7）	RMB ¥1 480.8	RMB ¥1 422.8	RMB ¥1 354.8
营业费用			
中国：固定费用（8）	RMB ¥300	RMB ¥300	RMB ¥300
中国：变动费用（销售总额的 10%）（9）	RMB ¥302.08	RMB ¥306.28	RMB ¥309.48
合计（10）	RMB ¥602.08	RMB ¥606.28	RMB ¥609.48
息税前利润（11）	RMB ¥878.72	RMB ¥816.52	RMB ¥745.32
利息费用			
中国（12）	RMB ¥30	RMB ¥30	RMB ¥30
加拿大（13）	C $10 = RMB ¥52	C $10 = RMB ¥57	C $10 = RMB ¥62
合计（14）	RMB ¥82	RMB ¥87	RMB ¥92
税前利润（15）	RMB ¥796.72	RMB ¥729.52	RMB ¥653.32

表 6－11 中第（1）行反映了汇率变化对中国销售收入的影响；第（2）行反映了跨国公司 D 以人民币表示的加拿大业务销售收入（即将预计的 400 万加拿大元销售收入折成人民币）；第（3）行表示合并的人民币销售收入总额，由第（1）行和第（2）行加总求得。

表 6－11 中第（4）行是公司中国业务的销售成本；第（6）行是将预计的 2 亿加拿大元销售成本折算为人民币；第（6）行计量了预期的人民币销售成本总额，是第

（4）行和第（5）行之和；第（7）行计算了该公司的人民币毛利，由第（3）行减去第（6）行得到。

表6－11中的第（8）、第（9）、第（10）行是预计经营费用；第（11）行是用毛利扣除经营费用计算得出的息税前利润；第（12）行是估计利息支出所需的人民币金额；第（13）行估计了在加拿大应付利息的人民币金额；第（14）行是第（13）行和第（12）行之和，估计需要支出的人民币利息总额；第（15）行是税前利润，由第（11）行减去第（14）行得到。

对表6－11进行分析，我们可以看到汇率变动对跨国公司D损益表中各项目的影响。

尽管加拿大元走强时，即CAD1＝CNY6.2时，公司的人民币销售收入增加了3 000万元，加拿大元销售收入增加了200万元人民币，但是，由于公司的加拿大元销售成本（CAD2亿）大大高于销售收入（CAD400万），加拿大元走强对公司的人民币毛利具有负面影响，表现为毛利金额减少6 800万元人民币。此外，当加拿大元走强时，用于付息的人民币支出也增加了500万元人民币。总之，跨国公司D因加拿大元走强而受到不利影响，税前利润下降了7 620万元人民币。

加拿大元走弱时，即CAD1＝CNY5.2时，公司的人民币销售收入下降4 000万元人民币，加拿大元销售收入也下降200万元人民币，但是，公司的销售成本下降更多，减少了人民币支出10 000万元人民币，支付的人民币利息下降了500万元人民币，因此，公司在加拿大元走弱时有利，税前利润可以增加6 720万元人民币。

通过以上例子可以得出结论：外国费用比外国收入多（少）的企业会受到外币走强的不利（有利）影响。只有通过对企业损益表各项目的汇率敏感性分析，才能确切地估算企业的经济风险。还需要注意的是，我们在分析跨国公司D的经济风险时，只考虑了一个期间该企业发生的利润变化，企业可以采用完全相同的方法来估算未来几个期间的销售、费用，计算它们在不同时期受汇率影响的经济风险。

【能力训练】

1. 美国XED集团打算在瑞士投资一家新的饭店，初期投资需要150万美元（或按现行汇率CHF1＝USD0.63折算需要238万瑞士法郎）。前10年的利润将用于再投资，到时该集团将出售给它的合伙人。根据预期利润，10年后该饭店中XED集团的股份价值CHF388万。请分析瑞士法郎的汇率波动会如何影响此项投资？

2. 2010年，中国的通货膨胀率约为3.3%，美国的通货膨胀率约为1.2%，同时，美元兑人民币汇率由USD1＝CNY6.8282（中国银行2010年1月1日美元兑人民币折算价，数据来自中国银行网站）变为USD1＝CNY6.6227（中国银行2010年12月31日美元兑人民币折算价，数据来自中国银行网站）。

（1）2010年人民币的实际价值是上升还是下降？

（2）产品主要在当地市场销售的跨国公司，如宝洁公司，其美元利润受到人民币币值变化的可能影响是什么？公司应怎样应对这一影响？

（3）产品主要出口到美国的纺织品生产商，其美元利润受到人民币币值变化的可能影响有哪些？公司可以怎样应对？

模块二 管理外汇风险

【课前思考】

2003 年 6 月 18 日某市的《青年时报》第 10 版报道，当地 48 家纺织企业 2002 年底从意大利、德国等欧洲国家进口约 15 亿欧元的设备，因缺乏汇率风险防范意识，接受对方提出的终止以美元支付的惯例，转用欧元计价，且对方还开出同意延期付款的“优厚条件”。2003 年 5 月付款时由于欧元升值，白白多支付了 2.37 亿元人民币。我国的这些纺织企业失误在哪里？

【能力目标】

1. 能根据具体情况为企业设计规避外汇风险的方案；
2. 能根据具体情况为银行设计规避外汇风险的方案。

一、银行外汇风险管理

（一）外汇头寸风险管理

1. 远期头寸到期日的匹配。在未来的任一时点上，银行应该尽可能地使到期的资产能够恰好抵付到期的负债。因此，银行需要按不同币种分别统计，报告资产与负债头寸到期日的搭配情况，对账户进行现金流量管理，对到期日不搭配的资产和负债进行调整，必要时对负债不足资产的部分进行融资，对负债多于资产的部分进行投资，制造新的期限相同的资产。

2. 币种匹配。在外汇存贷款上做好币种的配对，银行应该遵循“筹集什么外币，借出什么外币；贷款到期时，收回什么外币，筹资合同到期时银行付出什么外币”的原则。通俗地讲，就是银行应该努力做到“借、用、还”时货币的统一。

3. 外币存贷款到期日的匹配。银行外币存贷款的到期日不对称，不仅存在外汇风险，还存在融资风险。银行应该做好外汇存贷款的到期日统计，及时掌握各个时期的存贷款是否有超借或超贷的情况，检查某种外币负债和资产的累计不对称金额，评估、监督银行因此而发生的融资或流动性风险的程度，防止出现太大的外币存贷款到期日不对称。

4. 外币资产与负债的利率匹配。由于银行从国外借入的现汇资金以伦敦市场银行同业拆放利率计算利息，因此，银行在国内发放外汇贷款的利率，一般也应按浮动利率计收利息，不定期地将利率进行调整公布，尽可能减少外币资产与负债之间的利率基础差异，规避利率风险。

5. 合理调整外汇资产负债期限结构。当出现短期外汇负债长期使用时，应适当增加长期存款，压缩长期外汇贷款，活化沉淀资金，提高资金的流动性。当出现长期外汇负债短期运用时，不能盲目增大长期外汇贷款而机械地追求期限对称，必须调整负债结构，增加低成本负债。外汇负债结构的调整可以通过增量的调节来改变存款结构。

例 6－11：假定 W 银行为利率 15%、期限为一年的相当于 1 亿美元的英镑贷款筹措资金时，选择相当于 1 亿美元的、利率为 11% 的 1 年期英镑定期存款，而不是原来的美元定期存款。此时它的资产负债表组合如表 6－12 所示。

表 6－12　　该银行的资产负债组合

资产	负债
1 亿美元贷款（利率 9%） 相当于 1 亿美元的英镑贷款（利率 15%）	1 亿美元定期存款（利率 8%） 相当于 1 亿美元的英镑定期存款（利率 11%）

表 6－12 显示 W 银行的资产负债组合不仅在期限方面完全匹配，而且在币种的结构方面也完全匹配。现在分别按照两种假设条件来分析该银行在资产收益和负债成本之间的利差变化：（1）假设英镑兑美元由原来的 GBP1＝USD1.60 降为 GBP1＝USD1.45；（2）假设英镑兑美元由原来的 GBP1＝USD1.60 升为 GBP1＝USD1.70。

（1）英镑贬值。我们已经知道，当英镑兑美元由原来的 GBP1＝USD1.60 降为 GBP1＝USD1.45 时，上述银行的英镑贷款报酬率（按美元计算）等于 4.21875%。现在再来计算它的 1 亿美元的英镑负债的美元成本，具体如下：

①在年初以 11% 的利率借入相当于 1 亿美元的 1 年期英镑定期存款。按照原来的汇率 GBP1＝USD1.60，按英镑计价的这笔定期存款金额为 6 250 万英镑。

②到年末时银行必须连本带利向英镑定期存款持有者支付：

$$6\,250 \times 1.11 = 6\,937.5\text{（万英镑）}$$

③当英镑汇率在年末降为 GBP1＝USD1.45 时，银行以美元计价的本息付款等于 10 059.375万美元（6 937.5 万美元×1.45），即它的以美元计价资金成本等于 0.59375%。

因此，该银行在年底时的资产平均报酬率为

美元资产报酬率＋英镑资产报酬率＝$(0.5\times0.09+0.5\times0.0421875)\times100\%=6.609\%$

它的负债平均成本为

美元负债成本＋英镑负债成本＝$(0.5\times0.08+0.5\times0.00594)\times100\%=4.297\%$

它的净收益为

资产平均报酬率－负债平均成本＝$6.609\%-4.297\%=2.312\%$

（2）英镑升值。当英镑兑美元由原来的 GBP1＝USD1.60 升为 GBP1＝USD1.70 时，以美元计价的英镑贷款的报酬率等于 22.188%。现在我们需要计算出银行在年末需要向英镑定期存款持有者支付的、按美元计价的本息金额：6 937.5 万英镑×1.7＝11 793.75 万美元，即它的以美元计价的英镑筹资成本等于 17.9375%。

因此，该银行在年底时的资产平均报酬率等于

$$(0.5\times0.09+0.5\times0.22188)\times100\%=15.594\%$$

它的负债平均成本等于

$$(0.5\times0.08+0.5\times0.179375)\times100\%=12.969\%$$

它的净收益为

$$15.594\%-12.969\%=2.625\%$$

从上面两种假设情况所分析的结果来看，如果一家银行的外币资产与外币负债直接匹配，那么无论汇率在贷款期间发生什么样的变动，其利差都可以锁定为正数。所以，对银行的资产负债进行“配对管理”是非常有必要的。

银行资金业务、外汇交易业务本质上是一种中介服务，要为最终客户的外汇资金需求服务，因此其外币的资产负债结构随时都在变化之中，远期外汇交易到期日不匹配、币种不匹配、资产负债期限、利率不匹配，是经营中经常发生的现象。调整这些失衡的状态，银行主要可以采用两种手段：一种是货币市场运作，通过外币的短期投资或者拆借来获得理想的资产负债结构；另一种是衍生金融工具买卖，通过远期合同、期货合同、互换合同（或掉期合同）、期权合同来获得理想的资产负债结构。实际上，衍生金融工具不仅能够锁定银行资金交易、外汇交易的价格，起到控制、减少外汇风险的作用，它还因不需要像现货交易那样的大规模现金流动而成为高效的资产负债管理工具。

（二）外汇买卖风险管理

1. 建立多层次的限额管理机制。银行的交易风险主要产生于外汇买卖，因此制定外汇交易敞口头寸的最高限额是银行最重要的控制交易风险的方法。在实际操作中，对外汇交易设立多层次的限额管理机制，是银行监控汇率风险的最重要和最有效的方法。外汇交易限额包括日间头寸限额、隔夜头寸限额以及止损限额。

（1）设定日间头寸限额（Intra - day Limit）。所谓日间头寸限额，是指银行在每个营业日的营业时间内可持有外汇头寸的最大额度。具体可分为日间交易敞口总头寸限额和交易员日间头寸限额。日间交易敞口总头寸指日间交易过程中未平盘的头寸的最高持有限额，通常采取累计的方式计算额度，而且还对不同的货币设有最大交易额度。日间交易敞口总头寸的大小一般依据银行的自有资本金额来确定，同时需要考虑银行的外汇交易政策、不同币种的优劣势、不同外汇交易种类的风险度，以及银行的资本金规模。

交易员日间头寸限额是指交易员被授权在日间持有的外汇头寸的最大额度。银行管理层根据交易员的级别、业绩、经验，将日间交易敞口总头寸限额分解到每一个交易员，确定交易员的最高交易权利，防止其滥用职权，任意开盘。银行管理层可以通过各种风险监控系统来监控每个交易员在日间的交易行为，一旦有超过限额的情况发生，该系统会马上进行提示，交易员必须采取措施减少外汇头寸。

（2）设定隔夜头寸限额（Overnight Limit）。交易员在日间所累计的未平盘头寸，保留到次一交易日，成为隔夜头寸（Overnight Position）。隔夜敞口头寸包括日间交易的遗留未平盘头寸（持盘隔夜的头寸）和夜间交易的开盘头寸，甚至包括一部分已持盘很久未平的头寸。隔夜敞口头寸显然要比日间敞口头寸的风险大得多，因为银行营业时间结束后，大部分交易员下班了，无法及时把握汇市的波动，也不可能像在营业时间内那样对汇率的波动作出迅速有效的反应，敞口头寸随时都面临亏损的风险。对亚洲国家的银行而言，隔夜敞口头寸的风险尤其大，因为美元是核心货币，而在美国处于交易高峰时，亚洲的国家大部分是下班期间，每逢周五晚上9:00美国商务部发表美国有关经济数字（如通货膨胀率、失业率、开工率等）时，市场上美元都会出现大幅涨落，而亚洲国家的营业时间已经结束。近几年，亚洲国家包括中国在内发生的多宗银行亏空事件都是隔夜敞口头寸管理不当造成的。

为了控制金融风险，一些国家的政府监管部门对银行持有隔夜敞口头寸的最高金额作出了规定，银行的隔夜总头寸不得超过银行资本金的一定比率，例如10%。为了有效地控制隔夜敞口头寸风险，银行对交易员的隔夜敞口头寸也设定最高限额，交易员的隔夜头寸限额通常是日间头寸限额的一半或者更低。

（3）设定止损限额（Stop Loss Limit）。在瞬息万变的外汇市场中，对汇率走势的判断错误是在所难免的。为了避免由于判断错误而导致巨大的损失，在银行现有外汇头寸的损失达到某一数额时，需要立即轧平其所有外汇头寸，以避免损失的金额过大而陷入无法收拾的局面。这一规定的最大损失金额就是止损限额。止损限额常常被称为止损点。设定止损点是为了防止由于汇价向不利于银行头寸的方向波动而造成巨额亏损的有效手段，也是国际上银行管理汇率风险的基本方法。银行外汇交易的止损控制一般分为整体止损限额和交易员止损限额。

整体止损限额是银行对外汇交易亏损的最大容忍程度，反映了外汇交易潜在亏损与银行整体经营风险控制的临界点。一旦超过这个临界点，就会影响银行的正常运行。因此，银行要综合各种因素（资本金规模、交易管理水平、经营指标等），对每一类交易品种（即期、远期、掉期、期权交易等）订出不同的合理的止亏限额。银行对整体交易亏损的限制一般采用时间止损限额办法，即规定每天或每月各类交易的亏损限额，若交易亏损超过该类交易的规定限额，当日或当月该类交易就必须停止。有的银行也采用比例止损限额方法来控制整体交易亏损，一旦每天交易的账面亏损超过开盘总头寸的一定百分比时（通常为0.5%~1.5%），外汇交易就必须终止。

交易员的止损限额是银行允许的交易员进行外汇交易的最大亏损金额，交易员止损限额的总和不能超过整体止损限额。可以按每笔未平盘头寸的百分比或不同货币的汇价的点数来决定交易员的止损限额。与隔夜敞口头寸控制相同，银行对不同水平的交易员设定不同的止损限额。

除了制定每天各类交易的限额之外，还需制定每日各类交易的最高亏损限额和总计最高亏损限额。当这些限额被超过时，银行将进入市场，进行相应的外汇即期、远期、掉期以及期货和期权等交易，将多余的头寸对冲掉。

2. 灵活运用各种金融工具化解风险。

（1）远期外汇合约套期保值。银行可以利用远期外汇市场对表内的外币资产头寸进行保值，例如，它可以出售一笔1年期的英镑远期外汇合约。这种远期外汇合约并不反映在银行的资产负债表内，而是作为表外的或有资产。它的作用在于抵消因外币贷款期满时的英镑现汇汇率的不稳定而产生的风险。在银行看来，与其年末按照目前无法知道的汇率将英镑贷款本息兑换成美元，不如现在就按照已知的美元对英镑的远期汇率将预期的英镑贷款本息收入以远期合约的形式予以出售，以便年末时以英镑向远期合约的买方换回美元。正是通过出售这种英镑远期合约，银行得以避免了未来现货汇率变动对其英镑贷款收益率所产生的负面影响。

例6-12：仍以例6-11中的W银行为例，该银行是采取下列步骤对它的外汇风险进行表外套期保值的：

①年初银行以现汇汇率将 1 亿美元换成 6 250 万英镑（10 000 万美元/1.60）。

②银行随即以 15% 的年利率将 6 250 万英镑贷予英国某客户。

③银行将预期的英镑贷款本息收入以 1 年期远期汇率予以出售。

假定年初时这一远期汇率为 GBP1 = USD1.55，即与当时的现汇汇率相比存在 5 美分的贴水。以百分比表示，即

$$(1.55 - 1.60)/1.60 = -3.125\%$$

这意味着年末银行将 7 187.5 万英镑（6 250 万英镑 ×1.15）的本息收入付给远期合约的买方时，后者将向银行支付：

6 250 ×1.15 ×1.55 = 11 140.6（万美元）

④年末英国借款者将向银行偿付贷款本息 7 187.5 万英镑。

⑤银行将它收到的 7 187.5 万英镑付给 1 年期远期合约的买方，同时从后者处获得 1.11406 亿美元。

假定不存在借款者拖欠还款以及远期合约买方违约的情况，上述贷款的收益率便可锁定在（111.406 − 100）/100 = 11.406%

换句话说，无论美元兑英镑的汇价在一年贷款期内发生什么变化，上述贷款收益率都会因银行采取的表外套期保值方法而得以保证。给定这一英镑贷款的收益率，该银行整个资产组合的预期报酬率将等于：

(0.5 ×0.09 +0.5 ×0.11406) ×100% =10.203%

鉴于这家银行的 1 年期美元定期存款的利息成本为 8%，因此，无论从它最初提供英镑贷款到一年之后该笔贷款本息收回期间美元对英镑的现汇汇率发生什么样变化，它均能够在一年内将其无风险的利差收入锁定在 2.203% 的水平。

例 6 − 12 表明，只要银行不断地减少其美国国内的贷款，同时不断地增加对英国的贷款，并对后者进行套期保值，它就有利可图，因为经过套期保值，以美元计价的英镑贷款收益率 11.406% 超过了国内贷款收益率 9%。但是，随着银行增加对英国客户的贷款，银行需要在现货市场购入更多的英镑，这将提高以美元表示的英镑现货价格，使其超过原来的 GBP1 = USD1.60。此外，银行也会因为其英镑贷款收益的增加而出售更多的远期英镑以换取美元，从而使远期汇率低于原来的 GBP1 = USD1.55。

可见，英镑的远期和即期汇率之间的差价扩大，对银行来说，利用远期合约对英镑贷款进行套期保值的吸引力将会逐步减少。这个过程将持续下去，直到银行的 8% 的筹资成本正好等于其利用远期合约保值的英镑贷款的收益率为止。换句话说，此时如通过借入美元换取英镑，并利用远期合约对英镑贷款进行套期保值，已不再有任何利润可言。

（2）外汇期货套期保值。以上我们以远期外汇合约为例介绍了表外套期保值工具。实际上银行还可以使用其他的表外工具，如外汇期货、期权合同或货币掉期来为它们的表内外汇风险进行保值。

例 6 − 13：假定一家美国银行向英国某公司提供总额为 1 亿英镑的 1 年期英镑贷款，利率为 15%。为了防止在上述贷款期间因英镑对美元的汇价下跌造成亏损，该银行试图

用外汇期货合同对其贷款进行套期保值。从1999年3月29日的交易情况可以看出，尽管外汇期货的交割月份一般为每年3月、6月、9月和12月，但当天在芝加哥商品交易所交易的英镑期货合同有两种，交割月份分别为1999年6月和1999年9月。因此，上述银行在提供1年期英镑贷款的同时，无法在期货市场从事一笔期限同样为一年的套期保值交易。实际上，期限最长的合同是6个月，即1999年9月到期。但是，从1999年3月29日当日尚未了结的合同数来衡量，9月份到期的合同在市场上不如6月份到期合同的流动性大。如果银行使用6月份到期的期货合同对其1年期的英镑贷款进行套期保值，它只能在该期货合同到期时再从事一笔新的合同交易，这笔新的交易有可能是9月到期，也有可能是12月到期，甚至可能是次年3月到期。如果是前两种情况，银行必须在合同到期时继续从事新的合同交易，直到最后一个期货合同的到期日与它的英镑贷款到期日完全一致为止。考虑到合同的转换所涉及的交易成本以及新的期货合同价格的不确定性，采用远期外汇合约或货币掉期进行套期保值，有可能对那些希望能在一个较长的时期锁定这类套期交易价格的银行更具有吸引力。

不过，为了便于理解外汇期货合同的作用，我们暂且假定例6-13中的这家美国银行仍然愿意利用期货市场进行套期保值。由于该银行预计英镑将会贬值，为了避免英镑贷款到期时因英镑贬值而使换回的美元减少，计划采用空头套期保值的方法，即在即期卖出一笔英镑期货合同一年后，再买入相同数量的英镑期货以轧平头寸（如果期货合同的期限短于贷款期限，银行必须在一年内不断地就期货合同展期）。那么，银行应该出售多少个期货合同？从理论上说，这家银行出售的英镑期货合同的数量应该大到由这些合同所产生的利润足以抵消英镑贬值所造成英镑贷款的亏损。这里，有两种情况需要考虑：①在未来的一年内，预计美元兑英镑的期货价格的变动方向及变动幅度与美元兑英镑的现货价格变动完全一致，即不存在任何基本风险点；②预计期货价格和现货价格的变动方向一致，但变动幅度不完全相同，即存在基本点风险。以下我们分别对这两种情况加以分析。

先看期货和现货价格的变动趋势完全一致的情况。假设2010年3月30日现货市场上美元兑英镑的汇价为GBP1 = USD1.6353；期货市场上2010年6月份的合同为GBP1 = USD1.6156。再假定提供1亿英镑贷款的那家美国银行预计一年之后的现货和期货汇率分别为

预期一年后现货汇率 GBP1 = USD1.5853

预期一年后期货汇率 GBP1 = USD1.5656

即现货市场的汇率变动和期货市场的汇率变动均为0.05美元，根据上述预测，该银行必须在2010年3月30日出售总金额为1.15亿英镑（1亿英镑贷款加上1 500万英镑利息）的英镑期货合同才有可能避免其1.15亿英镑的预期贷款收入遭受亏损。假定上述银行在今后一年间不断将期货合同予以展期（9月、12月和次年3月到期），直到2011年3月30日贷款合同到期为止。同时，还假定英镑期货合同的汇价在此期间保持不变。

每份英镑期货合约的标准金额是62 500英镑。因此，银行需要出售的英镑期货合约

数量为

$$115\ 000\ 000/62\ 500 = 1\ 840\ (份)$$

如果上述银行确实出售了 1 840 份英镑期货合约，并且一年之后现货和期货汇价的变动确实与银行预测一致，它的英镑贷款的亏损是否恰好与期货合同的收益相互抵消？先计算以美元表示的英镑贷款的亏损：

$$115 \times (1.6353 - 1.5853) = 575\ (万美元)$$

这意味着，如果在一年内，现货市场的英镑汇率由 1.6353 降至 1.5853，银行从英镑贷款中获取的收益会相应地减少 575 万美元。再计算银行因出售期货合同而产生的收益：

$$6.25 \times 1\ 840 \times (1.6156 - 1.5656) = 575\ (万美元)$$

由于英镑期货合同的价格由一年前的 1.6156 跌至 1.5656，银行将因出售 1 840 个标准金额为 62 500 英镑的合同而获取 575 万美元的利润。实际上，这笔 575 万美元的现金流量产生于每天对期货合同结算价格的调整（Mark to Market）。我们知道，期货合同与远期合约的一个重要区别在于期货合同的价格每天随市场行情的变化而调整。随着期货价格的下降，英镑期货合同的买方一方面必须按照英镑兑美元较低的汇价调整它的合同价格，另一方面又必须从它的保证金账户中，向合同的卖方（即美国银行）支付相当于新旧合同价格之差额的款项。因此，一年之后，由于期货市场英镑兑美元汇价下跌了 0.05 美元，期货合同的买方必须按其购买的合同总金额（即 62 500 × 1 840），向卖方支付 575（即 0.05 × 62 500 × 1 840）万美元。2010 年 3 月 30 日，当英国某公司将英镑贷款本息偿还给美国银行时，美国银行将通过买进 1 840 个英镑期货合同来轧平同等数量的空头期货头寸。此时，尽管银行在将英镑贷款本息兑换成美元时会因英镑即期汇率的下跌而蒙受损失，但由于同一时期期货价格的同幅度下跌使它在空头套期保值交易中赚入了同等数额的美元，从而最终避免了因这笔贷款而产生的外汇风险。

在例 6 - 13 中，我们并未考虑因期货合同结算价格调整对利息收入产生的影响。事实上，作为期货合同的卖方，美国银行获得的那笔 575 万美元的利润是在一年时间里每天随结算价格的调整而不断产生的现金流量。因此，这部分现金流量可以按照当时的美元短期利率进行再投资，从而使这家美国银行因从事期货合同交易而获取的利润收入在总额上超过 575 万美元。基于这种情况，在外汇期货市场从事套期保值的这家美国银行可以根据它对上述利息收入的预期而略微减少其需要出售的合同数。至于在原来所说的 1 840 个合同的基础上减少多少个合同，一方面要取决于该期货合同的结算价格调整的具体方式，另一方面还要取决于在整个合同生效期内短期利率的水平及其变动状况。一般来说，短期利率水平越高，银行需要为其现金头寸的套期保值而出售的期货合约的数量就越少。

（3）外汇期权套期保值。正如一家银行为了避免利率风险，可以通过债券的期权交易或债券的期货期权交易对其多头或空头债券头寸进行保值一样，它也可以使用类似的工具对某一笔多头或空头外汇资产进行保值，以避免该笔外汇资产因汇率风险而蒙受损失。

例6－14：一家美国银行于2010年5月购买了一笔由英国财政部发行的1个月期英镑债券，6月份到期后，该银行从该笔投资中获得1亿英镑的收入。由于这笔债券是使用美元负债购买的，银行有可能因今后一个月内英镑对美元的汇价发生贬值而蒙受损失。如果英镑币值由目前的GBP1＝USD1.6401降至GBP1＝USD1.5000，将使银行从到期的英镑债券所获得的收入由原来预期的1.6401亿美元减至1.5亿美元。汇率的大幅贬值甚至有可能使该银行从英镑债券投资中获得的收益不足以偿还其为购买该笔英镑债券而发生的美元负债。为了弥补这一外汇敞口风险，银行也许可以按GBP1＝USD1.6200的合同约定价格购买1个月期的英镑卖出期权。这样，如果1个月之后英镑汇价果真下降至1.5000，银行可以将1亿英镑的债券收入出售给期权合同的买方，并从后者换回1.62亿美元。而不是像前面所说的那样，只能从现货市场上换回1.5亿美元。

反之，如果英镑在1个月之后出现升值，或者其贬值后的汇率并没有低于1.6200，买入卖出期权的银行将不会行使期权，因为直接到现货市场出售1亿英镑的债券收入将会超过1.62亿美元。

采用这种保值方法的成本以及它所购买的卖出期权合约的必要数量，一方面取决于银行必须支付的期权费，另一方面则取决于其交易的场所。

假设交易当日银行在美国费城期权交易所购买1个月期的约定价格为GBP1＝USD1.6200的欧式期权所需支付的费用为每英镑2.3美分，每份英镑期权合约的标准价格为31 250英镑，则每个英镑卖出期权合约的期权费为0.023×31 250＝718.75（美元）。

例6－14中的银行需要为1亿英镑头寸进行保值，需要购买的卖出期权合约数量为100 000 000/31 250＝3 200（份），必须支付期权费3 200×718.75＝2 300 000（美元），这就是银行为避免外汇风险购买期权合约的全部成本。

除了直接根据其英镑资产头寸购买期权合约外，银行还可以通过购买外汇期货合约的卖出期权进行保值。假设交易当日银行在芝加哥商品交易所购买6月份到期的约定价格为GBP1＝USD1.62的英镑期货卖出期权合约的期权费为每英镑2.2美分，每份英镑期货期权合同的标准价格是62 500，每个英镑期货卖出期权合约的期权费用为1 375美元。假定美元对英镑的现货汇率和期权市场上期货汇率变动的趋势一致，那么银行为了对其英镑资产保值需要购买的英镑期货期权合约数量为100 000 000/62 500＝1 600（份），为此需要支付的期权费为2 200 000美元。

需要说明的是，银行为购买英镑卖出期权和英镑卖出期货期权而支付的期权费可能会有所不同，即使两者的约定价格完全相等。以例6－14中的这家银行来说，它在购买上述两种期权合同时所选择的约定价格都是GBP1＝USD1.6200，但英镑卖出期权的费用为每英镑2.3美分，英镑卖出期货期权的费用为每英镑2.2美分。这一区别导致上述银行在采用两种不同保值手段时产生总额为100 000美元的成本差异。造成这种成本差异的原因是多种多样的，比如，基本点风险的差异、市场的流动性差异、合同到期日的差异等。此外，现货期权合同通常是欧式的，即买者只能在合同到期日行使期权。反之，期货期权合同是美式的，即买者可以在合同到期前的任何一天行使期权，这也是造成这两种期权合同的期权费有所不同的原因之一。

（三）国家风险与外汇信用风险管理

银行要尽可能全面收集与银行有交易关系的其他银行、工商企业和国家等经济主体的资信状况资料，密切关注世界经济和政治形势的变化及发展趋势。国家风险取决于政局变动及政策变化，一般在事先会有预兆，密切关注并适当采取对策即可降低国家风险。信用风险除与国家风险有关外，也与经济主体的资信状况变化有关，根据经济主体资信状况的变化采取不同的对策无疑也可以达到降低风险的目的。如建立银行同业交易额度，根据交易对象的资本实力、经营作风、财务状况，制定能够给予的每日最高限额，交易对象不同，适用的最高限额也不同。同业拆放的额度是银行内部制定的给予其他银行同业可拆放的最大金额，因为同业拆放是一种无抵押的信用贷款，风险较高，因此一般根据银行的资信制定拆放额度，并做周期性调整。银行外汇交易必须严格按照规定的额度进行拆放。

银行应根据对国家政治经济局势的预测以及对经济主体资信状况调查的结果，来确定其对不同国家的不同经济主体发生外汇交易或外汇借贷行为的限额。一般情况下，与政局稳定、经济形势良好、资信状况优良的经济主体交易规模可以大一些，反之则要限制规模。应该明确，风险是不可避免的，但银行应该尽最大努力降低风险。

（四）人为风险管理

要从根本上杜绝人为风险，必须要有完善的制度及严格的监督机制。另外，经理人员不应对交易员的失败横加指责，应区分情况，对于有客观原因的亏损，如突发性政治经济事件、正常的行情判断失误等，经理人员应给予充分的理解，帮助交易员分析失败的原因，总结经验教训，为以后的交易打下更坚实的基础。交易员能在一种宽松的环境中以一种正常的心态完成交易，才有取得更大成功的概率，才能不至于隐瞒亏损，孤注一掷。

对于交易员作弊风险的防范和管理，主要可以从以下方面考虑：

1. 必须加强对交易员和交收员的职业教育。上级要关心交易员的交易进度，经常给予鼓励和帮助。要帮助交易员正确对待盈亏，正确对待那些已经在交易中发生亏损或未平盘但损失在即的交易员，防止赌博心态的发生。要培养交易员严明的纪律，对于违反制度、越权交易和不执行止损限额的交易员应当进行批评教育，情况严重者应给予处分，或调离工作岗位。

2. 必须设置交易电话记录。交易室装设录音设备，把交易员的电话交易对话全部记录下来，供交收员复核和在有争议时查核。录音机的开关密码由交易室的经理或其他负责人掌握，交易员无权自行开启或关闭录音机。

3. 必须检查和保管好原始交易凭证。当以路透社交易机交易时，由于路透社按一个键配两台打印机提供设备，因此交易对话实际上一式两份打印出来，作为原始交易记录。其中，一份随交易单交给后线交收员作为交易凭证。另一份由交易室留存，首席交易员、经理可在需要时查核交易原始记录。目前，多数银行都采用双联自动复写打印纸，首联撕下作为交易凭证，底联任何人不得随意撕下，从而保证交易原始凭证的连贯性。经理应当经常查阅交易记录，防止作弊事端发生。电传机的交易记录，也要使用双联自动复写打印纸，作用同上。

4. 必须将自营业务与代客业务分开。银行设立客务组，专门负责代客买卖，同自营交易员分开作业。这种分工不仅有利于发展代客买卖，也起到防范作弊的作用。代客买卖的汇价均由自营交易员给出，客务组仅作代理，不再改变汇价。这样代客买卖人员与客户之间就不易在汇价上进行舞弊。

5. 必须严格传票的交叉复核。交易的清算由交收员办理，为了防止交收员串通客户作弊，交收员开出的传票必须严格交叉复核，保证与客户的结算汇价准确无误。外汇交易、外汇结算及会计几个部门应当密切联系。交易后线对前线交易员具有监督职能，他们最了解交易的情况和进度。交收员有权向后线科长或处长甚至越级向总经理报告交易员的情况，防范恶性越权事故的发生。另外，会计、稽核对交收人员也有监督的权力和职责，从而形成一种互相配合、互相监督的整体功能。

6. 必须加强稽核与检查。不定期稽核账目、核算盈亏、抽查交易原始凭证、通过客户证实未到期合约等方法都是防范交易员和交收员作弊的有效措施。

【知识链接】 **外汇局加强银行外汇风险管理**

国家外汇管理局日前发布了新修订的《银行执行外汇管理规定情况考核办法》，并于2010年8月1日正式实施。修订后的考核办法增设风险性考核指标，并明确外汇局将根据银行考核评级，实施外汇管理。

国家外汇管理局称，该考核办法的修订主要体现在以下方面：一是增设了风险性考核指标。风险性考核指标主要体现阶段性外汇管理目标，考核银行执行外汇管理规定的效果。二是对合规性指标中的“内控制度”和“其他”两项考核内容进行了整合。三是扩大了考核评分的调整系数区间，充分考虑了各银行间由于业务量差距对差错率及相关考核的影响。四是对于银行主动发现的问题，未造成不良后果的，明确不予扣分。五是增加了在每个考核年度中期，向辖内银行通报考核中发现的问题，督促银行整改的条款。六是根据上一年度外汇管理法规调整情况，对现有考核指标进行修订，如增减违规问题的分值，更新主要参考文件依据等。同时，考核办法明确外汇局将根据银行考核评级，实施外汇管理。

国家外汇管理局表示，新修订的考核办法使考核成绩能够更为全面公正地反映银行执行外汇管理规定的综合情况，有助于增强银行依法合规经营意识，提升外汇管理政策的执行效果。

资料来源：《经济日报》，2010－08－07。

二、企业外汇风险管理

外汇风险管理是一项控制风险、降低企业现金流量或价值损失的管理活动，需要借助内外部多种手段及具体的管理方法。然而，每一种管理手段都有人力、财力的投入，因此，从某种意义上讲，外汇风险管理实质上也是一种投资活动，是用一定的成本或现金投入作为本金，谋取未来现金流量不损失的回报利益。交易风险、经济风险及会计风险是具有不同影响的三类外汇风险，在各类风险管理中有多种管理方法可供选择，企业究竟应该选择哪一种呢？要得到最优的外汇风险管理方法，就需要对不同的管理方法进行经济分析，确定各自的成本与收益，由于外汇风险管理的目标是一致的，即消除不确定性，或者减少风险损失。这就意味着，各种风险管理方法的收益是已知的、相同的，经济分析的重点因此落在成本——为外汇风险管理而支出的现金上面，成本最小的风险管理方法将是最优的方法，也是企业应该选择的方法。

(一) 会计风险管理

1. 会计风险的套期保值基本策略和技巧。企业管理会计风险的方法不外乎有三种：调整资金流量、签订远期合同以及风险冲销。表 6－13 列出的降低会计风险的基本套期保值策略都要利用这三种方法。这一基本策略的核心就是增加硬币资产、减少软币资产；同时减少硬币债务、增加软币债务。例如，如果当地货币发生贬值时可以采取以下基本套期保值战略：降低现金水平，紧缩信贷条件以减少应收账款，增加当地货币借款，推迟应付账款，并在远期外汇市场上卖出软币。

表 6－13　　　　会计风险套期保值的基本策略

	资产	负债
硬币（可能升值）	增加	减少
软币（可能贬值）	减少	增加

调整资金流量是企业会计风险管理最常用的方法。资金流量调整，就是通过改变母公司及子公司预期现金流量的金额或货币，以降低企业当地货币的会计风险。

如果预期当地货币将贬值，企业要降低会计风险损失，套期保值的技巧是减少当地货币资产或者增加当地货币债务，最好将资金头寸转换成硬币，或者在当地货币贬值以前，将其持有的当地货币转换成母公司所在国货币。这一转换可以通过直接调整或间接调整来完成。

资金调整的直接方法包括：(1) 出口以硬币计价，进口以当地货币计价；(2) 投资于硬币面额证券；(3) 用当地货币贷款替代硬币贷款。

资金调整的间接方法包括：(1) 调整子公司之间销售商品的转移价格；(2) 加快红利、特许费等的支付；(3) 调整子公司之间账款的提前和推迟收付安排。

如果预期当地货币升值，套期保值的技巧正好相反。

尽管这些会计风险管理方法普遍被企业采用，但调整资金流量、签订远期合同以及风险冲销也不是万能的。如果市场已经认识到货币升值或贬值的可能性，那么，就会在各种套期保值的成本中将这一认识体现出来。只有当企业的汇率预期与市场普遍预期不同，并且比市场预期高时，才能提前进行套期保值以降低成本。

2. 会计风险管理的局限。跨国企业在对其会计风险进行套期保值时，受到许多方面的限制。

(1) 管理对象难以确定。跨国公司的海外子公司对其年终收益的预测不可能完全准确。如果实际收益高于或低于预测收益，将会使预期的会计风险损失或收益发生变化。在会计风险余额很难准确计量的情况下，套期保值策略将难以制定，即使制定了，管理的实际效果也不能完全令人满意。

（2）远期合同的使用范围有限。外汇市场上的远期合同只面向几种主要货币，许多处在发展中国家的子公司的当地货币根本没有远期市场，无法利用远期合同对其会计风险进行套期保值，这些企业只能转而使用货币市场保值方法。例如，跨国公司的母公司可以借入子公司的记账货币，将其兑换成当地货币（母公司的报表货币），然后购买年终到期的货币市场证券。年终需要编制合并报表时，再出售所购买的货币市场证券，用所得现金购买子公司的记账货币，并归还借款。如果子公司的记账货币在这一年中大幅度贬值，就可以用比年初较低的汇率买入该种货币。货币市场保值方法只有在资本和金融项目自由兑换的情况下才能使用，同样，由于子公司的收益不确定，运用货币市场保值法对会计风险实行完全的套期保值几乎是不可能的。尽管如此，从这一方法中获得的收益，至少可以部分抵消子公司所在国的货币贬值带来的会计损失。

此外，远期交易的损益反映的是远期汇率和未来即期汇率的差额，而会计风险的损益反映了有关会计期间期初汇率与期末汇率之间的差异，这两个差异往往相差甚远，通过签订远期合同来规避会计风险，不一定能够达到预期的目的。

（3）进行风险管理可能会增加企业的税收。如前所述，会计风险损失一般不能从应税收入中扣除，而对会计风险进行套期保值的远期合同收益却包括在应税收入中，这就意味着，对会计风险进行套期保值的一切交易都要支付额外的税收代价。

（4）对会计风险进行套期保值时可能会增加其交易风险。在某个财政年度里，子公司的货币升值了，产生了会计收益，而跨国公司在年初采取的某项套期保值战略就会因此产生交易损失，在某种程度上抵消了会计收益。会计收益只是纸面上的收益，即由于子公司货币的升值导致了以报表货币表示的收益价值提高了。然而，如果子公司将其收益在当地进行再投资的话，母公司根本就没有因子公司货币升值而获得更多的收入，跨国公司母公司净额现金流量没有受到影响。相反，母公司实施套期保值战略导致的损失却是实实在在的。也就是说，流向母公司的净额现金流量会因这一损失而减少。这样，跨国公司实际上是以增加其交易风险为代价来降低会计风险。

（二）经济风险管理

20世纪八九十年代，美国、日本、欧盟国家的跨国公司都进行了重大的全球经营战略调整，它们除了继续注重对短期资产负债表的货币管理外，还着手进行长期的经营调整以应付经济环境的变化，由此掀起了新一轮的国际并购浪潮，出现了跨国公司强强联合。在控制货币波动带来的经济风险时，跨国企业也有针对性地调整其营销策略、生产策略和财务策略。有时企业只需调整三大经营策略中的一个即可，有时企业则需要同时调整三大经营策略（见表6-14）。

表 6－14　经济风险管理三大策略

生产策略	营销策略	财务策略
生产要素重组	市场选址	资产负债匹配
转移生产	定价策略	业务分散化
工厂选址	促销策略	融资分散化
提高劳动生产率	产品战略	营运资本管理

1. 生产策略调整。当汇率波动太剧烈，以至于采用定价和其他营销战略都无济于事时，企业必须从降低生产成本方面着手，对外汇经济风险进行有效的管理。针对外汇经济风险，企业可采用的生产管理调整措施有以下几种：生产要素重组、转移生产、工厂选址、提高劳动生产率。

2. 营销策略调整。在本币频繁波动的情况下，根据汇率波动趋势，调整企业的营销战略可以确保企业获得很多国际竞争优势。国际营销经理的主要任务之一，就是分析和确定货币汇率变动可能带来的利弊，并据此调整企业的定价策略和产品策略。企业采纳的营销策略调整措施有市场选择、定价策略、促销策略和产品战略。

3. 财务策略调整。营销管理战略和生产管理战略有一个共同特征，就是要想有效地实施这些战略，需要花费很长的时间。财务管理策略调整是对企业的债务结构进行重新调整，利用发达的资本市场和丰富的金融工具，在很短的时间内完成。通常，跨国企业在进行营销和生产战略调整时，必须同时进行财务管理策略性调整，以便使营销和生产战略调整引起的资产收益下降，被相应的清偿债务的成本下降所抵消。财务管理策略调整的具体措施包括资产负债匹配、业务分散化、融资分散化、营运资本管理。

（三）交易风险管理

交易风险是企业面临的最主要的外汇风险，是企业进行外汇风险管理的关键。

1. 灵活选择和使用结算货币。对外经济交易，如商品进出口、劳务输出、资本借贷等需要双方签订合同，合同中都有支付条款，载明结算货币。选择何种结算货币，直接关系到交易主体是否将承担汇率风险。因此选择结算货币是交易双方在谈判过程中的重要议项，其重要程度不亚于谈判价格或利率。选择货币一般遵循以下原则：

（1）选择可自由兑换的货币，这样有利于外汇资金的调拨和运用，也便于及时将一种外汇风险较大的货币调换成风险较小的货币。

（2）出口收汇要尽量选择“硬币”作为计价货币，进口用汇则尽可能选择“软币”作为计价货币。这样做就可以避免在汇率波动中处于不利地位。

（3）在签订进口合同时，应尽量采用本国货币计价结算，这样进出口商就不需要买卖外汇，也就不承担汇率变动的风险。当然，如果本国货币严重通货膨胀，应采用外国货币计价结算，可以避免本国货币贬值的风险。

（4）采用“软”、“硬”货币搭配使用的方法。当双方在货币选择上各持己见、无法达成协议时，可采用对半货币折中方法，甚至可采用几种货币组合，以多种货币对外报价，这种形式尤其适合大型设备的进出口贸易。

（5）选择综合货币单位计价结算。在当前的国际贸易中，比较普遍使用的有特别提款权。特别提款权的定值是采用多种货币即一篮子货币加权平均计值的，其币值比较稳定。

在国际贸易中货币的选择也要综合考虑商品的购销意图和国际市场行情。一般情况下，用硬币报价时，货价要相对便宜；用软币报价时，货价要贵一些。当出口的商品畅销时，国际价格趋升，用硬币报价对方也容易接受；反之如果出口商品滞销，为了打开销路，出口商要接受用软币成交，再通过其他金融市场的操作来防范外汇风险。

2. 货币保值法。货币保值法是防范外汇风险常用的一种方式，即在签订贸易合同和贷款合同时，在合同中加列保值条款以防止汇率变化的风险。

（1）外汇保值条款，又称货币风险条款，即在国际经济合同中明文规定，从签约成交到货币实际支付结算这段期限内，交易结算货币若发生贬值（升值）或是贬值（升值）超过双方商定的幅度时，应由双方按照一定比例共同承担外汇风险的损失。

（2）一篮子货币保值条款。选择多种货币对合同货币保值，也就是在签订合同时将所选择的多种货币与合同货币的汇率确定，并规定每种所选择货币的权重，如果汇率发生变动，则在结算时根据汇率变动幅度和每种所选择货币的权重，对支付的合同货币金额做相应调整。由于一篮子货币的汇率有升有降，汇率风险得以分散，可以有效化解外汇风险，把风险控制在一定幅度内。

（3）硬货币保值。双方在合同中规定以硬币计价，用软币支付，阐明两种货币当时的汇率。在执行合同的过程中，如果由于支付货币汇率下跌，则合同金额要等比例进行调整，按照支付日的支付货币的汇率折算，这样实收的计价货币金额和签订合同时相同，支付货币下浮的损失可以得到补偿。

3. 调整合同价格条件法。在进出口贸易中，出口方以本币或硬币计价，进口方以本币或软币计价，都是一种向国外交易对手转嫁外汇风险的方法。按上述原则来选择计价货币，对出口商有利，则对进口商不利，反之则相反。因此在出现不利情况时，进口商或出口商可通过调整合同条件的方法，以弥补因使用不利的计价货币可能蒙受的损失。

例如，我国某进出口公司从日本进口原材料卖给国内生产厂家，贸易合同中规定以日元计价，考虑到日元对出口方是本币且属硬币，这种选择显然对出口方有利而对我方不利。为了避免外汇风险，进口方可以采取下面的方法：第一，适当调低进口货物的价格；第二，采用对进口方较为有利的支付方式，例如，从即期 L/C 改为远期 L/C，或者从 D/P 改为 D/A；第三，提高国内销售价格，将风险转嫁给国内生产厂家。

在进出口贸易中，企业常通过将汇率损失摊入出口商品中或将汇率变动可能造成的损失从进口商品价格中剔除的办法，来转嫁汇率风险。

4. 金融交易防险法。

（1）即期合同法。通常是指某公司在业务经营中两天内存在外汇汇率风险，则该公司可以与外汇银行签订购买外汇的即期合同来消除风险，但要注意实现资金的相反方向流动。例如，美国某公司在两天内要支付1亿日元货款给日本出口商，该美国公司可以直接与外汇银行做一笔即期外汇交易，即以美元购买1亿日元现汇。两天后，该外汇银行交割给美国公司的这笔日元就可用来支付给日本出口商。这样就消除了两天内美元对日元汇率可能波动的风险。

（2）远期合同法。就是具有远期外汇债权或债务的企业与银行签订远期外汇交易合同，通过远期外汇交易来消除或减少外汇风险。利用远期合同法，通过合同的签订把时间结构从将来转移到现在，并在规定的时间内实行本币与外币的冲销。

（3）货币期货合同法。就是具有外汇债权或债务的企业，通过外汇期货市场进行外汇期货买卖，以消除或减少外汇风险的方法。由于外汇期货交易本身具备外汇风险所包含的三要素，因而从理论上讲，这种方法能够全部消除外汇风险。

（4）外汇期权合同法。拥有应付外币账款或应收外币账款的企业，也可以通过外汇期权交易来抵补外汇风险。从外汇期权的交易特点可以看出，外汇期权比上述的几种外汇交易都更具有保值作用。

（5）掉期合同法。在买进或卖出一种期限的某种货币的同时，卖出或买入另一种期限的同种货币，以避免风险。在掉期业务中，两笔外汇买卖的金额相同，买卖的方向相反，买卖所使用的汇率不同。利用掉期合同，同样可以消除时间和价值风险。

（6）借款法。借款法指有远期外汇收入的企业通过向银行借入一笔与其远期收入相同金额、相同期限、相同币种的贷款，通过融资改变外汇风险时间结构，以达到避险目的。如果借款不换成本币，则只消除了时间风险，而仍存在着价值风险。

例如，我国某公司半年后将从美国收回一笔100万美元的出口外汇收入，为了防止半年后美元贬值的风险，于是向银行借款100万美元，期限为半年，并将这笔美元作为现汇卖出，以补充其人民币的资金流动。半年后再利用其从美国获得的美元收入，偿还其从银行取得的贷款，半年后即使美元严重贬值，对我国公司也无任何影响，从而避免了外汇风险。

运用借款法防范风险是有成本的，因为借款要支付利息，但运用这些资金又都可以取得利息收入，如果取得的利息小于支付的利息，就会出现亏损。

（7）投资法。若企业有未来的应付外汇账款，这时企业可将一笔资金（一般为闲置资金）投放于某一金融市场，一定时期后连本带利收回这笔资金，从而使这笔资金增值，并用于支付。运用投资法资金投放的典型市场为短期货币市场，投资的对象为规定到期日的银行定期存款、存单、银行承兑票据以及国库券和商业票据等。投资法与借款法虽然相似，都能改变外汇风险的时间结构，而两者的区别是，投资法是将未来的支付转移到现在，借款法则是将未来的收入转移到现在。

（8）BSI法。全称为借款—即期合同—投资法（Borrow - Spot - Invest），是一种规避汇率风险的综合性方法，主要用于企业存在远期应收账款或远期应付账款的情形，具体做法如下：

当企业存在一笔远期（如3个月）应收账款时，第一步可以向银行借入一笔外汇资金，偿还期为3个月（与应收账款的到账期限一致），借款金额根据偿还金额与应收账款相等的原则确定。企业在3个月远期上的两笔外汇流动方向相反，金额相同，已无风险存在。第二步是将其所借入的外汇资金利用一个即期外汇交易合同卖出，兑换为本币。到此为止，企业即期的两笔外汇流动也是方向相反、金额相同，也没有汇率风险存在。至于企业利用所取得的本币进行各种投资，因为是以本币进行的交易，没有汇率风险。

当企业有一笔远期（假定为3个月）应付账款时，第一步借入本币若干；第二步在即期外汇市场买入一定数额的外汇；第三步是将所买入外汇做一个短期投资（投资方式可以灵活确定，可以是买入流动性较强的债券，也可以存入银行），3个月后（与应付账款期限相同）收回投资并用于支付该应付账款。这一系列步骤，同样可以保证企业无论在即期还是在远期，任何一笔外汇流动均有与之时间相同、币种相同、金额相同、方向相反的外汇流动存在，企业的汇率风险就在这一过程中得到规避。

（9）LSI法。全称为提前收付—即期合同—投资法（Lead - Spot - Invest），也是一种转移汇率风险的综合性方法，用于对企业因存在远期应收应付账款而承担汇率风险的规避，其基本思路同样是针对产生风险的外汇流动制造一笔反方向的货币流动。具体做法如下：

当企业存在一笔远期（假设为3个月）的应收账款时，第一步，企业与交易对手磋商，提前收回这笔资金（当然要给对方一定的折扣）；第二步，企业将收回的外汇资金在即期外汇市场上卖出，兑换成本币；第三步，利用收回的本币做各种投资。

LSI法与BSI法的全过程基本相似，只不过第一步从银行借款支付其利息，改变为请债务人提前支付，给其一定折扣而已。

5. 外汇风险保险法。外汇风险保险法即通过投保外汇风险保险，从而达到防险保值的方法。目前，世界上许多国家的政府都对某些外汇风险给予保险服务，只是保险对象和程度以及具体做法不同，对于具有外汇债权或债务的公司，可以利用这类保险服务避免外汇风险。

6. 提前或延迟结汇。提前或延迟结汇是利用收支时间的调整来防范外汇风险的一种方法。即在企业的涉外收支中，当事人通过预测收支货币汇率的变动趋势，提前或延迟收付有关款项，以更改外汇资金的收付日期来抵补外汇风险。

在进出口贸易中，如果预测到计价货币要贬值，出口企业应与外商及早签订出口合同，或把交货期提前以便早收货款，免受该计价货币贬值或下浮的损失。在进口方面，则应推迟向国外购货，或要求延迟付款；也可以允许国外出口商推迟交货日期，以达到迟付货款的目的。这样进口商便可以在商定的计价货币贬值后用较少的本国货币来换取计价外币。

如果预测计价货币将要升值或汇率上浮，在出口方面，可推迟交货，或采取允许进口商延期付款的方式，从而延期收款，以期获得该计价货币汇率上浮的利益。在进口方面，应提前购买，或在价格条件合适的情况下预付货款，以避免将来计价货币升值或汇率上浮后，须用较多的本国货币购买该计价结算外币的情况。

【案例分析】 **卡特比勒公司：美元的汇率浮动**

卡特比勒公司是世界上最大的重型机械设备制造商之一，曾面临着两个主要问题——来自日本柯马公司的竞争和汇率浮动的美元。1989—1990年初，美元对日元的汇率上浮了30%，这样日本商品在美国和第三国市场上价格下降，柯马公司也因此获得了充分的竞争优势。1990年初，卡特比勒公司自1981年以来，第二次尝试着制定一项应付坚挺的美元的政策。

卡特比勒公司主要进行全球性重型机械设备的生产和销售，该公司利用位于美国、巴西、加拿大、法国、英国、澳大利亚、比利时、印度尼西亚、印度、意大利、日本及墨西哥等地的独资或合资厂生产产品，还在美国、芬兰、挪威、韩国、英国及德国有其合作生产商。产品生产在8个国家获得了许可，零部件仓库和分销点也遍布包括美国在内的几个国家。

一、20世纪80年代前

1973年以前，美元处于固定汇率的体系中，1971年和1973年的两次美元贬值导致汇率明显低于1971年，美元与世界上其他主要货币的汇率在1973年达到一个最低点。1978年末至1979年初又处于另一个最低点。

造成20世纪70年代美元贬值的原因有几个：60年代以来美国经济的相对繁荣，使得进口增长，出口减少，产生贸易逆差，贸易逆差又由于石油价格上涨及70年代全球性经济衰退而扩大，当全世界在70年代末期开始从衰退中复苏时，美国经济也迅速恢复，导致了对进口的强烈需求，更进一步扩大了贸易逆差。

然而，由于贬值的美元在1978年、1979年间开始回升，贸易逆差也在缩小。特别是由于国外经济增长，主要是西欧和日本的经济繁荣，国外消费者持续地购买美国产品，导致美国产品出口的增长。

二、20世纪80年代初期

20世纪80年代，美元开始稳步升值，美国的高利率吸引着国外的游离资本，这种趋势在1981年继续保持。由于紧缩的货币政策导致的高利率，活期存款的持续增长，相对较低的通货膨胀，相对较高的利率，将美国当做逃避世界危机的避风港的心理，繁荣的股票市场，以及跨国公司对美元的需求都是导致美元升值的原因。

美元的坚挺对于美国国内和其他国家既有有利之处，又有不利的方面，它损害了美国出口商的利益，却对美国的进口商们有利。国外出口商希望美元坚挺，这是因为坚挺的美元可以使他们以比较低的成本进入美国市场，并能够与美国的境内公司竞争；另一方面，坚挺的美元也损害着大部分工业经济，美国巨大的联邦预算赤字使得利率持续升高，吸引着欧洲的投资商们增加对美国的投资，这些资金的流入补偿了贸易赤字的外流，美元因此保持坚挺。

然而，美国的高利率使欧洲各国不能够通过降低利率来刺激衰退的经济，这些国家害怕低利率会导致更多的资金流向美国，而使它们国内的投资所需资金不足。

发展中国家也遇到了困难。发展中国家债务主要是以美元构成，高利率使得需付利息增加，坚挺的美元则意味着它们必须花费更多的本国货币来兑换美元用以偿还债务。同时，工业国和发展中国家还发现坚挺的美元导致原材料进口（尤其是石油）更加昂贵。

在美元升值期间，卡特比勒公司承受着巨大的竞争压力。该公司很大程度上依赖于美国生产的部件和成品的对外出口。公司超过2/3的雇员在美国的工厂工作，并且81%的资产在美国。高额的成本、坚挺的美元使得卡特比勒公司难以与其他公司竞争。同时，成本优势的存在以及作为日本公司由于低汇率而受益等原因，使得柯马公司在美国市场和其他市场上均成为卡特比勒公司占有市场份额方面的强有力的对手。

直到1980年，柯马公司凭借着低于卡特比勒公司40%的价格优势，占有了超过17%的设备销售额。在美国市场上，柯马公司则以卡特比勒公司的利益损失为代价，将其市场份额由15%提高到了25%。

卡特比勒公司的另一个问题是，其产品的一些主要市场正面临着严重的困难。由于石油价格的下降和第三世界债务的暴涨，采矿设备及有关能源的项目所需机械的销售变得不景气，尤其在发展中国家，情况更是如此。

为了解决这些问题，卡特比勒公司开展了一个“三步走计划”。第一步是公开要求美元汇率下调。卡特比勒公司在1985年度报告中指出，美元的贬值将最终提高美国出口商的竞争力，减少贸易逆差，并降低那些正在影响国会的保护贸易主义者的过度热情。这些对卡特比勒公司都将是有利的。

第二步是降低成本。这首先是靠关闭工厂和解雇员工来完成的。雇员人数从53 000名缩减到35 000名，减少了34%。通过关闭9间工厂，工厂面积也减少了1/3。

计划的第三步则是与美元的坚挺和降低成本的愿望都有关系。卡特比勒公司参与了合作生产并扩大了国外生产能力。合作生产方式使得卡特比勒公司在应付经济波动时更加自如。利用美元坚挺的优势，该公司开始进行国外生产，尽管这种生产模式的改变还远没有其他公司那样明显。与此同时，许多独立的在美分销商则以较低的价格购买卡特比勒公司的国外产品，再将其进口到美国市场，这样就抢占了卡特比勒公司自己的市场。因此，卡特比勒公司决定让国外生产商制造卡特比勒品牌的产品，并且用国外供应商取代了美国供应商。通过这种改变，卡特比勒公司产品的国外生产从1982年的19%上升到了1987年的25%，来自国外的零部件也于同期增长了4倍。

三、美元贬值

1985年秋，美元又开始贬值，这次贬值的幅度很大，相对于各种货币的下降幅度并不一致。对于有些货币，尤其是那些亚洲新兴工业国家的货币，美元保持相对的平稳，而对于有些经合组织国家的货币，贬值的幅度却是显著的。产生这种现象的主要原因在于美国贸易逆差的继续扩大，美国内部可能出现的贸易保护主义，巨大的联邦预算赤字以及欧洲货币体系中许多货币承受着很大的压力，尤其是德国马克。

尽管美元在贬值，美国的出口却有显著的增长，这主要是由于其他工业国家经济的衰退以及国外竞争者情愿获取更微小的效益。同时，由于美国经济的繁荣以及进口商不愿提高物价以免失去市场份额，进口仍在持续增长。但是，专家们仍在盼望着当1988年贬值的美元开始回升时，贸易逆差的问题会得到逐步的改善。

四、20世纪80年代后期

1989年，美元又开始变得坚挺，尤其是对日元的汇率，卡特比勒公司对此却毫无准备。许多美国公司都建造更多的海外工厂，增加对日本零部件的购买，并利用金融规避的策略减轻浮动的美元（特别是坚挺的美元）的冲击。美国公司的海外投资在1985年增长了24%，1989年增长了14%，1990年增长了13%。然而，卡特比勒公司仍在担任着除波音公司之外的美国第二大出口商的角色。

卡特比勒公司通过列举日本公司在美国及海外由于美元如此坚挺所获得的种种显著优势，再次公开要求政府的帮助。尽管日本政府在1990年初试图提高日元的汇率，美国政府却由于其他原因对降低美元汇率并未作出很大的努力。卡特比勒公司在1985年领导了对政府的谴责。而且那次公开要求最终导致了1985年美元汇率的降低。卡特比勒公司希望1990年的公开要求所作出的努力也能获得相同的效果。

20世纪80年代中期，卡特比勒公司决定进行工厂现代化的改造。因此，它建立了未来工厂的计划。尽管卡特比勒公司最终希望通过现代化降低19%的成本，这个计划仍然需要许多年的实施。就是美元对日元汇率下降也难补偿生产能力的改变，因此，柯马公司有充分的条件降低其产品价格，而卡特比勒公司则由于坚挺的美元真正受到了打击。正如卡特比勒公司的董事长所指出的："我们最大的竞争者在名义价格上并未改变一个日元，却实际上收到了价格增长25%的效益。"

五、点评

外汇是以外币表示的用以进行国际结算的支付手段。一国货币与另一国货币的比价，或者说用一国货币所表示的另一国货币的价格，称为外汇汇率，简称汇率制度。它可分为固定汇率制度和浮动汇率制度两种。

自1973年布雷顿森林体系下的固定汇率制崩溃后，西方各国普遍采用的是浮动汇率制。在浮动汇率制下，外汇汇率完全由市场外汇供求关系来决定。这时汇率的决定成为一个十分复杂的问题。经济活动中有许多因素对汇率的变动发挥作用，这些因素有国际收支、货币供给、财政收支、通货膨胀率、外汇储备利率、投机活动、中央银行对外汇市场的干预、市场心理预期、政治与突发性因素，等等。众多因素的影响使得汇率的变化很难预测，因此，给国际贸易和投资带来了很大的不确定性。参与国际交易的企业处在瞬息万变的国际金融环境中，外汇汇率变化会影响企业产品的进出口及国际间的资金流向，导致经营成本发生变化，从而影响生产决策，并影响企业在财务资源、跨国资本流动以及财务结算等方面的管理 。

企业必须明确意识到这些潜在风险并加以处理，通过进行货币选择，优化货币组合，采取各种保值措施，选好结算方式，利用外汇和借贷投资业务等方法来防止或减轻外汇风险。同时，通过适当地调整生产战略和营销战略来降低汇率波动给企业利润带来的不利影响。这些措施的具体操作方向，也要依据汇率的变化而定。本案例正是通过介绍卡特比勒这家国际性的企业面对美元汇率的变动所采取的一系列行动，来说明国际企业在汇率处于不同的变化时，必须采取不同的策略。

资料来源：温厉：《工商管理（MBA）教学案例精选丛书 国际贸易与国家金融教学案例精选》，上海，复旦大学出版社，1998。

【能力训练】

1. 一家香港贸易公司，日常资金以美元形式持有，即以美元为本位币，由于经营需要，每年需要在欧洲国家选购贸易产品及其他用品，年支出约1亿美元左右，所购产品在中国内地及香港地区销售和进行贸易，在欧洲进货时是以欧元结算，而销售结算则以美元为本位币结算，因此每次进货和销售都要经历一次以下两种货币之间转化的循环：以美元现金兑换欧元，在欧洲购货以欧元支付货款，在中国内地或香港地区进行商品交易最后仍结算成美元。若美元对欧元货币汇率在上述循环过程中（存货周转次数假设为120天）波动较大，尤其是若欧元升值，那么这家贸易公司将会在每一次的业务循环中都面临巨大的汇兑损失风险。

试运用所学汇率风险管理方面的知识作以下探讨：

（1）该公司面临的是何种外汇风险？

（2）防范这类风险有哪些方法？

（3）上述业务循环中，哪部分环节上最有可能发生外汇风险？有何具体的防范办法？

（4）综上所述，你对该公司的业务循环与公司资金组合有何建议？

2. Chemex是美国一家化学特殊制品公司，年销售额6亿美元，其中50%是出口收入：出口到加拿大为10%，出口到日本、英国、德国、法国和意大利均为8%。它发生的所有成本用美元计算，而大多数出口销售额以当地货币标价。

（1）汇率变化是怎样影响Chemex公司的？

（2）怎样区别Chemex公司的交易风险和经济风险？

（3）公司如何防范交易风险？

（4）为防范经济风险，公司应采取什么样的财务、营销和生产策略？

（5）公司对外销售时，每次都对其国外销售收入头寸进行套期保值，或者所有国外销售定价用美元，通过这些方法，公司能消除经济风险吗？为什么？

3. 假定美国公司W在90天后必须向加拿大供应商支付CHF1 000万。

（1）解释W可以怎样利用外汇期货合同对其汇率风险进行套期保值。它需购买多少份期货合同（在IMM）？

（2）解释W可以怎样利用外汇期权合同对其汇率风险进行套期保值。它需购买多少份外汇期权合同（在IMM）？

（3）比较采用外汇期货合同与期权合同的利弊。

4. 某跨国公司的母公司在美国，一个子公司在英国，另一个子公司在瑞士。如果市场上预测瑞士法郎对美元将上浮，英镑对美元将下浮；为消除外汇风险，跨国公司在其母公司和两个子公司之间的进出口业务中，将如何运用提前结汇和推迟结汇的方法？

5. 一家瑞士公司向美国出口钟表，价值为500万美元，6个月后收款，但瑞士公司担心由于美元价格下跌而受到损失，因此希望采取措施管理这一外汇风险。如果目前市场即期汇率为USD1 = CHF1.3240，美元6个月远期贴水650点；瑞士公司可以以10%的年利率借到美元资金，瑞士国内利率水平为9.5%。瑞士公司此时若使用远期交易保值，应如何操作？若使用BSI法保值，又应如何操作？两种方法哪一种更有利？

综合练习六

一、判断题

1. 只要涉及外币，必定存在外汇风险。(　　)

2. 时间跨度越长，外汇风险就越大。(　　)

3. 买方在订立合同时应该尽量争取用软币成交。(　　)

4. 美元有升值趋势，某个跨国贸易合同中约定用美元结算，作为卖方，会希望提前结汇。(　　)

5. 加价保值法可以彻底化解外汇风险。(　　)

二、不定项选择题

1. 经济主体对资产负债进行会计处理中，在将功能货币转换成记账货币时，因汇率变动而呈现账面损失的外汇风险称为（　　）。

A. 交易风险　　B. 折算风险　　C. 经济风险　　D. 经营风险

2. 因意料之外的汇率变动通过影响企业生产销售数量、价格、成本，引起企业未来一定期间收益或现金流量减少的一种潜在损失，这种类型的外汇风险称为（　　）。

A. 交易风险　　B. 折算风险　　C. 经济风险　　D. 经营风险

3. 以下方法中可以帮助企业防范外汇风险的有（　　）。

A. BSI　　B. LSI　　C. 掉期交易　　D. 远期外汇交易

4. 对跨国贸易中的卖方有利的是（　　）。

A. 硬币结算争取到延期结汇　　B. 软币结算争取到提前结汇

C. 硬币结算时争取到提前结汇　　D. 软币结算时争取到延期结汇

5. 以下哪种方式可以完全规避外汇风险（　　）。

A. 用本币结算　B. 用硬币结算　C. 用软币结算　D. 用可自由兑换货币结算

三、分析题

20世纪80年代江苏省某市一家塑料厂曾通过轻工部借用日本民间贷款1.5亿日元，按当时1美元兑220日元的汇率折合68万美元。还款时1美元兑换141日元，该企业以美元表示的债务负担是否加重？为什么？

四、计算题

20世纪80年代江苏省某市一家涤纶厂进口一套长丝的成套设备，成交金额为1 483

万德国马克，按当时1美元兑2.98德国马克的汇率，折合498万美元。但分3期等额付款时，美元兑德国马克的汇率一再下跌，先后跌至1∶2.74、1∶2.04、1∶1.88，该企业持有的是美元额度。请问：

1. 该企业实际支付货款总额是多少美元？
2. 该企业遭受汇率变动的经济损失是多少？

项目七

国际融资

GUOJI RONGZI

随着近几年中国经济的高速发展，跨国企业的对外扩张活动正密锣紧鼓地进行着。在急速扩张的过程中，跨国企业面临着前所未有的融资压力。它们如何解决"融资难"的问题？有哪些融资方式？是利用股权融资？债券融资？还是其他的贸易融资方法？本项目重点讲解各种国际融资方式，以及如何选择合适的融资渠道帮助企业解决问题。

模块一　国际股权融资

【课前思考】

自从 1992 年 2 月 21 日，第一家 B 股上市公司"电真空"股票成功向境外投资者发售开始，我国就踏上了国际股权融资的道路。经过十几年的艰难前行，截至 2009 年底，已有约 97 家中国企业实现境外 IPO，总计融资额约 297.69 亿美元。为什么国际股权融资发展得这么迅速？它给企业带来了什么好处？

【能力目标】

1. 掌握不同的国际股权融资方式；
2. 区分不同股权融资方式的利弊。

一、何谓国际股权融资

国际股权融资是指符合发行条件的公司组织依照规定的程序向境外投资者发行可流转股权证券的国际融资方式。国际股权融资在性质上不同于国际债券融资，它本质上是股票发行人将公司的资产权益和未来的资产权益以标准化交易方式售卖于国际投资人的行为；与此相对应，投资人认购股份的行为本质上是一种直接投资，依此交易，认股人将取得无期限的股东权利，其内容中不仅包括旨在实现资本利益的股东自益权，而且包括旨在控制、监督发行人公司的股东共益权。

我国在国内企业的国际股权融资问题上，一直持有鼓励的态度。以下介绍国际股权融资为筹资国带来的利益。

1. 永久性。这是由股票融资这一方式决定的，由于股票没有期限的限定，股东在任何情况下都不得要求退股，因此，引进的外资能够成为永久的生产性资金留在企业内，而不会像一般合资或合作企业，因合同到期或意外变故，外方抽回资金而使企业陷入困境。特别是通过发行 B 股融资，筹资国吸引的外资只会增加而不会减少，B 股只能在外国投资者之间进行交易而不能卖给国内投资者，因此筹资国所筹外资就较为稳定，该国吸引外资的数量也不会受到游资的冲击。

2. 主动性。通过股票吸引外资，筹资国可运用法律和政策性手段约束投资者的购买方式、购买种类、资金进出的方式、税率等，并作出相应的规定，筹资国还可以自主决定哪些行业、企业允许外商投资，哪些不行，从而正确引导投资方向。

3. 高效性。国际股权融资有利于对外发行股票的企业在更高层次上走向世界。国外股票持有者从自身的利益出发，会十分关心企业的经营成果，有利于企业改善经营管理，提高盈利水平。而企业因股票向外发行，无形中提高了国际知名度和信誉，有利于企业开拓产品销售市场，开展国际化经营。

想一想 既然国际股权融资有利于筹资国，那么对企业的自身发展又有什么影响呢？

二、国际股权融资对企业的影响

通过进行国际股权融资，企业将会：

1. 获得永久可用而不必偿还的外币资本。这是由股票本身的特点决定的，企业发行股票筹集的外币资本，可以大大改善企业财务结构，减轻企业财务负担，增强企业借债能力，减轻由于本币贬值而带来的外汇风险。

2. 提高企业的知名度。因为只有效益好、有发展潜力，能为国外公众所接受的企业，才能以较好的价格吸引国外投资者。同时，由于企业在国外知名度和形象的提高，为企业进一步在国际资本市场上融资争取优惠利率奠定了基础。

3. 面临信息披露的压力。股票的发行尤其是公募必须提供详细说明书、公司经营的重大信息，并报经国际认可的会计师事务所审核，信息的采集审计、发布所需的成本很大，且极易涉及商业秘密，给公司经营带来不便。

4. 面临投资者的压力。投资者购买股票既注重长期投资利益，也注重企业的短期表现，长期表现差的股票将被投资者从资产组合中剔除。

5. 面临竞争的压力。股票市场对上市公司永远存在兼并收购的压力。

与此同时，企业想要进行国际股权融资还存在着较大的局限性。因为国际股权融资只限于效益极好的企业，没达到这个标准的企业只能望尘莫及。

【知识链接】　**何谓IPO?**

IPO就是Initial Public Offerings（首次公开发行股票），是指一家企业第一次将它的股份向公众出售。通常，上市公司的股份是根据向证券交易所出具的招股书或登记声明中约定的条款通过经纪商或做市商进行销售。一般来说，一旦首次公开上市完成后，这家公司就可以申请到证券交易所或报价系统挂牌交易。

三、国际股权融资的特征

国际股权融资不同于一般的国际融资，它具有以下特征：

1. 根据多数国家的公司法和证券法，国际股票发行人仅限于资本业已股份化的特定类型的公司组织，通常为股份有限公司或特定类型的有限责任公司。

2. 国际股票发行人与投资人分属于不同的国家或地区，其股票发行或上市交易行为受到不同国家法律的支配，由于其法律适用较为深入地涉及不同国家的公司法、财产法和证券法规则，故其法律冲突问题的解决较为复杂。

3. 国际股票本质上是可自由流转的股东权利凭证，其权利具有无期限性，采取记名证券形式，其权利内容又具有复合性与复杂性，故国际股票的发行，交易与权利争议解决均不同于国际债券。

4. 国际股权融资通常不以单纯的一次性股票发行为内容，发行人往往追求国际股票发行与股票上市的双重后果，其目的在于提高国际股票发行的效率，建立某种长期稳定的国际融资渠道，由此又造成实践中对于股票发行与股票上市概念混用的情况。

5. 国际股权融资具有较强的技术性和复杂的程序性，多数国家的证券法或公司法对于股票发行与上市规定有条件规则、上市聆讯规则和程序规则，因而在现代社会中，凡提到股票发行与上市，通常意味着这一行为是在金融中介人和专业机构协助下进行的，是遵循公开和公正原则进行的，并且是在法律规定的条件规则和程序规则控制下进行的。综上所述，国际股权融资不仅在性质上不同于传统的投资行为（如中外合资合同行为）、贷款行为或其他类似合同行为，而且不同于国际债券融资行为。可以说，现代各国证券法对于国际证券发行与交易的规则更主要是为控制股票融资行为而设置的。

【知识链接】　**2009年中国企业境外IPO的势头明显回暖**

根据数据显示，截至2009年12月31日，总计约97家中国企业实现境外IPO，总计融资额约297.69亿美元。

虽然2009年境外IPO没有重现2007年的火暴场景，但就上市企业数量而言，97家仅次于2007年的128家，排在近六年的第二位。就总计融资额而言，297.69亿美元的数额低于2006年的440亿美元和2007年的418.75亿美元。

事实上，近年中国企业境外 IPO 的态势可以勾画出一个弧度，其中 2004 年到 2006 年上市数量变化不大，融资额到 2006 年和 2007 年出现峰顶，而 2008 年受国际金融危机的影响，中国企业境外 IPO 不论是企业数量还是融资金额都出现了大幅度缩水，跌入低谷。

鉴于较低的基数因素，2009 年企业境外 IPO 数量比 2008 年增长了 70.2%，相当于 2007 年的 75.8%；融资金额比 2008 年增长了 248.7%，相当于 2007 年的 71.1%。

2009 年的总融资金额虽然扭转了 2006 年以来的下降趋势，首次出现增加的趋势，但仍然未能达到高峰时期的水平。同时，国际金融危机也改变了境外上市的公司行业分布，2008 年境外上市的公司主要分布在传统制造、食品饮料、零售及房地产等领域，而 2009 年境外上市的公司主要分布在制造业、房地产、金融保险和能源等领域。

资料来源：证券之星网站，2010-08-03，http://finance.stockstar.com/MS2010080330000202.shtml。

四、结构与类型

国际股权融资依照其发行与上市结构可分为不同的类型，其中我国的境外股票融资中较普遍采用的类型主要包括境内上市外资股结构、境外上市外资股结构、间接境外募股上市结构和存托证境外上市结构等几种。

（1）境内上市外资股结构。境内上市外资股结构是指发行人通过承销人在境外募集股票（通常以私募方式），并将该股票在发行人所在国的证券交易所上市的融资结构。我国证券法规将依此类结构募集的股份称为“境内上市外资股”，实践中通常称为“B股”。

在我国，境内上市外资股的发行人仅限于根据《公司法》合法设立的股份有限公司；有关发行人公司章程、境内上市外资股的发行条件与审批、境内上市外资股的上市和交易制度均适用中国有关法律和法规；境内上市外资股的股票主承销人和上市保荐人应当由中国的金融中介人担任，但在承销工作上通常由国际性金融中介人（称“国际协调人”）按照私募惯例组织；境内上市外资股的发行须根据股票发行地和国际融资惯例的要求采用信息备忘录形式并应符合其信息披露的要求，经审计的发行人会计报表（调整表）应当符合股票发行地国家会计准则的要求；此外，境内上市外资股结构在公司发起人责任、同业竞争和关联交易等合同安排上也应考虑满足股票发行地法律和国际融资惯例的要求。由上可见，我国的境内上市外资股结构主要是依据我国的法律和会计准则构建的，在承销组织上采用了国际股权融资惯例中的私募方式，并在不违反中国法律的基础上遵循了国际会计准则和股票发行地的有关法律要求；但这更主要是为了满足境外投资人的投资偏好，增加其投资信心。由于多数国家的法律对于国际股票私募并没有严格的限制，因而境内上市外资股结构所需解决的法律冲突和障碍也较少，其结构相对简单。

总的来说，我国目前的境内上市外资股在实践中仍处于推广试点和不成熟阶段，影响这一结构有效发挥作用的主要因素包括外汇管制制度的制约、公司法制的不完善、因私募而形成的股权结构不合理、交易制度和信息披露制度的欠缺等。

（2）境外上市外资股结构。境外上市外资股结构是指发行人通过国际承销人在境外募集股份，并将该股票在境外的公开发售地的证券交易所直接上市的融资结构，此类募股通常采取公开发售与配售相结合的方式。我国的证券法规将按此类结构募集的股份称为“境外上市外资股”，实践中所称的“H股”、“N股”、“S股”等均属此类。

我国境外上市外资股结构的特点在于：①其发行人为根据我国有关公司法规设立的股份有限公司，即为中国法人，但规范公司行为的公司章程已根据股票上市地法律进行了必要的补充，因而大体解决了中外法律差异；②其股票发行与承销通常由国际性金融机构担任主承销人和保荐人，并且按照股票上市地法律的要求采取公募与私募相结合的方式进行；③其招股说明书须采取股票上市地法律要求的招股章程和信息备忘录形式，并且须符合该法律要求的必要条款规则和信息披露规则；④经审计的发行人会计报表通过国际调整表须符合股票上市地会计准则，同时应符合中国会计准则；⑤有关发行人公司的发行申请、上市审核等行为实际受到股票上市地和发行地法律的支配，但发行人公司首先须履行中国有关的申请审批手续；⑥有关发行人公司及其股东的持续性责任、上市承诺、同业竞争、关联交易和交易规则等安排应符合股票上市地法律的要求。

境外上市外资股结构充分利用了市场所在国的外汇制度、法律制度、证券交易制度和信息披露制度，采用国际股权融资实践中惯常的组织方式，故其发行效率和股票流动性均优于境内上市外资股。

【知识链接】 **企业上市，向内走还是向外走**

2007年9月17日，在香港上市的中国建设银行将正式回归，发行90亿股A股，有望创下内地股市首次公开发行股票募集资金（IPO）的新纪录。

内地企业在海外上市数目

（截至2007年9月17日）

纽约证券交易所	28家
纳斯达克	47家
伦敦证券交易所	61家
新加坡证券交易所	124家
香港证券交易所	382家

此前的几个月里，中国人寿、中国平安、中国铝业、中国远洋等一大批已在海外上市的企业已经陆续回到A股上市。但同时，也有中国企业不断到境外上市，而境外证券交易所对中国优质上市公司资源的争夺也越发主动。几天前，纽约交易所在北京正式设立办事处，纳斯达克和伦敦交易所也正在申请设立办事处。

国内国外的交易所纷纷向中国企业伸出橄榄枝，让中国企业左顾右盼，左右逢源。

变化——

企业上市从崇尚向外到积极向内

“为什么要去国外上市？中国的A股市场股价这么高，融资额也不错，在国内上市多好啊？”自从6月27日在纳斯达克上市之后，展讯通信公司总裁武平博士就频繁地被问及这样的问题。

不仅仅是展讯，许多的中国公司眼下也都面临相同的选择题。

“过去，国人听说你在纳斯达克上市了，都会为你感到骄傲，现在却透出些遗憾的情绪，这倒是个新变化，表明中国股市的成长及长期向好。”刚刚脱离上市静默期的武平，向记者表达了对上市的看法。

这样的变化的确神奇。三年前，去海外上市还是中国企业的一种时尚，上市成功往往会成为企业明星。那时，一大批优质企业争先恐后到境外上市，仅2003年，就有中国人寿、中国人保、首创置业、中芯国际等重量级国有企业及股份制企业相继在境外上市。其中，中国人寿以融资35亿美元创下当年全球IPO的最高纪录。此后，建设银行、中国银行等国有银行也陆续在境外上市。

身为上海证券交易所副总经理的刘啸东曾为一大批优质国企上市资源逐渐流失到海外市场而深感痛心。2004年7月，在一次企业家圆桌会上，他曾坦言：“看到中国人寿境外上市，我的心在滴血。”

可是，几年之后，刘啸东面对记者谈及上市很是自信：“现在90%的企业谈及上市都会想到A股市场。中国的股市发生了很大的变化，因为大家的思维、观念都变了。”

中国股市的变化，中国企业和股民都已看到并正在分享：因为股权分置改革的不断推进，股权拥有者的责权利逐步得到统一，市场环境日趋改善，股市总市值不断创新高，9月初，已达到23万亿元，不仅超过了2006年国内GDP的总量，而且已跻身全球资本市场前十强。

还是原来的国内市场，因为资本的规模与总量日益扩大，人们对它的态度也开始不同。企业选择上市不再以到海外为时尚，越来越多的企业开始向往在国内上市。

诱惑——

海外资本市场向中国优秀企业敞开大门

在武平看来，无论是到国内上市，还是到国外上市，它都从另一个侧面证明中国企业可选择的融资渠道越来越多，可选择的余地越来越大。“这是好事！”他说。

一个显而易见的事实是，伴随着中国经济的成长，中国已成为世界各主要资本市场上市资源供给地和争夺地。

数据显示，纽约交易所目前已经吸引了28家中国内地公司挂牌上市，其中仅2007年上市的就有8家。2007年底前，预计还将有数家中国企业到纽交所上市。而美国另一主要证券交易市场——纳斯达克，在那里上市的中国企业共有47家，仅2007年上市的中国企业就有13家。据介绍，在纳斯达克上市的中国公司数量2007年底很有可能超过美国以外的任何国家和地区。2007年在美国上市的外国公司中，中国公司是最多的。

伦敦证交所也后来居上，成为吸引中国企业上市最多的海外交易所之一。目前，在该交易所上市的中国内地企业已超过60家，为此，伦敦证交所正积极准备设立专门的"中国指数"。

德国交易所也向中国企业打开了大门。2010年3月30日，该所迎来了第一家中国内地企业——山东工友集团。紧接着是日本，亚洲传媒公司（AISA MEDIA）（北京宽视网络）4月26日在东京证券交易所正式挂牌交易，实现了中国企业在日本上市的"零突破"。而韩国证交所也在6月1日正式批准中国华丰纺织国际集团有限公司的上市申请，由此，已在香港上市的华丰纺织一举成为首家登陆韩国的外企。

欧洲证交所中国区总裁潘康代表该交易所频频来中国推介，他以为，海外交易所为内地企业提供了更多的选择，这应该是一件好事。大的国企可以进一步在内地筹资，同时，海外市场也可以对内地资本市场起到补充甚至是促进作用。

关键——

上市的目的不仅是融资

虽然世界各主要交易所轮番登场，诱惑不少，但是，究竟选择在国内上市还是海外上市，选择哪个市场上市最终决定权还在企业。

施罗德中国区总裁高潮生对记者谈到，上市，对于一个企业来说，需要根据企业各自的实际情况来定。企业选择上市地点，涉及上市地法律环境、上市公司自身资质等多种因素，应当综合考虑上市的成功基础、上市成本以及维持挂牌的后期资金和技术成本等，但更重要的还是要考虑企业的发展战略，融资是为什么，战略是什么，这些都要结合起来考虑，而且是最重要的。"如果你的企业与海外没有太多的联系，你可以考虑在国内上市，否则你筹了一堆美元，还要换成人民币，其中都存在汇率风险，这些都要考虑。"高潮生分析。

比如展讯，之所以选择在纳斯达克上市，一个重要的因素是企业发展战略所致。"我们的竞争对手在海外、市场在海外，需要让它们了解展讯，了解展讯的技术。我们是做3G芯片的，在美国上市也是国际资本市场对中国技术的认识过程。路演过程中，展讯公司代表会见了100个投资人，没想到90%的投资人都表示要投资，这一比例大大超出了预期。上市的目的不仅是融资，我们也是中国科技的宣传队、播种机，它比融资的意义更大。"武平说。

上海朵彩彩棉服饰公司董事长鲁小强以为，无论是在国内上市还是在国外上市，上市的实质不能忘却，上市就是把企业包装成产品让股民购买，所以，企业的经营者一定要掂量，当你在出售这些股份的时候，怎样才能让更多的股东由此获得更多利益。只要有了这一点，在哪上市都可以了。

资料来源：人民网，《人民日报》，2007-09-17，http://finance.people.com.cn/GB/8215/80496/6287723.html。

（3）间接境外募股上市结构。间接境外募股上市结构是指一国的境内企业通过其在境外的控股公司向境外投资人募集股份筹资，并将该募集股份在境外公开发售地的证券交易所上市的股票融资结构。依其公司重组方式又可分为通过境外控股公司申请募集上市和通过收购境外上市公司后增募股份两种。我国目前已在境外募股上市的上海实业、北京控股、航天科技、中国制药等公司均采取此类结构。

在我国，间接境外募股上市是利用中外合营企业（Joint Venture）法创造的融资工具，其基本特征在于：①其发行人为根据股票上市地法律要求设立或收购的境外有限责任公司，为境外法人，其公司章程与公司设立均适用相应的外国法律；②其股票发行申请、上市审核、招股说明书、信息披露责任、股票交易等均适用股票上市地的法律，发行人经审计的会计报表也仅采用股票上市地要求的会计准则；③发行人公司作为境外投资人将通过合资企业法控股境内的企业，该类境内企业为中外合资有限公司或中外合作有限公司，其公司章程、会计准则、利润分配和境外资金投入均适用中国的有关法律；④根据我国目前的法律规定，间接境外募股上市虽不受计划额度制度的支配，但境内机构（特别是国有机构）对境外控股公司的投资须取得商务部的批准和许可，以境内机构控股而实施的间接境外上市还须经证券监管部门批准后方可实施。

间接境外募股上市结构充分利用了境内合资法制和境外市场所在国法制的条件，使境外投资人对境外上市公司有较强的认同感和法制信心，而其股权利益则由境外上市公司代表股东向境内的合资企业主张。依此类结构组织的国际股权融资在发行效率、股票流动性和市场表现上均优于境外上市外资股结构。

（4）存托证境外上市结构。存托证（Depositary Receipt）又称“存股证”，它是由一国存托银行向该国投资者发行的一种代表对其他国家公司证券所有权的可流转证券，是为方便证券跨国界交易和结算而创制的原基础证券之派生工具。存托证所代替的基础证券通常为其他国家公司的普通股股票，但目前已扩展于优先股和债券，实践中最常见的存托证主要为美国存托证（ADR）及欧洲存托证（EDR）。我国目前已在境外上市的上海石化、上海二纺机、马鞍山钢铁等公司均采取 ADR 境外上市结构。

存托证结构依其具体内容可分为不同类型，例如在 ADR 中，一级有担保的 ADR 和二级有担保的 ADR 不具有筹资功能，而三级有担保的 ADR 和 144A 私募 ADR 则具有募股筹资功能，我国公司境外上市实践中通常采用的 ADR 类型多为三级 ADR 和 144A 私募 ADR。概括地说，存托证境外上市结构是指一国的发行人公司通过国际承销人向境外发行的股票（基础证券）将由某外国的存托银行代表境外投资人统一持有，而该存托银行又根据该基础证券向该国投资人或国际投资人发行代表该基础证券的存托证，并且最终将所发行的存托证在该国证券交易所上市的国际股权融资方式。

【知识链接】

德意志银行今日宣布，获高德软件有限公司（以下简称高德软件）委任为其在纳斯达克上市交易的美国存托凭证（ADR）存托银行。

高德软件是中国领先的数字地图内容及电子导航和定位服务解决方案供应商，其核心业务是建立一个全面覆盖中国的数字地图数据库。该数据库覆盖全国约 280 万公里的道路和超过 1 250 万个地点。通过其数字地图数据库和专有的技术平台，高德软件可为中国市场和用户提供综合一体化的优化导航及定位服务解决方案，其中包括车载导航解决方案、公共部门和企业应用方案、无线定位服务解决方案和互联网定位服务解决方案。

德意志银行全球股票服务部主管 Akbar Poonawala 表示："我们很高兴成为高德软件的存托行。我们期待服务高德软件，助其拓宽投资者的范围。"

资料来源：中证网，2010－07－08，http：//www.cs.com.cn/yh/02/201007/t20100708_2502665.htm。

存托证上市结构的当事人除包括发行人和基础证券承销人之外，还包括存托银行、存托证承销人、托管银行等。这一结构的基本特征在于：①发行人公司通过国际承销人向境外配售的基础证券（股票）由某外国的存托银行代表境外投资人认购，并委托基础证券市场所在国的托管银行机构（通常为存托银行的附属机构或代理行）负责保管和管理该基础证券；②存托银行依据基础证券通过承销人向其本国投资人或国际投资人发行代表该基础证券的存托证，每一单位存托证依发行价代表一定数量的基础证券，并将发行存托证的筹资用于认购基础证券的支付；③安排存托证在存托银行所在国证券交易所上市，负责安排存托证的注册和过户，同时保障基础证券在其市场所在国的可流转性；④由存托银行透过托管银行向基础证券发行人主张权利，并以此向存托证持有人派发股息；⑤存托银行负责向基础证券发行人质询信息，并负责向存托证持有人披露涉及基础证券发行人的信息和其他涉及存托证利益的信息；⑥存托证注销的过程通常为，首先由存托银行以回购要约通过市场向存托证持有人购回存托证，其次由存托银行通知基础证券市场的经纪商售出基础证券，再次由存托银行将购回的存托证注销，最后将基础证券售卖收入偿付存托证原持有人。由上可见，存托证上市结构是由存托银行提供金融服务的某种衍生证券发行与上市结构，存托银行在其中仅提供中介服务并收取服务费用，但不承担相关的风险。

五、国际股票的发行

国际股权融资的核心内容是国际股票发行，它是指符合发行条件的公司组织以筹集资金为直接目的，依照法律和公司章程的规定向外国投资人要约出售代表一定股东权利的股票的行为。根据多数国家证券法的规定，股票发行应当符合公开、公平与公正的基本原则，某些国家的法律甚至对于股票发行方式也设有概括性规定（如我国法律对于股票发行方式加以列举式概括）。但总的来说，多数国家的法律对于国际股票公开发行和私募发行设有不同的规则。

股票公开发行（Public Offer），是指发行人根据法律规定，以招股章程（Prospectus）形式向社会公众投资人公开进行募股的行为，其发行程序、信息披露和有效认股的确认均受到特别法规则、要式行为规则的规制。

股票私募发行（Placement），又称为“配售”，是指发行人根据法律的许可，以招股信息备忘录（Information Memorandum）或类似形式向特定范围和特定数量的专业性机构投资人以直接要约承诺方式进行售股的行为，其发售程序、信息披露和有效认股的确定仅受到较为宽松的法律控制。

简要地说，股票公募与私募的主要区别在于：

（1）发行申请规则不同。股票公募须向证券市场所在国的证券监管部门履行股票发行申请注册、备案和审核；而股票私募通常不须向证券市场所在国证券监管部门履行发行注册申请或审核程序，或者仅须履行较为简单的注册备案程序。

（2）信息披露要求不同。股票公募依多数国家的法律须使用正式的招股章程，在必要条款内容、验证标准和披露程序上受到较严格的法律控制；而股票私募则仅需使用法律要求较为宽松甚至没有要求的信息备忘录，许多国家的法律对其必要内容和验证标准不设要求而交由惯例控制，其披露可以采取分别派送的方式，对其披露时间的要求也较为宽松，节省了大量的发行准备工作。

（3）售股对象不同。股票公募是发行人向不特定公众发出的售股要约，其要约和有效认股的确认须遵循严格的公开性规则；而股票私募则是发行人向特定范围和特定数量的机构投资人发出的售股要约，其要约承诺原则上遵循合同法规则。

（4）上市审核规则不同。股票公募通常要达到在境外正式证券交易所上市的目的，故发行人除须履行发行申请程序外，还须接受证券交易所的上市条件审核，接受上市规则的约束；而单纯的私募股票不能在正式的证券交易所上市，通常仅可在证券商交易系统或店头市场交易，其上市审核程序较为简单，一般受到惯例的支配。

为了充分利用证券市场所在国的法律条件，典型的国际股权融资（特别是在筹资规模较大的情况下）通常采取股票公募与私募相结合的方式，保障所公开发售和私募的股票共同上市，实践中称为“公开发售与全球配售”。依此方式，发行人通过承销人在股票上市地进行一定比例的公募，又通过承销团在世界其他地区进行一定比例的私募。在此类募股中，发行人和承销人根据法律的要求需准备公募使用的招股章程和在不同地区私募使用的信息备忘录，须根据上市地法律的要求协调公募与私募的比例，须使股票公募与私募所遵循的申请审核程序和信息披露程序相衔接。按照英美等国的证券法规则，在采取公开发售与全球配售的情况下，公开发售的比例原则上不得低于同次发行总额的25%，我国香港原则上也遵循这一比例，但在实践中通常可酌情降低这一要求。

【知识链接】　　志高今日在港挂牌上市　募资1.6亿港元

中国四大空调品牌之一——志高控股有限公司（00449. HK）今日在香港联交所主板挂牌上市，发行7 250万股，募集资金1.6亿港元，用于扩充产能和市场营销。

志高将招股价上限2.27港元确定为发行价，根据11日公告的全球配售结果显示，国际配售获得大幅超额认购，香港公开发售则获得超额认购约347倍。

此次全球发售包括国际配售和香港公开发售总共7 250万股股份。国际配售的6 525万股股份，占发售股份总数的90%，香港公开发售的725万股股份，占发售股份总数的10%。由于公开发售部分获得大幅超额认购，启动回拨机制后，公开发售总股数已增加至3 625万股股份，相当于全球发售约50%。按照发行价2.27港元计算，预计可最高集资1.64575亿港元。

法国巴黎融资（亚太）有限公司为此次全球发售的独家保荐人，第一上海证券有限公司及新鸿基国际有限公司为联席全球协调人、联席账簿管理人及联席牵头经办人。

志高空调招股说明书显示，该公司2006年、2007年和2008年的营业额为45.35亿元、57.16亿元和59.21亿元，净利润分别为2.22亿元、3.73亿元和0.95亿元。

资料来源：搜狐财经，2009－07－13，http：//business.sohu.com/20090713/n265172581.shtml。

【能力训练】

1. 近年来，人民币兑美元汇率持续上升。人民币兑美元升值幅度自2005年汇改以来已经超过25%。这个前提将会给选择在境外证券市场（特别是美国）融资的国内企业带来怎样的影响？

2. 随着国内证券业的发展，国内证券市场的融资能力与日俱增。在当前形势下，企业股权融资应该选择国内市场还是国外市场？试分析国内企业在国内外证券市场融资的利弊。

模块二　国际债券融资

【课前思考】

2011年3月11日，日本东北部地区发生9级地震并引发海啸，给国家造成了巨大损失。日本政府于18日宣布，将发行总额10万亿日元的国债，筹措这次东日本地震海啸灾害的重建与救灾工作所需的政府资金。这次在危难中发行的国债，是不是国际债券呢？

【能力目标】

1. 充分掌握欧洲债券和外国债券；
2. 了解世界上主要的欧洲债券市场；
3. 了解主要的几种外国债券。

一、何谓国际债券融资

国际债券融资即发行国外债券，是指一国政府及其所属机构、企业、私人公司、银行或国际金融机构等在国际债券市场上以外国货币面值发行的债券。国际债券主要分为欧洲债券和外国债券两种。

二、欧洲债券融资

欧洲债券（Eurobond）是指国际借款人通过银行或其他金融组织，在债券面值货币发行国以外的国家发行并推销的债券。欧洲债券实际上是一种无国籍债券，可以同时在多个国家发行，不受任何国家政策、法规的限制。

【知识链接】 麦当劳宣布发行人民币债券

"此次债券发行所募集的资金为营运资金，将用于支持麦当劳在中国业务的继续全速发展。"8月23日，麦当劳（中国）有限公司给本报发来声明称。

8月19日，麦当劳（NYSE：MCD）表示，麦当劳已通过中国国家外汇管理局、中国人民银行和香港金融管理局的批准，在香港发行总金额2亿元人民币的3年期债券，债券年利率为3%，将通过香港渣打银行作为私募基金发行，主要面向机构和专业投资者。

这是自2010年2月中国允许外国公司在香港发行人民币债券以来，首家在港发行人民币债券的跨国公司。

资料来源：新浪网，2010－08－24，http：//bj. house. sina. com. cn/biz/hy/2010－08－24/171716584. html。

欧洲债券融资具有以下特点：

（1）管制松散。欧洲债券市场的所在货币当局，对银行及金融机构、跨国公司、国际金融机构的融资活动管制都很松。如果在美国纽约市场发行美元债券，美国对此审查相当严格，很难获准；而在欧洲货币市场发行美元债券，手续则较为简单，不需评级机构评级，也不必向任何机构登记注册，而债券注册则只向当地证券交易所提交说明书即可。

（2）币种多样化。欧洲债券可以有更多的货币种类选择，而且当一些借款人想展期筹集较大金额的资金时，欧洲货币市场都能满足这些需要，满足货币种类和数量的需要。

（3）交易集中。欧洲债券市场的交易全部在证券交易所里成交，没有场外市场，要接受证券交易所规章制度的管理和监督。

（4）资金调拨方便。欧洲市场是完全自由的市场，不存在限制和标准。加上在欧洲的一些金融中心，银行林立，业务经验丰富，融资类型多，电讯联系发达，银行遍布世界各地，资金的调拨非常方便，若融资后需调换成各种所需货币，可在最短时间内完成调换并调拨到世界各地。

下面介绍两种主要的欧洲债券——欧洲美元债券和欧洲日元债券。

（1）欧洲美元债券。欧洲美元债券是指在美国境外发行的以美元为面额的债券。欧洲美元债券在欧洲债券总额中所占的比重最大。

欧洲美元债券市场不受美国政府的控制和监督，是一个完全自由的市场。欧洲美元债券的发行主要受汇率、利率等经济因素所影响。它没有发行额和标准限制，只需根据各国交易所上市规定，编制发行说明书资料。与美国、日本的国内债券市场相比，它具有发行手续简单，发行数额较大的优点，其发行由世界各国知名的公司组成大规模的辛迪加认购团完成，因而较容易在世界各国各地筹措资金。

（2）欧洲日元债券。欧洲日元债券是指在日本境外发行的以日元为面额的债券。

欧洲日元的发行不需经过层层机构的审批，只需征得日本大藏省的批准便可发行。发行债券不必准备大量文件，发行费用也较低。

欧洲日元债券有以下两个主要特点：

①债券发行额较大，一般来说，每笔发行额都在200亿日元以上。

②欧洲日元债券大多与互换业务相结合，筹资者首先发行利率较低的日元债券，然后将其调换为美元浮动利率债券，以较低利率获得美元资金。

【知识链接】　人民币债券“走俏”香港

从目前发展情况来看，人民币债券的发展速度很快，投资者的需求是推动人民币债券发行规模快速扩大的主要原因。但专家认为，人民币债券市场仍然处于发展的初期阶段，其发展的速度及可持续性将取决于仍在演化中的香港相关监管法规。

近来，在港发行的人民币债券成为市场关注的一大热点。2011年1月14日，世界银行在港成功发行5亿元的2年期人民币债券；同日，在港上市的恒大地产发布公告称，共发行92.5亿元以美元结算的人民币债券，分3年期和5年期两个品种；此前福建房企中骏置业成功发行了20亿元以人民币面值、以美元结算的合成式债券。全球三大评级机构之一——穆迪投资者服务公司1月19日发布一份报告指出，人民币逐步国际化将有助于人民币债券在香港的持续发展。报告主要作者——穆迪副总裁关多敏预计，未来可能会有更多的离岸人民币债券在其他金融中心发行，而且中国政府可能会允许在其他地方进行离岸人民币交易。

记者从香港特别行政区政府财经事务及库务局局长陈家强18日在第四届亚洲金融论坛上透露的信息中得知，香港人民币计价产品的发展共分三个阶段：第一阶段为债券等定息产品，第二阶段为基金产品，第三阶段为企业首次公开募集资金，即IPO。从目前发展情况来看，人民币债券的发展速度很快，很可能超出了香港政府的预期。人民币基金则屈指可数，人民币IPO更是尚未起步。

在海外发行的人民币债券中，以人民币结算的就是所谓“点心债券”；若以美元等其他货币结算，则被称为“合成式债券”。这些债务工具目前主要是在香港发行，新加坡仅有几只合成型的可转换债券。自2007年以来，香港的人民币债券发行额持续增加，由2007年的100亿元增至2008年的120亿元及2009年的160亿元。发债体的类别也由最初的内地金融机构，扩大至2009年的国家财政部及香港银行在内地的附属公司，并在2010年进一步扩大到跨国企业及国际金融机构。数据显示，截至2011年1月14日，已发行的“点心债券”总额为660亿元人民币。

资料来源：金融新闻网，《金融时报》，2011－01－22，http：//www.chinanews.com/fortune/2011/01－22/2805149.shtml。

三、外国债券融资

外国债券（Foreign Bond），是指国际贷款人（债券发行人）通过国外金融市场所在国的银行或金融组织发行的以该国货币为面值的债券。外国债券融资具有以下特点：

（1）发行外国债券首先要对借款者进行评级。借款者涉及许多机构或公司企业，其信誉程度决定了能否发行债券及借款的数额，资信高的可以获准发行，且发行限额较高。如日本政府规定，发行日元债券，属政府级即AAA级，贷款数额可不受限制；AA级的限定只可发行300亿日元；未评级的只能发行100亿日元。

（2）外国债券发行额较大且筹资多国化、多样化。美国即规定在美国发行美元债券，规模至少5 000万美元，从世界发行境外债券筹资数额来看，相当可观，约占国际筹资总额的60%。

（3）资金使用无严格限制，但不得干扰债权国的财政金融政策。发行外国债券筹到的资金，其具体的用途及使用进度，债权国一般没有特殊要求，但债券毕竟是在外国发行，各国的经济、金融、税收等政策和法令又各异，在发行过程中要熟悉掌握和注意执行当地的法律。

（4）外国债券要受外国当地有关金融当局的管理，因此筹资手续相当复杂。比如，在美国发行扬基债券要经美国证券交易委员会批准。而且，外国债券融资对资信评级、申请手续和报送的资料都有较严较细的规定，非常复杂。

下面介绍几种主要的外国债券：

（1）扬基债券。美国的外国债券叫“扬基债券”（Yankee Bond）。扬基债券有以下几个特点：

①发行额大，流动性强。近年来平均每笔扬基债券的发行额度都在7500万~1.5亿美元之间。澳大利亚政府、世界银行、加拿大政府发行的扬基债券，每次金额都达几亿美元。扬基债券的发行在纽约证券交易所，但实际遍及美国全国，能吸引美国各地的资金。同时欧洲货币市场又是扬基债券的转手市场，扬基债券的交易遍及全球。

②期限长。20世纪70年代中期扬基债券的期限为5~7年，从那以后期限可达10年。近些年来，由于国际债务危机，使国际借贷有些冷清，不像20世纪70年代那样红火，但一些信誉比较高的债券发行者仍可以在美国发行期限为20~25年的扬基债券。这说明美国的外国债券市场适合于长期筹资者的要求。

③债券的发行者为机构投资者。债券的发行者主要是各国政府、国际机构、外国银行，民间企业较少。购买者主要是美国的商业银行、储蓄银行和人寿保险公司，这三大投资者起主导作用。

④公开募集和私下募集。

⑤无担保发行比有担保发行比例大。

⑥由于评级结果与销售有密切关系，评级的高低直接影响发行和流通，评级显得非常重要。

想一想 在中国发行的外国债券叫什么呢？

（2）武士债券。日本的外国债券称为“武士债券”。武士债券均为无担保发行，典型期限为3至10年，一般在东京证券交易所交易。

目前，发行日元债券的筹资者主要是需要在东京市场进行连续筹资的国际机构和一些发行期限超过 10 年的长期筹资者，再者就是在欧洲市场上信誉不佳的发展中国家。发展中国家发行日元债券占总量的 60% 以上，这是日本外国债券市场的特点之一。

（3）龙债券。“龙债券”是以非日元的亚洲国家或地区货币发行的外国债券。龙债券是东亚经济迅速增长的产物，从 1992 年起，龙债券得到了迅速发展。龙债券在亚洲地区（中国香港或新加坡）挂牌上市，其典型偿还期限为 3 至 8 年。龙债券对发行人的资信要求较高，一般为政府及相关机构。龙债券的投资人包括官方机构、中央银行、基金管理人及个人投资者等。

【知识链接】

外国政府在我国发行人民币债券，指的是外国债券中的主权债券，这是前所未有的尝试。2005 年，国际金融公司和亚洲开发银行首次在国内发行了名为“熊猫债券”的人民币债券，此后外国债券的发展始终进展缓慢。

四、中国的国际债券融资

发行国际债券已成为中国利用外资的重要方式之一。中国发行国际债券始于 1982 年 1 月 22 日，中国国际信托投资公司在日本债券市场发行了 100 亿日元私募债券。发行工作是以日本野村株式会社、东京银行、大和证券株式会社为主募人安排的，期限 12 年，宽限期 5 年，从 1982 年 1 月 29 日起计息，年利率为 8.7%，半年付利息一次，面额为 1 亿日元，宽限期之后每年还款 8%，此债券已于 1994 年 1 月 29 日全部偿还。中国还在德国、伦敦、新加坡金融中心等发行外国债券和欧洲美元、欧洲日元债券。1993 年 7 月 28 日，中国国际信托投资公司在纽约成功地发行了 2.5 亿美元的外国公募债券，期限 10 年，票面利率 6.875%，发行价格为 99.706 美元，投资收益率为 6.916%，承购手续费为 0.675%。海南省国际信托投资公司 1993 年在香港发行 8 000 万亚洲美元债券并在香港联交所上市，1994 年又在日本发行 145 亿日元武士债券等。

为了加强境外发行债券的管理工作，中国人民银行于 1987 年 9 月正式发出了《关于中国境内机构在境外发行债券的管理规定》，规定中国人民银行总行是境内机构在境外发行债券的审批机关；国家外汇管理局及其分局是境内机构在境外发行债券的管理机关。

【知识链接】　**人民币债券**

人民币债券，是以人民币作为结算单位的债券，定期获得利息，到期归还本金及利息皆以人民币支付。2007 年，国家开发银行首次在香港发售人民币债券。2009 年，外资银行汇丰银行（中国）及东亚银行（中国）获准在香港发行人民币债券。2010 年，麦当劳成为首家发行人民币债券的外资企业。

【知识链接】 “熊猫债券”的发行将推动中国资本市场发展

亚洲开发银行将在中国国内资本市场发行第二期以人民币计价的“熊猫债券”，有关官员和专家7日表示，这将加速中国资本市场国际化进程，促进中国资本市场的健全和完善，同时推动亚洲地区债券市场的发展。

亚洲开发银行财务和行政副行长宾度·罗哈尼向记者表示，在1998年亚洲金融危机之后，亚洲各国开始意识到发展本币债券市场的重要性，截至目前，东亚地区的本币债券市场已经突破了4.2万亿美元。亚洲开发银行在中国发行“熊猫债券”，是亚洲地区本币债券市场发展的重要里程碑。

据亚洲开发银行介绍，本次发行的“熊猫债券”本金10亿元人民币，期限10年，票面年利率为4.2%，主承销商为中国国际金融有限公司。本次发行配售范围广泛，其中中国国内银行获得50%的债券配售，外资银行获得15%债券配售，保险公司获得35%债券配售。债券将在国内银行间市场交易，并通过中央国债登记结算有限责任公司清算和结算。“熊猫债券”所募集的资金将用于投资私营部门开发项目，包括清洁能源和节能项目，目的是帮助没有外汇收入的私营企业降低货币错配风险。

财政部国际司司长郑晓松说，本次亚洲开发银行发行的10亿元“熊猫债券”，是亚洲开发银行与世界银行集团国际金融公司2005年获准在中国发行“熊猫债券”的额度剩余。“熊猫债券”的发行是中国参与的“亚洲债券市场发展倡议”的一部分，有助于推动中国政府和亚洲开发银行等国际多边金融机构的合作，增加国际多边金融机构在中国国内项目的融资渠道，促进非国有经济发展。

亚洲开发银行资金局官员华敬东表示，2005年第一期“熊猫债券”发行以来，中国的本币债券市场已经得到了长足的发展，本币债券发行额增长了3倍以上。相信在不远的将来，在得到政府部门的批准后，亚洲开发银行将继续发行“熊猫债券”。

“熊猫债券”是指境外机构在中国发行的以人民币计价的债券，它与日本的“武士债券”、美国的“扬基债券”一样统属于外国债券。2005年，经国务院批准，亚洲开发银行和世界银行集团国际金融公司成为首批在华发行人民币债券的国际多边金融机构，这两家机构同年相继发行了累计21.3亿元人民币的“熊猫债券”。

资料来源：人民网，2009-12-07，http://finance.people.com.cn/GB/10532497.html。

【能力训练】

1. 近年来，人民币债券受到了国际投资者的青睐，交投踊跃。请问人民币债券相对外国货币债券具有哪些优势？

2. 2008年4月，玖龙纸业成功发行3亿美元高级定息债券，为期五年，债息较美国同年期国库券高约500点。在该次债券发行中，获惠誉给予“BBB-”的评级，该评级和债息之间有什么关系？国内企业在进行国际债券融资时，如何获得更高评级？

模块三　走近出口信贷

【课前思考】

一个国家为了扩大本国出口量，往往会在出口贸易中给予一些优惠。那么这些优惠体现在哪里呢?

【能力目标】

1. 对比、了解各种出口信贷的利弊；
2. 根据实际情况选择出口信贷的形式。

一、什么是出口信贷

出口信贷（Export Credit）是一种国际信贷方式，它是一国政府为支持和扩大本国大型设备等产品的出口，增强国际竞争力，对出口产品给予利息补贴、提供出口信用保险及信贷担保，鼓励本国银行或非银行金融机构对本国的出口商或外国的进口商（或其银行）提供利率较低的贷款，以解决本国出口商资金周转的困难，或满足国外进口商对本国出口商支付货款需要的一种国际信贷方式。

出口信贷名称的由来就是因为这种贷款由出口方提供，并且以推动出口为目的。

【知识链接】　**2011 年出口增速放缓**

在2010 年第一季度经济增长达到11.9%的近期高点之后，第二、第三季度分别回落到10.3%和9.6%。经济增长呈现出逐季、小幅回落趋势，目前仍处在回调过程中。2011 年，出口、投资和消费实际增速均将出现不同程度的下降，全年经济增长将低于2010 年。世界银行、国际货币基金组织、经济合作与发展组织、亚洲开发银行、联合国等国际机构对2011 年中国经济增长的预测也处在8.7% ~9.7%之间。

2011 年出口增长将明显低于2010 年。2010 年，在全球经济相对低迷的情况下，我国出口增长超出预期，达到31.3%。其中原因主要是，我国政府采取的上调出口退税率、增加出口信贷、为出口企业提供资金支持等多种政策措施，减轻了金融危机对外向型企业生产能力的冲击，多数企业生产恢复迅速，部分订单从竞争对手转移到我国。值得注意的是，很多发达国家为削减财政赤字实施紧缩性财政政策，不利于经济复苏，经济增长仍存在反复的可能。由于发达经济体实体经济恢复缓慢，失业率居高不下，我国与发达国家之间的贸易摩擦不断增加，在重启人民币汇率弹性机制以后升值压力不减，将在一定程度上对2011 年出口增长产生冲击。特别是国际金融危机正在从私人银行危机、主权债务危机向国际货币体系危机演变，发达经济体经济增长仍存在反复的可能，汇率竞争性贬值，若加剧，可能会引发全球“货币战争”，现有国际经济、金融秩序将再度受到严重冲击。同时，我国2010 年出口高增长，是在上年基数较低的情况下实现的。预计2011 年我国出口增长将出现一定幅度回落，月度出口增速呈前低后高走势，全年出口增长15%左右。

……

资料来源：中国共产党新闻网，2011 -02 -17，http：//theory. people. com. cn/GB/13943419. html。

想一想 出口国为了鼓励出口而提供出口信贷，那么有没有进口信贷的呢？

既然出口信贷是国家促进资本货物出口的一种手段，那么它跟其他的信贷活动有什么区别呢？

出口信贷具有以下特点：

（1）出口信贷是一种官方资助的政策性贷款。很多国家都设有专门的信贷机构，负责出口信贷的管理和经营业务。有些国家虽没有出口信贷机构，但设有专门的政府部门，对商业银行办理的出口信贷给予资助。

（2）出口信贷是一种与出口贸易密切联系的贷款。贷款具有指定用途，即必须联系项目，用于购买贷款国出口的资本货物和技术以及有关的劳务等。

（3）出口信贷的金额，只能占合同金额的85%左右，其余部分要支付现汇。

（4）出口信贷是一种相对优惠的贷款，其利率一般比同期的商业银行贷款利率低，利率差由国家给予补贴。

（5）出口信贷和信贷保险相结合。一般而言，银行在办理出口信贷以前，都要求出口商向本国的出口信贷机构投保，以减少可能发生的违约风险损失。

【知识链接】 **出口信贷在国际贸易中的作用**

出口信贷是垄断资本争夺市场、扩大出口的一种手段。第二次世界大战后，出口信贷发展迅速。20世纪70年代初，主要资本主义国家提供的出口信贷约为110亿美元，到70年代末已增至320亿美元以上。其产品的国际贸易额增长得也最为迅速。例如，1955—1971年国际贸易总额约增长2倍，而机器设备的贸易则增长34倍以上。生产和贸易的迅速增长，要求资金融通规模也相应扩大，而市场问题的尖锐化更促使主要资本主义国家加紧利用出口信贷来提高自己的竞争能力。机器设备的国际贸易，除了在发达资本主义国家之间有了很大增长外，发展中国家以及前苏联、东欧国家也是机器设备的大买主，它们也都有增加利用出口信贷的需要。因此出口信贷在第二次世界大战后国际贸易中的作用大为提高。

二、出口信贷的主要形式

目前国际上出口信贷主要有卖方信贷、买方信贷、福费廷业务和混合贷款四种形式。

1. 卖方信贷（Supplier Credit）。卖方信贷是出口方银行向本国出口商提供的商业贷款。出口商（卖方）以此贷款为垫付资金，允许进口商（买方）赊购自己的产品和设备。出口商（卖方）一般将利息等资金成本费用计入出口货价中，将贷款成本转移给进口商（买方）。

卖方信贷的一般程序：

①进出口双方签订贸易合同后，出口商（卖方）以延期付款或赊销方式向进口商

（买方）出售大型机械设备或成套设备，进口商先支付5%～10%左右的定金，在分批交货、验收和保证期满时，再分期支付10%～15%的贷款，其余75%～85%在全部交货或待设备投产后支付。

②出口商（卖方）向其所在地银行贷款，签订贷款协议，以融通资金。

③进口商（买方）随同利息分期偿还出口商（卖方）贷款后，根据贷款协议，出口商再用以偿还其从银行取得的贷款和应付利息。

所以，卖方信贷实际上是出口商从出口方银行取得中、长期贷款后，再向进口方提供的一种商业信用。

利用卖方信贷方式进口机器设备，对进口商来说有利有弊，其利在于这种做法比较简单，进口商只需与出口商签订一项贸易合同，而资金的筹措则由出口商负责，进口商可把精力用于商务和技术谈判上；不利在于成本和费用较高。因此，采用卖方信贷进口机器设备，同用现汇进口相比，其价格可能高3%～4%，个别情况可能高8%～10%。

2. 买方信贷（Buyer Credit）。买方信贷是出口方银行或出口信贷机构向进口方（进口商或进口方银行）提供的贷款，以便进口方得以用现汇支付进口的资本货物、技术和劳务。出口买方信贷一般由出口国出口信用保险机构提供出口买方信贷保险。

出口买方信贷主要有两种形式：

①出口方银行将贷款发放给进口方银行，再由进口方银行转贷给进口商，由进口商利用这笔贷款以现汇支付给出口商；

②出口方银行直接贷款给进口商，由进口方银行出具担保，而进口商以现汇方式结算。

【知识链接】　买方信贷利率和利息计算方法

买方信贷利率一般低于市场利率，但各国不同，大致可分为以下几种类型：

* 经济合作与发展组织（OECD）国家的利率类型——一种是模式利率，它是由美元、英镑、法国法郎、德国马克和日元五种一篮子货币的政府债券利率加权平均而成的综合利率，目前已经停止使用；另一种是商业参考利率，它是经合组织国家各国的政府债券利率，是单一货币利率。

* 伦敦银行同业拆放利率（LIBOR）类型——此利率高于OECD类型。

* 加拿大类型——一般高于OECD类型，低于LIBOR类型。

* 美国类型——美国发放的买方信贷资金一部分由进出口银行提供，一部分由商业银行提供，前者收取的利率较低。

不同的买方信贷形式，在程序上稍有不同：

（1）贷款给进口方银行的买方信贷的操作程序：

①进口商与出口商洽谈贸易，签订贸易合同，进口商先缴15%的现汇定金，现汇定

金既可在贸易合同生效日支付，也可在合同签订后的60天或90天支付。

②进口方银行与出口商所在地银行签订贷款协议。

③进口方银行以其所借得的款项，贷给进口商；进口商以现汇条件向出口商支付货款。

④进口商按贷款协议规定偿还进口方银行的贷款。

⑤进口方银行根据贷款协议分期向出口商所在地银行偿还贷款。

【知识链接】 **出口买方信贷业务流程图**

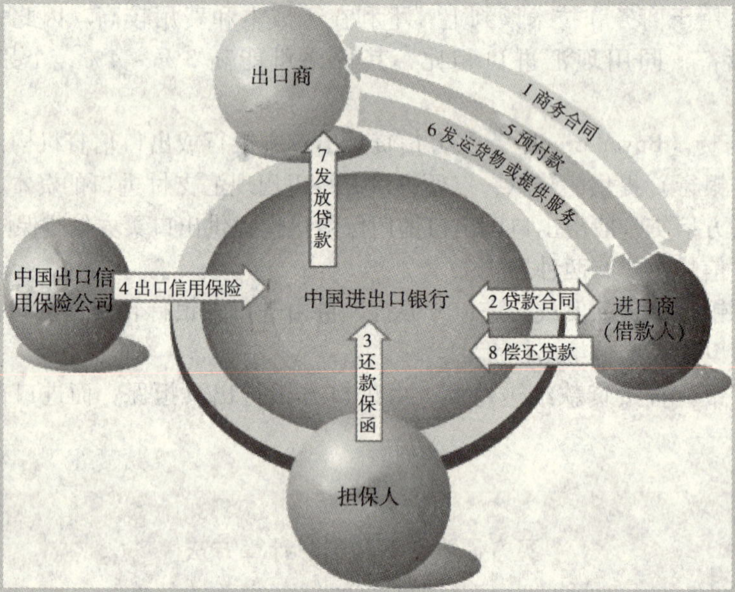

1. 出口商和进口商双方签订商务合同，合同金额不少于200万美元。

2. 中国进出口银行和借款人签订贷款协议，贷款金额不高于商务合同金额的85%，船舶项目不高于80%。

3. 视项目情况要求担保人提供担保或采取综合担保措施保证贷款安全。

4. 视项目具体情况要求投保出口信用险或政治险保险。

5. 借款人预付款金额不能低于商务合同总金额的15%，船舶项目不低于20%。

6. 出口商根据合同规定发放货物。

7. 中国进出口银行依据贷款协议的相关规定发放贷款。

8. 借款人根据贷款协议每半年偿还一次贷款本息及费用。

资料来源：中国进出口银行网站，2011－04－03。

（2）直接贷给进口商的买方信贷程序：

①进口商与出口商洽谈贸易、签订贸易合同后，进口商先交货价总额15%的现汇定金；

②进口商与出口商所在地银行签订贷款协议；

③进口商用借得的贷款，以现汇付款条件支付出口商的贷款；

④进口商对出口商所在地银行的欠款，按贷款协议的条件分期偿还。

想一想　买方信贷和卖方信贷有什么区别呢？在国际贸易中，哪一种信贷方式得到更广泛的应用？

就买方信贷与卖方信贷比较而言，买方信贷能提供更多的融通资金，有利于进出口双方洽谈和组织业务。对进口商而言，报价中不含贷款因素，有利于争取更好的贸易条件。对出口商而言，能够及时得到贷款，改善财务情况。对银行而言，有利于减轻风险。所以买方信贷方式应用最为普遍，其中出口国银行直接将款项贷给进口方银行的买方信贷形式使用得尤为普遍。

【知识链接】　买方信贷的贷款原则

1. 接受买方信贷的进口商所得贷款仅限于向提供买方信贷国家的出口商或在该国注册的外国出口公司进行支付，不得用于第三国。

2. 进口商利用买方信贷，仅限于进口资本货物，一般不能以贷款进口原料和消费品。

3. 提供买方信贷国家出口的资本货物限于本国制造的，若该项货物系由多国部件组装，本国部件应占50%以上。

4. 贷款只提供贸易合同金额的85%，船舶为80%，其余部分需支付现汇，贸易合同签订后，买方可先付5%的定金，一般须付足15%或20%现汇后才能使用买方信贷。

5. 贷款均为分期偿还，一般规定半年还本付息一次。还款期限根据贷款协议的具体规定执行

6. 还款期限对富裕国家为5年，中等发达国家为8.5年，相对贫穷国家为10年。

3. 福费廷业务。福费廷（Forfeiting），全称为中长期票据收买业务。福费廷是指在延期付款的大型成套设备贸易中，出口商把经进口商承兑的期限在半年以上到五六年的远期汇票，无追索权地卖给出口商所在地的银行或大金融公司，提前取得现款的一种资金融通形式，从实质上看，这种业务也是出口信贷。

（1）福费廷业务程序：

①出口商与进口商在洽谈设备、资本物品交易时，如要使用福费廷融资方式，应事先和其所在地银行或金融公司约定，以便做好各项信贷安排。

②出口商与进口商签订贸易合同，出口商向进口商索取远期汇票，要取得出口商往

来银行的担保，保证在进口商不能履行支付义务时，由其最后付款。

③出口商卖断给银行或金融公司的票据既可以是经进口商承兑的汇票，也可以是进口商开出的本票。为进口商担保的银行必须得到出口所在地接受福费廷业务的银行同意和认可。

④出口商发运设备后，将全套货运单据通过银行的正常途径，寄送给进口商，以换取经进口商承兑的附有银行担保的承兑汇票（或本票），单据的寄送办法按合同规定办理，可以凭信用证条款寄单，也可以跟单托收。

⑤出口商取得经进口商承兑的并经有关银行担保的远期汇票或本票后，按照与买进这项单据的银行或大金融公司的原约定，依照放弃追索权的原则，办理该项票据的贴现手续，取得现款。

【知识链接】 **贴现**

贴现（Discount）是指远期汇票承兑后，尚未到期，由银行或贴现公司从票面金额中扣减按一定贴现率计算的贴现息后，将余款付给持票人的行为。

（2）福费廷业务与贴现业务的不同。

①一般票据贴现，如果票据遭到拒付，银行对出票人能行使追索权，要求汇票的出票人付款，而福费廷业务所贴现的票据，不能对出票人行使追索权。出口商贴现票据是一种卖断（Outright Sell），以后票据遭到拒付，出口商概不负责，由从事福费廷业务的银行承担风险。

②贴现票据一般为国内贸易或国际贸易往来中的票据，而福费廷则多为与设备出口相联系的有关票据。

③贴现票据一般不须银行担保，而办理福费廷业务的票据必须有信誉较高的银行担保。

④办理贴现的手续比较简单，而办理福费廷业务则比较复杂。贴现的费用负担一般仅按当时市场利率收取贴现利息，而办理福费廷业务的费用较高，除按市场利率收取利息之外，一般还收取管理费、承担费、罚款等费用。

（3）福费廷的贴现方法。通常情况下，福费廷是将一套期限不同的票据组合起来贴现。在具体交易中，一般采用贴现系数的方法计算贴现。其计算公式如下：

$$贴现息 = \frac{总贴现系数 \times 贴现率}{360}$$

$$贴现系数 = 票据面额 \times 票据期限天数$$

$$总贴现系数 = 每张票据的贴现系数的总和$$

贴现银行按总的票面金额减去贴现息后的差额支付出口商贴现款。

【案例分析】

已知一套票据的金额和期限如下表所示，贴现率为5%，求出口商贴现款。

票据	票据金额	票据期限（天）	贴现系数
1	500 000	720	360 000 000
2	1 000 000	1 080	1 080 000 000
3	3 000 000	1 440	4 320 000 000
合计	4 500 000	—	5 760 000 000

根据公式可求：

贴现息 =（5 760 000 000 ×5%）÷360 =800 000（元）

所以出口商实际可得到的贴现款 =4 500 000 −800 000 =3 700 000（元）

银行办理福费廷业务对进出口设备的双方都有好处，促进了成套设备和其他资本物品的国际贸易。

对出口商的作用：

①能提前融通资金，改善资产负债表，有利于其证券的发行和上市；

②可以加速资金周转；

③不受汇率变化与债务人情况变化的影响；

④减少信贷管理，票据托收费用与风险都转嫁给了银行。

而对进口商来说，办理福费廷业务手续比较简单，但也有不利之处：

①福费廷业务的利息和所发生的费用要计算在货价之中，因此，货价比较高；

②要有一流银行的担保，保费高。

4. 混合贷款（Mixed Loan）。混合贷款是出口国银行发放卖方信贷或买方信贷的同时，从政府预算中提出一笔资金，作为政府贷款或给予部分赠款，连同卖方信贷或买方信贷一并发放。由于政府贷款收取的利息比一般出口信贷要低，这更有利于出口国设备的出口。

西方发达国家提供的混合信贷的形式大致有两种：

（1）一个项目的融资，同时分别提供一定比例的政府贷款（或赠款）和一定比例的买方信贷（或卖方信贷）。例如，52%的政府贷款和48%的买方信贷；或者30%的赠款和70%的买方信贷。政府贷款（或赠款）和买方信贷分别签署协议。其形式是两个贷款协议和两种金融条件（如两种利率、两种费率、两种贷款期限等）。

（2）对一个项目的融资，将一定比例的政府贷款（或赠款）和一定比例的买方信贷（或卖方信贷）混合在一起，然后根据赠与成分的比例计算出一个混合利率。其形式是一个赠与贷款协议和一种金融条件（如一种利率、一种费率、一种贷款期限等）。按照经济合作与发展组织（OECD）的规定，混合贷款中政府赠与成分（赠款）不能低于35%。

【知识链接】 **我国办理混合贷款的主要形式**

目前我国银行办理的混合贷款主要有下述三种情况：

1. 法国式：政府贷款和买方信贷各占全部商务合同金额的一个百分比（如各占50%），借贷双方通常要签订两个不同的贷款协议。

2. 瑞典式：全部混合式，将政府贷款和买方信贷混合在一起，定出利率与还款期的各种不同组合，利率低则还款期短；利率高则还款期长。借贷双方只需签订一个贷款协议。

3. 英国 ATP 式：这种方式是将赠款与买方信贷分开处理，赠款占合同金额的35%或以上，买方信贷占65%或以下，借贷双方只对买方信贷签订一个贷款协议，赠款由双方政府换函确认。

【能力训练】

1. 2010 年 10 月 11 日，中国最大的水力发电上市公司长江电力，与俄罗斯最大的独立电力公司 EuroSibEnergo PLC 签订框架合作协议，将共同合作开发俄罗斯的水力发电项目。这只是中国水电“走出去”的一个缩影。历经 60 年破茧的阵痛，中国水电终于成蝶，飞舞在世界的各个角落。

缅甸耶瓦水电站

耶瓦水电站是由中国葛洲坝集团公司承建的缅甸最大水电工程，位于缅甸曼德勒省的都塔瓦底江上，是目前缅甸境内总装机容量最大的水电站项目，使用中国政府提供的优惠出口信贷，被誉为缅甸的“三峡工程”。

马其顿科佳水电站

科佳水电站是目前中国在东南欧地区承建的最大工程，也是中马两国间最大的经济合作项目，被视为“马其顿的三峡工程”。工程是由中国水利电力对外公司承建，是以买方信贷方式承建的“交钥匙”工程。

电站最终建成后，将装备两台各 4 万千瓦的发电机组，额定流量为 50 立方米/秒，年发电量为 1.6 亿千瓦时，水库容积为 5.5 亿立方米。除发电外，科佳水电站还具有防洪、供水和灌溉的功能。2004 年首台机组并网发电。

老挝南梦 3 水电站

南梦 3 水电站开发工程位于老挝首都万象以北 60 公里处，为引水式电站，同时可利用尾水进行农业灌溉，是一个综合性的水利水电工程。该项目是中国水电公司在老挝承建的第二个大型水电站项目，电站装机 4 万千瓦，年发电量 1.33 亿千瓦时，是目前老挝首都万象地区最为重要的在建水电站项目。

该项目为中国水利电力对外公司以卖方出口信用贷款承建的 EPC 合同项目。这是中国公司与老挝的第一个以 EPC 交钥匙方式合作完成的水电项目。

出口信贷在中国水电的国际发展中起到什么作用?

2. 新世纪造船获江苏首个船舶出口买方信贷项目。

人民网上海2010年6月1日电 日前，江苏新世纪造船有限公司获得中国信保江苏分公司、中国银行江苏省分行联合签发的出口买方信贷保险单，出口信贷规模1.8亿美元。这是江苏首个船舶出口买方信贷项目。

新时代造船公司作为新世纪造船的子公司，其出口韩国STX泛洋航运公司的3艘17.6万吨散货船项目获得此次出口买方信贷保险支持，涉及出口额约2.6亿美元。由中国信保江苏分公司出具出口买方信贷保单，中国银行江苏省分行根据保单向韩国STX泛洋航运公司提供信贷。新时代造船公司有关人士表示，这笔资金有力地保障了该订单的执行。

业内人士认为，随着世界经济的逐步回暖，船舶出口价格虽从谷底开始回升，但因船东普遍存在资金短缺问题，“交船难、融资难、接单难”等现象依然存在，船东定造新船的意愿和能力不强，出口买方信贷成为船舶企业解决这一难题的有效途径。

出口信贷给国家各领域的发展带来了机遇，但是否同样面临着风险呢？那么企业应该如何避险？

模块四 认识国际保理

【课前思考】

A公司在广交会上新结识的一个美国客户B公司向A公司下了一笔大订单，并要求A公司提供180天的商业赊销。由于A公司不了解美国B公司，遂与B公司商量改成180天远期信用证的结算方式，但B公司未答应。假设你是A公司的结算银行，你将向A公司提出何种方案，才能让A公司放心大胆地与美国B公司成交此笔业务？

【能力目标】

1. 清楚了解国际保理的业务范围；
2. 掌握国际保理在贸易中的应用。

一、什么是国际保理（International Factoring）

保理是保付代理的简称，是卖方与保理商间的一种契约关系，主要是为赊销方式而设计的一种综合性金融服务。它是指保理商从卖方那里买进以买方为债务人的应收账款，并提供贸易融资服务、销售分户账管理、应收账款催收以及信用风险控制与坏账担保的综合性售后服务。当卖方与买方处于不同国家（地区）时，这项业务则称为国际保理。

近年来随着国际贸易竞争的日益激烈，国际贸易买方市场逐渐形成。出口商为了扩大商品出口，占领国外市场，除了利用商品质量、价格、售后服务等竞争手段外，还改变传统的信用证结算方式，采用了一些比较灵活的支付方式，以增强竞争力，如采用赊销、承兑交单等方式。但是，赊销和承兑交单客观上增加了出口商的收汇风险，不利于出口商的资金周转。由于国际保理业务能够很好地解决赊销中出口商面临的资金占压和进口商信用风险问题，因此该业务日渐流行。

【知识链接】 何时需要保理服务

保理服务是一种可信赖的现金流现代管理手段，它可以保障并改善企业的营运资金。下列情况，企业可以考虑利用保理服务，帮助改善现金流：

买家要求以赊销代替其他的付款方式，如预付、现付、信用证、付款交单等；

买家要求更长的付款期限；

快速的业务增长让企业感到营运资金偏紧；

担心应收账款到期无法兑现；

担心买方可能会延迟付款；

担心可能会出现坏账；

寻求更灵活的资金运用。

资料来源：中国进出口银行网，2011－04－03。

二、国际保理的功能

对企业而言，无论其规模大小，现金流的重要性都是不可忽视的。诚然，赊销和延期付款有助于扩大销售规模，但却无法改善现金流及规避潜在的买方信用风险。因此，在赊销或延期支付交易中，可以利用保理服务中对应收账款的购买/贴现的方式获得现金，以改善资金流动，或通过对应收账款的信用风险保障来规避买方信用风险。

保理服务，是一项集贸易融资、信用风险保障以及销售账户管理和催收于一体的综合性金融服务，帮助企业利用应收账款这种流动资产进一步扩大业务规模，同时，通过保理提供的信用风险保障消除赊账销售所带来的买方潜在的信用风险，减少企业的担忧。

概括起来，保理服务具备如下功能：

（1）信用风险保障。如果企业选择了保理服务中的风险保障选项，买家的信用风险将由银行承担。在核准的信用额度内，保理可以为企业提供最高达100%的买家信用风险担保，帮助企业拓展国际、国内贸易业务。

（2）应收账款融资。针对被保理的应收账款，可以按预先约定的比率（通常为发票金额的80%，也可以是100%）为企业提供即时的贸易融资。

（3）应收账款管理。帮助企业进行专业的销售账户管理和应收账款催收，为企业及时提供经营管理所需的有关应收账款信息，并对买方付款情况进行分析。

想一想 国际保理是不是只对卖方（出口商）有利呢？

三、国际保理的优势

国际保理业务对进出口商双方以及银行都带来一定的利益，因此该业务才得以较快发展。

（1）对出口商的益处。扩大出口业务量，一方面，通过叙做保理业务，出口商向海外客户提供赊销的优惠付款条件，增强了其出口竞争力，有利于拓展海外市场；另一方面，由于保理机构熟知海外市场情况，因此还经常向中小出口商提出建议，替它们寻找买主与代理商，协助其打进国际市场。出口商借助保理商对进口商的信用控制和对海外市场的了解，制订和调整营销计划，亦有利于打进国际市场。

降低经营成本。一般情况下，出口商需设置某部门或专人负责调查买方资信，管理销售账户，追收债款，这需要投入高额的固定成本。而在国际保理业务中，这些工作均由保理商负责完成，出口商只根据销售额支付一定的手续费。这部分费用是随实际的销售量而变动的，即前述固定成本转变为可变成本，整体降低了经营成本。

规避收汇风险。国际保理业务不仅使出口商向进口商提供了优惠的付款条件，同时也保障了出口商的收汇安全。由于保理商承担了100%的买方信用风险，只要出口商在保理商核定的信用额度内履行合同，就可从保理商处获得无追索权的融资，将信贷风险和汇价风险都转嫁给了保理商。

增强现金流动性。保理商收到代表应收账款的销售发票，应出口商的融资要求，可以立即以预付款方式提供不超过80%发票净额的无追索权融资给出口商，而该融资无须出口商提供担保或抵押，剩余20%的收购价款于货款收妥后再行清算。因此，增强了出口商的资金流动性。

改善资产/负债比率。对于出口商而言，一般的银行贷款作为企业的负债，而保理业务中获得的无追索权的预付款则可作为正常的销售收入，降低了企业的资产负债比率，改善了企业的财务状况，有利于企业的有价证券上市和扩展融资渠道。

简化手续。国际保理业务可免除信用证方式下的催证、审证、改证等繁琐的手续，而且避免了因“单证不符”遭拒付所带来的麻烦。另外出口商与本国的保理商之间也免去了语言及法律方面的障碍，因此使工作效率得到提高。

（2）对进口商的益处。加速资金周转，降低进口成本。保理业务可使进口商免交信用证方式下的开证保证金及有关的银行费用，而且利用赊销的优惠付款方式，进口商可以在收到货物甚至将货物出售后再行付款。这样，避免了资金占压，加快了资金流动，降低了营运成本。

不须抵押即可扩大购买能力。保理业务可使进口商单纯依靠公司的信誉和良好的财务表现获得100%的买方信贷，无须抵押，以有限的资本购进更多的货物，扩大营业额。

简化进口手续。保理业务使进口商无须办理开证、改证等繁杂手续，大大简化了进货手续，提高了效率。

（3）对银行的益处。拓展市场，增加收益。银行开办保理业务，不仅丰富了业务品种，拓宽了市场范围，而且可以从中获得更多利润。作为出口保理商的银行，除了可以获得发票金额0.1%～0.4%的佣金外，还可通过向出口商预支货款得到融资收益；作为进口保理商的银行，由于承担买方信用风险，因此佣金较高，一般为发票金额的0.4%～1%。此外，银行还可收取30美元左右的银行费用及一定的单据处理费。

推进国际化建设。银行从事国际保理业务，加入国际保理商联合会（Factors Chain International），将与各国的银行、保理公司进行业务往来、积累国际业务经验、提高国际形象。

【知识链接】 **保理业务与福费廷业务的区别**

1. 保理用于一般商品的进出口贸易，金额不大，付款期在1年以下，通常在中小企业之间进行。而福费廷用于大型成套设备交易，金额大，付款期限长，多在较大的企业间进行。

2. 保理业务中的票据不要求担保，而福费廷的票据要求进口商所在地的银行担保。

3. 是否做保理业务可由进口商或出口商单边决定，而福费廷业务是经进出口双方协商确定的。

4. 保理业务内容比较综合，它包括多种金融服务项目；而福费廷业务内容单一，主要用于大型成套设备的出口和结算。

四、国际保理的种类

由于各个国家和地区的商业交易习惯及法律法规的不同，各国办理国际保理业务的内容以及做法也有不同。根据保理业务的性质、服务内容、付款条件、融资状况等方面存在的差异，我们可以将保理业务进行以下分类：

1. 根据保理商是否对出口商提供预付融资划分。

（1）融资保理（Financial Factoring），又叫预支保理，是一种预支应收账款业务。当出口商将代表应收账款的票据交给保理商时，保理商立即以预付款方式向出口商提供不超过应收账款80%的融资，剩余20%的应收账款待保理商向债务人（进口商）收取全部货款后，再行清算。这是比较典型的保理方式。

（2）到期保理（Maturity Factoring）。指保理商在收到出口商提交的、代表应收账款的销售发票等单据时并不向出口商提供融资，而是在单据到期后，向出口商支付货款。

2. 根据是否公开保理商的名称，即销售货款是否直接付给保理商划分。

（1）公开型保理（Disclosed Factoring），指出口商必须以书面形式将保理商的参与通知进口商，并指示它们将货款直接付给保理商。目前的国际保理业务多是公开型的。

（2）隐蔽型保理（Undisclosed Factoring），指保理商的参与是对外保密的，进口商并不知晓，货款仍由进口商直接付给出口商。这种保理方式往往是出口商为了避免让他人得知自己因流动资金不足而转让应收账款，并不将保理商的参与通知给买方，货款到期时仍由出口商出面催收，再向保理商偿还预付款。至于融资与有关费用的清算，则在保理商与出口商之间直接进行。

3. 根据保理商是否保留追索权划分。

（1）无追索权保理（Non－recourse Factoring）。在无追索权保理中，保理商根据出口商提供的名单进行资信调查，并为每个客户核对相应的信用额度，在已核定的信用额度内为出口商提供坏账担保。出口商在有关信用额度内的销售，因为已得到保理商的核准，所以保理商对这部分应收账款的收购没有追索权。由于债务人资信问题所造成的呆账、坏账损失均由保理商承担。国际保理业务大多是这类无追索权保理。

（2）有追索权保理（Recourse Factoring）。保理商不负责审核买方资信，不确定信用额度，不提供坏账担保，只提供包括贸易融资在内的其他服务。如果因债务人清偿能力不足而形成呆账、坏账，保理商有权向出口商追索。

4. 根据是否涉及进出口两地的保理商划分。

（1）单保理，指仅涉及一方保理商的保理方式。如在直接进口保理方式中，出口商与进口保理商进行业务往来；而在直接出口保理方式中，出口商与出口保理商进行业务往来。

（2）双保理，指涉及买卖双方保理商的保理方式。国际保理业务中一般采用双保理方式，即出口商委托本国出口保理商，本国出口保理商再从进口国的保理商中选择进口保理商。进出口国两个保理商之间签订代理协议，整个业务过程中，进出口双方只需与各自的保理商进行往来。

五、国际保理业务的一般流程

国际保理业务的一般程序，如图 7－1 所示。

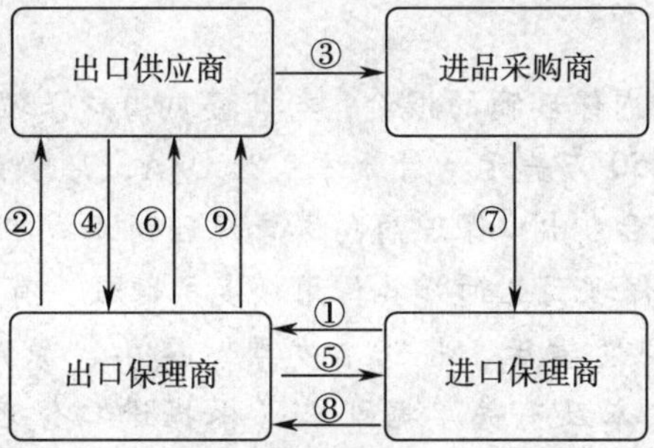

图 7－1　国际保理业务的一般程序

①进口保理商评估并授予买方信用担保额度；

②出口供应商和出口保理商之间签订出口保理协议；

③出口供应商安排出货并缮制有关单据；

④出口供应商将该应收账款通知和转让给出口保理商；

⑤出口保理商将该应收账款进一步通知和转让给进口保理商；

⑥出口保理商按预先约定的比例，通常为 80%，提供融资；

⑦进口保理商在应收账款到期时提示进口采购商付款；

⑧进口保理商收款后即汇付给出口保理商；

⑨出口保理商在扣除有关的保理手续费、融资本息后余额支付给出口供应商。

【案例分析】 **国际保理流程案例**

国内某纺织品公司，欲向英国某进口商出口真丝服装，且欲采用赊销（O/A）的付款方式。

1. 进出口双方在交易磋商过程中，该纺织品公司首先找到国内某保理商（作为出口保理商），向其提出出口保理的业务申请，填写出口保理业务申请书（又可称为信用额度申请书），用于为进口商申请信用额度。申请书一般包括如下内容：出口商业务情况；交易背景资料；申请的额度情况，包括币种、金额及类型等。

2. 国内保理商于当日选择英国一家进口保理商，通过由国际保理商联合会（简称FCI）开发的保理电子数据交换系统（EDIFACTORING）将有关情况通知进口保理商，请其对进口商进行信用评估。通常出口保理商选择已与其签订过的代理保理协议、参加FCI组织且在进口商所在地的保理商作为进口保理商。

3. 进口保理商根据所提供的情况，运用各种信息来源对进口商的资信以及此种真丝服装的市场行情进行调查。若进口商资信状况良好且进口商品具有不错的市场，则进口保理商将为进口商初步核准一定信用额度，并于第5个工作日将有关条件及报价通知我国保理商。按照FCI的国际惯例规定，进口保理商应最迟在14个工作日内答复出口保理商。国内保理商将被核准的进口商的信用额度以及自己的报价通知纺织品公司。

4. 纺织品公司接受国内保理商的报价，与其签订出口保理协议，并与进口商正式达成交易合同，合同金额为50万美元，付款方式为O/A，期限为发票日后60天。与纺织品公司签署出口保理协议后，出口保理商向进口保理商正式申请信用额度。进口保理商于第3个工作日回复出口保理商，通知其信用额度批准额、有效期等。

5. 纺织品公司按合同发货后，将正本发票、提单、原产地证书、质检证书等单据寄送进口商，将发票副本及有关单据副本（根据进口保理商要求）交国内出口保理商。同时，纺织品公司还向国内保理商提交债权转让通知书和出口保理融资申请书，前者将发运货物的应收账款转让给国内保理商，后者用于向国内保理商申请资金融通。国内保理商按照出口保理协议向其提供相当于发票金额80%（40万美元）的融资。

6. 出口保理商在收到副本发票及单据（若有）当天将发票及单据（若有）的详细内容通过EDIFACTORING通知进口保理商，进口保理商于发票到期日前若干天开始向进口商催收。

7. 发票到期后，进口商向进口保理商付款，进口保理商将款项付与我国保理商，我国保理商扣除融资本息及有关保理费用，再将余额付给纺织品公司。

六、保付代理的费用

1. 手续费。

（1）保理商对进口商进行资信调查与提出建议的劳务报酬。

（2）信用风险评估的劳务报酬。

（3）代进出口商保存交易磋商记录与代办会计处理手续的报酬。

手续费一般每月清算一次。手续费的多寡一般取决于交易的性质与金额以及信用风险、汇率风险的大小，费率一般为应收账款金额的1.75% ~2%。

2. 利息。从保理商买进出口商的票据而付给出口商现金至票据到期日为止。这段时间的利息，由出口商承付。利率的高低取决于预支金额和金融市场利率水平，一般高于优惠利率2% ~2.5%。出口商将上述费用计入货价，故货价高于现汇出售商品价格。

【能力训练】

1. 山东某公司向马来西亚出口拖拉机，进口商是诺亚公司。以前双方曾有过贸易往来，债务人有拖延付款习惯。山东公司申请保理业务，通过中国银行向马来西亚银行申请额度。马来西亚银行答复中国银行此公司规模很小，无法批出额度。由于山东公司在对俄业务中受过损失，对马来西亚银行的信息十分重视，取消所有发货。半年后，债务人破产倒闭。从案例中可见，山东公司在申请保理业务时，非常重视银行的反馈信息。这一举措使得山东公司避免了重大损失。

请问在一项双保理业务中，两个保理银行分别承担什么责任?

2. 日本轮胎制造商西马公司为了开拓北欧这一新市场，于1984年首次采用出口保理的结算方式。目前该公司已对许多国家的出口采用了此方式。据公司的一位发言人介绍，出口保理作为一种价廉高效的结算方式，帮助公司抓住了出口机遇，改善了公司的资金流动性，减少了坏账，同时也节省了用于销售分户账管理、资信调查、账款回收等管理费用。该公司认识到，仅靠公司规模以及产品声誉不足以应付跨国贸易中的各种问题，与日本出口保理商的合作以及FCI全球网络提供的服务构成了公司成功开发海外市场的一个组成部分。

请结合所学内容，详细分析国际保理对该日本轮胎制造商的作用。

综合练习七

一、判断题

1. 管理松散、币种多样化、交易集中、资金调拨方便是欧洲债券融资的特点。(　　)

2. 只有股份有限公司才能进行国际股票融资。(　　)

3. 龙债券是中国发行的外国债券。(　　)

4. 出口信贷是一种限制性贷款，这种贷款除了用于购买贷款国的出口商品外，不能用于购买其他国家的出口商品。(　　)

5. 买方信贷就是延期付款。(　　)

6. 保理不会缓解出口商的外汇风险。(　　)

7. 保理业务的主要特点是出口商将赊销后应收账款的信贷风险转移给保理

组织。(　　)

8. 混合信贷中，政府贷款收取的利率比一般出口信贷利率更低，以利于促进该国设备出口。(　　)

二、单项选择题

1. 下列具有永久性的国际融资是（　　）。

A. 国际债券融资　B. 国际股权融资　C. 国际贸易融资　D. 国际借贷

2. （　　）的利率一般低于相同条件资金贷方的市场利率，利差由国家补贴。

A. 进口押汇　B. 福费廷　C. 出口信贷　D. 保付代理

3. 在保理业务中，(　　）承担了信贷风险。

A. 出口商　B. 银行　C. 保理组织　D. 进口商

4. 在（　　）中，出口商所开的汇票需要由进口国的金融机构担保。

A. 买方信贷　B. 福费廷　C. 保理业务　D. 卖方信贷

5. 在（　　）形式下，出口商开具的汇票对出口商无追索权。

A. 买方信贷　B. 卖方信贷　C. 福费廷　D. 混合信贷

6. （　　）债券是发行人通过国外金融市场所在国的银行或金融组织发行的以该国货币为面值的债券。

A. 扬基债券　B. 武士债券　C. 欧洲债券　D. 外国债券

三、计算题

已知一套票据的金额和期限如下表所示，贴现率为4%，求出口商贴现款。

票据	票据金额	票据期限（天）	贴现系数
1	500 000	720	360 000 000
2	1 500 000	900	1 350 000 000
3	2 000 000	1 080	2 160 000 000
合计	4 000 000	—	3 870 000 000

项目八

国际结算

GUOJI JIESUAN

如果你需要支付一笔外汇给国外的朋友，怎样办理？如果一家企业出口一批商品，如何约定收款方式最为稳妥？不论是个人，还是企业，或者是某个经济团体，甚至一个国家，都有可能需要进行涉外支付或收款。跨国收支的不确定性使支付的主体面临较大的风险，于是人们设计了特定的支付工具和结算方式，力求实现更安全、更快捷的国际支付，这便是我们所说的国际结算。各种国际金融活动的开展必然涉及跨境支付，由于支付主体属于不同的国家或经济体，使用不同的货币，且处在不同的地理区域，因此用现金进行支付并不可行。如何实现彼此的支付，是顺利开展国际金融活动的主要前提和保障。在本项目中，具体介绍在国际结算中所使用的支付工具以及三大结算方式，这将帮助我们理解跨国支付。

模块一　国际支付中的票据

【课前思考】

我们经常在电视中看见个人填写支票用于支付，什么样的人才能用支票进行支付？如果是企业进行支付，也会签发支票吗？

【能力目标】

1. 能快速甄别汇票、本票、支票的有效性与规范性；
2. 能快速解读汇票、本票、支票的要素信息；
3. 能准确填写汇票、本票、支票。

一、汇票（Bill of Exchange）

（一）什么是汇票

汇票是国际结算中最重要的支付工具，也是国际上流通最为广泛的票据。根据《中华人民共和国票据法》的定义:“汇票是出票人签发的,委托付款人在见票时或者在指定日期无条件支付确定的金额给收款人或者持票人的票据。”

想一想 在一笔国际贸易中用来支付的汇票,谁会是它的出票人?是交易中的买方还是卖方?

(二)常见的汇票种类

1. 以流通地域分类。以汇票的签发地或支付地的不同,汇票可以分为国内汇票和国外汇票。

(1)国内汇票。在本国签发,并在本国支付的,为国内汇票。

(2)国外汇票。在本国签发,在外国支付;或在外国签发,在本国支付的,为国外汇票。

把汇票按流通区域划分,是英美法系国家的一种做法,其法律意义在于:国外汇票被拒绝承兑或拒绝付款时,必须做成拒绝证书;而国内汇票则无须做成拒绝证书。

【知识链接】 **拒绝证书**

法定机关制作的、证明持票人依法行使或保全票据权利的行为遭拒绝的书面文件。拒绝证书是持票人行使追索权所必需的证明文件。主要包括拒绝承兑证书和拒绝付款证书。拒绝承兑证书是在票据因不获承兑而遭退票时做成的证书;拒绝付款证书是在票据因不获付款而遭退票时做成的证书。此外,还有拒绝见票证书、参加承兑拒绝证书、拒绝交还原本证书等。不获承兑或不获付款时通常应做成拒绝证书,但英、美、法等国规定本国票据被拒付不一定必须做成拒绝证书,外国票据被拒付则必须做成拒绝证书;《日内瓦统一票据法》还规定有拒绝承兑证书时无须再做成拒绝付款证书。制作拒绝证书必须由当事人申请,由公证机关或法院或邮政员等法定机构制作,具有法定的证明效力。可以在票据或其粘单上做成,也可以另做文件予以记载。做成时,应记载必要的事项,在法律规定的期限内做出,逾期做出的,除法律规定允许延期外,持票人丧失对前手的追索权。因不可抗力而迟延做成拒绝证书的,持票人不负迟延责任,并可以延长做成期限。某些情况下可免除做成拒绝证书,如发票人、背书人等明示约定“免除做成拒绝证书”。

2. 以票据当事人分类。以当事人中是否有 1 人兼任两种及两种以上身份为标准,汇票可以分为一般汇票与变形汇票。

(1)一般汇票。汇票的三方当事人——出/开票人(Issuer/Drawer)、付款人/受票人/致票人(Drawee/Payer)、持票人/收款人/受款人(Payee),彼此不重叠,例如一笔交易中的买方(出票人)签发汇票委托银行(付款人)付款给卖方(收款人)。

(2)变形汇票。三种当事人中有两种及两种以上身份是由 1 人兼任的,为变形汇票,包括以下四种:

①指己汇票，又称己受汇票，指出票人以自己为受款人的汇票，或出票人和受款人两种身份集于同1人的汇票。

②对己汇票，又称己付汇票，指出票人以自己为付款人的汇票，或出票人和付款人两种身份集于同1人的汇票，有些国家将其视做本票。

③付受汇票，指以付款人为受款人，或付款人和受款人两种身份集于同1人的汇票。

④己受己付汇票，指出票人以自己为付款人、受款人或出票人、付款人、受款人三种身份集于同1人的汇票。

【案例分析】 **变形汇票**

西门子公司全球结算中心设在新加坡；西门子上海分公司负责在中国的采购业务；巴西西门子公司是制造企业。假如西门子上海分公司向杭州B公司采购电子配件，货物由B公司直接运给巴西的西门子公司。

这笔交易项下的汇票可按以下方式开立：

方案1，由西门子上海分公司出票，西门子新加坡的结算中心是受票人，收款人是B公司，这样开立的汇票是对己汇票；

方案2，由B公司出票，西门子新加坡的结算中心是受票人，收款人是B在海外的分公司或其本身，这样开立的汇票是指己汇票。

3. 以付款日期分类。汇票以付款期限长短为标准进行分类，可以分为即期汇票和远期汇票。

（1）即期汇票。即期汇票也称即期付款汇票或见票即付汇票，一般是指见票即行付款的汇票，它又包括以下几种：

①票面上载明“见票即付”文句的汇票。

②发票日与到期日同为一日的汇票。

③票面上没有载明到期日的汇票（默认为是见票即付的即期汇票）。

（2）远期汇票。远期汇票是指必须到约定日期（除发票日以外）方可请求付款的汇票。根据约定日期的方式，远期汇票又可以分为以下四种：

①定期汇票。指在票面上已明确记载付款日的汇票，如汇票记载：“×年×月×日付款”字样。

②计期汇票。也称发票日后定期付款的汇票，指在发票日后一定日期付款的汇票，如票面上记载“请于发票日后一个月付款”字样。

③注期汇票。也称见票日后定期付款的汇票，指在承兑见票后的一定日期付款的汇票，如票面上记载“请于见票日后2个月付款”字样。

④分期付款汇票。指票面金额的付款分数次进行，并在票据上写明支付次数和每次付款的数额和日期的汇票。

对于分期付款汇票，英美票据法与日内瓦统一汇票本票法的规定是不同的。日内瓦统一汇票本票法不承认分期付款汇票，认定分期付款汇票为无效票据；英美票据法则承认分期付款汇票。

4. 以记名方式分类。以记载受款人姓名方式的不同，汇票可以分为记名汇票、指示汇票和无记名汇票。

（1）记名汇票。又称抬头汇票，是指出票人在汇票上写明受款人的姓名或商号的一种汇票。这种汇票，出票人出票后，应将该汇票交给票面上记载的受款人，才产生票据的效力。同时，作为受款人的持票人，可以依法进行背书转让汇票。

（2）指示汇票。指示汇票，是指不仅在汇票上记载受款人的姓名或商号，并且附加“或其指定人”字样的汇票。这种汇票，出票人可以依背书交付而转让汇票，但不得对持票人的背书转让加以禁止。

（3）无记名汇票。无记名汇票，是指在票面上没有记载受款人的姓名或商号，或仅记载“来人”字样的一种汇票，这种汇票仅完成交付行为，即可转让。持票人也可以在票面上记载自己或他人为受款人，从而使之变成记名汇票。

除了以上四种汇票的分类方法外，在我国根据签发人的不同，将汇票区分为银行汇票和商业汇票。由银行签发的汇票为银行汇票，由银行以外的人签发的汇票为商业汇票。商业汇票中，又根据承兑人的不同，再区分为商业承兑汇票和银行承兑汇票。由银行承兑、付款的汇票为银行承兑汇票，由银行以外的人承兑、付款的汇票为商业承兑汇票。

在国际商务与国际金融实践中，有关进出口商务的汇票，按是否需要附有关单据为标准，将汇票区分为光票和跟单汇票。不需附任何单据，到期即可承兑、付款的汇票，为光票。跟单汇票又称押汇汇票或信用汇票，是指必须随附与交易有关的一切单据，付款人或承兑人才允许到期付款的一种汇票。这里所说的单据，一般是指提单、商业发票、保险单、产地证书等。跟单汇票又可分为信用证跟单汇票、承兑交单汇票、付款交单汇票等。

（三）汇票的内容

汇票上通常包括下列内容：汇票名称、出票依据、L/C 号、开证日期、大小写金额、出票日期和地点、汇票付款期限、受款人、受票人、出票人（以上通常为必填项目）、汇票号、利息利率、汇票失效条款、对价付讫条款、免于追索、禁止转让规定等（见资料 8－1），并非所有汇票上印制的内容都需要填写，不同付款方式下某些汇票内容的填写会略有区别。

1. 当事人。一张汇票通常涉及出/开票人（Issuer/Drawer）、受票人/付款人/致票人（Drawee/Payer）和收/受款人（Payee）三方。

出票人应出现在汇票的右下方，一般以与发票相同的签字盖章的形式体现；受票人则在左下方（To 之后），每张汇票必须以指定的银行或开证行作为付款人。当 L/C 要求开立汇票而又未明确付款人时，以开证行为付款人，当 L/C 要求“Drawn on us”时也填写开证行，当 L/C 具体指定了付款人时应从其规定，当 L/C 要求汇票“Drawn on applicant”

资料 8－1 汇票范例

Bill of Exchange

Drawn under ______________________

L/C No._____ Dated________ payable with interest @____ %_____

No._______ Exchange for [redacted] Shanghai, China____________

At ______ *Sight of this* SECOND *of Exchange (First of Exchange being unpaid)*

Pay to the order of EVERBRIGHT BANK OF CHINA *the sum of*

[redacted]

To _______________

____

时填写开证人名称、地址（但这种汇票只相当于一张普通单据），托收付款时填写进口商名称、地址；收/受款人也叫汇票的抬头人，是出票人指定的接受票款的人（可以是出口商或其指定的人），汇票的抬头人通常有三种写法：第一，记名抬头（在受款人栏目中填写“Pay to the order of ×××”或“Pay to ××× or order”，最常见），第二，限制性抬头（填“Pay to ××× only”或“Pay to ××× only，not transferable”），第三，持/执票人抬头（“Pay to the bearer / holder”，很少使用）。

汇票当事人还可能包括承兑人（Acceptor）、背书人（Indorser /Endorser）、被背书人（Indorsee /Endorsee）、保证人（Guarantor）和持票人（Holder）等。

2. 几个时间/期限。主要包括出票日期、付款期限和 L/C 方式下的开证日期。

出票日期通常可以在提单签发日期之后，汇票上记载出票日期的主要意义在于确定汇票的有效期、到期日；付款期限的填写：即期 L/C 条件下，在汇票中的 At 和 sight 之间打上“×××”或“＊＊＊”或“－－－”等符号，远期则在 At 后根据实际情况打上具体期限（例：L/C 要求汇票为 at 30 days after sight，则在 At 和 sight 之间打上“30 days after”字样），托收时在汇票中的 At 之前打上 D/P 或 D/A，余下内容的填写与 L/C 条件下的要求相同；开证日期则只出现在 L/C 方式下的汇票中。

【案例分析】 不同的付款时间

中国出口商 B 某日开立三张汇票，付款时间分别为：

At 30 days after bill of lading date pay to the order of

At 30 days after date pay to the order of

At 30 days after sight pay to the order of

受票人同为伦敦A公司，收款人为中国银行浙江省分行。B在同一天开立汇票并交给中国银行浙江省分行，中国银行浙江省分行也在同一天寄出三张汇票委托伦敦C银行向A提示承兑和提示付款，假定三张汇票又是在同一天被承兑，请问中国银行浙江省分行能否在同一天收到三笔款项？如果不能，三张汇票付款日分别为什么时间？哪种付款时间对出口商最有利？

分析：

At 30 days after bill of lading date pay to the order of

提单日后30天付款

At 30 days after date pay to the order of

出票日后30天付款

At 30 days after sight pay to the order of

见票日后30天付款

假定提单日为7月13日，出票日为7月15日，见票日（承兑日）为7月21日，三张汇票付款日分别如下：

提单日后30天付款，付款日为8月12日

出票日后30天付款，付款日为8月14日

见票日后30天付款，付款日为8月20日

显然，提单日后30天付款对出口商最有利。

3. 金额。大小写金额要一致，注意货币符号和数字的顺序，习惯在大写数字前加“Say”或“Total”，在数字后加“Only”，大写写法应注意小数部分的表达，例：USD0. 58可表达为US Dollars Point Five Eight；Cents Fifty Eight；58/100，小数点后保留两位小数。

4. 其他内容出票依据（Drawn Under）表明根据什么填写制作汇票。L/C条件下有三项（开证行名称、信用证号和开证日期），这是开证行在一定的期限内对汇票的金额履行保证付款责任的法律根据；托收项下可填写Inv. No.（发票号码），B/L No.（提单号码），S/C No.（合同号码）或合同中的货物名称等。

5. 出票地和付款地。前者在出口方所在地；后者表现为付款人的地点（既是汇票金额的支付地，也是要求付款地或拒绝证书做出地），规定地点的意义在于便于当事人准确把握汇票的法律适用问题。

6. 汇票号码（为方便查阅、对比，多数公司通常使用与发票号码相同的号码）；对价付讫（可以空白）；各种批注（应按要求加以满足）等。

在汇票的所有内容要素中，“汇票”字样、无条件付款命令、确定的金额、付款人名称、收款人名称、出票日期、出票人签字，这几个是绝对必要的记载项目，若欠缺，汇票无效。所以当我们在经济交易中收到对方开来的汇票时，首先应检查这七个绝对必要记载事项是否齐全，如果不齐全，这张汇票一定是无效的，应立即拒收。

想一想　怎样的支付命令才算是“无条件付款命令”？怎样的金额表示才算是“确定的金额”？

出票地点、付款地点、付款日期是相对必要的记载项目，也很重要，但不记载不影响汇票有效性。因为若出票地点无记载，默认为是出票人所在地；若付款地点无记载，默认为是付款人所在地；若付款日期无记载，默认为是即期汇票。

汇票中还会有一些任意记载的项目，相对不重要，例如：担当付款人、预备付款人、必须提示承兑及其日期、不得提示承兑、免做拒绝证书、免做拒付通知、免于追索等。

二、本票（Promissory Note）

根据我国《票据法》规定，“本票是出票人签发的，承诺自己见票时无条件支付确定的金额给收款人或持票人的票据。”

想一想　根据票据法对本票的描述，我们常见的一些金融工具，如CD、T－Bill、信用卡、旅行支票等，是否属于本票的范畴？

本票通常包括以下一些必要项目：

（1）必须写明“本票”字样。

（2）无条件支付一定金额的承诺。

（3）确定的金额。

（4）收款人或其指定人名称。

（5）出票人签章。

（6）出票日期。

付款期限未载明者视为见票即付，付款地点未写明者视为付款人所在地。

本票与汇票一样，也是一种流通证券，可以自由流通转让。但由于本票的出票人就是付款人，因此本票与汇票的不同之处主要有以下几点：

（1）本票是无条件的支付承诺；而汇票则是无条件的支付命令。

（2）本票的票面有两个当事人，即出票人与收款人；而汇票的票面则有三个当事人，即出票人、付款人和收款人。

（3）本票在任何情况下出票人都是主债务人；而汇票在承兑前，出票人是主债务人，在承兑后，承兑人是主债务人。

（4）本票出票人就是付款人，远期本票到期由出票人付款，所以不需要提示要求承兑和承兑手续，而远期汇票则须办理提示要求承兑和承兑手续（见票后定期付款的本票应由持票人向出票人提示见票，并在本票上载明见票日期，此点与见票后定期付款的汇票相同）。

（5）本票只能开出一张，而汇票则可以开出一套即一式两份或数份。

三、支票（Cheque）

支票是出票人（银行的客户）对银行（受票人）签发的，授权银行对某个人（收款人）或者其指定人或者持票来人即期支付一定金额的无条件支付命令。可见，支票除了付款人一定是银行，期限一定是即期的之外，和汇票并无本质的区别，所以也可以说支票就是即期银行汇票。

根据我国《票据法》规定，支票一般包括以下必要项目：

（1）必须写明“支票”字样。

（2）无条件支付命令。

（3）付款人名称。

（4）确定的金额。

（5）出票日期。

（6）出票人签章。

【知识链接】 **常见的支票**

1. 记名支票。指在收款人一栏，写明收款人姓名或其指定人，取款时须由收款人签章方可支取，这种支票可背书转让，或向银行贴现。

2. 空白支票。又称不记名支票或来人式支票。指支票上不记载收款人姓名，而只写付款人，这种支票取款时无须签章，仅凭交付而转让。

3. 划线支票。在支票票面上有两条平行线者即为划线支票。这种支票只能委托银行转账，不能提现，且要求付款人必须将款项支付给真正的收款人，付款银行的责任方能解除。划线支票包括两种：(1) 一般划线支票。指任何银行都可代收转账的支票；(2) 特别划线支票，指必须由横线内指定的银行代收款项的支票。

4. 保付支票。指付款银行应出票人或收款人的请求，在支票上记载“保付”或“照付”字样的支票。其主要目的是为避免出票人开出空头支票，保证支票提示时付款。同时，支票一经保付，付款责任即由保付银行承担，出票人和背书人的责任均被解除。因此，保付支票提示时不会退票，并且即使在付款提示期以外，付款银行仍有照付的义务。

5. 银行支票。指由银行签发，并由银行付款的支票。因出票人和付款人均为银行，信用程度也就很高。当银行代顾客办理汇票汇款时，可以开立银行支票。

6. 旅行支票。指银行或大旅行社为便利旅行者支取存款而发行的固定金额，专供旅行者使用的一种定额票据。它没有指定付款人和付款地点，购买时由购买者当面在旅行支票上初签；兑付时，持票人再当着付款代理人的面复签，经核实初签与复签相符即能取款。与其他支票相比，旅行支票具有有条件支付命令、金额固定、面额较小、兑取方便、流通期限较长等特点。我国于 1978 年 1 月 20 日开始在港澳地区发售不可流通的旅行支票，面额为 50 元和 10 元两种。

支票通常包括出票人、付款人和收款人三个基本当事人以及出票、背书两种基本票据行为。由于支票均为即期，而付款人又是信用程度比较高的银行，因而无承兑和保证行为。

支票的出票人和汇票的出票人一样，必须担保支票提示时银行一定付款。若遭拒付，出票人不但要承担赔偿责任，而且有可能承担法律责任（如空头支票）。对于一般的非划线支票来说，付款行付款时主要审核出票人签字的真伪。而对于背书，银行只管是否连续，不管真伪；但在划线支票条件下，付款行必须按照划线内容付款，否则，付款行将承担一切责任。对于收款人来说，必须在支票有效期内提示支票，如果过期提示而遭拒付，收款人仍具有对出票人的追索权，但出票人因此而受到的损失应由收款人负责赔偿，金额以支票金额为限。

【能力训练】

1. 若汇票中出现以下支付命令，请判断哪一个是可以接受的（哪一个是无条件的支付命令）。

（1） Pay to the order of C Co. the sum of USD ten thousand only on delivery of B/L No. 123.

（2） Pay to C Co. or order provided the goods are complied with contract the sum of USD ten thousand only.

（3） Pay to C Co. or order the sum of USD ten thousand only and debit same to applicant's account maintained with you.

（4） Pay to C Co. or order the sum of USD ten thousand only drawn under L/C No. 123 issued by ABC bank, Tokyo dated on Jun. 27, 2009.

（5） Pay to C Co. or order the sum of USD ten thousand only.

2. 若汇票中出现以下金额表达，请判断哪一个是可以接受的（哪一个是确定的金额）。

（1） Pay to the order of C Co. the sum of USD ten thousand only plus interest calculated at the rate of 3% per annum.

（2） Pay to the order of C Co. the sum of USD ten thousand only by installments.

（3） Pay to the order of C Co. the sum of USD ten thousand only converted into HKD.

3. 假如你在一笔交易中收到对方来款，汇票如下，请快速判断这是否是一张要式齐全的有效汇票。如果存在问题，请指出。

BILL OF EXCHANGE

Exchange for JPY213 000. 00

At 90 days after sight of this FIRST of exchange (Second of exchange being unpaid) pay to the order of Bank of China, Changsha Branch the sum of JPY TWO MILLION AND ONE HUNDRED AND THIRTY THOUSAND.

To: The Industrial Bank of Japan, Ltd.

Hunan Province Import & Export Company, Changsha

(Signed)

4. 香港A公司于2011年3月6日在香港根据中国银行广东省分行2月3日开立的

第××号信用证开立了一张金额为6万港元、以中国银行广东省分行为付款人、美国H银行香港分行为收款人、见票后60天付款的汇票。汇票编号为0000613336，请根据这些条件，缮制一份汇票。

5. 你是ABC股份有限公司的经理，今天以个人名义代表公司签发了一张汇票交给中国银行广东省分行，要求按照编号为36－17的信用证开具（信用证开证行为中国银行广东省分行，开证日期为2008年9月1日），要求见票30天后支付USD10万给香港D公司的指定人。请根据这些条件，缮制一份汇票。

6. W银行纽约分行6月6日开出一张见票后60天付款的本票，收款人为广东省B公司，金额为USD36 000.00，请按条件填制本票，并为B公司将这张本票背书给C公司。

7. 伦敦C公司8月1日开出一张以G银行伦敦分行为付款人的普通划线支票，收款人为广东F公司，金额为GBP50 000.00，请填制支票。若F公司要将该支票背书给D公司，请为之做背书。

模块二　信用证结算

【课前思考】

中国出口商向美国出口商品，备妥货物后担心美方不按时足额付款；美国进口商从中国进口，担心中方发货不符合要求。选择一个怎样的结算方式可以为双方都提供保障呢?

【能力目标】

1. 能填写信用证开证申请书；
2. 能快速解读信用证内容。

一、什么是信用证结算

信用证是向受益人（一般是出口商）开立的一种有条件的书面付款保证。开证行保证在收到受益人交付全部符合信用证规定的单据的条件下，向受益人或其指定人履行付款的责任。

信用证具有以下特点：

1. 信用证是一种银行信用。信用证支付方式是一种银行信用，比商业信用可靠。由开证行以自己的信用作出付款的承诺。在信用证付款的条件下，开证银行承担第一性付款责任，且这种承付责任是一种独立的责任，不以申请人的付款作为前提条件。

2. 信用证是一项单据业务。在信用证方式之下，实行的是凭单付款的原则。银行处理的是单据，而不是单据可能涉及的货物、服务或履约行为。被指定银行、保兑行（如有）以及开证行必须对提示的单据进行审核，并仅以单据为基础，以单据从表面上看是否相符为原则，决定是否付款。银行对合同的履行情况概不负责，只要受益人交单符合要求，银行就会按规定付款。同样，即使受益人完全按合同履行了义务，但所制单据出现不符，也会造成银行拒付。单据不符导致拒付是信用证支付方式下一种极为普遍的现象，所以受益人制单必须格外严谨。

【案例分析】

1941 年美国进口商与印度出口商签订一份羊毛买卖合同，进口商申请开立了一张以出口商为受益人的不可撤销信用证，受益人在交单期内提交表面正确的单据。但实际上装运的不是羊毛而是垃圾，进口商通过确切渠道证实这一消息后，向法院申请禁付令，要求解除开证行付款义务。法院会支持进口商的申请吗？“单单相符，单证相符”银行就必须付款吗？

3. 信用证是独立于其他合同之外的一种自足的法律文件。虽然信用证是依据买卖双方之间的买卖合同开立的，但信用证并不依附于买卖合同，而是独立于买卖合同之外的银行信用凭证。银行只对信用证负责，与买卖合同等无关，因而不受买卖合同或其他合同的约束。即使信用证中包含有关于合同的任何援引文句，银行也与该合同完全无关。

小贴士

根据《跟单信用证统一惯例》国际商会第 600 号出版物（以下简称 UCP600）第四条规定：就性质而言，信用证与可能作为其依据的销售合同或其他合同，是相互独立的交易。即使信用证中提及该合同，银行亦与该合同完全无关，且不受其约束。因此，一家银行作出兑付、议付或履行信用证项下其他义务的承诺，并不受申请人与开证行之间，或与受益人之间在已有关系下产生的索偿或抗辩的制约。

信用证结算打消了买卖双方的顾虑，为双方都提供了相应的保障。对进口方来说，信用证保证进口方在履行义务后可以取得代表货物的单据；银行通过信用证条款控制卖方按质、接量、按时交货。对于出口方来说，信用证保证出口方在履约交货后交单取款。

此外，信用证结算方式还为进出口商向银行融通资金提供了便利。对于进口方来说，开证时只需交纳部分押金，单据到达后再付款；如果是远期信用证，进口方可凭信托收据向开证行借单提货出售，到期再向开证行付款。对于出口方的融资来说，收到信用证后可打包贷款，以供备货用；出货后向银行交单押汇（通常所说的议付）取得全部货款。

二、信用证的当事人

1. 开证申请人。开证申请人意指发出开立信用证申请的一方，一般是进口商。若双方在合同中约定采用信用证作为结算方式，进口方应根据合同条款，在合理的时间内向银行提出申请开出信用证。申请人应按规定交付开证保证金，及时付款赎单，但若单据与信用证不符，其有权拒绝赎单。

小贴士

根据国际商会最新修订的 UCP600 第十四条规定：单据中内容的描述不必与信用证、信用证对该项单据的描述以及国际标准银行实务完全一致，但不得与该项单据中的内容、其他规定的单据或信用证相冲突。

2. 开证行。开证行是根据进口商的申请开出信用证的银行，一般是进口地的银行。开证行接受了申请人的开证申请后，应根据开证申请书的条款，正确、完整、及时地开出信用证。信用证开出后，开证行在单据相符的情况下承担第一性付款责任。根据 UCP600 规定，开证行审核单据以决定是否接受或拒绝单据的时间不应超过从其收到单据的翌日起算 5 个银行工作日。开证行履行付款责任后，如进口商无力付款赎单，开证行有权处理单据或货物。

3. 受益人。受益人是指信用证所指定的有权使用该证并且享有权益的人，一般为出口商。受益人收到信用证后，应及时与合同核对，若发现信用证条款与合同不符，必须及时提出修改或拒绝接受。一旦受益人接受信用证，就有备货、发货、备齐单据的义务和交单给指定银行要求付款、议付或承兑的权利。受益人应在信用证规定的装船期限内装运货物，并在信用证有效期内交单，做到：①所有单据之间一致；②单据与信用证条款一致。受益人交单后，如遇开证行无力支付，可向进口商要求付款。受益人获得议付款后，由于议付行不获偿付而向受益人追索时，受益人应退回货款。

小贴士

UCP600 虽然不像 UCP500 强调单据之间、单证之间的严格一致，但却是以不矛盾为审单原则，受益人在制单时仍需注意应尽量保持单据之间一致、单据与信用证一致，以防付款行以非实质性不符点为由拖延付款，在金额较大的贸易中尤需注意。

4. 通知行。通知行是指将信用证通知给受益人的银行，一般是开证行在受益人所在地的代理行或分支机构。当通知行收到开证行信开或电开信用证时，应当合理谨慎地审核所通知信用证的表面真实性，如核对印鉴或密押，并根据开证行的要求缮制通知书，及时、正确地通知受益人。

小贴士

根据 UCP600 第九条规定：如果一家被要求通知信用证或修改，但其不能确定信用证、修改或通知的表面真实性，就必须不延误地告知向其发出该指示的银行。如果通知行或第二通知行仍决定通知信用证或修改，则必须告知受益人或第二通知行其未能核实信用证、修改或通知的表面真实性。

5. 保兑行。保兑行是应开证行请求，对信用证予以保证兑付的银行。保兑行通常由通知行兼任，也可由其他银行，如出口地、开证地或国际金融中心的著名银行来担任。被开证行授权的银行一旦在信用证上加具保兑，便承担与开证行相同的责任。自信用证加具保兑之时起，保兑行即不可撤销地受到付款责任的约束，且一旦议付，即为无追索权的议付。

6. 付款行。付款行是开证行指定的担任信用证项下付款或充当汇票付款人的银行，通常由开证行兼任，也可以由保兑行、出口地或第三国的其他银行担当。付款行是开证行在信用证中指定的，付款行本身未作付款承诺，所以有权不付款，但这种情况只有在开证行资金状况极差，或付款行没有可能获得偿付时才会发生。当付款行拒付时，开证行应付款。付款行的付款为终局性的，待日后向开证行索偿时，开证行以单证不符为由拒绝偿付，此时，付款行只能通过处理单据或货物来取得补偿，而对汇票的收款人、受益人和议付行均无追索权。

7. 议付行。议付行是根据开证行的授权买入受益人提交的符合信用证条款规定的汇票及（或）单据的银行。议付行对受益人的付款，实务中称为押汇。议付行可以由开证行在信用证中指定，也可以不指定，而由受益人选择任何一家银行议付。议付行应在自收到单据次日起5个工作日内完成审核，并将自己的决定通知交单的一方。议付后议付行取得票据就获得了持票人地位。因此，当付款人拒付时，议付行对出票人有追索权。由于银行是受开证行邀请，而不是本身作出承诺，因此有权不议付。一般在开证行信用不佳或者信用证过于复杂，议付风险较大时，银行才会拒绝议付。

三、信用证的种类

1. 即期付款信用证。信用证规定受益人开立即期汇票，或不需即期汇票（通常以商业发票代替汇票）仅凭单据（包括信用证以及信用证所要求的所有单据，如保险单、提单、检验证书、产地证等）即可向指定银行提示请求付款。银行审核通过后向开证行寄单索偿，开证行应在收到单据后立即付款，付款后无追索权，因此受益人取得款项后可以放心使用，有利于受益人对资金的利用。指定银行通常为开证行在受益人所在国家的分支机构或合作银行，或开证行的账户行，通常指定银行也就是通知行。即期付款信用证的业务流程如图8－1所示。

想一想 即期付款信用证对受益人来说有什么优势？

2. 延期付款信用证。受益人不需开立汇票，仅凭单据即可向指定银行提示请求付款。银行审核通过后收进单据，但不会立即付款，而是等信用证到期后付款。由于没有汇票，受益人在信用证到期之前无法利用贴现进行融资，所以不利于资金的利用。延期付款信用证的业务流程如图8－2所示。

3. 承兑信用证。受益人开立远期汇票，连同信用证和其他单据一起向指定银行提示。银行审核通过后会对汇票进行承兑，待汇票到期后付款。在业务处理上，承兑信用证与延期付款信用证类似，但不同之处在于承兑信用证的受益人开立了汇票，经过银行承兑后可以办理贴现融资，有利于其资金的利用。而延期付款信用证的受益人只有等到信用证到期才能获得资金。承兑信用证的业务流程如图8－3所示。

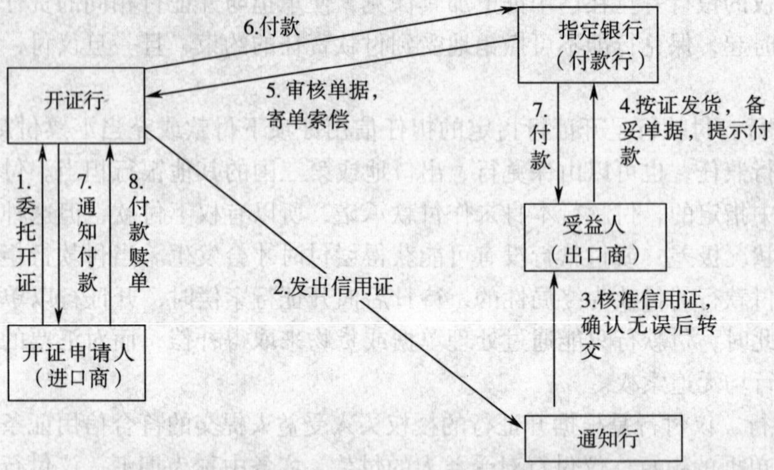

图 8－1　即期付款信用证业务流程图

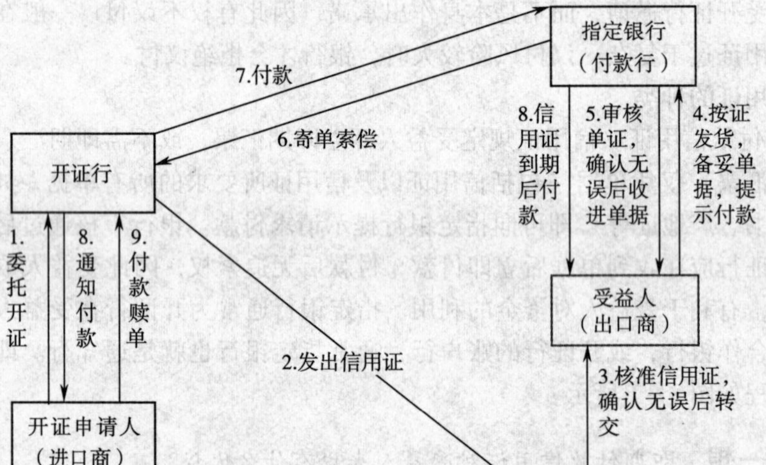

图 8－2　延期付款信用证业务流程图

想一想　在延期付款信用证与承兑信用证下，指定银行审核单据后都不会立即付款，是不是二者是一回事呢？如果不是，二者有什么区别？

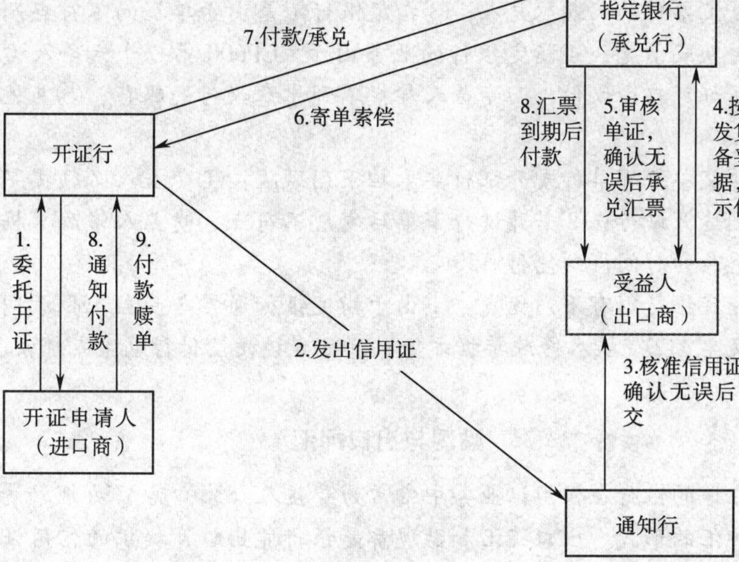

图 8－3　承兑信用证业务流程图

小贴士

现在的指定银行在信用证业务中往往只是起到审核和传递单据的作用，并非严格按照信用证规定的付款时间付款，而是等客户赎单了才付款。例如延期付款信用证，指定银行审核单据无误后收进单据，向开证行寄单索偿，开证行收到单据后通知开证申请人付款赎单。待开证申请人付款后，款项再由开证行通过指定银行传递给受益人。在此之前，即使信用证已经到期，指定银行也不会付款，这样做主要是为了避免占用银行资金以及规避风险。

值得说明的是，受益人有时也可绕过指定银行，直接向开证行交单要求付款。

【知识链接】　受益人交单

受益人交单既可以交给指定银行，也可以直接交给寄单行或开证行：

1. 单据交给指定银行。受益人向指定银行提交单据请求议付、付款或承兑，若单证相符，指定银行则进行议付、付款或承兑，并将单据递交开证行要求偿付。

2. 单据交给寄单行或直接交给开证行。即使信用证已指定了一家银行，受益人也可以向第三家银行，即受益人的开户行提交单据。然后第三家银行作为寄单行向开证行寄单索偿。如果开证行是在信用证的有效期内，并在最迟交单期内收到单据，单证相符，开证行必须付款。但是，由于寄单行没得到开证行授权，因此它无权直接向偿付行要求偿付。

当出现以下情况时受益人有权直接向开证行交单：①直接付款信用证；②信用证规定开证行自己是汇票付款人或承兑人；③指定银行不是由于单据的不符点而拒绝对信用证办理议付、付款或承兑；④指定银行的业务由于UCP600第三十六条人力不可抗拒原因中断；⑤信用证可自由议付，而受益人却找不到愿意议付的银行；⑥其他情况，如金额特别巨大等。

受益人直接交单给寄单行或开证行要承担下列风险：①受益人必须提早寄单，保证单据在效期内到达开证行；②若开证行审单后发现不符点，受益人修改单据不方便；③受益人将会花更长的时间得到偿付。

单据提交指定银行则有下列优点：①由于指定银行通常与受益人位于同一地区，受益人不必提早交单；②受益人修改单据方便；③可直接向偿付行电索或邮索。

【知识链接】 **贴现与出口押汇**

出口方所在地的银行在信用证业务中常常为受益人（出口方）办理融资业务，主要以贴现和出口押汇的形式。出口押汇和贴现都是银行凭出口商提供的信用证项下完备的货运单据作抵押，在收到开证行支付的货款之前，向出口商融通资金的业务。区别主要体现在：出口押汇适用于即期付款，例如汇票为即期汇票或没有汇票但信用证中规定为即期付款，押汇的融资期限一般不超过6个月；贴现适用于远期付款，即汇票为远期汇票或没有汇票但信用证中注明远期付款时间。需要注意的是，如果是远期汇票办理贴现，必须经过银行承兑。

4. 议付信用证。受益人备齐所有单据后（可以有汇票也可以没有汇票）连同信用证提示给议付行，议付行审核无误后，扣取垫付利息和手续费后立即将货款垫付给受益人。议付行进一步将单证提示给付款行要求付款。议付信用证有公开议付信用证和限制议付信用证，前者指受益人可任选一家银行办理议付，后者指开证行在信用证中已指定议付行，受益人只能到指定的议付行办理议付。议付信用证的业务流程如图8－4所示。

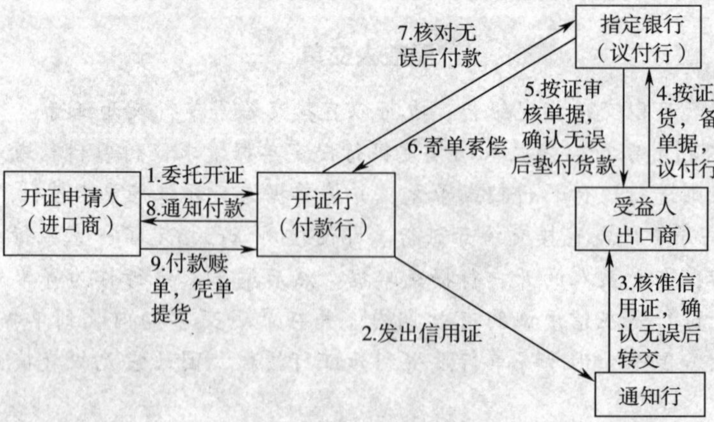

图8－4 议付信用证业务流程图

值得说明的是，议付信用证下一定存在指定银行垫付货款。因为根据 UCP600 第二条规定：议付意指被指定银行在其应获得偿付的银行工作日或在此之前，通过向受益人预付或者同意向受益人预付款项的方式购买相符提示项下的汇票（汇票付款人为被指定银行以外的银行）及/或单据。所以若指定银行待开证申请人付款赎单后再将款项支付给受益人，则不属于议付信用证。

小贴士

在汇票为远期汇票的信用证业务中，有时开证申请人（进口方）急于取得单据提货，但由于未到付款时间而不能付款赎单，此时可以向指定银行提出“借单”。若“借单”是经受益人同意并授权的，风险由受益人自行承担；若“借单”是指定银行的自主行为，则风险由指定银行承担。

想一想 出口押汇与贴现是银行凭出口商提供的信用证项下完备的货运单据作抵押，在收到开证行支付的货款之前，向出口商融通资金的业务。它们和议付是一回事吗？

四、信用证的开证方式

开证行可以用电报、电传，也可以用信函的方式开立信用证。因此，常见的信用证有信开本和电开本之分。

1. 信开本信用证。信开本是指开证银行采用印就的信函格式开立的信用证，开证后以空邮寄送通知行，这种形式现已很少使用。信开本信用证格式如资料 8 - 1 所示。

资料 8 - 2 **信开本信用证范例**

THE ROYAL BANK OF CANADA
BRITISH COLUMBIA INTERNATION CENTRE
1055 WEST GEORGIA STREET, VANCOUVER, B. C. V6E 3P3
CANADA

□CONFIRMATION OF TELEX/CABLE PER - ADVISED　　DATE: APR. 8, 2001
TELEX NO. 4720688 CA　　PLACE: VANCOUVER

<table>
<tr><td>IRREVOCABLE DOCUMENTARY CREDIT</td><td>CREDIT NUMBER:
01/0501 - FCT</td><td>ADVISING BANK'S REF. NO.</td></tr>
<tr><td>ADVISING BANK:
SHANGHAI A J FINANCE CORPORATION
59 HONGKONG ROAD
SHANGHAI 200002, CHINA</td><td colspan="2">APPLICANT:
NEO GENERAL TRADING CO.
#362 JALAN STREET, TORONTO, CANADA</td></tr>
<tr><td>BENEFICIARY:
DESUN TRADING CO., LTD.
29TH FLOOR KINGSTAR MANSION,
623JINLIN RD., SHANGHAI CHINA</td><td colspan="2">AMOUNT:
USD46 980.00
(US DOLLARS FORTY SIX THOUSAND NINE HUNDRED AND EIGHTY ONLY)</td></tr>
</table>

续表

EXPIRY DATE：MAY 15，2003 FOR NEGOTIATION IN APPLICANTS COUNTRY				
GENTLEMEN： WE HEREBY OPEN OUR IRREVOCABLE LETTER OF CREDIT IN YOUR FAVOR WHICH IS AVAILABLE BY YOUR DRAFTS AT SIGHT FOR FULL INVOICE VALUE ON US ACCOMPANIED BY THE FOLLOWING DOCUMENTS： +SIGNED COMMERCIAL INVOICE AND 3 COPIED. +PACKING LIST AND 3 COPIES，SHOWING THE INDIVIDUAL WEIGHT AND MEASUREMENT OF EACH ITEM. +ORIGINAL CERTIFICATE OF ORIGIN AND 3 COPIES ISSUED BY THE CHAMBER OF COMMERCE. +FULL SET CLEAN ON BOARD OCEAN BILLS OF LADING SHOWING FREIGHT PREPAID CONSIGNED TO ORDER OF THE ROYAL BANK OF CANADA INDICATING THE ACTUAL DATE OF THE GOODS ON BOARD AND NOTIFY THE APPLICANT WITH FULL ADDRESS AND PHONE NO. 77009910. +INSURANCE POLICY OR CERTIFICATE FOR 130 PERCENT OF INVOICE VALUE COVERING：INSURANCE CARGO CLAUSES（A）AS PER I. C. C. DATED 1/1/1982. +BENEFICIARY'S CERTIFICATE CERTIFYING THAT EACH COPY OF SHIPPING DOCUMENTS HAS BEEN FAXED TO THE APPLICANT WITHIN 48 HOURS AFTER SHIPMENT. COVERING SHIPMENT OF： 4 ITEMS OF CHINESE CERAMIC DINNERWARE INCLUDING： DS151130 – PIECE DINNERWARE AND TEA SET，544SETS DS220120 – PIECE DINNERWARE SET，800SETS DS450445 – PIECE DINNERWARE SET，443SETS DS512095 – PIECE DINNERWARE SET，245SETS DETAILS IN ACCORDANCE WITH SALES CONTRACT HSDS03027 DATED APR. 3，2003. [ ] FOB / [ ] CFR / [X] CIF/ [ ] FAX TORONTO CANADA.				
SHIPMENT FROM SHANGHAI	**TO** VANCOUVER	**LATEST** APRIL 30，2003	**PARTIAL SHIPMENTS** PROHIBITED	**TRANSSHIPMENT** PROHIBITED
DRAFTS TO BE PRESENTED FOR NEGOTIATION WITHIN 15 DAYS AFTER SHIPMENT，BUT WITHIN THE VALIDITY OF CREDIT. ALL DOCUMENTS TO BE FORWARDED IN ONE COVER，BY AIRMAIL，UNLESS OTHERWISE STATED UNDER SPECIAL INSTRUCTION.				
SPECIAL INSTRUCTION：ALL BANKING CHARGES OUTSIDE CANADA ARE FOR ACCOUNT OF BENEFICIARY. +ALL GOODS MUST BE SHIPPED IN ONE 20′CY TO CY CONTAINER AND B/L SHOWING THE SAME. +THE VALUE OF FREIGHT PREPAID HAS TO BE SHOWN ON BILLS OF LADING. +DOCUMENTS WHICH FAIL TO COMPLY WITH THE TERMS AND CONDITIONS IN THE LETTER OF CREDIT SUBJECT TO A SPECIAL DISCREPANCY HANDLING FEE OF US＄35.00 TO BE DEDUCTED FROM ANY PROCEEDS.				
DRAFT MUST BE MARKED AS BEING DRAWN UNDER THIS CREDIT AND BEAR ITS NUMBER；THE AMOUNTS ARE TO BE ENDORSED ON THE REVERSE HERE OF BY NEG. BANK. WE HEREBY AGREE WITH THE DRAWERS，ENDORSERS AND FIDE HOLDER THAT ALL DRAFTS DRAWN UNDER AND IN COMPLIANCE WITH THE TERMS OF THIS CREDIT SHALL BE DULY HONORED UPON PRESENTATION. THIS CREDIT IS SUBJECT TO THE UNIFORM CUSTOMS AND PRACTICE FOR DOCUMENTARY CREDITS（1993 REVISION）BY THE INTERNATIONAL CHAMBER OF COMMERCE PUBLICATION NO. 500. *David Jone* AUTHORIZED SIGNATURE Yours Very Truly，*Joanne Hsan* AUTHORIZED SIGNATURE				

2. 电开本信用证。电开本是指开证行将信用证加注密押使用电报、电传、传真、全球银行金融电讯协会（Society For Worldwide Inter - bank Financial Telecommunication，SWIFT）等各种电讯方法将信用证条款传给通知行。电开有全电开证和简电开证两类，前者是指以电讯方式发出内容完整的信用证，是有效的信用证正本；后者是指电文内容不完整，只是包含信用证主要内容的信用证文本，一般作预先通知受益人用，不是有效的信用证文本，银行随后寄出的证实书才是信用证有效文本。现在银行多用全电开证的方式开立信用证。

我国银行在电开信用证或收到的信用证电开本中，SWIFT 信用证占最大比重。SWIFT 信用证是通过自动化的国际金融电讯网办理的，按照国际商会所制定的电讯信用证格式，利用 SWIFT 系统设计的特殊格式，使用 SWIFT 手册规定的代号（Tag），通过 SWIFT 系统传递信息的信用证。SWIFT 信用证中的信息是用固定的代码表示，例如用“27”代表信用证电文的页数，用“40A”代表信用证的类型，用“31D”代表开证日期，用“50”代表信用证的申请人，用“59”代表受益人。但不同格式的代码规定有所不同，所以开立信用证应预先通知采用格式。

【知识链接】

SWIFT 项下开立跟单信用证 MT 格式一般有 17 种：MT700/701 格式，开立信用证时使用；MT705 格式，信用证预先通知用；MT707 格式，信用证修改用；MT710/711 格式，通知由第三家银行开立跟单信用证用；MT720/721 格式，转让跟单信用证用；MT730 格式，确认收妥跟单信用证，并证实已通知受益人用；MT732 格式，发报行通知收报行有关单据已被开证申请人接受用；MT734 格式，发报行通知收报行单证不符的拒付通知用；MT740 格式，发报行授权收报行偿付信用证项下款项，即偿付授权用；MT742 格式，发报行向收报行索偿用；MT750 格式，发报行通知收报行有关单据不符点，即所谓“电提”用；MT752 格式，发报行授权收报行在单据没有其他不符点的情况下，可以付款/承兑/议付，该报文是对 MT750 的答复；MT754 格式，发报行通知收报行单证相符，已对有关单据进行付款/承兑/议付，并已按批示寄单，即所谓“通知电”；MT756 格式，发报行通知收报行，已进行了偿付/付款。我们一般所接触的是 MT700/701 和 MT707 三种格式。

SWIFT 信用证具有标准化、固定化和统一格式的特性，且传递速度快捷，成本也较低。现在已被西欧、北欧、美洲和亚洲等国家与地区的银行广泛使用。全电开信用证格式如资料 8 - 3 所示。

资料8-3 **全电开信用证范例**

2003AUG01 LOGICAL TERMINAL E102 MT S700 ISSUE OF A DOCUMENTARY CREDIT PAGE 00001 FUNC JSRVPR1		
USER HEADER		SERVICE CODE 103：（银行盖信用证通知专用章） BANK. PRIORITY 113： MSG USER REF. 108： INFO. FROM CI 115：
SEQUENCE OF TOTAL	* 27	1/1
FORM OF DOC. CREDIT	* 40A	IRREVOCABLE
DOC. CREDIT NUMBER	* 20	4006LC129336
DATE OF ISSUE	31C	050801
EXPIRY	* 31D	DATE 051005 PLACE CHINA
APPLICANT	* 50	INTERCOM IMPOTR & EXPORT CO.，LTD 123 FRIEDRICH－EBERT STREET，HAMBURG
BENEFICIARY	* 59	NANJING DECHUANGWEIYE IMPORT & EXPORT CO.，LTD HONGWU ROAD 16#，NANJING 210004 P. R. CHINA
AMOUNT	* 32B	CURRENCY USD AMOUNT 31428
POS. /NEG. TOL.（%）	39A	03/03
AVAILABLE WITH/BY	* 41D	ANY BANK IN CHINA，BY NEGOTIATIONAGAINST THE DOCUMENTS DETAILED HEREIN AND BENEFICIARY'S DRAFT AT 30 DAYS SIGHT DRAWN ON US UNDER L/C NO. 4006LC129336 FOR 100P. C. OF THE INVOICE VALUE.
DRAWEE	42A	THE CHARTERED BANK AT HAMBURG
PARTIAL SHIPMTS	43P	NOT ALLOWED
TRANSSHIPMENT	43T	NOT ALLOWED
LOADING IN CHARGE	44A	CHINA FORT
FOR TRANSPIRT TO…	44B	HAMBURG
LATEST SHIPMENT	44C	AT THE LATEST SEPT. 10，2005
GOODS DESCRIPT.	45A	

续表

		4439 CHINA BLACK TEA BAT. 8000KGS @ USD4. 05/KG CIF3% HAMBURG (1 ×20'FCL/200 PAPERSACKS) PACKED IN PAPERSACKS. PALLETIZED AND CUNTAINERIZED AS PER THE SALES CONFIRMATION NO. BT7095 THE PRICE IS TO BE UNDERSTOOD PERKILO NET SHIPPED WEIGHT CIF HAMBURG LESS 3 PERCENT COMISSION.
DOCS REQUIRED	46 A	
		+ SIGNED COMMERCIAL INVOICE IN 4 – FOLD. + FULL SET OF CLEAN ON BOARD MARINE BILL OF LADING MADE OUT TO THE ORDER, MARKED FREIGHT PREPAID AND NOTIFY APPLICANT. + CERTIFICATE OF WEIGHT IN 4 – FOLD. + GSP CERTIFICATE OF ORIGIN FORM A, CERTIFYING GOODS OF ORIGIN IN CHINA, ISSUED BY COMPETENT AUTHORITIES. + INSURANCE POLICY OR CERTIFICATE COVERING ALL RISKS AND WAR RISK, INCLUDING WAREHOUSE TO WAREHOUSE CLAUSE, ISSUED FOR AT LEAST 110 % OF CIF – VALUE.
ADDITIONAL CONDITION	47 A	
		IF BILL OF LADING ARE REQUIRED ABOVE, PLEASE FORWARD DOCUMENT IN TWO MAILS, ORIGINALS SEND BY COURIER AND DUPLICATES BY REGISTERED AIRMAIL.
DETAILS OF CHARGES	71B	BANK CHARGES EXCLUDING ISSUING BANKS ARE FOR ACCOUNT OF BENEFICIARY.
PRESENTATION PERIOD	48	DOCUMENTS TO BE PRESENTED WITHIN 15 DAYS FROM SHIPMENT DATE
CONFIRMATION	* 49	WITHOUT
INSTRUCTIONS	78	
		DISCREPANT DOCUMENTS, IF ACCEPTABLE, WILL BE SUBJECT TO A DISCREPANCY HANDLING FEE OF USD 50. 00 OR EQUIVALENT WHICH WILL BE FOR ACCOUNT OF BENEFICIARY. SPECIAL NOTE: ISSUING BANK WILL DISCOUNT ACCEPTANCES ON REQUEST, FOR A/C OF BENEFICIARY (UNLESS OTHERWISE STATED) AT APPROPRIATE LIBOR RATE PLUS 1. 00PER CENT MARGIN.
SEND. TO REC. INFO.	72	THIS CREDIT IS ISSUED SUBJECT TO 1993 RECISION, I. C. C. PUBLICATIONS NO. 500
TRAILER		ORDER IS < MAC: > < PAC: > < ENC: > < CHK: > < TNG: > < PDE: > MAC: E55927A4 CHK: 7B505952829A

五、信用证的内容

1. 信用证开证行（Issuing Bank）。信用证的开证行，是应开证申请人（进口商）的要求开立信用证的银行。信用证是开证行有条件的付款保证。信用证开立后，开证行负有第一性的付款责任。因此，开证行的资信和付款能力等成为关键性的问题。所以，要了解开证行的资信。

2. 信用证开证日期（Issuing Date）。开证日期是开证行开立信用证的日期。开证日期一般表述为“Date of Issue”。信用证中必须明确表明开证日期。如果信用证中没有开证日期（Date of Issue）字样，则视开证行的发电日期（电开信用证）或抬头日期（信开信用证）为开证日期。信用证的开证日期应当明确、清楚、完整。确定信用证的开证日期非常重要，特别是需要使用开证日期计算其他时间或根据开证日期判断所提示单日期是否在开证日期之后等情况时更为重要。同时，开证日期还表明进口商是否是根据商务合同规定的开证期限开立的信用证。

3. 信用证有效期限（Expiry Date）和有效地点（Expiry Place）。信用证的有效期限是受益人向银行提交单据的最后日期。受益人应在有效期限日期之前或当天向银行提交信用证单据。

有效地点是受益人在有效期限内向银行提交单据的地点。国外开来的信用证一般规定有效地点在我国国内，如果有效地点在国外，受益人（出口商）要特别注意，一定要在有效期限之前提前交单据（中国香港、中国澳门、新加坡、马来西亚等近洋国家或地区提前7天左右；远洋国家或地区提前10~15天），以便银行在有效期限之内将单据寄到有效地点的银行。

如果有效地点在国外，最好建议将其修改在受益人所在国。如果信用证未列明有效地点，则应立即要求开证行进行确认。如果开证行始终不予答复，则应视同有效地点在我国国内。

想一想 为什么信用证的有效地点应该修改为受益人所在地？

4. 信用证申请人（Applicant）。信用证的申请人，是根据商务合同的规定向银行（开证行）申请开立信用证的人，即进口商。信用证的申请人包括名称和地址等内容，必须完整、清楚。

5. 信用证受益人（Beneficiary）。信用证的受益人，是信用证上指定的有权使用信用证的人，即出口商。信用证的受益人包括名称和地址等内容，应完整、清楚，如果有错误或遗漏等，应立即电洽开证行确认或要求开证申请人修改。

6. 信用证号码（Documentary Credit Number）。信用证的证号是开证行的银行编号，在与开证行的业务联系中必须引用该编号。信用证的证号必须清楚，没有变字等错误。如果信用证的证号在信用证中前后出现多次，应特别注意其是否一致，否则应电洽其修改。

7. 信用证币别和金额（Currency Code and Amount）。信用证金额的币别应是国际间可自由兑换的币种。如果信用证的币别是国际间非自由兑换货币，受益人可考虑是否接受。货币符号应是国际间所普遍使用的世界各国货币标准代码。信用证的金额一般采用国际间通常的写法，例如，100 万美元写成 USD1 000 000.00。如果信用证中有大写和小写两种金额的写法，大写和小写保持一致。如果信用证中多处出现信用证金额，则其相互之间应保持一致。

8. 信用证货物描述（Description of Goods and/or Services）。信用证的货物描述，是信用证对货物的名称、数量、型号或规格等的描述。根据国际惯例，信用证中对货物的描述不宜繁琐，如果货物描述过于繁琐，应建议受益人洽开证申请人修改信用证的该部分内容。因为，繁琐的货物描述给受益人制单带来麻烦，货物的描述应准确、明确和完整。一般情况下，信用证的货物描述的基本内容包括货物的名称、数量、型号或规格等。

9. 信用证单据条款（Documents Required Clause）。信用证的单据条款，是开证行在信用证中列明的受益人必须提交的单据的种类、份数、签发条件等内容。信用证的单据条款之间保持一致，不应有相互矛盾的地方。

10. 信用证价格条款（Price Terms）。信用证的价格条款，是申请人（进口商）和受益人（出口商）在商务合同中规定的货物成交价格，一般按国际标价方法，常用的价格条款有离岸价（FOB）和到岸价（CIF）。应当特别注意的是，价格条款的后面应注有地点。

11. 信用证装运期限（Shipment Date）。信用证的装运期限是受益人（出口商）装船发货的最后期限。受益人应在最后装运日期之前或当天（装船）发货。信用证的装运期限应在有效期限内。

信用证的装运日期和有效期限之间应有一定的时间间隔，该时间间隔不宜太长，也不宜太短。间隔太长时，特别容易造成受益人迟迟不交单，而货已到港，进口商拿不到货运单据无法提货以致压港压仓等。间隔太短时，受益人从（装船）发货取得单据到向银行提交单据的时间就短，有可能造成交单时间上的紧张，或在有效期限内无法交单。因此，应根据具体情况审核信用证的装运期限和有效期限，必要时应建议或要求受益人洽开证申请人修改。

一般情况下，信用证的装运日期和有效日期之间的间隔为 10～15 天，除非信用证有特别规定。

12. 信用证交单期限（Period for Presentation of Documents）。信用证的交单期限，是除了有效期限以外，每个要求出具运输单据的信用证还应规定的一个在装运日期后的一定时间内向银行交单的期限。如果没有规定该期限，根据国际惯例，银行将拒绝受理迟于装运日期后 21 天提交的单据，但无论如何，单据必须不迟于信用证的有效日期内提交。

一般情况下，开证行和开证申请人经常规定装运日期后 10 天、15 天或 20 天为交单的最后期限，但是，如果信用证有特殊规定，交单期限也可以超过 21 天。

13. 信用证偿付行（Reimbursing Bank）。偿付行是开证行在信用证中指定的向付款行、保兑行或议付行进行偿付款的银行。它可以是开证行自己的一家分支行，也可以是第三国的另一家银行（一般为账户行）。偿付行受开证行的委托代开证行付款，不负责审单，只凭开证行的授权（Authorization）和议付行或付款行的“索汇指示”（Reim-

bursement Claim）或“明白证明书”（Certificate of Compliance）而付款（目前“明白证明书”一般不需要了）。

偿付行的付款不是终局性的付款，即如果开证行收到单据并审单后发现单据存在不符点，开证行或偿付行有权利向议付行索回货款。

14. 信用证偿付条款（Reimbursement Clause）。信用证的偿付条款是开证行在信用证中规定的如何向付款行、承兑行、保兑行或议付行偿付信用证款项的条款。信用证的偿付条款直接涉及收汇问题，因此必须保证偿付条款的正确与合理。对于偿付条款复杂，偿付路线迂回曲折的情况，应尽量要求开证行修改。

15. 信用证银行费用条款（Banking Charges Clause）。信用证中一般规定有证行的银行费用或通知行、议付行等的银行费用由受益人承担。如果信用证规定所有银行费用均由受益人承担，受益人注意费用条款是否合理，以便及时修改，以减少受益人不合理的费用支出。

16. 信用证生效性条款（Valid Conditions Clause）。有些信用证在一定条件下才正式生效，对于此种有条件生效的信用证，应审核该条件是否苛刻，受益人要注意，审证时应在信用证正本上加注“暂不生效”字样，建议受益人接到银行的正式生效通知后再办理货物的发运。

17. 信用证特别条款（Special Conditions）。信用证中有时附有对受益人、通知行、付款行、承兑行、保兑行或议付行的特别条款，对于不能接受的条款应立即洽开证行或开证申请人修改。

六、审核信用证

许多不符点单据的产生以及提交后被银行退回，大多是对收到的信用证事先检查不够，使一些本来可以纠正的错误由于审核不及时没能加以及时修改。因此，一般应在收到信用证的当天对照有关合同认真地按下列各条仔细检查，这样可以及早发现错误并采取相应的补救措施。

收到信用证后检查和审核的要点：

（一）检查信用证的付款保证是否有效

应注意有下列情况之一的，不是一项有效的付款保证或该项付款保证存在缺陷：

1. 应该保兑的信用证未按要求由有关银行进行保兑。
2. 信用证未生效。
3. 有条件生效的信用证，如“待获得进口许可证后才能生效”。
4. 信用证密押不符。
5. 信用证简电或预先通知。
6. 由开证人直接寄送的信用证。
7. 由开证人提供的开立信用证申请书。

（二）检查信用证的付款时间是否与有关合同规定相一致

应特别注意下列情况：

1. 信用证中规定有关款项须在向银行交单后若干天内或见票后若干天内付款等情

况。对此，应检查此类付款时间是否符合合同规定。

2. 信用证在国外到期。规定信用证国外到期，有关单据必须寄送国外，由于我们无法掌握单据到达国外银行所需的时间且容易延误或丢失，有一定的风险，通常我们要求在国内交单/付款。在来不及修改的情况下，必须提前一个邮程（邮程的长短应根据地区远近而定）以最快方式寄送。

3. 如信用证中的装船期和有效期是同一天即通常所称的“双到期”，在实际业务操作中，应将装船期提前一定的时间（一般在有效期前10天），以便有合理的时间来制单结汇。

【知识链接】 **最迟交单期和信用证的有效期**

1. 最迟交单期。最迟交单期是指自运输单据签发日后的一定交单时限。如未规定交单日期，必须在装运日后21天内交单。

2. 信用证有效期。所有信用证都应规定确切的有效期和交单的有效地点。受益人必须在有效期内交单，因为受益人不能保证银行能凭单付款、承兑或议付。信用证有效期是交单的有效日期，而不是议付、付款或承兑的有效日期。因此，信用证规定“最迟议付日期”是不对的，信用证若有此条款，受益人应联系开证行对此进行修改。

3. 最迟交单期和信用证的有效期的关系。通常，信用证规定单据应在最迟交单日期（自运输单据签发日后一定时间）内和信用证有效期内提交，因此，最迟交单期应订立相同于有效期的长度。

一般来说，若最迟交单期和有效期不一致，则受益人应在最早到达的日期内交单。所以，最迟交单期和信用证有效期的关联有下列情况：

（1）最迟交单期长于有效期，则不能使用全部长度的最迟交单期。

如，最迟装运日：9月10日

最迟交单期未注明（这样可认定为21天）

有效期：9月28日

此时的最迟交单期形同虚设，因为单据必须在信用证有效期9月28日前交齐，没到21天。

（2）最迟交单期短于有效期，则不能使用全部长度的有效期。

如，最迟装运日：9月10日

最迟交单期：20天

有效期：10月10日

如果正常交单应在9月30日，此时距信用证有效期还有10天。

（3）最迟交单期限就是有效期限，这才是最合理的。

如，最迟装运日：9月15日

最迟交单期是在装运日后15日内交单

信用证有效期为9月30日

此时有效期限和最迟交单期限均可使用全部长度，即为一份较好的信用证。

（三）检查信用证受益人和开证人的名称和地址是否完整和准确

应特别注意信用证上的受益人名称和地址是否与印好的文件上的名称和地址内容相一致。买方的公司名称和地址写法是不是也完全正确？在填写发货票时照抄信用证上写错了的买方公司名称和地址是有可能的，如果受益人的名称不正确，将会给今后的收汇带来不便。

（四）检查装船期的有关规定是否符合要求

与信用证规定装船期的运输单据构成不符点，银行有权不付款。检查信用证规定的装船期应注意以下几点：

1. 能否在信用证规定的装船期内备妥有关货物并按期出运；如来证收到时装船期太近，无法按期装运，应及时与客户联系修改。

2. 实际装船期与交单期时间相距时间太短。

3. 信用证中规定了分批出运的时间和数量，应注意能否办到，否则，任何一批未按期出运，以后各期即告失效。

（五）检查能否在信用证规定的交单期交单

如来证中规定向银行交单的日期不得迟于提单日期后若干天，如果过了限期或单据不齐有错漏，银行有权不付款。交单期通常按下列原则处理：

1. 信用证有规定的，应按信用证规定的交单期向银行交单；

2. 信用证没有规定的，向银行交单的日期不得迟于提单日期后 21 天。

应充分考虑办理下列事宜对交单期的影响：（1）生产及包装所需的时间。（2）内陆运输或集港运输所需时间。（3）进行必要的检验，如法定商检或客检所需的时间。（4）申领出口许可证/FA 产地证所需的时间（如果需要）。（5）报关查验所需的时间。（6）船期安排情况。（7）到商会和/或领事馆办理认证或出具有关证明所需的时间（如果需要）。（8）申领检验证明书如 SGS 验货报告/OMIC LETTER 或其他验货报告如客检证等所需的时间。（9）制造、整理、审核信用证规定的文件所需的时间。（10）单据送交银行所需的时间包括单据送交银行后经审核发现有误退回更正的时间。

（六）检查信用证内容是否完整

如果信用证是以电传或电报拍发给了通知行即“电讯送达”，那么应核实电文内容是否完整，如果电文无另外注明，并写明是根据 UCP600，那么，该电文可以被当做有效信用证执行。UCP600 第十一条 a 款规定：以经证实的电讯方式发出的信用证或信用证修改即被视为有效的信用证或修改文据，任何后续的邮寄确认书应被不予理会。如电讯声明“详情后告”（或类似用语）或声明以邮寄确认书为有效信用证或修改，则该电讯不被视为有效信用证或修改。开证行必须随即不迟延地开立有效信用证或修改，其条款不得与电讯矛盾。

（七）检查信用证的通知方式是否安全、可靠

信用证一般是通过受益人所在国家或地区的通知/保兑行通知给受益人的。这种方式的信用证通知比较安全，因为 UCP600 第九条 b 款规定，通知行通知信用证或修改的行为表示其已确信信用证或修改的表面真实性，而且其通知准确地反映了其收到的信用

证或修改的条款。如果不是这样寄交的，遇到下列情况之一的应特别注意：

1. 信用证是直接从海外寄给您单位的，那么您单位应该小心查明它的来历。

2. 信用证是从本地某个地址寄出，要求您单位把货运单据寄往海外，而您单位并不了解它们指定的那家银行。

对于上述情况，应该首先通过银行调查核实。

（八）检查信用证的金额、币种是否符合合同规定

1. 信用证金额是否正确。

2. 信用证的金额应该与事先协商的相一致。

3. 信用证中的单价与总值要准确，大小写并用且内容要一致。

4. 如数量上可以有一定幅度的伸缩，那么，信用证也应相应规定在支付金额时允许有一定幅度。

5. 如果在金额前使用了“大约”一词，其意思是允许金额有10%的伸缩。

6. 检查币种是否正确。如合同中规定的币种是“英镑”，而信用证中使用的是“美元”，这样就是不正确的。

（九）检查信用证的数量是否与合同规定相一致

1. 除非信用证规定数量不得有增减，那么，在付款金额不超过信用证金额的情况下，货物数量可以容许有5%的增减。

2. 特别要注意的是，以上提到的货物数量可以有5%增减的规定一般适用于大宗货物，对于以包装单位或以个体为计算单位的货物不适用。例如，5 000PCS 100% COTTON SHIRTS（5 000 件全棉衬衫）由于数量单位是“件”，实际交货时只能是5 000件，而不能有5%的增减。

（十）检查价格条款是否符合合同规定

不同的价格条款涉及具体的费用如运费、保险费由谁分担。例如，合同中规定：FOB SHANGHAI AT USD50/PC 根据此价格条款有关的运费和保险费由买方即开证人承担；如果信用证中的价格条款没有按合同的规定作上述表示，而是做了如下规定：CIF NEW YORK AT USD50/PC 对此条款如不及时修改，那么受益人将承担有关的运费和保险费。

（十一）检查货物是否允许分批出运

除信用证另有规定外，货物是允许分批付运的。特别注意：如信用证中规定了每一批货物出运的确切时间，则必须按期办理，如办不到，必须修改。

（十二）检查货物是否允许转运

除信用证另有规定外，货物是允许转运的。

（十三）检查有关的费用条款

1. 信用证中规定的有关费用如运费或检验费等应事先协商一致，否则，对于额外的费用原则上不应承担。

2. 银行费用如事先未商定，应以双方共同承担为宜。

（十四）检查信用证规定的文件能否提供或及时提供

1. 一些需要认证的单据特别是使馆认证等能否及时办理和提供。

2. 由其他机构或部门出具的有关文件如出口许可证、运费收据、检验证明等能否提供或及时提供。

3. 信用证中指定船龄、船籍、船公司或不准在某港口转船等条款能否办到等。

（十五）检查信用证中有无陷阱条款

应特别注意下列信用证条款是有很大陷阱的条款，具有很大的风险：

1. 1/3 正本提单直接寄送客人的条款。如果接受此条款，将随时面临货、款两空的危险。

2. 将客检证作为议付文件的条款。接受此条款，受益人正常处理信用证业务的主动权很大程度上掌握在对方手里，影响安全收汇。

【知识链接】 **如何破信用证“陷阱”**

在当今贸易界中，信用证因其安全系数较高而成为外贸企业的“新宠”，但同时它也成为不法商人用来设置机关的“新生代”，其中的商检条款备受他们“青睐”。

那么，利用信用证作弊的“机关”到底有哪几种呢？

一、设置客检条款

在L/C单据条款中，不法商人往往规定受益人在议付时必须提交由开证人出具的检验合格的检验证书。这一规定看起来有一定的道理，就是说你的货我还未检验过，我怎能让开证行付款呢？这样一来，主动权就被对方完全掌握在手。一旦进口方不开具检验证书或迟开此类证书，我方就不能及时拿到证书去议付行交单，开证行就因迟交单而拒付，或者进口方对货物百般挑剔不出具检验合格的检验证书，导致单证不符而被开证行拒付。到此时对方才露出“狐狸尾巴”，要挟我方减价。往往这个时候货已到港，多待一天就多一天的货损，多待一天，就多一天的港务费用。无奈之下，出口方只好忍痛割爱，以较低的价格卖给对方。

二、有权签字人签字与银行的签字样本不一致

一些不法商人并不要求递交客检证书而改为要求第三方机构出具商检合格证书，但这类信用证往往会拖一个“尾巴”，即要求商检证的签发人的签字要与开证行的预留印鉴一致。对方的理由似乎很充足，即防止假冒有权签字人签发商检证。但是实际上这个理由的根基并不牢固，因为银行审单只是根据单据表面依照国际惯例来审核，无须对单据真实性作出判断。作为议付行，手头可能没有签字样本，如何能判断商检证的签字与开证行的留印一致？再说即使有议付行签字样本，只要开证行一口咬定签字与它的样本不一致，议付行和出口商也没办法。不幸的是开立这类信用证的开证行往往会以签字与样本不一致拒付单据，这样一来开证行解除了第一性付款责任，付款主动权完全落到了进口方一边，那么出口方只有等进口商签单后才能收到货款，大大延长了收汇的时间，占用了我方出口企业的资金，利息也被白白损失，无形中增加了出口成本。

三、精心设计办证机构

加大办证难度，使我方难以办到或难以及时办证，人为造成不符点拒付。例如有一些来证要求我方的商检证书要由进口国领事馆认证，而在当地没有这类机构，必须到北京、上海办理，这样一来延缓了办证速度，就很容易造成迟交单等情况，而一旦单据有错，修改就变得极不方便。等到修改后的单据交到议付行时往往已过了 L/C 有效期，造成信用证失效，对收汇造成极大的风险。

有道是，兵来将挡，水来土掩。而对这么多的风险，有关方面提醒我们外贸企业应注意以下几个问题：

首先要认真审证。做到及早发现“软条款”。在贸易过程中，收到 L/C 后应立即与合同核对，看看条款是否与合同一致，能否办得到。发现问题后要马上与开证申请人联系对信用证做修改，不要等到做到一半才发现情况不妙，那个时候货物已上船，为时已晚，一旦对方不肯修改信用证，我方就陷入了被动局面。

其次是尽量要求对方客户从一些大的，信誉较好的银行开证。由于这类银行一般很注意自身的声誉，会很严肃认真对待“软条款”问题，相对来说，风险会小得多。

再就是在订合同时，要力争客户同意由我国的商检机构来实行商品检验。近两年来由于改革开放，我国的商检机构在国际上的知名度越来越高，信用度也越来越大，各国贸易商对其检验结果都愿意承认。如果能争取到由我国商检机构实施商检，不但可以方便我国企业，而且还将主动权掌握在我们手中。

商场如战场，企业应时刻保持警惕，千万别误入奸商在信用证结汇中设的陷阱，特别是在对方故意为难时，要多生一个心眼。

资料来源：http：//www. examda. com/dz/Guide/200804071090051153. html。

（十六）检查信用证中有无矛盾之处

例如，明明是空运，却要求提供海运提单；明明价格条款是 FOB，保险应由买方办理，而信用证中却要求提供保险单。

（十七）检查有关信用证是否受 UCP600 的约束

明确信用证受 UCP600 的约束可以使我们在具体处理信用证业务中，对于信用证的有关规定有一个公认的解释和理解，避免因对某一规定的不同理解产生争议。

（十八）对某一问题有疑问，可以向通知行或付款行查询，得到它们的帮助

七、修改信用证

通过对信用证的全面审核，如发现问题，应分别情况及时处理。对于影响安全收汇，难以接受或做到的信用证条款，必须要求国外客人进行修改。但应注意，只有买方（开证人）有权决定是否接受修改信用证；只有卖方（受益人）有权决定是否接受信用证修改。

修改信用证应注意以下几点：

1. 凡是需要修改的内容，应做到一次性向客人提出，避免多次修改信用证。

2. 对于信用证中任何条款的修改，都必须取得当事人的同意后才能生效。

对信用证修改内容的接受或拒绝有两种表示形式：受益人作出接受或拒绝该信用证修改的通知；受益人以行动按照信用证的内容办事。

想一想 原信用证金额为 USD100 000.00，且准许分批装运。修改书将原金额减为 USD 60 000.00，并称“禁止分批装运货物”。受益人交单金额为 USD60 000.00，表面上符合信用证和尚未接受的修改书，这是否表示受益人已经接受了该修改？

3. 收到信用证修改后，应及时检查修改内容是否符合要求，并分别情况表示接受或重新提出修改。

4. 对于修改内容要么全部接受，要么全部拒绝。部分接受修改中的内容是无效的。

5. 有关信用证修改必须通过原信用证通知行才具真实、有效；通过客人直接寄送的修改申请书或修改书复印件不是有效的修改。

6. 明确修改费用由谁承担。一般按照责任归属来确定修改费用由谁承担。

八、信用证项下的审单

1. 按照 UCP600 的规定审单。UCP600 是确保在世界范围内将信用证作为可靠支付手段的准则，已被大多数国家与地区接受和使用。UCP600 所体现出来的国际标准银行惯例是各国银行处理结算业务必须遵循的基本准则。我们必须按照 UCP600 的要求，合理谨慎地审核信用证要求的所有单据，以确定其表面上是否与信用证条款相符。

2. 按照信用证所规定的条件、条款审单。信用证是根据买卖双方的贸易合同而开立的，它一旦为各有关当事人所接受，即成为各有关当事人必须遵循的契约性文件。在信用证结算业务中，各有关当事人必须受其约束，按照信用证所规定的条件、条款，逐条对照，以确定单据是否满足信用证的要求。当信用证的规定与 UCP600 有抵触时，则应遵循信用证优先于 UCP600 的原则，按照信用证的要求审核单据。这其中又包括表面一致性和内容相符性两条原则：

第一，遵循表面一致性原则。受益人提交的单据名称及其内容等表面上必须与信用证规定完全一致。例如，某信用证将货物描述为 ATTACHES SANITAIRE（卫生洁具附件），而受益人具体的货名为 EXPASION BOLT（膨胀螺栓）。虽然如此，有关单据中货物描述仍必须与信用证的规定相一致。可能有的单据因某种特殊作用如清关报税等需显示具体货名时，我们仍必须将信用证所规定的 ATTACHES SANITAIRE 显示在其上，而在其后加注具体货名 EXPASION BOLT。

第二，遵循内容相符性原则。我们在审单时应注意避免照搬、照抄信用证的原话，只要内容相符即可，例如，信用证的有关人称指向、时态、语态等，转到单据上时，即应作相应的调整，以避免不必要的误会。

3. 按照银行的经营思想、操作规程审单。国际贸易结算作为银行经营的一项重要业务，在操作过程中，必须按照银行的有关操作规程行事，尤其是在向客户融资时，更应明确银行的观点和看法，更有权对单据有关条目的处理作出自己的选择和判断，以体现银行的经营方针和经营作风。

4. 按照普遍联系的观点，结合上下文内容审单。信用证是一个与商务合同分离的独立文件，其内容是完整的，互为联系的。其中要求的条件、单据等是相辅相成、前后统一的。审单时必须遵循普遍联系的观点，结合上下文内容进行，避免片面、孤立地看待某一条款。例如，欧共体某国开来一份信用证，要求提交的单据中有一项是 CERTIFICATE OF ORIGIN（产地证），而在后文中又要求受益人将正本 GSP CERTIFICATE OF ORIGIN FORM A（普惠制产地证）寄交开证申请人。结合上下文内容，我们就能判断出信用证要求向银行提交的是副本 GSP CERTIFICATE OF ORIGIN（普惠制产地证），而非一般的产地证。

5. 按照合情、合理、合法的原则审单。所谓合情、合理、合法是指审单员应根据自己所掌握的国际贸易结算知识，对各种单据的完整性和准确性，作出合乎情理的判断。例如，普惠制产地证是施惠国赋予受惠国出口货物减免的一种优惠凭证，其“收货人”一栏，应填写最终买主。如信用证未作明确规定，我们应根据提单的收货人、通知人及货至目的地对最终买主作出合理的选择。

6. 按照单据的商业功能和结算功能相统一的原则审单。单据的商业功能即在商务流转及商品买卖过程中的作用是主要的，结算功能是次要的，审单时应着重考虑其商业功能。我们应该了解各类单据的作用及功能，按照各类单据自身的功能及用途审单，避免将不必要的内容强加于单据。

【能力训练】

1. 根据下述给出的条件填写开证申请书，要求格式清楚、条款明确、内容完整。

合同资料：

THE BUYER：EAST AGENT COMPANY

ADDRESS：ROOM 2401，WORDTRADE MANSTION，SANHUAN ROAD 47#，BEIJING，P. R. CHINA

THE SELLER：LPG INTERNATION CORPORATION

ADDRESS：333 BARRON BLVD.，INGLESIDE，ILLINOIS（UNITED STATES）

NAME OF COMMODITY：MEN'S DENIM UTILITY SHORT

SPECIFICATIONS：COLOR：MEDDEST SANDBLAS

FABRIC CONTENT：100% COTTON

QUANTITY：2000 CARTON

PRICE TERM：FOB NOW YORK

USD 285/ CARTON

TOTAL AMOUNT：USD570 000.00

COUNTRY OF ORIGIN AND MANUFACTURERS：UNITED STATES OF AMERICA，VICTORY FACTORY

PARTIAL SHIPMENT AND TRANSSHIPMENT ARE PROHIBITTED

SHIPPING MARK: ST

NO. 1... UP

TIME OF SHIPMENT: BEFORE JULY 15, 2004

PLACE AND DATE OF EXPIRY: CHINA, JULY 30, 2004

PORT OF SHIPMENT: NEW YORK

PORT OF DESTINATION: XINGANG PORT, TIANJING OF CHINA

INSURANCE: TO BE COVERED BY BUYER.

PAYMENT: BY IRREVOCABLE FREELY NEGOTIABLE L/C AGAINST SIGHT DRAFTS FOR 100PCT OF INVOICE VALUE AND THE DOCUMENTS DETAILED HEREUNDER.

DOCUMETNS:

1. INVOICES IN TRIPLICATE

2. PACKING LIST IN TRIPLICATE

3. FULL SET OF CLEAN ON BOARD BILL OF LADINGS MADE OUT TO ORDER AND BLANK ENDORSED NOTIFYING THE APPLICANT WITH FULL NAME AND ADDRESS MARKED FREIGHT COLLECT.

4. CERTIFICATE OF ORIGIN IN DUPLICATE

5. BENEFICIARY'S CERTIFIED COPY OF FAX TO THE APPLICANT WITHIN 1 DAY AFTER SHIPMENT ADVISING GOODS NAME OF VESSEL, INVOICE VALUE, DATE OF SHIPMENT, QUANTITY AND WEIGHT.

OTHER TERMS AND CONDITIONS:

1. L/C TO BE ISSUED BY TELETRANSMISSION.

2. THE BUYER SHALL BEAR ALL BANKING CHARGES INCURRED INSIDETHE ISSUING BANK.

3. ALL DOCUMENTS MUST BE MAILED IN ONE LOT TO THE ISSUING BANK BY COURIER SERVICE.

4. PRESENTATION PERIOD: WITHIN 10 DAYS AFTER THE DATE OF SHIPMENT.

资料 8-4　　开证申请书模板

IRREVOCABLE DOCUMENTARY CREDIT APPLICATION

TO:	Date:
□Issue by airmail □With brief advice by teletransmission □Issue by express delivery □Issue by teletransmission (which shall be the operative instrument)	Credit No. Date and place of expiry
Applicant	Beneficiary (Full name and address)
Advising Bank	Amount

续表

<table>
<tr><td>Partial shipments
□allowed
□not allowed</td><td>Transhipment
□allowed
□not allowed</td><td>Credit available with
By</td></tr>
<tr><td colspan="2">Loading on board/dispatch/taking in charge at/from</td><td rowspan="2">□sight payment
□acceptance
□negotiation
□deferred payment at against the documents detailed herein
□and beneficiary's draft(s) for __% of invoice value</td></tr>
<tr><td colspan="2">not later than
For transportation to:</td></tr>
<tr><td colspan="2">□FOB　□CFR　□CIF
□or other terms</td><td>at ________ sight
drawn on</td></tr>
<tr><td colspan="3">Documents required: (marked with ×)
1. (　) Signed commercial invoice in ______ copies indicating L/C No. and Contract No.
2. (　) Full set of clean on board Bills of Lading made out to order and blank endorsed, marked "freight [　] to collect / [　] prepaid [　] showing freight amount" notifying ________.
(　) Airway bills/cargo receipt/copy of railway bills issued by ________ showing "freight [　] to collect/ [　] prepaid [　] indicating freight amount" and consigned to ________.
3. (　) Insurance Policy/Certificate in ______ copies for ______% of the invoice value showing claims payable in ________ in currency of the draft, blank endorsed, covering All Risks, War Risks and ________.
4. (　) Packing List/Weight Memo in ______ copies indicating quantity, gross and weights of each package.
5. (　) Certificate of Quantity/Weight in ______ copies issued by ________.
6. (　) Certificate of Quality in ______ copies issued by [　] manufacturer/ [　] public recognized surveyor ________.
7. (　) Certificate of Origin in ______ copies.
8. (　) Beneficiary's certified copy of fax / telex dispatched to the applicant within ______ days after shipment advising L/C No., name of vessel, date of shipment, name, quantity, weight and value of goods.
Other documents, if any
Description of goods:
Additional instructions:
1. (　) All banking charges outside the opening bank are for beneficiary's account.
2. (　) Documents must be presented within ______ days after date of issuance of the transport documents but within the validity of this credit.
3. (　) Third party as shipper is not acceptable, Short Form/Blank back B/L is not acceptable.
4. (　) Both quantity and credit amount ______% more or less are allowed.
5. (　) All documents must be sent to issuing bank by courier/speed post in one lot.
(　) Other terms, if any</td></tr>
</table>

中国某银行不可撤销跟单信用证开证申请书反面内容（原件仅为中文）：

开证申请人声明 ×××银行： 我公司已办妥一切进口手续，现请贵行按我公司申请书第一页中的内容开出不可撤销跟单信用证。我公司声明如下： 一、我公司同意贵行依照UCP600办理该信用证项下一切事宜，并同意承担由此产生的一切责任。 二、我公司保证按时向贵行支付该证项下的货款、手续费、利息及一切费用等所需的外汇和人民币资金。 三、我公司保证在贵行单证通知书中规定的期限之内通知贵行办理对外付款/承兑，否则贵行可以认为我公司已接受单据，同意付款/承兑，并有权主动直接从我公司在贵行的本、外币账户中扣款。 四、我公司保证在单证表面相符的条件下办理有关付款/承兑手续。如因单证有不符之处而拒绝付款/承兑，我公司保证在贵行单证通知书中规定的日期之前将全套单据如数退还贵行并附书面拒付理由，由贵行按国际惯例确定能否对外拒付。如贵行确定我公司所提拒付理由不成立，或虽然拒付理由成立，但我公司未能退回全套单据，贵行有权主动办理对外付款/承兑，并直接从我公司账户中扣款。 五、该信用证及其项下业务往来中如因邮递、电传、电讯发生遗失、延误、错漏，贵行当不负责。 六、该信用证如需修改，由我公司向贵行提出书面申请，由贵行根据具体情况确定能否办理修改。我公司确认所有修改当由信用证受益人接受时才能生效。 七、我公司在收到贵行开出的信用证、修改书副本后，保证及时与原申请书核对，如有不符之处，保证在接到副本之日起，两个工作日内通知贵行。如未通知，当视为正确无误。 八、如因申请书字迹不清或词义含混而引起的一切后果由我公司负责。 （盖章） （授权人签字） 年　　月　　日 联系人：　　　　　　　电话号码：

2. 2003 年 5 月 9 日大连工艺品进出口公司同奥地利 BELLAFLORA 签订售货确认书，向奥出口手工艺品“圣诞礼物”，买方及时开来信用证，由通知行——中国银行大连市分行发来信用证通知书和信用证。请对该信用证进行审核并提出修改建议。根据提供的售货确认书对信用证进行审核并提出改证要求。

资料8－5

售货确认书
SALES CONFIRMATION

编号：
No. 205001

买方：　　电传/传真：　　日期：
BUYERS：BELLAFLOR　　TELEX/FAX：0732－306－075　　DATE：2003－05－09
地址：　　买方订单号：
ADDRESS：　　BUYERS ORDER：
卖方：大连工艺品进出口公司　　电传/传真：
SELLERS：DALIAN ARTS&CRAFTS IMPORT & EXPORT CORP TELEX/FAX：
地址：
ADDRESS：No. 23 FUGUI STR. DALIAN，CHINA
兹经买卖双方同意，成交下列商品，订立条款如下：
The undersigned buyers and sellers have agreed to close the following transactions according to the terms and conditions stipulated below：

品名及规格 NAME OF COMMODITY & SPECIFICATION	单价 UNIT PRICE	数量 QUAN	金额及术语 AMOUNT & PRICE TERMS
CHRISTMAS GIFTS	CIF VIENNA	（SETS）	CIF VIENNA
AG－1355	USD 0.66	768	USD 506.88
AG－1409A	0.46	1 600	736.00
AG－1409B	1.01	600	606.00
AG－1429	0.78	768	599.04
AG－1434	0.50	1 600	800.00
AG－1451	0.50	600	300.00
AG－1455	0.52	672	349.44
AG－1473	0.76	420	319.20
AG－1476	0.90	382	343.80
AG－1410	0.95	240	228.00
AG－1501	0.52	900	468.00
AG－1502	0.68	648	440.64
AG－1503	0.58	840	487.20
AG－1505	0.52	960	499.20
DL－（EACH 400 DOZ）			
1556B，1568B，1571B，		（DOZ）	
1603B，1637B，	2.15	4 000	8 600.00
1679B，1691B，1768B，	4.10	400	1 640.00
1770B，1771B	3.96	800	3 168.00
DL－1734B	0.54	750 PCS	405.00
（EACH 400 DOZ）	1.54	750 PCS	1 155.00
DL－1846B，DL－1889B	1.43	600 PCS	858.00
AM－648			
AM－3			
C－32			

TOTAL　　USD 22 509.40

数量及总值均允许增减______%。

With 10 percent more or less both in the amount and quantity of the S/C allowed.

总金额：

Total Value：U. S. DOLLAR TWENTY TWO THOUSAND FIVE HUNDRED NINE AND CENTS FORTY.

包装：

PACKING：IN CARTON 3

保险：

INSURANCE：BY SELLER，FOR THE INVOICE VALUE PLUS 10PCT，AGAINST ALL RISKS AND WAR & S. R. C. C. RISKS.

装运时间：

TIME OF SHIPMENT：JUNE. 1，2003

装运港和目的港：

PORT OF LOADING & DESTINATION：ANY PORT OF CHINA TO VIENNA

付款：

PAYMENT：L/C AT SIGHT，ARRIVED THE SELLER BEFORE MAY 15TH，2003.

一般条款： 请参看本合同背面 唛头：

GENERAL TERMS AND CONDITIONS：（Please see overleaf）SHIPPING MARKS

买方签字： 卖方签字：

THE SIGNATURE OF BUYERS THE SIGNATURE OF SELLERS

资料 8－6 **信用证**

ISSUE OF A DOCUMENTARY CREDIT		
SEQUENCE OF TOTAL	* 27	1/1
FORM OF DOC. CREDIT	* 40 A	IRREVOCABLE
DOC. CREDIT NUMBER	* 20	372623
DATE OF ISSUE	31 C	030514
EXPIRY	* 31 D	DATE 030705 PLACE LINZ
APPLICANT	* 50	BELLAFLORA GARTENCENTER GESELLSCHAFT M. B. H. FRANZOSENHAUSWEG 50 A－2040 LINZ
BENEFICIARY	* 59	DALIAN ARTS&CRAFTS IMPORT & EXPORT CORP NO. 23 FUGUI STR. DALIAN，CHINA
AMOUNT	* 32 B	CURRENCY USD AMOUNT 21 383. 93
POS. /NEG. TOL. （%）	39 A	10/10

续表

AVAILABLE WITH/BY	* 41 D	OBKLAT2L * BANK FUER OBEROEATERREICH UND * SALZBURG (OBERBANK) * LINZ BY PAYMENT
PARTIAL SHIPMENTS	43 P	NOT ALLOWED
TRANSSHIPMENT	43 T	ALLOWED
LOADING IN CHARGE	44 A	
		CHINA FORT
FOR TRANSPORT TO...	44 B	
		VIENNA
LATEST SHIPMENT	44 C	030620
DESCRIPT. OF GOODS	45 A	
		CHRISTMAS GIFTS AS PER SALES CONFIRMATION NO. 205001 OF MAY. 9TH 2003 CIF VIENNA
DOCUMENTS REQUIRED	46 A	
		1. COMMERCIAL INVOICE, 5 FOLD, ALL DULY SIGNED CERTIFYING THAT THE GOODS HAVE BEEN PACKED AND MARKED SEPARATELY FOR EACH BELLAFLORA BRANCH 2. FULL SET OF CLEAN ON BOARD ORIGINAL MARINE BILL OF LADING, MADE OUT TO ORDER, BLANK ENDORSED NOTIFY: 1. BIRKART AUSTRIA 2. BELLAFLORA 3. CERTIFICATE OF P. R. CHINA ORIGIN AS PER GSP FORM A. ISSUED AND MANUALLY SIGNED BY AN AUTHORITY ALSO MANUALLY SIGNED BY EXPORTER, BEARING A REFERENCE NUMBER AND SHOWING AUSTRIA AS IMPORTING COUNTRY. 4. PACKING LIST, 5 - FOLD. 5. INSURANCE CERTIFICATE OR POLICY FOR THE INVOICE VALUE PLUS 10 PERCENT, BLANK ENDORSED, COVERING ALL RISKS AND WAR RISKS AND RISKS OF S. R. C. C. AS PER O. M. C. C. OF P. I. C. C. CLAUSES DD. 1981, 01, 01 FROM SELLER'S WAREHOUSE TO BUYER'S WAREHOUSE. CLAIMS PAYABLE IN AUSTRIA, MANNING A CLAIM SETTLING AGENT IN AUSTRIA.
ADDITIONAL COND.	47 A	

续表

		UPON RECEIPT OF DOCUMENTS STRICTLY COMPLYING WITH CREDIT TERM, WE SHALL REMIT FUNDS.
DETAIL OF CHARGES	71 B	BANKING CHARGES, EXCEPT CHARGES OF ISSUING BANK, ARE FOR ACCOUNT OF BENEFICIARY. IF DOCUMENTS ARE PRESENTED WITH DISCREPANCY WE SHALL DEDUCT COUNTER VALUE OF USD50.00
PRESENTATION PERIOD	48	21 DAYS
CONFIRMATION	* 49	WITHOUT
SEND. TO REC. INFO.	72	PLEASE SEND DOCUMENTS TO US IN ONE LOT (OBERBANK, UNTERE KONAULAENDE 28, A－2040 LINZ).

模块三　托收结算

【课前思考】

托收即委托收款，在一笔跨境贸易中，卖方委托第三方为自己收款，可以不再为收款而操心。实际上进出口双方采用这种方式结算会面临什么样的风险呢?

【能力目标】

1. 能缮制托收汇票；
2. 能填制托收申请书。

一、什么是托收（Collection）

托收是由债权人（出口商）签发汇票，委托当地银行通过其在债务人所在地的联行或代理行向债务人（进口商）收取款项的结算方式。托收方式是由债权方开出汇票，要求债务方付款。结算工具的传送方向与资金的流动方向相反，因此，属于逆汇法，也称出票法。

托收方式属商业信用。出口商赊销货物后能否收回货款完全取决于进口商的信誉，而且出口商的资金至少要占压从出售货物到收回货款这段时间，所以，出口商面临的风险和负担是多重的。

虽然托收方式对出口商不利，但在当前出口商品市场竞争日益激烈的情况下，为推销商品和扩大出口，出口商有时也不得不采用这种方式。各国银行为助本国出口商一臂之力，也纷纷采取了相应的措施和办法，如出口保理、出口押汇等，以融通资金和提高出口商品在国际市场的竞争能力。

在采用托收方式对外出口时，出口商一定要做好以下几项调查工作：进口商的资信、进口地有关货物的市场情况、进口国家的贸易管制和外汇管制规定、对方的进口许可证和进口用汇是否落实等。此外，还要在进口地找妥代理人，以便在万一遭拒付时，可以委托代理人代办货物存仓、保险、转售或回运手续。

托收方式对买方比较有利，费用低，风险小，资金负担小，甚至可以取得卖方的资金融通。对卖方来说，即使是付款交单方式，因为货已发运，万一对方因市价低落或财务状况不佳等原因拒付，卖方将遭受来回运输费用的损失和货物转售的损失。

二、托收的当事人

托收方式的基本当事人有：①委托人，即开出汇票委托银行向国外付款人收款的出票人，也就是国际贸易中的出口方；②托收行，即接受委托人的委托，转托国外银行向国外付款人代为收取款项的银行；③代收行，即接受托收行的委托，代向付款人收款的银行；④付款人，就是汇票的受票人，即国际贸易中的进口方。

根据托收的定义，委托人与托收行、托收行与代收行之间都只是委托代理关系。

此外，托收方式可能还有另外两个当事人：提示行和“需要时的代理”。提示行指跟单托收项下向付款人提示汇票和单据的银行，可以是代收行本身，也可以是与付款人有往来账户关系的其他银行。“需要时的代理”是在发生拒付时，委托人指定的在付款地代为照料货物存仓、转售、运回等事宜的代理人。

托收主要当事人的责任如下：

1. 委托人（Principal、Consignor）。

（1）委托人作为出口商在贸易合同下的责任：

①按时按质按量装运货物。

②提供符合合同要求的单据。

（2）委托人在委托代理合同下的责任：

①指示要明确：包括付款人及其账户、交单方式、收妥货款的处理方式、银行费用负担、拒付处理。

②承担收不到货款的损失，并且仍然应支付代理人的手续费及执行委托而支出的各项费用。

2. 托收行（Remitting Bank）。托收行完全处于代理人的地位，基本职责是根据委托人在托收申请书中的指示和《托收统一规则》办事。具体职责有：

①审核客户委托申请书，核对单据。

②缮制托收委托书，将托收委托书与委托人提供的单据一起寄给代收行。

③按常规处理业务，并承担过失责任。比如代收行通知付款人拒付，托收行却没有立即通知委托人，结果因没有及时指示如何处理货物，而使委托人受到损失。

3. 代收行（Collecting Bank）。代收行与托收行一样处于代理人地位，基本职责是按托收委托书的指示和《托收统一规则》行事。具体职责有：

①审查委托书与核对单据。

②代收行有保管好单据的责任。在托收中交单即交货，在进口商付款或承兑之前绝不能将单据交出。

③及时反馈托收的情况。

④谨慎处理货物，代收行作为代理人原则上无权处理货物也没有义务处理货物，只有在付款人拒付时，根据委托人指示代为办理提货、存仓、保险等手续。

【案例分析】 托收单据丢失责任划分案例

山东A公司于×年4月11日出口欧盟B国果仁36吨，金额32 100美元，付款方式为D/P AT SIGHT。A公司于4月17日填写了托收委托书并交单至我国Z银行，Z银行于4月19日通过DHL邮寄到B国W银行托收。

5月18日，A公司业务员小李突然收到外商邮件，说货物已经到达港口，询问单据是否邮寄，代收行用的哪一家。小李急忙联系托收行，托收行提供了DHL号码，并传真了邮寄单留底联。小李立即发送传真给外商，并要求外商立即联系W银行。第二天客户回复说银行里没有此套单据。A公司领导十分着急，小李质疑托收行没有尽到责任，托收行业务主管不同意A公司的观点，双方言辞激烈。压力之下，托收行于5月20日和5月25日两次发送加急电报。W银行于5月29日回电报声称"我行查无此单"。但W银行所在地的DHL提供了已经签收的底联，其上可以清楚看到签收日期和W银行印章。

A公司将签收底联传真至客户并请转交代收行。然而，W银行不再回复。外商却于6月2日告诉小李，B国市场行情下跌，必须立即补办提单等单据，尽快提货，否则还会增加各种占港费等，后果将很严重。

重压之下，A公司于6月4日电汇400元人民币至相关机构挂失FORM A证书，同时派人到商检局开始补办植物检疫证等多种证书。困难的是补提单，船公司要求A公司存大额保证金到指定账户（大约是出口发票额的2倍），存期12个月，然后才能签发新的提单。

6月9日代收行突然发送电报称"丢失单据已经找到，将正常托收"。此刻，无论A公司还是托收行都长出了一口气，这的确是皆大欢喜的结果，不幸中的万幸。然而这个事件让A公司乱成一团，花费和损失已经超过本次出口预期利润。

《托收统一规则》第四条明确规定："与托收有关的银行，对由于任何通知、信件或单据在寄送途中发生延误和（或）失落所造成的一切后果，或对电报、电传、电子传送系统在传送中发生延误、残缺和其他错误，或对专门性术语在翻译上和解释上的错误，概不承担义务或责任。"由此可以断定托收行已经善意地履行了义务。

那么代收行呢？《托收统一规则》第一条即提出"银行应以善意和合理的谨慎行事"。签收的单据找不到了，又无《托收统一规则》第五条所规定的不可抗力来解脱责任，代收行明显地没有尽到谨慎义务，应该承担单据丢失的责任。

4. 付款人（Drawee）。也就是进口商，其基本职责是履行贸易合同的付款义务，不得无故延迟或拒付。付款人有审查单据以决定是否接受的权利。如有异议，必须有根据。提出拒付应及时，不能拖延，理由要充分，全部一次提清。

三、托收的类型

按托收项下的汇票是否附有货运单据的标准，一般将托收分为光票托收和跟单托收。

（一）光票托收

光票托收指汇票不附带货运单据的托收。由于不涉及货权的转移或货物的处理，光票托收的业务处理非常简单。一般用于收取货款的尾款及样品费、佣金、代垫费用、进口赔款等小额或从属费用。其流程如图 8－5 所示。

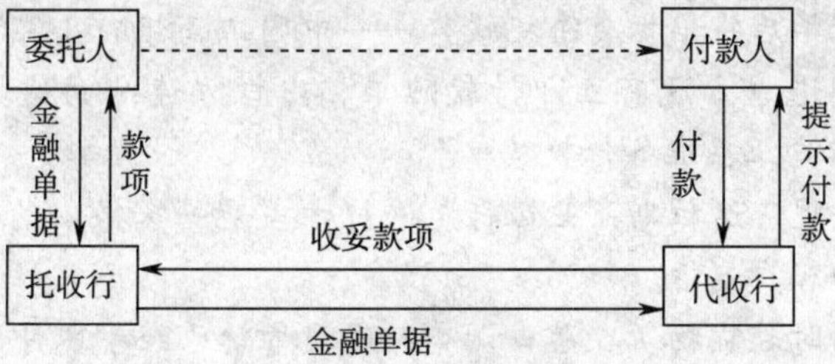

图 8－5　光票托收流程

（二）跟单托收

跟单托收指汇票附带有货运单据的托收。国际贸易结算中使用的托收一般都是跟单托收。在跟单托收业务中，单据的移交条件有付款交单和承兑交单两种。

1. 付款交单。指卖方的交单以买方的付款为条件，也就是说，买方支付货款后才能向代收行赎取货运单据，从而获得货物所有权。付款交单又分为即期和远期两种。

即期付款交单指单据寄到进口方所在地的代收行后，由代收行向进口商提示，进口商审单无误后立即付款赎单。付款交单多指这一类型。其收付程序如下：①买卖双方签订合同，合同中约定付款方式；②出口商发货，取得货运单据；③出口商填写托收申请书，开立即期汇票，连同货运单据交托收行，委托其代收货款；④托收行将回执交给出口商；⑤托收行根据托收申请书缮制托收委托书，连同报单汇票交进口地代收行委托代收；⑥代收行按委托书的指示向进口商提示跟单汇票要求付款；⑦进口商付款；⑧代收行交单；⑨进口商凭单提货，同时代收行通知托收行款已收妥，并办理转账手续；⑩托收行向出口商交款。

即期付款交单流程如图 8－6 所示。

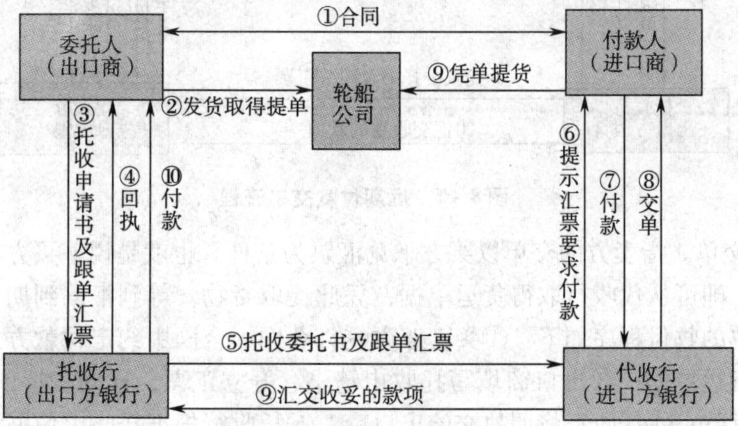

图 8－6　即期付款交单流程

【案例分析】 **托收方式下的银行信用**

山东省某纺织品进出口公司与美国帝拓公司签订了一批出口纺织品合同，金额110万美元，付款方式为即期付款交单，进口方指定的代收行为美国达拉斯商业银行。

出口方在装船完毕后将单据交给托收行——中国工商银行山东省分行国际部。货物抵达进口方港口后，进口方没有立即付款赎单。出口方连续向达拉斯商业银行催问情况，答复一直是"客户正在准备付款赎单"。

出口方经调查发现：达拉斯商业银行是进口方当地一家很小的银行，曾多次因信用问题被国内及国外的客户起诉。

我方驻美人员同时赴货物所在港口调查，发现货物已经于8月5日被进口方提走。

我方立即向达拉斯商业银行发出催款警告，并揭穿其欺骗行为。达拉斯商业银行想方设法拖延付款。

后出口方委托保理中心对达拉斯商业银行及进口方拖欠的货款进行追讨。债务人最后支付了全部货款以及滞纳金。

远期付款交单指进口商见票并审单无误后，立即承兑汇票，于汇票到期日付款赎单。在汇票到期前，汇票和货运单据由代收行保管。远期付款交单的业务流程（见图8－7）与即期付款交单大致相同。不同之处在于，此时出口商出具的是远期汇票，故有承兑这一票据行为的发生。进口商要等票据到期日付款后方能得到单据。

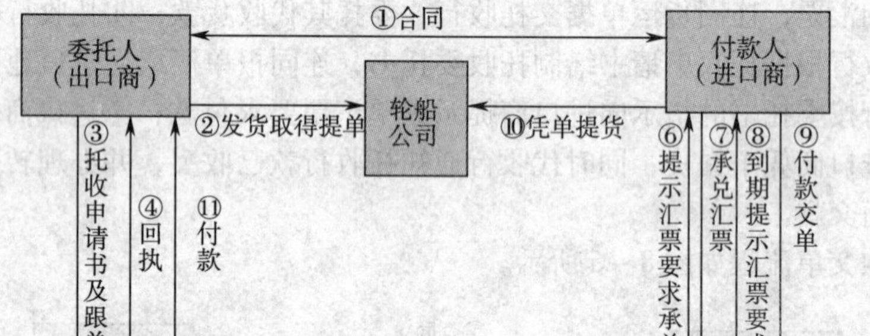

图8－7 远期付款交单流程

2. 承兑交单。指卖方的交单以买方承兑汇票为条件，也就是说，买方在汇票上履行承兑手续后，即可从代收行取得货运单据，凭此提取货物。等到汇票到期日，买方再付款。承兑交单的收付程序如下：①买卖双方签订合同，合同中约定付款方式；②出口商发货，取得货运单据；③出口商填写托收申请书，开立汇票，连同货运单据交托收行，委托其代收货款；④托收行将回执交给出口商；⑤托收行根据托收申请书缮制托收委托书，连同报单汇票交进口地代收行委托代收；⑥代收行按委托书的指示向进口商提示跟单汇票要求承兑；⑦进口商承兑汇票；⑧代收行交单；⑨进口商凭单提货；⑩代收行在汇票到期后提示进口商要求付款；⑪进口商到期付款；⑫代收行通知托收款已收妥，并办理转账手续；⑬托收行向出口商交款。

承兑交单的流程如图 8－8 所示。

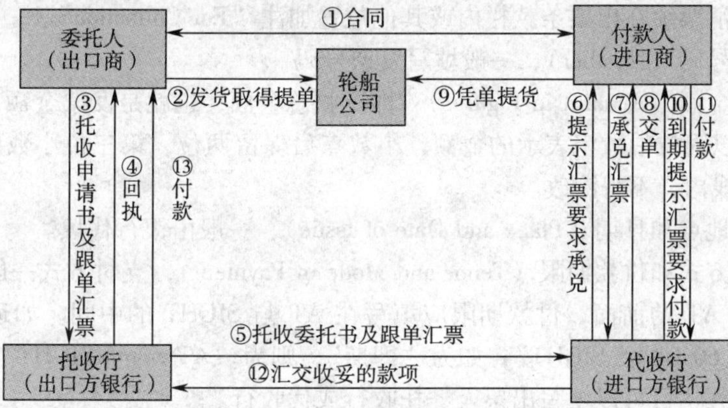

图 8－8　承兑交单流程

远期付款交单和承兑交单虽然都适用于远期汇票的托收，但对进口商而言，承兑交单更有利。因为进口商只需承兑就能获得单据，提取货物，可以尽早投入生产或销售。而对于出口商而言，承兑交单要冒相当大的风险，因为承兑毕竟不等于付款，一旦交了单就失去了物权，丧失了约束进口商付款的手段。

远期付款交单和承兑交单，卖方承受的资金负担很重，而承兑交单风险更大。托收是卖方给予买方一定优惠的一种付款方式。对卖方来说，是一种促进销售的手段，但必须对其中存在的风险持慎重态度。

我国外贸企业以托收方式出口，主要采用付款交单方式，并应着重考虑三个因素：商品市场行情，进口商的资信情况即经营作风和财务状况，以及相适应的成交金额。其中特别重要的是商品的市场行情。因为市价低落往往是造成经营作风不好的商人拒付的主要动因。市价坚挺的情况下，进口商较少发生拒付，且即使拒付，我方处置货物也比较方便。

我方外贸企业一般不采用承兑交单方式出口。在进口业务中，尤其是对外加工装配和进料加工业务中，往往对进口料件采用承兑交单方式付款。

【案例分析】　　承兑交单方式下进口商商业信用问题

中国 A 进出口公司向非洲地区 C. D. 公司出口商品，合同约定采用见票后 30 天付款的汇票，承兑交单。中方于 3 月 8 日办理托收手续，3 月 17 日进口商对汇票承兑并取得商业单据。

4 月 16 日，进口商以我方商业发票不符合其当局规定为由，拒绝对汇票付款，并称货物在保税库中暂存。

中方设法补寄发票，但进口商称仍不符合规定，并称货物在保税仓库的保管费用已达货值 2/3。中方为避免更大损失，只好向对方降价 25%。

四、缮制托收汇票

跟单托收时，出口商须将缮制好的以进口商为付款人的商业汇票，连同全套规定的装运单据、托收申请书等一同交给托收行，委托银行收款。

托收结算方式汇票的填制，有九个项目需要填写：

（1）托收汇票须在出票条款栏内或其他位置加注“For Collection”。

（2）汇票号码（Number），一般填写发票号码。

（3）小写金额（Amount in Figures）：即托收总金额，也就是发票金额；先打货币名称，紧接着是以阿拉伯数字表示的金额，小数点后保留两位，第三位小数四舍五入，应端正地打在虚线内，不得涂改。

（4）出票地点和日期（Place and Date of Issue），一般由银行代填。

（5）支付方式和付款期限（Tenor and Mode of Payment），支付方式一般为 D/P 或者 D/A，填写在 AT 的前面，付款期限应填写在 AT 与 SIGHT 的中间。如远期见票后 60 天，则填“AT 60 DAYS SIGHT”；如为“即期”，则为“AT ***** SIGHT”。

（6）收款人栏目可以填写出票人、托收行或代收行。

以出票人为收款人时，应由出票人做成背书，交给托收行；再由托收行做成以代收行为收款人的记名背书，交给代收行。示例如下：

Exchange for HKD21 500.00 Shanghai, 16 May, 2011
D/P At *** sight of this First of Exchange (Second of the same tenor and date unpaid) pay to the order of ourselves the sum of HONGKONG DOLLARS TWENTY ONE THOUSAND FIVE HUNDRED ONLY.
Drawn against shipment of 20 bales of pongee from Shanghai to Hongkong for collection.
To: Sunlight Company, 332 Locky Road Hongkong For Shanghai Textile Import and Export Corporation, Shanghai
signature

以托收行为收款人，在托收行将汇票寄给代收行时，应做成以代收行为收款人的记名背书。实例如下：

Exchange for HKD21 500.00 Shanghai, 16 May, 2011
D/P At *** sight of this First of Exchange (Second of the same tenor and date unpaid) pay to the order of Remitting Bank the sum of HONGKONG DOLLARS TWENTY ONE THOUSAND FIVE HUNDRED ONLY.
Drawn against shipment of 20 bales of pongee from Shanghai to Hongkong for collection.
To: Sunlight Company, 332 Locky Road Hongkong For Shanghai Textile Import and Export Corporation, Shanghai
signature

以代收行为收款人的填写方式，无须背书可直接寄给代收行，实例如下：

Exchange for HKD21 500.00 Shanghai, 16 May, 2011
D/P At *** sight of this First of Exchange (Second of the same tenor and date unpaid) pay to the order of Collecting Bank the sum of HONGKONG DOLLARS TWENTY ONE THOUSAND FIVE HUNDRED ONLY.
Drawn against shipment of 20 bales of pongee from Shanghai to Hongkong for collection.
To: Sunlight Company,
332 Locky Road
Hongkong For Shanghai Textile Import and Export Corporation, Shanghai
signature

（7）大写金额（Amount in Words），先打货币名称，再用英文大写表明托收金额，大小写应相一致。句尾加打一个"ONLY"。

（8）付款人（Drawee），即汇票右下角的"TO"栏，根据合同规定填写买方（进口商名称和地址）。

（9）出票人签字（Signature of the drawer），在汇票右下角打出或盖上出口方公司名称并由负责人签字或盖章。

五、填制托收申请书

出口托收申请书中需要填写的内容有：

1. 代收行（Collecting Bank）：出口商在该栏内填写国外代收银行（一般为进口商的开户银行）的名称和地址，这样有利于国外银行直接向付款方递交单据，有利于早收到货款。

如果没有填写或不知道进口方的开户银行，则申请人银行将为申请人选择进口商所在国家或地区的一家银行进行通知，这样出口商收到款项的时间将会较长，因此出口商最好知道进口商所在的国外开户银行。

2. 申请人（Applicant）：申请人为出口商，应填写详细的名称、地址、电话、传真号码。

3. 付款人（Drawee）：付款人为进口商，应填写详细的名称、地址、电话、传真号码。如果进口商的资料不详细的话，容易给代收行增加工作难度，使出口商收到款项的时间较长。

4. 汇票的时间和期限（Issue Date and Tenor of Draft）：申请书上汇票的有关内容要与汇票上的一致。

5. 合同号码（Contract Number）：申请书上的合同号码要与进出口双方签订的商务合同上的号码保持一致。

6. 单据（Documents）：提交给银行的正本和副本的单据名称和数量。

7. 托收条款（Terms and Conditions of Collection）

托收的条款一般包括以下几项内容，如果需要就注明一个标记（×）：

A. 收到款项后办理结汇；

B. 收到款项后办理原币付款；

C. 要求代收方付款交单（D/P）；

D. 要求代收行承兑交单（D/A）；

E. 银行费用由付款人承担；

F. 银行费用由申请人承担；

G. 通知申请人承兑汇票的到期日；

H. 如果付款延期，向付款人收取______%P. A. 的延期付款利息；

I. 付款人拒绝付款或拒绝承兑，通知申请人并说明原因；

J. 付款人拒绝付款或拒绝承兑，代收行对货物采取仓储或加保，费用由申请人支付；

K. 其他。

资料8-7

跟单托收申请书范例

出口托收申请书

APPLICATION FOR COLLECTION OF BILLS

To：HUA NAN COMMERCIAL BANK，LTD.

Dear Sirs，

We enclose for COLLECTION the under mentioned draft：

Date：

Draft No.	Date of Draft	Due Date/Tenor	Amount	Drawee（name & address）

The following documents are attached to the draft ：

Invoice	B/L	Ins. Policy	Cons. Invoice	Cert. of Origin	Insp. Cert.	Weight List	Packing List		

Shipped per S. S. ________

Covering shipment of ________

Collection instructions are marked "×"

	Deliver document against Payment		
	Deliver document against Acceptance		
	If paid before maturity allow rebate of @____% p. a.		Protest for non－acceptance and/or non－payment
			All charges including your collection commission are to be paid by the Drawee
			All charges will be paid by us ：

Instruct your collecting bank to

Advise non－acceptance and/or non－payment by：		Advise payment by ：		Remit the proceeds by ：	
	Cable		Cable		Cable transfer
	Airmail		Airmail		Airmail

In case of need refer to ________

Address ________

Who will endeavor to obtain the honoring of this draft, unless otherwise instructed, interest bill stamp and/or collection expenses are to be borne by us.

In case of dishonor the goods may, in the option of your correspondent or agents, be landed, cleared through the customs warehouse and insured at our expense.

Where the currency of the bills is other than that of the drawees locality, it is understood that the drawees may be allowed to settle exchange after he has accepted the bill.

It is understood and agreed that, having exercised due care in the selection of any correspondent to whom the above mentioned items may be sent for collection, you shall not be responsible for any act, omission, default, suspension, insolvency or bankruptcy of any such correspondent or sub – agent thereof or for any delay in remittance, loss in exchange or loss of items or their proceeds during transmission or in the course of collection, but your responsibility shall be only for your own acts.

Special instructions:

Except so far as otherwise expressly stated, this COLLECTION is subject to the "Uniform Rules for Collections".

(1995 Revision), International Chamber of Commerce, Publication No. 522.

国外代收行及其详细地址:

请将上列结汇款项依照下列项目拨存:

1. □金额________拨存________分行外汇活期存款，账号________户名________往来账户。

2. □金额________按贵行拨款汇率存入________分行________存款，账号________户名________往来账户。

3. □本件已办理预售远期外汇，契约书编号________。

4. □本件已办理外销贷款。

核章

(报关行________)

(电　话________)

申请人:

APPLICANT

____

申请人签章 Authorized Signature

地　址: ________________

ADDRESS

电　话: ________________

TELEPHONE

企业注册编号: ________

CO. REGISTRATION No.

【能力训练】

1. 上海A公司［Shanghai A E. &I. Co. No. 1023, Nanjing Road (East) Shanghai, China］出口装运5 000打、价值5万美元的纯棉男式衬衫（Pure Cotton Men's Shirts,

Art. No. 9 – 71323, Size Assortment: S/3 M/6 L/3 per doz.)。货物发给香港 N 贸易有限公司（Hong Kong N Trading Co., Ltd., 21 Locky Road, Hong Kong），委托中国银行上海市分行办理托收，交单条件为 D/P 即期，并要求中国银行香港有限公司作为代收行。请根据以上条件缮制一份托收汇票。

2. 上海飞龙股份有限公司（地址：上海黄河路 23 号；客户编号：009800722；美元账号：009814241011016792）与美国诺顿公司（纽约杰弗逊大街 50 号）签订了一份出口贸易合同，并已按合同要求装船发运。

公司携带编号为 6945 的即期汇票或（编号为 6437 的期限为 60 天的远期汇票）（发票日：以系统时间为依据）一式两份，编号为 S945 的发票一式三份，编号为 045 的全套清洁提单一式三份，保险单一式四份，到中国银行上海市分行申请托收，并填写了托收委托书。

中国银行上海市分行接受申请后，立即进行审单，确认无误，缮制托收指示函，经批准后，向花旗银行纽约分行发出托收指示并将单据寄往花旗银行纽约分行。

（1）中国银行上海市分行收到花旗银行纽约分行发来的电报，通知中国银行上海市分行美国诺顿公司已付款并取得单据，2 万美元已划入中国银行上海市分行账户，中国银行上海市分行随即通知上海飞龙股份有限公司，并将货款划入该公司账户。

（2）随后，中国银行上海市分行收到花旗银行纽约分行发来的电报，通知中国银行上海市分行美国诺顿公司拒付，中国银行上海市分行收报后做拒付销案。

（3）不久，中国银行上海市分行又应客户的要求，发报进行催收。很快，中国银行上海市分行收到花旗银行纽约分行发来的电报，通知中国银行上海市分行美国诺顿公司已付款并取得单据，2 万美元已划入中国银行上海市分行账户，中国银行上海市分行随即通知上海飞龙股份有限公司，并将货款划入该公司账户。

请根据以上条件填写托收委托书。

托收委托书　COLLECTION ORDER

致：__________________　　　　　　　　　　　　　　日期：__________________

托收行（Remitting Bank）：	代收行（Collecting Bank）：
委托人（Principal）：	付款人（Drawee）：

付款交单 D/P（　）　承兑交单 D/A（　） 无偿交单 FREE OF PAYMENT（　）	期限/到期日：
发票号码/票据编号：	国外费用承担人：☐ 付款人　☐ 委托人
金额：	国内费用承担人：☐ 付款人　☐ 委托人

单据种类	汇票	发票	提单	空运单	保险单	装箱单	重量单	产地证	FORMA	检验证	公司证明	船证明			
份数															

特别指示：

1. 邮寄方式：□　快邮　　□　普邮
2. 托收如遇拒付，是否须代收行作成拒绝证书（PROTEST）：□　是　　□　否
3. 货物抵港时是否代办存仓保险：□　是　　□　否
4. 如付款人拒付费用及／或利息，是否可以放弃：□　是　　□　否
5. ______________________________
6. ______________________________

付款指示：　　　　　　　　　　　　　核销单编号：__________

请将收汇款原币（　　）人民币（　　）划入我公司下列账上：

开户行：__________________　　账号：__________________

联系人姓名：______________　　公司名称：______________

电话：____________________　　单位公章：______________

传真：____________________　　法定代表人或有权人签字：

模块四　汇款结算

【课前思考】

汇款是一种主动的单向的付款行为，对于交易中采用汇款方式结算的买方，如何化解风险？

【能力目标】

1. 能填写汇款申请书；
2. 能缮制汇款电文。

一、什么是汇款

汇款也称为汇付，是付款方通过银行，使用一定的结算工具（票据），将款项交收款方的结算方式。汇款主要是用于贸易中的货款、预付款、佣金等收付，是支付货款最简便的方式。

汇付涉及四个主要当事人：

（1）汇款人（Remitter）。通常为进口商。

（2）收款人（Payee）。又称受益人（Beneficiary），通常为出口商。

（3）汇出行（Remitting Bank）。是指受汇款人的委托，汇出款项的银行。通常是进口商所在地的银行。

（4）汇入行（Paying Bank）。又称“解付行”，是指受汇出行的委托，解付款项给收款人的银行。通常为出口商所在地的银行。

在进出口贸易中，如果汇款在资信可靠或关系密切友好的贸易伙伴之间使用，能高效、安全、及时、低成本结汇。对出口商来说，如果能争取到预付货款方式对其极为有利，但如果是货到付款方式，只要发运了货物就很难对进口商品进行有效控制。在此情形下，出口商能否收到货款则完全取决于进口商的商业信用，如果进口商不守信用，出口商最终可能会面临钱货两空的风险。对进口商而言，争取货到付款方式有利，反之，

如果采用预付货款方式，风险加大。买卖双方对每一种结算方式，都应从手续费用、风险和资金负担的角度考虑利弊。

汇款的优点在于手续简便、费用低廉。汇款的缺点是风险大，资金负担不平衡。因为以汇付方式结算，可以是货到付款，也可以是预付货款。如果是货到付款，卖方向买方提供信用并融通资金。而预付货款则是买方向卖方提供信用并融通资金。不论哪一种方式，风险和资金负担都集中在一方。在我国外贸实践中，汇付一般只用来支付定金货款尾数、佣金等费用，不是一种主要的结算方式。在发达国家之间，由于大量的贸易是跨国公司的内部交易，而且外贸企业在国外有可靠的贸易伙伴和销售网络，因此，汇付是主要的结算方式。

在分期付款和延期付款的交易中，买方往往用汇款方式支付货款，但通常需辅以银行保函或备用信用证，所以又不是单纯的汇付方式了。

二、三种汇款方式

1. 信汇（Mail Transfer，M/T）。信汇是指汇出行应汇款人的申请，将信汇付款委托书寄给汇入行，授权解付一定金额给收款人的一种汇款方式。信汇方式的优点是费用较为低廉，但收款人收到汇款的时间较晚。信汇业务流程如图 8 -9 所示。

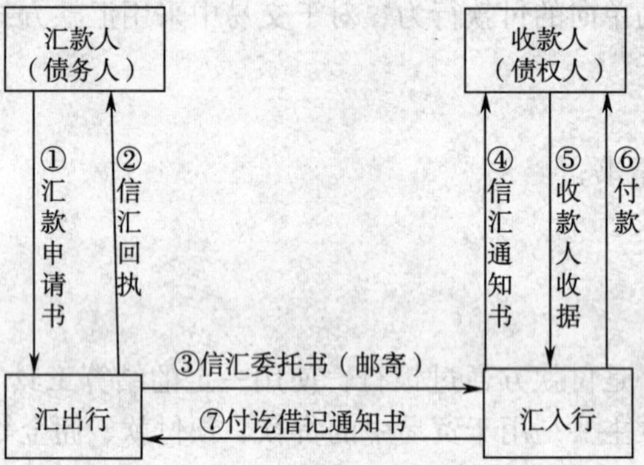

图 8 -9 信汇业务流程

2. 电汇（Telegraphic Transfer，T/T）。电汇是指汇出行应汇款人的申请，采用 SWIFT（环球银行间金融电讯协会）等电讯手段将电汇付款委托书给汇入行，指示解付一定金额给收款人的一种汇款方式。电汇方式的优点是收款人可迅速收到汇款，但费用较高。电汇业务流程如图 8 -10 所示。

3. 票汇（Remittance by Banker's Demand Draft，D/D）。票汇是指汇出行应汇款人的申请，代汇款人开立以其分行或代理行为解付行的银行即期汇票（Banker's Demand Draft），支付一定金额给收款人的一种汇款方式。票汇业务流程如图 8 -11 所示。

三、填制汇票申请书

汇款申请书必须以英文填写，应注明汇款方式、汇款日期、收款人的姓名和地址、汇款货币种类与金额、汇款人的姓名和地址、附言、用途以及汇款申请人的签章等。

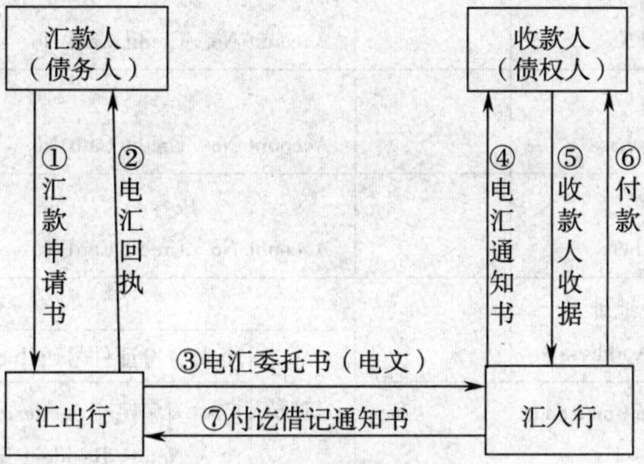

图 8－10　电汇业务流程

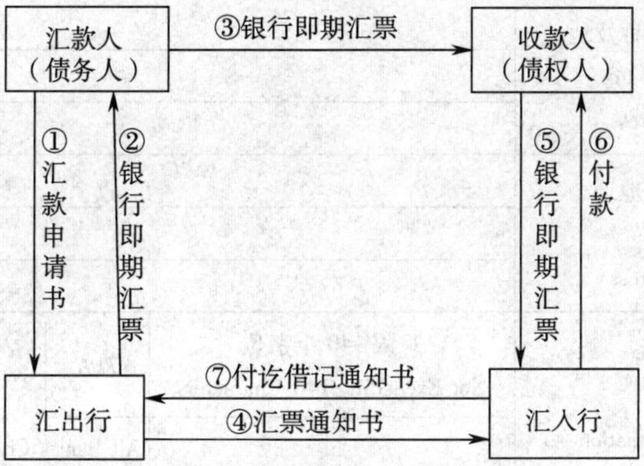

图 8－11　票汇业务流程

资料 8－8　　境外汇款申请书

APPLICATION FOR FUNDS TRANSFERS (OVERSEAS)

日期 Date

		□电汇 T/T □票汇 D/D □信汇 M/T	发电等级 Priority □普通 Normal □加急 Urgent	
申报号码 BOP Reporting No.		□□□□□□ □□□□ □□ □□□□□□ □□□□		
20	银行业务编号 Bank Transac. Ref. No.		收电行/付款行 Receive/Drawn on	
32A	汇款币种及金额 Currency & Interbank Settlement Amount		金额大写 Amount in Words	

续表

<table>
<tr><td rowspan="3">其中</td><td>现汇金额
Amount in FX</td><td></td><td>账号
Account No. /Credit Card No.</td><td colspan="2"></td></tr>
<tr><td>购汇金额
Amount of Purchase</td><td></td><td>账号
Account No. /Credit Card No.</td><td colspan="2"></td></tr>
<tr><td>其他金额
Amount of Others</td><td></td><td>账号
Account No. /Credit Card No.</td><td colspan="2"></td></tr>
<tr><td>50a</td><td>汇款人名称及地址
Remitter's name &address</td><td colspan="2"></td><td colspan="2">个人身份证件号码 Individual ID No.</td></tr>
<tr><td colspan="3">□对公组织机构代码 unit code
□□□□□□□□－□</td><td>□对私</td><td colspan="2">□中国居民个人 Resident Individual □中国非居民个人 Non－ Resident Individual</td></tr>
<tr><td>54//56a</td><td>收款银行之代理行名称及地址
Correspondent of Beneficiary's Bank Name & Address</td><td colspan="4"></td></tr>
<tr><td>57a</td><td>收款人开户银行名称及地址
Beneficiary's Bank Name & Address</td><td colspan="4"></td></tr>
<tr><td>59a</td><td>收款人名称及地址
Beneficiary's Name & Address</td><td colspan="4"></td></tr>
<tr><td>70</td><td>汇款附言
Remittance Information</td><td colspan="2">只限 140 个字位
Not Exceeding 140 Characters</td><td>71A</td><td>国内外费用承担
All Bank's Charges If Any Are To Be Borne By
□收款人 OUR□汇款人 BEN□共同 SHA</td></tr>
<tr><td colspan="6">收款人常驻国家（地区）名称及代码 Resident Country/Region Name&Code □ □ □</td></tr>
<tr><td colspan="4">请选择：□预付货款 Advance Payment □货到付款 Payment Against Delivery□退款 Refund □其他 Others</td><td>最迟装运日期</td><td></td></tr>
<tr><td>交易编码
BOP Transac. Code</td><td>□□□□□□
□□□□□□</td><td>相应币种及金额
Currency&Amount</td><td></td><td>交易附言
Transac. Remark</td><td></td></tr>
<tr><td colspan="2">是否为进口核销项下付款</td><td>□是 □否</td><td>合同号</td><td></td><td>发票号</td></tr>
<tr><td colspan="2">外汇局批件/备案表号</td><td colspan="2"></td><td>报关单经营单位代码</td><td>□□□□□□□□□□</td></tr>
<tr><td>报关单号</td><td></td><td>报关单币种及总金额</td><td></td><td>本次核注金额</td><td></td></tr>
<tr><td>报关单号</td><td></td><td>报关单币种及总金额</td><td></td><td>本次核注金额</td><td></td></tr>
</table>

续表

<table>
<tr><td colspan="2">银行专用栏 For Bank Use Only</td><td colspan="2">申请人签章 Applicant's Signature</td><td colspan="2">银行签章 Bank's Signature</td></tr>
<tr><td>购汇汇率 Rate</td><td></td><td colspan="2" rowspan="8">请按照贵行背面所列条款代办以上汇款并进行申报
Please Effect The Upwards Remittance, Subject To The Conditions Overleaf:
申请人姓名:
Name of Applicant

电话:

Phone No.</td><td colspan="2" rowspan="8">核准人签字:
Authorized Person

日期
Date</td></tr>
<tr><td>等值人民币
RMB Equivalent</td><td></td></tr>
<tr><td>手续费 Commission</td><td></td></tr>
<tr><td>电报费
Cable Charges</td><td></td></tr>
<tr><td>合计 Total Charges</td><td></td></tr>
<tr><td rowspan="3">支付费用方式
In Payment of
The Remittance</td><td>□现金 by Cash</td></tr>
<tr><td>□支票 by Check</td></tr>
<tr><td>□账户
from Account</td></tr>
<tr><td>核印 Sig. Ver.</td><td></td><td>经办 Maker</td><td></td><td>复核 Checker</td><td></td></tr>
</table>

填写前请仔细阅读各联背面条款及填报说明 please read the conditions and instructions overleaf before filling in this application.

四、缮制汇款电文

受理了汇款申请人的汇款申请后，汇出行要向汇入行传达汇款指令，该指令可以是电报、电传的形式发出，也可以在 SWIFT 系统中发出。

1. 电报、电传格式的电文。电报或电传方式的汇款应具备下列内容：

FM：（汇出行名称）

TO：（汇入行名称）

DATE：（发电日期）

TEST（密押）

OUR REF NO. ________（汇款编号）

NO ANY CHARGES FOR US（我行不负担费用）

PAY（AMT）VALUE（DATE）（付款金额、起息日）TO（BENEFICIARY）（收款人）

MESSAGE ________（汇款附言）

ORDER ________（汇款人）

COVER ________（头寸拨付）

电报、电传格式的电文举例如下：

FM：BANK OF CHINA，TIANJIN

TO：THE HONGKONG AND SHANGHAI BANK ING CORP.，HONGKONG

DATE：1ST MARCH

TEST 1253

OUR REF. NO. 208TT0517

NO ANY CHARGES FOR US

PAY USD 20 000 VALUE 1ST MARCH TO PRECISION PHOTO EQUIPMENT LTD. HONGKONG

MESSAGE CONTRACT NO. P10158

ORDER PHOTOGRAPH CO. TIANJIN

COVER DEBIT OUR A/C WITH YOU

2. SWIFT 格式的电文。SWIFT 格式的电文采用项目表示方式，即 SWIFT 由项目（FIELD）组成，如 59 BENEFICIARY、15 TEST KEY 等。日期表示方式为：YYMMDD，如 020318、011129。数字不用分隔号，小数点用逗号“，”来表示，如 5152286.36 表示为 5152286，36；4/5 表示为 0，8。货币表示采用世界统一的标准货币代码，如澳大利亚元 AUD、瑞士法郎 CHF、加拿大元 CAD、人民币元 CNY、日元 JPY 等。

SWIFT 格式的电文举例如下：

MT100 CUSTOMER TRANSFER

Date

080930

sent to

CHASUS33REM

chase manhattan bank n. a. New York n. y.

：20/transaction reference number TT109900/99

：32A/value date，currency code，amount

080930USD200 000，00

：50/ordering customer

CHINA INTERNATIONAL WATER AND ELECTRIC CORP. BEIJING

：57/account with bank

BANKQUE NATIONALE DE TUNISIE TUNIS

：59/beneficiary customer

/Y10－0127－033254

CORPORATION INTERNATIONAL DES

EAUX ET DE I' ELECTRICITE DE CHINE

：70/details of payment

REMIT FOR CUSTOMS DUTY ETC

：71A/details of charges

FOR BENEFICIARY

：72/bank to bank information

COVER DEBIT US

【能力训练】

1. 客户发来的汇款信息如下，请根据以下信息填写汇款申请书并缮制汇款电文：

Please pay promptly by T. T. to：
Bank of New York，New York ，USA
Swift code ：IRVTUS3N（Ships UID 192239）
Benef. bank：DBS Bank Ltd，London
Swift code：DBSSGB2L
Acc name：WHF Company
IBAN：DE64500700100951272401

2. 请根据以下信息填写汇款申请书并缮制汇款电文：
Account name：Monash University Fees Account
Bank name：Westpac Banking Corporation
Branch address：Union Building，Monash University Clayton Vic 3800
BSB：033 289
Account no：63 -0732
SWIFT code：WPACAU2S

综合练习八

一、单项选择题

1. 进出口业务中，M/T 表示（　　）。
A. 电汇　　B. 票汇　　C. 信汇　　D. 托收
2. 国际货物买卖中，自由议付信用证不须规定的是（　　）。
A. 到期日　　B. 付款地点　　C. 议付交单地点　　D. 开证日期
3. 国际货物买卖中，将票据权利转让给他人的行为是（　　）。
A. 背书　　B. 提示　　C. 承兑　　D. 退票
4. 注明“详情后告”的简电本通常（　　）。
A. 是正式的信用证文件　　B. 在法律上有效
C. 可作为交单议付的依据　　D. 仅供参考
5. 代收银行与付款人之间的关系是（　　）。
A. 买卖关系　　B. 不存在任何合同关系
C. 代收关系　　D. 委托代理关系
6. 某公司签发一张汇票，上面注明“At 90 days after sight”，则这是一张（　　）。
A. 即期汇票　　B. 远期汇票　　C. 光票　　D. 跟单汇票
7. 背书人在汇票背面只有签名，不写被背书人，这是（　　）。
A. 限定性背书　　B. 特别背书　　C. 记名背书　　D. 空白背书
8. 受益人开立远期汇票但可通过贴现即期足额收款的信用证是（　　）。
A. 即期信用证　　B. 远期信用证　　C. 假远期信用证　　D. 预支信用证
9. 通过汇出行开立银行汇票的转移实现货款支付的汇付方式是（　　）。

A. 电汇　　B. 信汇　　C. 票汇　　D. 银行转账

10. 信用证支付方式实际上是把进口商履行的付款责任，转移给（　）。

A. 出口商　　B. 银行　　C. 供货商　　D. 最终用户

11. 商业汇票的出票人和受票人一般是（　）。

A. 银行、进口商　　B. 出口商、进口商　　C. 银行、银行　　D. 进口商、进口商

12. D/P. T/R 意指（　）。

A. 付款交单　　B. 承兑交单

C. 付款交单凭信托收据借单　　D. 承兑交单凭信托收据借单

13. 属于顺汇方法的支付方式是（　）。

A. 汇付　　B. 托收　　C. 信用证　　D. 银行保函

14. 属于汇票必要项目的是（　）。

A. "付一不付二"的注明　　B. 付款时间

C. 对价条款　　D. 禁止转让的文字

15. 在托收结算方式下，一旦货款被买方拒付，在进口地承担货物的提货、报关、存仓、转售等责任的当事人是（　）。

A. 委托人　　B. 托收银行　　C. 代收银行　　D. 付款人

16. 在汇票的使用过程中，使汇票一切债务终止的环节是（　）。

A. 提示　　B. 承兑　　C. 背书　　D. 付款

17. D/P after Sight 是指（　）。

A. 即期付款交单　　B. 承兑交单　　C. 远期付款交单　　D. 光票托收

18. 注明下列哪一项的汇票是法律上的无效汇票（　）。

A. 提单日后 90 天付　　B. 见票后 3 个月付

C. 仅付给伦敦西敏寺银行指定人　　D. 船只到达大连口岸时付

二、多项选择题

1. 汇票付款的规定方法属远期付款的有（　）。

A. 见票即付　　B. 见票后 × ×天付　　C. 出票后 × ×天付

D. 提单日后 × ×天付　　E. 指定日期付款

2. 对汇票的受款人承担保证汇票被承兑和付款的责任的汇款当事人是（　）。

A. 出票人　　B. 受票人　　C. 背书人

D. 受让人　　E. 前手

3. 出口商必须在付清货款后才能取得货运单据，这种结算方式是（　）。

A. 光票托收　　B. 即期付款交单　　C. 远期付款交单

D. 付款交单凭信托收据借单　　E. 承兑交单

4. 进出口业务中，托收申请书的主要内容包括（　）。

A. 委托具体事项　　B. 委托人责任范围　　C. 各当事人之间关系

D. 提示行责任范围　　E. 托收银行责任范围

5. 一张汇票，可以是一张（ ）。
A. 即期汇票 B. 跟单汇票 C. 商业汇票
D. 银行承兑汇票 E. 支付承诺
6. 本票与汇票的区别在于（ ）。
A. 前者是无条件的支付承诺，后者是无条件的支付命令
B. 前者的票面当事人为两个，后者则是三个
C. 前者在使用过程中无须承兑，后者则有承兑环节
D. 前者的主债务人不会变化，后者的主债务人因承兑而发生变化
E. 前者只能一式一份，后者可以开出一套
7. 汇付包括（ ）。
A. D/D B. D/P C. M/T D. D/A E. T/T
8. 属于商业信用的国际贸易结算方式是（ ）。
A. 信用证 B. 托收 C. 汇付 D. 汇款
9. 信用证支付方式的特点是（ ）。
A. 信用证是银行信用 B. 信用证是自足文件
C. 信用证是单据买卖 D. 银行处于第一付款人地位
E. 受益人必须履行信用证的规定
10. 一张汇票是否有效，按照有关票据法的规定，它必须具备的基本内容有（ ）。
A. 无条件支付命令 B. 汇票的受票人 C. 付款期限
D. 一定金额 E. 出票人签字
11. 下列各项中，有关托收方式中的承兑交单叙述正确的有（ ）。
A. 可表示为 D/A B. 进口商承兑汇票后即取得货运单据
C. 适用于远期汇票的托收 D. 收款保障依赖托收信用
E. 对出口极为有利
12. 采用托收方式时应注意（ ）。
A. 考查进口商的资信和经营作用
B. 了解进口国家的贸易管制和外汇管理条件
C. 了解进口国的商业惯例
D. 出口合同争取采用 CIF 条件成交，否则应投保卖方利益险
E. 健全管理制度，及时催收清理
13. 国际货物买卖中，汇票的抬头可以表示为（ ）。
A. 仅付甲公司 B. 仅付甲公司不得转让 C. 仅付美国花旗银行指定人
D. 付给持票人 E. 付给中国人民银行或其指定的人
14. 在国际贸易中，属于银行信用的国际货款结算方式有（ ）。
A. 汇付方式 B. 托收方式 C. 票汇方式
D. 信用证付款 E. 银行开保函
15. 汇票的付款期限的规定办法有（ ）。

A. 见票即付　　B. 见票后若干天付　　C. 出票后若干天付
D. 提单日后若干天付　　E. 指定日期付款
16. 下列各项中，属汇票行为的有（　　）。
A. 背书　　B. 提示　　C. 承兑　　D. 交单　　E. 拒付
17. 汇票抬头的写法有三种，具体有（　　）。
A. 限制性抬头　　B. 指示性抬头　　C. 记名抬头
D. 持票来人抬头　　E. 空白抬头
18. 下列各项中，有关支票叙述不正确的有（　　）。
A. 是以银行为付款人
B. 可为即期或远期
C. 出票人应负票据上的责任和法律上的责任
D. 开出空头支票的人可以不负法律责任
E. 出票人对持票人担保支票的付款
19. 下列各项中，属于委托代理关系的有（　　）。
A. 委托人与付款人的关系　　B. 委托人与托收银行的关系
C. 托收银行与代收银行的关系　　D. 代收银行与付款人的关系
E. 托收银行与付款人的关系

三、案例分析

1. 某公司接到国外开来的信用证，规定："于或约于5月15日装船。"该公司于5月8日装船，并向银行提交了一份5月8日签发的提单，但却遭到银行拒绝付款，问这是为什么？

2. 某公司接到一份经B银行保兑的不可撤销信用证。当该公司按信用证规定办完装运手续后，向B银行提交符合信用证各项要求的单据要求付款时，B银行却声称：该公司应先要求开证行付款，如果开证行无力偿付时，则由其保证付款。问B银行的要求对不对？

3. 某开证行按照自己所开出的信用证的规定，对受益人提交的、经审查符合要求的单据已履行了付款责任。但在进口商向开证行赎单后发现单据中提单是倒签的，于是进口商立即要求开证行退回货款并赔偿其他损失，问进口商的要求是否合理？

综合练习参考答案

综合练习一

一、判断题

1. ×；2. ×；3. ×；4. ×；5. ×；6. ×；7. ×；8. ×；9. ×；10. ×；11. ×；12. ×；13. ×；14. √；15. ×

二、单项选择题

1. A；2. B；3. B；4. C；5. A；6. A；7. A；8. A；9. B；10. B

三、多项选择题

1. ABCD；2. AB；3. AC；4. ABCD；5. BC

四、辨析题（先判断对错，再说明理由）

1. ×。以外币表示的有价证券和黄金不能视为狭义外汇，因为它们不能用于国际结算，而只有把它们变为在国外的银行存款才能用于国际结算。

2. ×。一国货币实现了全面可兑换并不等于成为国际上可自由兑换的国际货币，即实现了国际化。《国际货币基金协定》第三十条F条款规定，国际化的货币须是：（1）事实上被广泛用于国际交易的支付；（2）在世界主要外汇市场普遍进行交易的货币。

五、简答题

1. 答：狭义的外汇，是指以外币表示的用于国际结算的支付手段。狭义外汇必须具备三个特征：

（1）必须具有国际性，即必须是以外币所表示的金融资产，而不能是以本币表示的金融资产。例如，美元虽为国际支付中常用的货币，但对美国人来说，只有当他们收付了用其他国家或地区的货币表示的支付手段时，才算发生了外汇收付问题。

（2）必须具有可兑换性，即持有者可自由地将其兑换成其他货币或以其表示的支付手段，否则它就很难在其发行国国外正常地履行清算债权债务的职能。

（3）必须具有可偿付性，即在国外能得到普遍认可，承认其代表一定的价值量，能作为支付手段偿付对外债务。

2. 答：汇率变动对国内经济的影响主要必须在以下几方面：

第一，汇率变动对一国物价的影响。一国货币汇率下跌，一方面有利于出口，从而使国内商品供应相对减少，货币供给增加，促进物价上涨；另一方面会使进口商品的本币成本上升而带动国内同类商品价格上升。若货币汇率上升，一般则相反。

第二，汇率变动对一国国民收入与就业的影响。一国货币汇率下跌，由于有利于出口而不利于进口，将会使闲置资源向出口品生产部门转移，并促使进口替代生产部门的发展。这将使生产扩大、国民收入和就业增加。当然，这一影响是以该国有闲置资源为前提的。如果一国货币汇率上升，就有减少生产、减少国民收入和就业的影响。

第三，汇率变动对一国产业结构的影响。一国货币对外贬值，由于有利于出口、不利于进口，会诱使出口品生产部门和进口替代品生产部门扩大投资，其结果会使贸易品生产部门在该国经济体系中的比重上升。一国货币对外升值，则其影响相反。

3. 答：固定汇率制度的主要优点是固定汇率制有利于国际经济交易和世界经济的发展。其缺点主要有以下几方面：

第一，汇率基本不能发挥调节国际收支的经济杠杆作用。

第二，固定汇率制有牺牲内部平衡之虞。

第三，固定汇率制削弱了国内货币政策的自主性。

第四，易引起国际汇率制度的动荡与混乱。

第五，造成实际资源的浪费。

4. 答：人民币可兑换的进程的三个重要步骤是：

第一步，1994 年外汇管理体制改革使人民币由不可兑换货币变为在经常项目下有条件可兑换货币。

第二步，1996 年 12 月 1 日宣布实行人民币经常项目下可兑换。

第三步，实现人民币在资本项目下的可兑换。

5. 7.8067；C

6. 0.7685；0.7690

六、计算题

1. 同边相乘 GBP1 = CHF2.8665/98

2. 交叉相除 CAD1 = CHF1.1871/86

七、论述题

1. 答：影响汇率变动的因素主要有：

第一，国际收支状况。由于市场汇率主要是随着外汇市场的供求变化而变化的，而国际收支状况决定了外汇的供求，因此，国际收支状况是影响市场汇率变化主要的、直接的因素。

第二，相对的通货膨胀率。通货膨胀意味着该国货币代表的价值量下降了，即该国货币对内贬值。不同国家之间存在着通货膨胀程度的差异，因而通货膨胀率的差异也是影响汇率的一个主要因素。

第三，相对的利率水平。国家之间利率水平存在差异，会促使资本从利率较低的国家流向利率较高的国家。这既会直接影响有关国家的外汇供求，也会通过影响资本金融账户收支而影响国际收支，从而影响货币汇率。

第四，相对的经济增长率。经济增长率差异对汇率的影响是多方面的。(1) 经济增长率的升降意味着国民收入的增减，国民收入的增减又会影响社会总需求，从而影响该国的国际收支。(2) 经济增长率高意味着劳动生产率的提高，而劳动生产率又关系着产品的成本和出口商品的竞争能力，从而关系着贸易收支。(3) 经济增长率高意味着投资势头较好，投资势头较好又意味着对资金的需求增加。对资金的需求直接影响着利率水平，而利率水平对资本金融账户收支是有重要影响的。一般说来，从短期效果来看，经济增长对本币汇率会发生不利影响，而使其疲软；从长期效果来看，经济增长会支持本币汇率上升，而促使其坚挺。

第五，中央银行的干预。汇率干预是央行在本国外汇市场上卖出买进外汇，而相应收进或投放本币的活动。一国央行如认为本币汇率的变动和走势不符合本国经济利益所需要的汇率政策，就会进行汇率干预，来制止汇率的变动或改变汇率的走势。

第六，市场预期。外汇市场的参加者经常对未来情况进行预测和估计，从而预测某种货币汇率的升跌，进而作出在外汇市场买进或卖出某种货币的决策。无疑，这会对外汇市场的供求关系产生冲击作用，从而影响国际间资本的流动。随着国际资本流动的规模日益庞大，市场预期对汇率的影响越来越大，它已成为短期内影响汇率变动的一个重要因素。

2. 答：人民币汇率形成与运行的机制是：

(1) 汇率的形成以银行间市场供求为基础。为保证银行结售汇制度的顺利运行，我国建立一个统一的、规范的、有效率的外汇市场。

(2) 统一的汇率。所有贸易、非贸易和资本项目下的外汇收支都按银行挂牌汇率进行结算。对超过 100 万美元或与 100 万美元等值的交易，银行和客户可在规定的幅度内议价。

(3) 有管理的浮动汇率。人民币汇率由银行间市场供求决定，因而是浮动的。但它又是有管理的：中国人民银行在中国外汇交易中心设有公开市场操作室，根据国家宏观经济政策目标在银行间市场吞吐外汇，调节外汇供求，保持人民币汇率的相对稳定。

综合练习二

一、填空题

1. 居民；非居民
2. 所在国
3. 国际收支平衡表
4. 货物；服务；收益；经常转移
5. 贷方；"+"；资金流出
6. 涉外收付款人
7. 资本和金融项目
8. 产品结构性失衡
9. 物价—现金（黄金）流动机制
10. 削减；提高

二、判断题

1. √；2. √；3. ×；4. √；5. √；6. ×；7. ×；8. ×；9. ×；10. ×

三、单项选择题

1. D；2. C；3. B；4. B；5. B；6. A；7. C；8. C；9. B；10. D

四、简答题

1. 广义的国际收支，是指一国地区居民与非居民在一定时期内全部经济交易的货币价值之和。

2. 国际收支平衡表的基本内容包括：经常项目、资本和金融项目、储备资产、净误差与遗漏。

3. 为简化和便利申报主体及时完成涉外收付款的申报，国家外汇管理局提供了两种申报途径：纸质申报和网上申报。

4. 引起国际收支失衡的因素包括：周期性不平衡、货币性不平衡、结构性不平衡、收入性不平衡、临时性不平衡等。

5. 调节国际收支失衡的政策包括：外汇缓冲政策、财政政策、货币政策、汇率政策、直接管制政策、国际借贷、国际经济与金融合作。

综合练习三

一、判断题

1. √；2. ×；3. √；4. ×；5. ×；6. ×；7. ×；8. ×；9. √；10. ×

二、单项选择题

1. C；2. A；3. B；4. C；5. A；6. A；7. C；8. A；9. B；10. C

三、思考题

1. 国际储备结构管理是指如何使各项储备资产实现最佳的组合搭配，以及如何使外汇储备的各种储备货币保持合适的比例。

2. 外汇储备中多元化货币结构，可以保护外汇储备购买力相对稳定，以求在这些货币汇率有升有跌的情况下，大体保持平衡，做到在一些货币贬值时遭受的损失，能从另一些货币升值带来的好处中得到补偿，提高外汇资产的保值和增值能力。

3. （1）定性分析法，也叫质量分析法。定性分析法的基本思路是：国际储备的短缺或过剩会直接影响某些关键的经济变量和政策倾向，因此，考察这些经济变量和政策倾向的变动，就可以判断储备水平是否适度。（2）定量分析法，主要包括比例分析法、成本—收益分析法。

4. 合理借入并利用外债是一国利用外资的重要途径。通过合理利用外债可以对一国的社会经济发展产生积极的经济效益，利用外债可以解决本国资金的困难，实现对资金的调节和配置，特别是对于发展中国家而言，通过合理利用外债可以弥补国内建设资金不足，增加投资能力，有助于引进国外先进的技术和设备，提高本国的生产技术水平和社会劳动生产率。

5. 我国的外债分类为：（1）国际金融组织贷款；（2）外国政府贷款；（3）国际商业贷款；（4）对外发行债券；（5）国际金融租赁。

综合练习四

一、判断题

1. ×；2. √；3. ×；4. ×；5. √；6. ×；7. √；8. √；9. √；10. ×

二、单项选择题

1. B；2. C；3. A；4. B；5. D；6. C；7. A；8. B；9. C；10. D

三、思考题

1. 在外汇市场上能自由用本国货币兑换某种外国货币，或用某种外国货币购买本国货币。

2. 欧洲货币市场的积极作用：（1）促进了国际资本流动，有利于缓解资金供求矛盾。（2）促进了国际贸易的增长。（3）缓和了世界性的国际收支危机。（4）实现了国际间大规模的资金转移。欧洲货币市场的消极影响：（1）加深了国际金融领域的不稳定性，是国际金融领域动荡不安的一个重要因素。（2）为货币投机提供了方便，加剧了国际金融市场的动荡。（3）导致了一个国家的国际收支不稳定。（4）削弱了各国货币政策的效力。

3. 调节国际收支。促进经济国际化促进世界资源的重新分配。促进国际贸易发展。促进银行业务国际化。

4. 美国耶鲁大学教授特里芬指出布雷顿森林体系中存在美元的信心和清偿力矛盾，这个矛盾终将使布雷顿森林体系无法维持。

5. 促进国际间的金融与货币领域的合作；促进国际经济一体化的步伐；维护国际间的汇率秩序；协助成员国之间建立经常性多边支付体系等。

综合练习五

一、单项选择题

1. A；2. D；3. D

二、多项选择题

1. ABCD；2. BD；3. ABD

三、计算题

1. （1）7.7810/116.3 = 0.0669

7.7910/116.2 = 0.0670

（2）2000 × 0.0669 = 133.8（万元人民币）

2. （1）1.9360/1.9380

（2）1.9380 × 100 = 193.8（万英镑）

3. （1）1.2825 × 100 = 128.25（万美元）

（2）1.3050 × 100 = 130.5（万美元）

（3）（1.2825 + 0.002） × 100 = 128.45（万美元）

130.5 − 128.45 = 2.05（万美元）

4.（1）先在香港市场卖出港元，再在纽约市场买入港元

（2）9 000 × 7.7201/7.7011 = 9 022.2（万美元），9 022.2 − 9 000 = 22.2（万港元）

5.（1）能获利，具体操作为：在现汇市场买瑞士法郎，投资到瑞士法郎市场，同时卖出瑞士法郎3个月期远期

（2）100×1.5340×（1+6.5%×3/12）/（1.5340-0.003）=101.8（万美元）

101.8-100=1.8（万美元）

四、论述题

答：在运用汇率的买入价与卖出价时，应遵循下列原则：

第一，本币折算外币时，应该按买入价折算。如出口商的商品底价原为本币，但客户要求改用外币报价，则应按本币与该外币的买入价来折算。其原因在于：出口商之所以以本币报价是希望收取本币；现外商要求改用外币报价，出口商就需将所收外币售予银行，换回原来想要的本币。出口商卖出外币，即为银行买入外币，银行将按买入价折算，因此，本币折外币报价时应按买入价折算。

第二，外币折算本币时，应该按卖出价折算。出口商的商品原为外币报价，客户要求改用本币报价时，应按该外币与本币的卖出价来折算。出口商将外币折成本币按卖出价折算的原因在于：出口商原想收取外币，现外商要求用本币报价，出口商就需将所获本币售予银行换回外币。出口商买入外币，即为银行卖出外币，银行按卖出价计算，因此本币折外币要用买入价折算。

第三，以一种外币折算为另一种外币，按国际外汇市场牌价折算。无论是采用直接标价法市场的牌价，还是采用间接标价法市场的牌价，都将外汇市场所在地国家的货币视为本币，而将非市场所在地国家的货币视为外币。如将外币报价折算为本币报价时，均按卖出价折算；如将本币报价折算为外币报价时，均按买入价折算。

综合练习六

一、判断题

1. ×；2. √；3. √；4. ×；5. ×

二、不定项选择题

1. B；2. C；3. ABCD；4. AB；5. A

三、分析题

借日元，而日元升值，所以借款方的债务负担加重。

四、计算题

1. 1 483/3=494.3（万德国马克）

494.3/2.74+494.3/2.04+494.3/1.88=685.63（万美元）

2. 685.63-498=187.63（万美元）

综合练习七

一、判断题

1. √；2. ×；3. ×；4. √；5. ×；6. ×；7. √；8. √

二、单项选择题

1. B；2. C；3. C；4. B；5. C；6. D

三、计算题

根据公式可求

贴现息 = （3 870 000 000 ×4%） ÷360 =430 000（元）

所以出口商实际可得到的贴现款 =4 000 000 －430 000 =3 570 000（元）

综合练习八

一、单项选择题

1. C；2. C；3. A；4. D；5. B；6. B；7. D；8. C；9. C；10. B；11. B；12. C；13. A；14. B；15. A；16. D；17. C；18. D

二、多项选择题

1. BCDE；2. AC；3. BC；4. ABE；5. ABCD；6. ABCDE；7. ABE；8. BCD；

9. ABCDE；10. ABCDE；11. ABC；12. ABCD；13. ABCDE；14. DE；

15. ABCDE；16. ABCE；17. ABCD；18. BD；19. BC

三、案例分析

1. 答：按照 UCP600 的规定，如果信用证对装运日期使用“约或大约”，应视做规定日期前后 5 天的时间内装运，起讫日期包括在内。因此，本例中信用证规定“于或约于 5 月 15 日装船”，按上述规定，实际装运日期应是 5 月 10 日至 5 月 20 日。而卖方于 5 月 8 日装船并提交 5 月 8 日签发的提单，开证银行当然可以“单证不符”为由拒收单据，拒付货款。

2. 答：B 银行的要求是毫无道理的。理由如下：按照 UCP600 的规定，对信用证加具保兑的银行，在遵守信用证一切条款的条件下，对受益人承担付款、承兑的责任，保兑行在信用证业务中，承担第一付款人的责任。因此就本案例来讲，B 银行为信用证的保兑行，它也就承担了首先付款的责任，对受益人提交的符合信用证要求的单据承担付款责任，而不是俟开证行无力付款时它再保证付款。它对受益人的要求，是混淆了“保兑”和“担保付款”两种概念，它的要求是不合理的。

3. 答：进口商的要求不合理。

根据 UCP600 的规定，银行审核单据，只看其表面的“单证相符”与否，至于单据的真伪、单据的形式等概不负责。因此，就本例来讲，进口商于付款赎单后才发现提单日期是倒签的，银行对此没有向受益人追偿货款的责任，也无向开证申请人退回货款的义务。这项损失，进口方只能按买卖合同向出口方、承运方索赔，而与开证行完全无关。

主要参考书目

1. ［美］弗里德里克·米什金:《货币金融学》，第四版，北京，中国人民大学出版社，2002。

2. ［美］克鲁格曼、奥伯斯法尔德:《国际经济学》，第六版，北京，中国人民大学出版社，2006。

3. 卓骏:《国际金融原理与实务》，北京，清华大学出版社，2008。

4. 李文和:《国际金融理论与实务》，北京，中国时代经济出版社，2007。

5. 阮铮:《国际金融理论与实务》，北京，中国金融出版社，2009。

6. 杜敏:《国际金融实务》，北京，对外经济贸易大学出版社，2008。

7. 杜敏:《国际金融》，北京，机械工业出版社，2009。

8. 田文锦:《国际金融实务》，北京，机械工业出版社，2009。

9. 刘园:《国际金融实务》，北京，高等教育出版社，2006。

10. 刘金波:《国际金融实务》，北京，中国人民大学出版社，2009。

11. 黄志强:《国际金融实务》，北京，高等教育出版社，2004。

12. 朱梅林、付丽华:《国际金融》，北京，机械工业出版社，2004。

13. 陈雨露:《国际金融》，第二版，北京，中国人民大学出版社，2005。

14. 叶蜀君:《国际金融》，北京，清华大学出版社，2005。

15. 奚君羊:《国际金融学》，上海，上海财经大学出版社，2008。

16. 杨胜刚、姚小义:《国际金融》，第二版，北京，高等教育出版社，2009。

17. 刘园:《国际金融风险管理》，北京，对外经济贸易大学出版社，2007。

18. 张宏博:《国际结算》，北京，中国财政经济出版社，2009。

19. 杜奇华、梁蓓:《国际投资》，北京，对外经济贸易大学出版社，2006。

20. 王育红、张国胜:《国际投资理论与实务》，北京，北方交通大学出版社，2006。

高职高专金融类系列教材

一、金融专业基础课子系列

货币金融学概论	周建松	主编	25.00 元	2006.12 出版
货币金融学概论习题与案例集	周建松　郭福春等	编著	25.00 元	2008.05 出版
国际金融概论	方　洁　刘　燕	主编	21.50 元	2006.08 出版
（普通高等教育“十一五”国家级规划教材）				
商业银行业务与经营	王红梅　吴军梅	主编	34.00 元	2007.05 出版
保险学基础	何惠珍	主编	23.00 元	2006.12 出版
金融市场实务				
证券投资概论	王　静	主编	22.00 元	2006.10 出版
（普通高等教育“十一五”国家级规划教材/国家精品课程教材·2007）				
证券投资实训与实验				
（普通高等教育“十一五”国家级规划教材辅助教材）				
金融法概论	朱　明	主编	22.00 元	2006.08 出版
（普通高等教育“十一五”国家级规划教材）				
金融企业会计	唐宴春	主编	25.50 元	2006.08 出版
（普通高等教育“十一五”国家级规划教材）				
金融企业会计实训与实验	唐宴春	主编	24.00 元	2006.08 出版
（普通高等教育“十一五”国家级规划教材辅助教材）				
合作金融概论	曾赛红　郭福春	主编	24.00 元	2007.05 出版
网络金融	杨国明　蔡　军	主编	26.00 元	2006.08 出版
（普通高等教育“十一五”国家级规划教材）				

二、商业银行子系列

商业银行客户经理	刘旭东	主编	21.50 元	2006.08 出版
商业银行综合柜台业务	董瑞丽	主编	34.50 元	2008.09 出版
（国家精品课程教材·2006）				
商业银行综合业务技能	董瑞丽	主编	30.50 元	2008.01 出版
商业银行中间业务	张传良　倪信琦	主编	22.00 元	2006.08 出版
商业银行审计	刘　琳　张金城	主编	31.50 元	2007.03 出版

三、国际金融子系列

新编国际金融	徐杰芳	主编	39.00 元	2011.08 出版
外汇交易实务	郭也群	主编	25.00 元	2008.07 出版
国际结算	靳　生	主编	31.00 元	2007.09 出版
国际结算实验教程	靳　生	主编	23.50 元	2007.09 出版

国际结算（第二版）	贺　瑛　漆腊应	主编	19.00 元	2006.01 出版
国际结算（第三版）	苏宗祥　徐　捷	编著	23.00 元	2010.01 出版
国际融资实务	崔　荫	主编	28.00 元	2006.08 出版
国际贸易与金融函电	张海燕	主编	20.00 元	2008.11 出版

四、保险子系列

人身保险	池小萍　郑祎华	主编	31.50 元	2006.12 出版
财产保险 （普通高等教育“十一五”国家级规划教材）	曹晓兰	主编	33.50 元	2007.03 出版
保险营销	章金萍	主编	25.50 元	2006.12 出版

五、投资理财子系列

理财学 （普通高等教育“十一五”国家级规划教材）	边智群　朱澍清	主编	32.00 元	2006.08 出版
投资银行概论	董雪梅	主编	34.00 元	2010.06 出版
金融信托与租赁	蔡鸣龙	主编	30.50 元	2006.08 出版

六、金融素质教育子系列

金融应用文写作	李先智　贾晋文	主编	32.00 元	2007.02 出版
金融职业道德概论	王　琦	主编	25.00 元	2008.09 出版
金融职业礼仪	王　华	主编	21.50 元	2006.12 出版